# 我的第一本炒股入门书

刘振清 / 编著

图书在版编目(CIP)数据

我的第一本炒股入门书 / 刘振清编著. —上海：立信会计出版社,2019.5
ISBN 978 - 7 - 5429 - 5877 - 8

Ⅰ.①我… Ⅱ.①刘… Ⅲ.①股票投资—基本知识 Ⅳ.①F830.91

中国版本图书馆 CIP 数据核字(2019)第 077046 号

策划编辑　　何颖颖
责任编辑　　何颖颖
封面设计　　南房间

# 我的第一本炒股入门书
## Wo De Diyiben Chaogu Rumenshu

| | | | | |
|---|---|---|---|---|
| 出版发行 | 立信会计出版社 | | | |
| 地　　址 | 上海市中山西路 2230 号 | 邮政编码 | 200235 | |
| 电　　话 | (021)64411389 | 传　真 | (021)64411325 | |
| 网　　址 | www.lixinaph.com | 电子邮箱 | lxaph@sh163.net | |
| 网上书店 | www.shlx.net | 电　话 | (021)64411071 | |
| 经　　销 | 各地新华书店 | | | |
| 印　　刷 | 上海万卷印刷股份有限公司 | | | |
| 开　　本 | 787 毫米×1092 毫米 | 1/16 | | |
| 印　　张 | 15.25 | | | |
| 字　　数 | 302 千字 | | | |
| 版　　次 | 2019 年 5 月第 1 版 | | | |
| 印　　次 | 2019 年 5 月第 1 次 | | | |
| 印　　数 | 1—3100 | | | |
| 书　　号 | ISBN 978 - 7 - 5429 - 5877 - 8/F | | | |
| 定　　价 | 36.00 元 | | | |

如有印订差错,请与本社联系调换

# 新股民赚钱三要素：
# 资金、技术与心态

赚钱，是每一名进入股市者的共同愿望，然而，现实却总是太残酷。2013年，某证券公司曾做过这样一个新股民盈亏分析的小调查。调查对象为入市两年内的新股民，样本总数为100人。

第一年，从股市赚到钱的新股民不足20人；
第二年，从股市赚到钱的新股民增长到35人。

样本虽小，却清楚地告诉了我们这样一个事实：<u>新股民赚钱太难</u>。

凡事都有两面性。调查的结论尽管很悲观，但也有乐观的一面，即只要坚持到第二年，就有35%的股民赚钱。

尽管，大多数新股民都会赔钱，但其中也不乏操作成功者。那么，新股民要想从股市中赚钱最需要的是什么呢？<u>资金、技术和心态，三者缺一不可</u>。

★ **资金，是一切的基础**

由于股票的价格有高有低，炒股需要的资金量也没有定数，关键是看个人的实力。不过，一个人的钱，并不是都能投入股市的。有的钱可以用来炒股，有的钱就不行，如借来的钱、有其他用途的钱等。尽管在购买股票时，钱的来源没有区别，但不同来源的资金会对你操盘的心态产生一定的影响。例如，你借来的钱，肯定非常惧怕亏损，这在无形之中加大了亏损的可能。炒股的资金，最好是闲置的钱。就像一位老操盘手曾经对我说的，一旦把钱放到股市中，就不能再把它当成钱了。

★ **技术，不可或缺的工具**

有人说，炒股不需要技术；也有人说，技术分析，没有任何用途。其实，在我看来，这就是对股市、对技术分析缺乏足够的了解。一本《孙子兵法》被成千上万位将军阅读，有的人用它打了胜仗，有的人则打了败仗，为何？知识是死的，人是活的。用死知识去打活人，那么，失败则是必然的。

同样，在股市这个没有硝烟的战场上，你的对手也不只是那几根K

线、几项技术指标，而是一个个活生生的、经验老到的散户、主力和庄家。同样一张K线图、分时图，你看、我看，大家看，得出的结论却截然不同，盈利与亏损在此时就产生了。你只有把技术、方法用活才有可能成为赢家，否则，就只有独自埋怨技术分析无用的份。

★ 心态，决定盈亏的胜负手

"炒股就是炒心态"，这被很多人奉为圭臬。其实，很多技术高超的新股民折戟股市，正是由于心态不稳造成的。缺乏知识和技巧可以学习，而心态的修炼只能靠自己慢慢地在股市中磨炼。当然，借鉴其他股民的过来经验，也是一条快速修炼的捷径。

其实，这也正是本书和其他炒股书的区别所在。本书不仅提供了新股民入市所需的知识和技术工具，还分享了作者一段多年前初入股市的经历，虽称不上完美，但可给后来炒股者以借鉴。若能对炒股新手有所裨益，善莫大焉。

本书在编写过程中，得到了王凤杨、张亚贤、赵淑芳、张志义、秦瑞芝、任洪伟、张亮、刘丽丽、栾续伟、王光伟等人的大力支持，在此一并表示感谢。

作　者

# 目录

## 第一章　如何在股市中赚到第一个100万 …… 1

### 一、当梦想照进现实——股市和你想的不一样 …… 1
- 想法一　股市是一个可以瞬间发财的场所 …… 1
- 想法二　技术无敌，操盘无忧 …… 2
- 想法三　股市走势，与经济发展同步 …… 2
- 想法四　利好必涨，利空必跌 …… 3

### 二、曾经犯下的五个错误 …… 3
- 错误一　过于频繁地交易 …… 3
- 错误二　没有及时止损 …… 4
- 错误三　全仓买入，不留余地 …… 4
- 错误四　过于偏好低价股 …… 4
- 错误五　喜欢摊薄成本价 …… 5

### 三、从头再来——着力强化的细节 …… 5
- （一）尝试建立完整的交易系统 …… 5
- （二）严格遵守交易纪律 …… 8
- （三）养成记交易日记的习惯 …… 8

### 四、100万——只是一个开始 …… 9
- （一）稳扎稳打，成功扭亏 …… 9
- （二）追随钱的足迹 …… 9
- （三）学会给自己放个假 …… 10

## 第二章　股市中最基础的知识和规则 …… 12

### 一、开户时应注意的细节 …… 12
- （一）选择券商机构 …… 12
- （二）开立股票账户 …… 13
- （三）开立资金账户 …… 13
- （四）划转资金，搏击股市 …… 13

### 二、股票基本术语 …… 13
- （一）描述整体市场类术语 …… 14
- （二）描述股票类术语 …… 17

（三）操盘常用术语 ………………………………………………… 19
三、股票交易的基本规则和制度 ……………………………………… 23
　　（一）交易数量限制 ………………………………………………… 23
　　（二）交易价格限制 ………………………………………………… 23
　　（三）涨跌停板 ……………………………………………………… 23
　　（四）集合竞价 ……………………………………………………… 24
　　（五）"T+1"交易制度 ……………………………………………… 25
四、融资融券与沪港通、深港通 ……………………………………… 25
　　（一）融资融券 ……………………………………………………… 25
　　（二）沪港通 ………………………………………………………… 26
　　（三）深港通 ………………………………………………………… 27

## 第三章　看不懂盘面、盘口，如何炒股 …………………………… 28
一、大盘分时走势研判 ………………………………………………… 28
　　（一）上证指数线与领先指数线 …………………………………… 29
　　（二）红柱线与绿柱线 ……………………………………………… 30
　　（三）上涨家数与下跌家数 ………………………………………… 30
二、大盘每日研判要点 ………………………………………………… 31
　　（一）集合竞价时段的点位和成交量 ……………………………… 31
　　（二）开盘半小时股价变动方向 …………………………………… 32
　　（三）大盘支撑位与阻力位情况 …………………………………… 33
三、个股分时走势研判 ………………………………………………… 38
　　（一）股价线与均价线之间的关系 ………………………………… 39
　　（二）通过量比看相对放量程度 …………………………………… 40
　　（三）内盘、外盘看买卖双方力量对比 …………………………… 42
　　（四）换手率看股票活跃程度 ……………………………………… 43
四、个股每日看盘分析要点 …………………………………………… 45
　　（一）利用均价线看走势强弱 ……………………………………… 45
　　（二）利用分时走势对比看走势强弱 ……………………………… 50
　　（三）通过分时图形态判断买入点 ………………………………… 51
五、各时段看盘要点 …………………………………………………… 55
　　（一）如何看早盘 …………………………………………………… 55
　　（二）盘中操作要点 ………………………………………………… 60
　　（三）如何看尾盘 …………………………………………………… 64

六、盘口研判要点 ················································ 74
  （一）买卖盘口看庄家意图 ································ 75
  （二）盘中的大买单和大卖单 ······························ 76
  （三）时有时无的买单与卖单 ······························ 77
  （四）阻截式大单的奥秘 ·································· 78

## 第四章 K线图比你更了解股市 ······································ 80
一、K线，能告诉我们什么 ········································ 80
  （一）K线的构成 ········································ 80
  （二）K线的解读及交易指示意义 ·························· 81
  （三）K线图是如何指导交易的 ···························· 82
二、发出反转信号的K线组合 ······································ 84
  （一）锤头线和上吊线 ···································· 84
  （二）倒锤头线和流星线 ·································· 87
  （三）看涨吞噬和看跌吞噬 ································ 89
  （四）刺透形态和乌云盖顶 ································ 91
  （五）早晨之星和黄昏之星 ································ 94
三、发出中继信号的K线组合 ······································ 97
  （一）多方炮和空方炮 ···································· 97
  （二）三个白兵和三只乌鸦 ······························ 100
  （三）上升三法和下降三法 ······························ 103
  （四）向上跳空缺口和向下跳空缺口 ······················ 105
四、经典K线形态以及交易指示意义 ······························ 108
  （一）头肩顶与头肩底 ·································· 108
  （二）M顶与W底 ········································ 111
  （三）上升三角形、下降三角形与对称三角形 ·············· 115
  （四）矩形整理形态 ···································· 119

## 第五章 五大技术指标，让你游刃有余 ································ 122
一、MA均线：顺势而为赚大钱 ···································· 122
  （一）均线五大核心看点 ································ 123
  （二）均线四大必杀技 ·································· 124
二、MACD指标：双龙闹海显神威 ·································· 133
  （一）MACD指标对0轴的突破 ···························· 134

（二）MACD 指标的金叉和死叉 …………………………………… 136
　　（三）MACD 与股价的背离现象 …………………………………… 138
三、KDJ 指标：强弱轮转的指南针 ……………………………………… 139
　　（一）KDJ 指标超买和超卖 ………………………………………… 141
　　（二）KDJ 指标低位金叉和高位死叉 ……………………………… 142
　　（三）KDJ 指标与股价出现背离现象 ……………………………… 144
四、BOLL 指标：喇叭口上寻牛股 ……………………………………… 145
　　（一）震荡行情中 BOLL 指标的应用 ……………………………… 147
　　（二）单边行情中 BOLL 指标的应用 ……………………………… 148
　　（三）BOLL 指标的敞口和缩口 …………………………………… 149
五、CCI 指标：起涨点捕捉利器 ………………………………………… 151
　　（一）CCI 指标对＋100 位置的穿越 ……………………………… 152
　　（二）CCI 指标对－100 位置的突破 ……………………………… 153
　　（三）CCI 指标与股价出现背离现象 ……………………………… 154

## 第六章　选股：按照自己的风格选择股票　157

一、题材股选股必杀技 …………………………………………………… 157
　　（一）选择最佳题材股 ……………………………………………… 157
　　（二）相同题材选最强势股 ………………………………………… 157
　　（三）相同题材选小盘股 …………………………………………… 161
二、绩优股选股技法 ……………………………………………………… 163
　　（一）成为绩优股的条件 …………………………………………… 163
　　（二）绩优股的分类操作法 ………………………………………… 167
　　（三）绩优股实战操作技法 ………………………………………… 169
三、短线猎杀黑马股 ……………………………………………………… 171
　　（一）成为黑马股的条件 …………………………………………… 171
　　（二）黑马股启动前特征 …………………………………………… 173
　　（三）短线捕捉黑马技巧 …………………………………………… 177
四、垃圾股掘金技巧 ……………………………………………………… 181
　　（一）有重组预期的垃圾股 ………………………………………… 181
　　（二）有摘帽预期的垃圾股 ………………………………………… 183
五、狙击强势股技法 ……………………………………………………… 186
　　（一）量价齐升选牛股 ……………………………………………… 186
　　（二）上升趋势找强股 ……………………………………………… 189

（三）K线突破形态辨强股 ·············································· 191

## 第七章　超简单超实用的炒股方法 ·········································· 194
### 一、买在加速上涨时 ······················································ 194
　　（一）突破上行通道后加速 ·············································· 194
　　（二）突破趋势线加速上升 ·············································· 195
### 二、主升段追涨技法 ······················································ 196
　　（一）主升段的识别 ···················································· 196
　　（二）追击主升段 ······················································ 197
### 三、震荡市里做波段 ······················································ 199
　　（一）成交量波段操作法 ················································ 200
　　（二）趋势线波段操作法 ················································ 201
### 四、价量双包寻买点 ······················································ 202
　　（一）价量双包基本技法 ················································ 202
　　（二）买强不买弱 ······················································ 203
### 五、把"T＋1"做成"T＋0" ··············································· 205
　　（一）"T＋0"交易的基本要求 ··········································· 205
　　（二）顺向"T＋0"交易 ················································· 206
　　（三）逆向"T＋0"交易 ················································· 208
### 六、利用画线技术判断买卖点 ·············································· 211
　　（一）单根趋势线判断买卖点 ············································ 211
　　（二）平行趋势线判断买卖点 ············································ 213
　　（三）矩形趋势线判断买卖点 ············································ 216

## 第八章　新手建仓、交易与资金管控 ········································ 220
### 一、建仓：大势、价位与买入时机 ·········································· 220
　　（一）建仓时需考虑的因素 ·············································· 220
　　（二）大盘走势：买入股票需要良好的环境 ································ 221
　　（三）个股价位：安全第一 ·············································· 222
### 二、交易控制：买入批次、加仓与减仓 ······································ 223
　　（一）分批次买入 ······················································ 223
　　（二）加仓的规则 ······················································ 224
　　（三）善用减法，获利倍增 ·············································· 225
### 三、仓位控制：仓位分配与资金管控 ········································ 225

（一）总仓位控制 ……………………………………………… 225
　　（二）单只股票仓位控制 ………………………………………… 226
　　（三）资金的管理 ………………………………………………… 227
四、止盈与止损位设置 ………………………………………………… 227
　　（一）止盈位设置 ………………………………………………… 227
　　（二）止损位设置 ………………………………………………… 229

# 第一章 如何在股市中赚到第一个100万

炒股,不是要战胜庄家或主力,而是要战胜自己。

股市,就是一个战场,而且是一个非常惨烈的战场。与其他战场不同,这个战场上,根本看不到对手。很多散户喜欢把庄家或主力当成对手,其实这是一个天大的错误。你的对手,其实就是你自己。进入股市,你不是要和庄家斗,而是要和自己斗,什么时候战胜了自己贪欲、妄想、胆怯,什么时候就会赢得这场战斗的胜利。这就是我理解的股市。

至于本书的开篇为何选择"如何赚到第一个100万",主要基于以下两点考虑:

第一,对于很多资金有限的散户来说,赚到100万,并不是一件很容易的事,这是需要一些技巧、方法和运气的。当然,资金量较大的散户,另当别论。

第二,做任何事,都是0~1最难,1~10乃至100,则比较容易。也就是说,如果你用较少的资金能够赚到第一个100万,后面的相对会更加容易。

## 一、当梦想照进现实——股市和你想的不一样

和所有新股民一样,十多年前的我也是怀揣着一个瞬间发财梦进入股市的。期间,我经历过股指6 124点的疯狂,也曾见证了股指1 664点的绝望。一路走过,慢慢地发现,股市,也许和自己当初所想的确实不一样。

作为股市新手,应该摒弃这样几个想法。

### 想法一 >>> 股市是一个可以瞬间发财的场所

网络上,几乎每天都有从股市中瞬间暴富的故事,然而,如果我们用概率论来看的话,就会发现,从股市中短期暴富的概率,可能比买彩票中奖的概率高不了多少。但是,为什么很多人还是会相信呢?第一,可能性仍然存在;第二,即使失误,自己的资产也仅仅是缩水,而非归零。

当年,自己第一次买入股票的时候,也是激动得半夜睡不着觉,总是幻想着自己的

股票能够每天涨停,数日内即可翻番。然而,现实往往非常之残酷,好不容易熬到次日开盘,却发现自己的股票是绿色的。

当然,那时的自己仍然存在一丝的幻想,即下跌是为了更好、更快地上涨。不过,现实一次又一次地打击自己。慢慢地,自己也接受了一个现实:想在股市中快速赚钱,确实不是一件容易的事。

在这里,我也建议所有刚刚入市的新手:<u>放弃一夜暴富的想法,踏踏实实地操盘,一点一点地积累利润</u>。

### 想法二 >>> 技术无敌,操盘无忧

炒股,自然离不开技术分析,但这并不等同于,精通操盘技术,就会百战百胜。我当年进入股市之时,不能说准备不充分。不光读了很多炒股的书,我还专门进行过模拟操盘的练习,直到模拟操盘的胜率达到80%以上,才放胆买入股票。

尽管如此,我还是赔多赚少,后来不得不先退出一段时间进行总结,寻找失利的原因。

逐项检讨后,我发现:技术本身并没有问题,有问题的是自己的心态:当股价上涨的时候,怕下跌;当股价下跌的时候,又担心继续下跌,至于技术指标发出的买入与卖出信号,则经常被忽略,原因很简单——投入的毕竟是自己的血汗钱。

有一位股市操盘手曾这样对我说:钱,一旦投入股市,就不要再把他们看成是自己的。当然,这并不容易,所以需要不断地磨炼自己的心态。

在这里,我还想给新股民一个建议:<u>大笔资金投入股市之前,一定要先拿少量的资金学习、尝试。模拟操盘解决不了心态问题,资金太少也不行</u>。

### 想法三 >>> 股市走势,与经济发展同步

股市,与国家经济发展肯定有着密切的关系。不过,这种关系,并不能简单地表述为:经济向好,股市一定上涨;经济不佳,股市一定下跌。毕竟,炒股,炒的是一种预期。也就是说,也许经济还处于下行趋势当中,但股市早已启动了一波牛市;而经济强劲复苏时,可能股市已经见顶。

有人把股市和经济之间的关系作了这样的描述。

一个人带着自己的狗去亲戚家串门。人一路都是慢慢悠悠地向前走,而狗则不同,一会儿跑到主人的前头、一会儿又落到主人的后头;有时慢些,有时快些。但最后,这条狗还是会和主人同时到达亲戚家。

<u>炒股自然要对国家经济形势有所了解,但这并不是全部,也不是最关键的。再好的行情,也有滞涨股;再差的行情,也有翻倍股</u>。

想法四 >>> 利好必涨，利空必跌

常常听人说，中国股市是一个政策市。正因如此，很多人都喜欢打听各类小道消息，有的人紧盯着各类证券网站，以便于最快地发现利好或利空消息。有利好消息发布时，拼命地买入股票；利空消息出现时，则迅速地卖出。

这样真能赚钱吗？恐怕未必。当利好或利空消息出来的当天，股价上涨或下跌的概率确实还是很大的。可是，次日出现相反的走势的概率更高。也就是说，当天借着利好消息买入的股票，可能次日就会下跌。

为何会出现这种原因？首先，散户获得消息具有严重的滞后性。利好消息出台前，主力早已完成布局，利好一旦兑现，主力就会借上涨之势出货，散户则只能被套牢。其次，我国股市目前仍然执行"T＋1"交易规则，这就是说，当天买入的股票次日才能卖出。也就意味着，买入股票后，明知股价要下跌，也只能等到次日割肉离场。

<u>利好兑现即利空；利空兑现即利好。</u>这是非常有道理的。

## 二、曾经犯下的五个错误

当年，满怀着暴富的梦想，义无反顾地把家里的全部积蓄搬入了股市。20万，对于很多人来说也许不算多，但在当时，却是我的全部。一直梦想着让自己的钱飞快地奔跑起来，然而，事与愿违，它却向相反的方向跑去。

20万、17万、15万、14万……

失望、沮丧是可想而知的。为了快速翻身，自己一次又一次地扣动交易的扳机。然而，这就如同你开着汽车在路上跑，遇到第一个红灯后，很容易就会遇到第二个、第三个。

之后，我被迫选择清仓。接着，自己又逐一归纳了在交易过程中所犯下的错误。

错误一 >>> 过于频繁地交易

由于短期暴富心理在作怪，一直想找到短线暴涨的大黑马。殊不知，人人都能骑上的，那根本不叫黑马。股民对所骑之马不满意，便开始频繁地换马。这样做的结果只能是：黑马没找到，亏损不断地放大。

频繁交易必然造成亏损的原因有以下几条：

第一，频繁地交易需要对每只股票的股性、股价短期走势判断极为精确。这需要以更加纯熟的技术、经验和过硬的心理素质为基础，但这又恰恰是刚入股市的新手所不具备的。

第二，频繁地交易会让人的情绪出现剧烈的波动。新手炒股时控制情绪的能力非常有限，这无疑会增加决策失误的概率。

第三,成本增加。前面已经提到过,股市的利润是靠点滴积累而来的,过于频繁地交易必然促使交易成本上升。交易佣金、印花税等支出看似很小,但是累积起来就成为吞噬利润的黑洞。

### 错误二 >>> 没有及时止损

账面出现亏损时,总是觉得没有兑现那就不能称为真正的损失,因而,迟迟不愿意止损。其实现在想想,这不过是一种自欺欺人的把戏罢了。损失一旦出现就说明先前的判断出现了问题,股价将向相反的方向运行。股价不会因为你不愿意卖出股票而改变运行方向。这时应该做的是,迅速止损卖出股票,以保全本金。然而事实却是,自己非常不愿意接受投资亏损的事实,幻想着股价未来可能出现的反弹,结果是自己在错误的道路上越走越远。

止损位设置的方法有很多种,如预设比例法,即以当前股价向下 6%~8% 作为止损位。止损,设置并不困难,困难的是如何执行。

<u>当然,如果实在难以执行止损的话,可以尝试一种折中方案,即股价下跌到止损位时,先卖出一半的股票。</u>

### 错误三 >>> 全仓买入,不留余地

可能很多新进入股市的朋友,都有过和我当年相似的经历:买卖股票时,喜欢全仓进退:看好某一只股票后,立刻全仓杀入;股价一旦下跌,又被迫清仓离场。

华尔街的那些交易大师们最喜欢的一句话:<u>永远对自己保持足够的信心,永远对市场怀有一颗敬畏之心。</u>连华尔街的大师们都不敢百分百地准确判断市场,更遑论刚刚入市的我们。相对安全的做法应该是:<u>看好某一只股票后,先部分买入,然后静观股价变化,如果自己判断无误,那么,再加仓。</u>

### 错误四 >>> 过于偏好低价股

和很多新股民一样,自己刚入股市时,也特别偏爱低价股。原因嘛,便宜。

现在回头想想,低价股真的便宜吗?恐怕未必。股价是由市场决定的,也就是说,目前的价格是一个买卖双方都能接受的比较公允的价格。一只股票的价格很低,自有其低价的原因,诸如业绩、资产以及盈利预期等。

低价股,一般分为两类:一是,大盘权重股,由于资产庞大,股价上涨或下跌幅度相对较小;二是,亏损或绩差股,这类股票价格低的原因想必无须解释。当然,在一波大行情来临时,低价股也会出现暴涨行情。不过,在大多数情况下,低价股都是滞涨的代名词,否则也就不会低价了。

<u>掘金低价股没有错,关键是要找到盈利能力强的低价股,这才是王道。</u>

**错误五 >>> 喜欢摊薄成本价**

摊薄成本价的方法有两种：一是，股价上涨时卖出，股价下跌时再买入；二是，股价下跌时，进行补仓。

两种做法优劣一看便知。可非常遗憾，刚刚进入股市的新手，经常采用的却是最不明智的做法。当股价下跌时，很多人为了能够早日扭亏为盈，会选择加大资金投入，拉低股票成本。从表面上看，这样做确实降低了股票均价，可是，你要清楚，相对于总体亏损数额而言，这没有任何效果。况且，股价下跌，说明自己当初买入时的判断是错误的，而摊薄股价的做法则纯粹属于掩盖自己的错误，结果只能是错上加错。

<u>犯错，要有承担的勇气，而后努力寻求改正；掩盖错误，只会让自己在错误的道路上越走越远。</u>

## 三、从头再来——着力强化的细节

20万元，一个月的时间，就剩下了不足10万元。看着资金账户，我一度怀疑自己是否适合炒股。那段时间，我不断地问自己这样几个问题：

<u>自己的资金还有吗？</u>

<u>自己所学的技术没有丢吧？</u>

<u>勇气呢？还有再战的勇气吗？</u>

得到了肯定的答案后，我带着仅存的10万元现金，再次出发。尽管又回到了新的出发原点，不过，吃到股市苦头的自己，吸取了以前的教训，着力强化了以下三个细节。

### （一）尝试建立完整的交易系统

之所以选择短线交易系统，是因为自己所做的大量交易都属于短线交易。尽管价值投资、长线投资是一种比较容易被人接受的投资理念，但个人还是更偏重短线投资。本书中很多交易方法、交易技巧也多是以短线交易为基础讲述的。

1. 买入方法及条件

短线交易过程中，需要不断地买入卖出，因此，买入条件的设定也应该灵活，例如，股价突破5日均线买入、股价下跌到支撑线买入等。投资者在买入股票时，切忌全仓买入，应该分批买入，以防自己判断失误。

2. 卖出方法及条件

卖出条件的设定应该与买入条件相一致，例如，买入条件为：突破5日均线买入，那么，卖出条件就应该为：跌破5日均线卖出；如果买入条件为：跌到支撑线买入，那么，卖出条件应该为：上涨到阻力线卖出。

3. 止损设定

短线操作讲究快进快出，所以，很多时候，设定的卖出条件就可以作为止损条件。但有时也会不一致，这时就需要另设止损位，如买入条件为：跌到支撑线；卖出条件为：上涨到阻力线。这时，就需要设定止损位为：跌破支撑线。

4. 止盈设定

为了确保盈利能够及时兑现，在短线操作前，股民必须确定明确的盈利目标，目标一旦达成就可以全部或部分撤离目标股。一般情况下，止盈条件设定为有明显的卖出信号出现时，也可以设定为具体的盈利目标值，如10％、20％等。

下面举个以5日均线为买入条件的案例，以检验整个交易系统的有效性。

可以设定整个交易系统如下：

买入条件：大盘处于上升趋势中，即股指在30日均线上方，同时，30日均线方向向上。

个股均线呈多头排列，即5日、10日、30日均线呈多头排列。

股价有效突破5日均线（连续三个交易日位于5日均线上方）。

卖出条件：有效跌破5日均线（连续三个交易日位于5日均线下方）。

止损位：有效跌破5日均线。

止盈位：遇阻滞涨。

以南威软件为例进行说明。

1）大盘走势情况

先来看一下2016年10月至12月的大盘走势情况，如图1-1所示。

图1-1中，自2016年10月开始，上证指数开始连续上涨，且各条均线呈现多头排列，适宜短线操作。

2）个股走势情况

下面是南威软件2016年10月至12月的走势图，如图1-2所示。

图1-2中，2016年10月24日，南威软件的股价突破底部盘整的区间，且同时突破5日均线后快速上涨。10月26日，该股股价已经连续三个交易日位于5日均线上方。对比图1-1的大盘走势图可以看出，此时大盘也出现了突破上涨的趋势，比较适宜短线买入。投资者依据股价突破5日均线买入该股之后，可以将止损位设置为股价有效跌破5日均线的位置。

2016年12月7日，南威软件的股价已经连续几个交易日出现回调，且股价K线已经连续三个交易日位于5日均线下方，这说明股价跌破5日均线为有效跌破。此时，投资者宜卖出手中的股票。

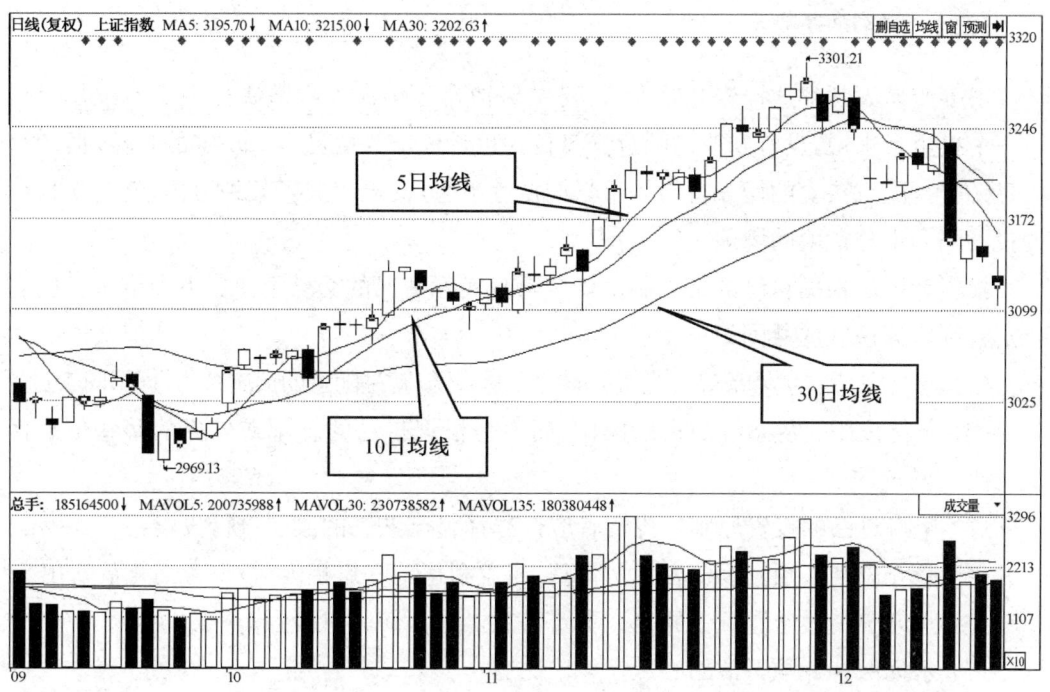

图 1-1　上证指数(1A0001)日 K 线走势图

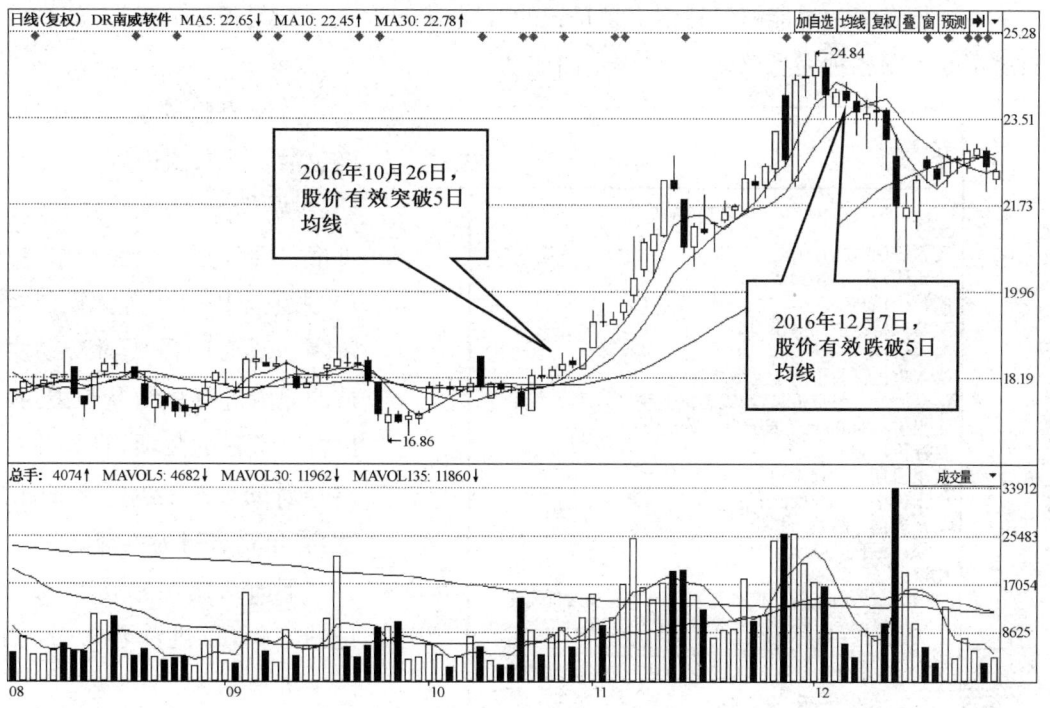

图 1-2　南威软件(603636)日 K 线走势图

## （二）严格遵守交易纪律

很多交易大师都这样告诫后来者：要像保护自己生命一样坚决捍卫交易纪律。对于一个投资者来说，没有纪律的随意操盘行为也许能够为自己带来一定的收益，但却会后患无穷。随意买卖的操盘行为如果长期持续下去，甚至养成了某种习惯，就会让自己的投资陷入十分危险的境地。

投资者可以根据自己的特点制定符合自身实际情况的交易纪律。下面给出了所有投资者都应该遵守的共同纪律：

（1）建立完整的交易系统。没有完整的交易系统，就是随意的买卖行为，这等同于自杀。

（2）坚持按照交易系统的指示操作，而不是根据自己的感觉或外界的某些信息而随意改变操盘计划。

（3）坚持自己的投资原则。投资者应该选择自己熟悉的股票进行投资。

（4）坚守盈利法则。投资者切勿贪婪，当盈利达到一定幅度时，要考虑止盈卖出。

（5）坚守宁少做勿滥做的原则。不要随意操作任何一只股票。

（6）永远保持一颗平常的心。

## （三）养成记交易日记的习惯

一个投资者如果能够保持记交易日记的习惯，尤其是纪录交易失败的日记，就会使自己不断克服各种交易弊端，并最终走向成功。

一份完整的交易日记应该包括以下几项内容：交易日期、股票代码、买入价格、卖出价格、全部佣金、交易理由、成功/失败原因分析等。投资者每隔一段时间需要对交易失败的原因进行总结并归类，找出自己常犯的几项错误，并写出今后的改进行动。如此反复，直至错误行为全部消除。

下面给出了一份交易日记的案例，仅供读者参考，如图1-3所示。

```
交易日记
买入日期：2015.1.7
股票代码：600030
股数：1 000
交易风格：短线操作
买入价：37.00元
买入理由：股价处于上涨趋势中
         股价沿5日均线震荡上涨
止损价：34.00元（低于当日最低价）
目标价：45元
卖出日期：2015.1.12
卖出价格：33.50元
卖出理由：触及止损位
结果：亏损3 500元
错误：
 1）买入时犹豫，使得买入价比本应买入价高出
    0.50元，单是这个错误带来亏损500元。
 2）忽略止损。本应在34.00元止损卖出，却迟迟
    不动手，到了33.50元才卖出，这个错误带来
    损失500元。
```

图1-3　交易日记

## 四、100万——只是一个开始

调整好心态、降低期望、严守交易纪律，你会发现，炒股并没有想象中的那么难。回想当年，能够走出低谷，无非是做对了这样几件事。

### （一）稳扎稳打，成功扭亏

毕竟自己第二次进入股市时是从负10万元开始的，因此，在操作上尽量求稳。当然，并不是说，这段时间的操作没有出现过亏损，而是放弃那种可能暴涨暴跌的股票。事实上，如果把这段时间的总体操作次数汇总一下就会得出一个结论：亏损次数要大大多于盈利次数，不过，每次的盈利额却要数倍于亏损额。

正如很多交易大师所说，<u>截断亏损，让利润奔跑</u>。之前很多次交易失败其实都是和这句话相违背的，即当股票账户出现亏损时，坐等反弹或不断加仓；股票账户出现盈利时，总是担心煮熟的鸭子飞掉，于是选择早早地卖出了股票。

3个月之后，看着自己的账户的总资产回到了20万元，紧张的心也终于放松下来。

### （二）追随钱的足迹

股票账户重新回到盈利水平，也就意味着自己可承受风险的能力同步加强了。在操盘方面，可由原来的保守姿态，切换为适度的进攻姿态，即选择一半左右的仓位追寻市场热点。不过，在追市场热点方面，有两点需要注意。

1. 追涨，并不追高

市场热点持续的时间并不相同，有的可能有十几个交易日，有的则不到一个交易日。追逐市场热点时，一定要尽可能地在早期介入，不要追逐短期涨幅过大的股票。当然，大黑马多是短期暴涨形态，但我们如果还没有做好承受相同幅度亏损的准备，尽量不要奢望那么大的上涨幅度。毕竟，这种大黑马是可遇而不可求的。

2. 追随钱的足迹

市场热点的方向，必是钱的流向。众所周知，股价的上涨或下跌都是由资金推动的，即当买入资金过多时，股价就会供不应求，导致股价节节攀升；反之，当卖出资金过多时，股价就会供大于求，导致股价连连下跌。一只股票的价格将要启动时，必然会有资金流入，这时，投资者就可以追踪钱的足迹，买入该股；一旦该股上涨到一定幅度之后，资金出现流出时，投资者就可以同样跟随钱的足迹卖出股票，这样，就完成了一个简单的短线操作过程。

追踪钱的足迹，并不是一件容易的事。很多人为了能够清楚记录钱的足迹，发明了各种技术分析方法和技术指标,例如成交量分析就是最简单,也是最有效的分析方法。投资者可以看下面这个案例(如图1-4所示)。

图1-4中,中国联通的成交量从2015年4月15日开始逐步放大,与此同时,股价出现节节上涨的态势。这说明该股有大量的资金持续流入,未来股价还将进一步上涨,投资者可以选择追随资金的方向,买入该股。

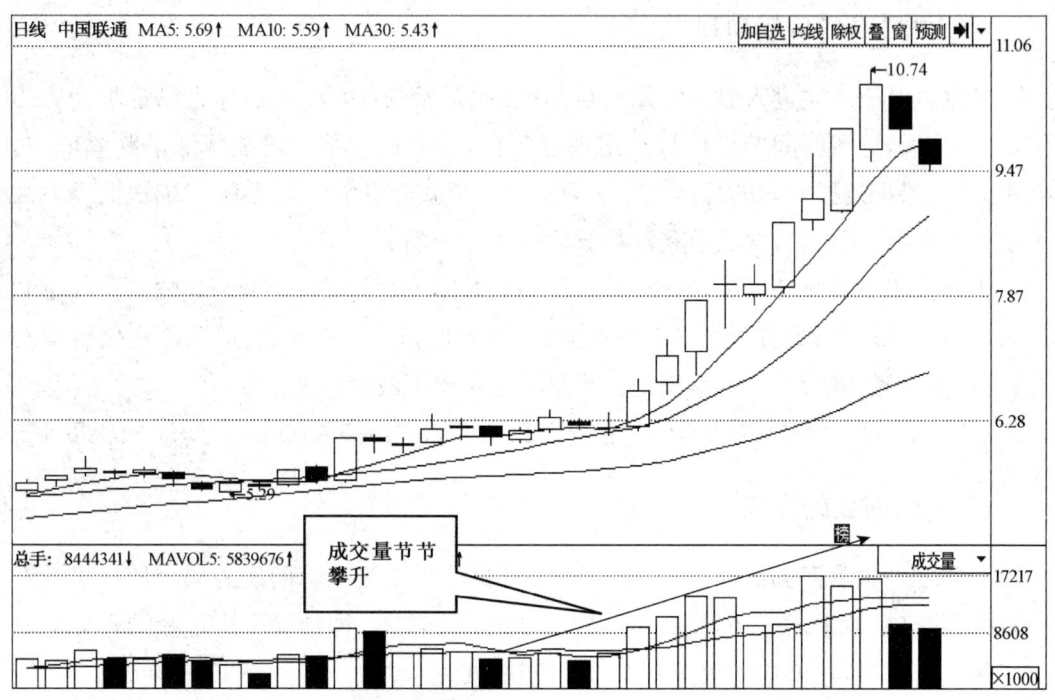

图1-4　中国联通(600050)日K线走势图

追随钱的足迹,但钱不会说话,只有图表才会说话。一张成交量图表可以清晰地反映出钱的流入或流出的方向。

### (三) 学会给自己放个假

一年分四季,一天有早晚。会休息的人,才是会工作的人。对于一个投资者来说,并不是所有时间都适合做交易。

该罢手时且罢手。一个人在做事时,在应该停止的时候,一定要停下来。投资者在进行股票投资时,也有"该罢手"的时候,这时,就需要停下来休息一下。一般情况下,这种"该罢手"的时刻包括以下几个。

#### 1. 交易连续出现亏损时

投资者如果连续几次出现交易亏损,应该考虑调整一下心态,停止交易一段时间。等心态调整过来之后再考虑交易。

2. 大盘行情恶化时

大盘行情恶化时,个股能够发动上涨行情的概率很低。因而,一个聪明的投资者往往会在这个时候选择隐藏,避免交易,这也能有效地避免交易损失。

3. 当投资者很难看清行情方向时

投资者在一般情况下都是根据自己对行情的预测来买入股票,当自己很难看清行情方向时,最好选择退出。只有这样,才能保证自己的投资不受损失。

4. 当投资者身心疲惫时

投资,虽不是一项体力劳动,但也需要耗费一个人的大量精力。当交易进行时,行情每时每刻都在变化,这时需要投资者集中精力,因而,当投资者感到身心疲惫时,一定要先选择退出交易,好好休息一番之后,再进行交易。

1年的时间,股票账户的资金数额终于跳过了100万。从20万到100万,在股市中并不算一个特别突出的成绩,但对于初入股市的新手,已经是不错了。

不过,100万,只是一个开始。

# 第二章 股市中最基础的知识和规则

股市中最基础的知识和规则,也许并不能帮助你获利,但如果不了解它们,你却很难从股市中获利。

## 一、开户时应注意的细节

按照相关规定,个人买卖股票必须通过中介,也就是券商来完成。因而,开户,是炒股新手进入股市的第一件事。对于很多新手来说,开户手续显得比较繁杂,涉及券商、银行等,不过,只要你走进券商的营业部,告诉他们你要开户,相信会有人自动指导你完成相关业务流程。

整个开户过程,大致包括的几个环节如图 2-1 所示。

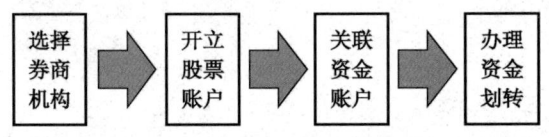

图 2-1 股票开户基本流程

### (一)选择券商机构

目前,可供投资者选择的券商机构有几十家,虽说券商实力有差别,但是提供基本的交易还是没有问题的。投资者在选择券商时,应重点考虑以下几个方面。

1. 交易成本

交易成本是选择券商的一条非常重要的依据。尽管政府对券商的交易佣金有相应的规定,即划定了一定的浮动范围,但是,各家券商还是会有所区别。作为投资者千万不能忽视佣金的比例,因为,如果你交易得很频繁的话,这些佣金可能会蚕食你相当的利润。在股票交易过程中,除了交给券商的佣金费用之外,还包括印花税、过户费、交易规费等几种。当然,后面几种费用相对佣金来说,都比较少,而且各家券商基本相同,所以在选择券商时,可以忽略。

### 2. 服务水平

券商的服务水平，尤其是硬件水平，也是一条重要依据。每个券商都有自己的交易系统，投资者也都会下载该券商的交易软件，但软件的速度还是有些细微的差别。尤其是在某些繁忙时段，一秒钟都可能让自己的买入或卖出价格相差很多。例如，在2015年3月份大牛市期间，个别券商就曾出现过系统瘫痪的问题。

### 3. 便利程度

尽管现在多数投资者都借助网络进行炒股，但券商的营业部有时还是需要去的，如更新一些证件信息、签订某些协议等。因而，券商营业部的位置以及交通状况，也是选择券商的一个参考因素。

## （二）开立股票账户

投资者选定券商后，可持有个人身份证到较近的券商营业部办理开户手续。通常情况下，营业部会提供一份表格以及若干份协议，由投资者逐项填写。完成各项手续后，营业部会提供给投资者两张股东卡：一份是上海证券交易所股东卡；另一份为深圳证券交易所股东卡。目前，我国只有上海和深圳两个证券交易所。

投资者如果想开通创业板，还需满足两年以上股龄，并且亲自到证券营业部填写风险揭示书后方可。

按照前些年的规定，开通股票账户需要收费，具体标准为：深市50元，沪市40元。近年来，券商为了吸引投资者来开户，已经将该费用免除。

## （三）开立资金账户

股票账户开立完毕后，投资者需要选择一家银行，作为资金托管行，将股票账户与银行资金账户关联，并与券商签订一份三方协议。当然，投资者如果已经有银行卡或存折，可以直接在证券营业部签订好三方协议后，送到银行盖章确认，再将其中一份协议送回证券营业部即可。如果投资者没有银行卡或存折，也可以就近选择银行开户。

## （四）划转资金，搏击股市

投资者准备买入股票时，可通过炒股软件中的"银证转账"功能，将银行账户的资金转移至股票账户，从而进行股票交易活动。

## 二、股票基本术语

很多炒股新手都喜欢看一些股市新闻，听一些股评，而对于其中出现的股票术语懵懵懵懂懂。下面简单地将股票术语归类解释一下。

## （一）描述整体市场类术语

### 1. 牛市、熊市、猴市

★ 牛市

牛市是指整个股票市场呈现持续上涨的行情。相对应，其成交活跃、大盘指数不断创出新高。例如上证综指从2014年11月开始启动了一波波澜壮阔的牛市，几个月内指数就实现了翻番，如图2-2所示。

图 2-2　上证综指走势

★ 熊市

熊市与牛市正好相反，是指整个股票市场呈现下跌的行情。与此相对应，交易比较少，大盘指数不断创出新低。

★ 猴市

猴市又称震荡市，是指股票市场出现上下震荡的行情，股指走势不明朗。

**术语解读：**

牛市，并不意味着股指只升不降，而是在不断震荡与回调中逐渐走高。也就是说，如果一段时间内，股指整体上是上涨的，且幅度较大，就可以称之为牛市。熊市，则与此相反。对于炒股新手来说，牛市可以大胆买入；而熊市则宜谨慎。

<u>俗话说,再好的草地也会有瘦马。牛市中也有股票出现下跌走势;熊市中也会有股票翻番。关键看自己能否选准股票。</u>

2. 上证综指、深证成指、创业板指数、大盘

★ 上证综指(000001)

上证综指,即上海证券综合指数,又称上证指数,是指通过对上海证券交易所上市的所有股票价格通过加权计算处理后得出的指数。上证综合指数的样本股是上海证券交易所内全部上市股票,包括A股和B股,从总体上反映了上海证券交易所上市股票价格的变动情况,该指数自1991年7月15日起正式发布,基日指数定为100点。

★ 深证成指(399001)

深证成指,即深证成份股指数,它是深圳证券交易所编制的一种成份股指数,是从上市的所有股票中抽取具有市场代表性的40家上市公司的股票作为计算对象,并以流通股为权数计算得出的加权股价指数,综合反映深交所上市A、B股的股价走势。该指数以1994年7月20日为基日,基日指数定为1 000点。

★ 创业板指数(399006)

创业板指数,也是深圳证券交易所编制的一种成份股指数,是从深圳交易所上市的所有创业板股票中抽取具有代表性的100家上市公司的股票作为计算对象,并以流通市值为权数计算得出的加权股价指数。

创业板指数在样本满100只后实施季度定期调整,实施时间定于每年1月、4月、7月、10月的第一个交易日,通常在实施日前1月的第二个完整交易周的第一个交易日公布调整方案。

★ 大盘

大盘,即大盘指数,主要指上证综指和深证成指两个指数。相对于深证成指,上证综指更具代表性,因而,大家通常所指的大盘,多指上证指数。

**术语解读**

<u>大盘</u>,是研判股市行情的重要依据。大盘处于上升状态,那么,个股上涨的概率会比较大;反之,则较小。至于大盘为何如此重要,我们将在第三章中展开论述。

3. 主板、中小板、创业板、三板、新三板

★ 主板

主板,是指一个国家最主要的股票发行、上市和交易场所。我国的主板市场通常指沪深A股市场。沪市主板股票代码以"600、601"开头,如600000浦发银行;深圳主板股票代码以"000、001"开头,如000002万科A。

★ 中小板

中小板,是相对于主板而言的,设在深圳证券交易所,其执行的交易规则与主板相同。中小板股票代码以"002"开头,如002007华兰生物。

★ 创业板

创业板,是为了扶持中小企业,尤其是高成长性企业,而在深圳证券交易所设立的。创业板在上市门槛、监管制度、信息披露、投资风险等方面和主板有较大的区别。因其风险较高,投资者必须具备较高的抗风险能力。创业板股票代码以"300"开头,如300002神州泰岳。

★ 三板

三板,全称为"代办股份转让系统",主要是主板退市的股票在三板上进行交易。三板市场的交易规则与主板不同,参与交易的投资者也较少。

★ 新三板

"新三板"原指中关村科技园区非上市股份有限公司进入代办股份系统进行转让试点,因为挂牌企业均为高科技企业而不同于原三板转让系统内的退市企业,故形象地称为"新三板"。2013年年底,新三板方案突破试点国家高新区限制,扩容至所有符合新三板条件的企业。

新三板对于参与交易的投资者要求也与主板不同,目前具体要求包括:

(1) 个人投资者必须具备两年以上炒股经验,或具有会计、金融、投资等专业背景;

(2) 投资者在开通新三板前一交易日,个人证券类资产不低于300万元。

**术语解读:**

<u>对于新加入炒股大军的新手来说,还是选择主板、中小板和创业板更加稳妥。毕竟,这三个板块的交易规则是相同的。</u>

4. A股、B股、H股

★ A股

A股是指在我国境内上市,由境内公司发行,内地交易者可自由交易的,以人民币计价的股票。

★ B股

B股是指在我国境内上市,由境内公司发行,以外币进行交易的股票。其中,上海证券交易所的B股以美元计价;深圳证券交易所的B股以港币计价。

★ H股

H股是指公司注册地在中国内地,但在香港交易所上市的外资股。当然,也有很多公司在内地A股市场和H股市场同时上市。如中国联通,上海证券交易所代码为

600050，香港交易所代码为 00762。

**术语解读：**

对于新加入炒股大军的新手来说，A 股才是上佳的选择。

## （二）描述股票类术语

1. 大盘股、小盘股

★ 大盘股

大盘股，泛指盘子较大、流通市值较高的股票。这些股票流通市值较大，其价格涨跌对大盘股指升降的影响非常大。随着股市流通资金的不断增加，对大盘股的定义也不断变化，现阶段通常把流通市值 20 亿元以上的股票称为大盘股。典型的大盘股，如中国石油、中国石化等。

★ 小盘股

小盘股，是与大盘股相对的概念，流通市值较小的股票。现阶段，通常把流通市值在 50 亿元以下的股票称为小盘股。

**术语解读：**

通常情况下，牛市通常是大盘股推动的；而在熊市或震荡市中，小盘股往往会有更加优秀的表现。

2. 蓝筹股、垃圾股、ST 股

★ 蓝筹股

蓝筹股，通常是指在所属行业中占据领导地位，业绩优良，红利丰厚的大公司股票。典型的蓝筹股，如地产行业的万科 A、白酒类的贵州茅台等。

★ 垃圾股

垃圾股，泛指业绩极差、资产状况不佳的公司的股票。这类公司的前景不为人所看好，有些已经出现亏损，乃至连续亏损情况。

★ ST 股

ST 是"特别处理"的意思，按照规定，如果上市公司的财务状况出现异常，其股票简称前就要戴上"ST"的帽子，俗称"戴帽"，如 ST 生化。

特别处理分为终止上市风险的特别处理和其他特别处理。

按照相关规定，如果一个公司连续连年出现亏损，那么，其股票将被加上"终止上市风险特别处理。"其股票简称前将被冠以"*ST"，又被称为"披星戴帽"。下一年度，如果公司能够实现盈利,则取消该标示,称为"摘帽"。

**术语解读：**

蓝筹股,在某种程度上,属于稳定盈利的代名词,一般波动较小,投资风险相对偏低;垃圾股、ST股从投资的角度看,基本上没有任何价值,但股市永远是炒作预期的,也就是说,一个亏损的公司未来也有可能盈利,这就为炒作赢得了空间。很多黑马股就从这里出现。另外,每年都会有一些"披星戴帽"的公司"摘帽",与此同时,则往往会有一波炒作浪潮。

3. 新股、次新股

★ 新股

新股,是指刚刚上市发行的股票。新股上市第一天往往都会被热炒,涨幅也都非常可观。正因如此,很多股民和机构都会参与网上申购(俗称"打新")。

★ 次新股

次新股,是相对新股而言,泛指上市时间不长(时间通常为1年以内)的股票。

**术语解读：**

新股申购往往会吸引大量资金参与,一般命中率也比较低,不过,如果命中率提高,可能收益反而不会太高。

新股和次新股没有套牢盘,对于庄家或主力来说,更容易拉升。这也是很多投资者喜欢炒新股和次新股的原因所在。

4. 黑马股、白马股、题材股

★ 黑马股

黑马股,是指股票价值没有被市场广泛地认可或接受,之前涨幅一直不大,从某一时刻开始展开了一波爆发性上涨行情的股票。

★ 白马股

白马股,是指股票价值已经被市场广泛地认可,属于公认的业绩优良、走势良好的股票。

★ 题材股

题材股,是指具有某些共性或主题的股票。这些股票可能属于同一行业、同一地域或同受益于某一政策、概念等。

**术语解读：**

人人都爱黑马股,但黑马股毕竟是可遇而不可求,否则也就不是黑马了。几乎每年都会出现一些表现特别优异的题材股。对于短线投资者来说,参与某一阶段的热点题材股炒作也是一条获利的捷径,但切记:快进快出,谨防被套。

### (三) 操盘常用术语

1. 空头、多头、空翻多、多翻空

★ 空头

空头是指预判未来股市会下跌的投资者。对未来持悲观态度,坚定地看空未来走势的投资者又被称之为"死空"。

★ 多头

多头与空头相对,是指预判未来股市会上涨的投资者。对未来持乐观态度,坚定地看多未来走势的投资者又被称之为"死多"。

★ 空翻多

空翻多,是指原来看空股市,对未来走势持悲观立场的投资者开始转变态度,对未来走势变得乐观起来,成为"多头"。

★ 多翻空

多翻空,是指原来看多股市,对未来走势持乐观立场的投资者开始转变态度,对未来走势变得悲观起来,成为"空头"。

**术语解读:**

多头与空头是相对而言的,而且也不是一成不变的。多空激烈交锋时,往往也是股市的震荡时期。同理,股市或个股出现单边上涨行情,则说明多头占据压倒性优势地位;反之,则是空头占据优势地位。

2. 利好、利空

★ 利好

利好是指能够引起股价或股市上涨的因素。例如印花税下调、某只股票业绩超预期等。

★ 利空

利空是指能够引起股价或股市下跌的因素。例如银行加息、某只股票遭到处罚等。

**术语解读:**

历史经验证明,很多利好消息兑现时,往往是股价或大盘到达最高点之时。利好兑现即利空,就是这个道理。投资者应该谨慎对待这些利好或利空因素,不能盲目地见到利好消息就买入,见到利空消息就卖出。

3. 套牢、解套、割肉、踏空、浮盈、浮亏

★ 套牢

套牢是指投资者买入股票后,该股价格大幅下跌,使投资者面临卖出即大幅亏损的情况。这时,很多投资者会选择一直持股,直至股价重新回到买入价位。因而,套牢大多数投资者的价位也往往成为密集套牢区,股价后市突破该区域会非常困难。

★ 解套

解套是指投资者被套牢后,股价重新回到套牢价位以上的情况。

★ 割肉

割肉是指投资者被套牢后,依然选择亏损卖出股票的情况。

★ 踏空

踏空是指投资者卖出股票后,股价开始上涨的情况。

★ 浮盈

浮盈是指投资者买入股票后,股价位于买入价以上,出现未兑现盈利的情况。

★ 浮亏

浮亏是指投资者买入股票后,股价位于买入价以下,出现未兑现亏损的情况。

**术语解读:**

<u>浮盈或浮亏都是虚的,只有兑现的收益才是真实的。正因如此,设置止损位、止盈位尤其重要,如果能够坚定地执行交易纪律,那么,也就不会出现套牢、割肉的情况。</u>

4. 分红、除息、送股、除权、填权

★ 分红

分红是指上市公司派发红利。通常情况下,分红的方式包括现金分红、送股、转增股等几种形式。无论是现金分红还是送股都需要缴纳个人所得税。

★ 除息

上市公司派发现金红利后,会造成每股净资产减少,这是需要在股价中剔除这部分因素,这个剔除行为就是除息。

★ 送股

送股是指上市公司以赠送股票的方式发放红利。例如北京银行 2014 年 7 月 14 日每 10 股派 1.8 元送 2 股。

★ 除权

由于上市公司送股、配股等方式使得公司总股份数增加,会造成每股净资产减少,

这时需要从股价中剔除这部分因素，这个剔除行为就是除权。

★ 填权

填权除权和除息会导致股价在其后的第一个交易日开盘出现相应降低情况，这时，如果股价上涨，补回这部分差价被称为“填权”。

**术语解读：**

大部分股票除权之后都会走出一段填权走势，这也是很多投资者青睐高送转股票的原因所在。

5. 盘口、买盘、卖盘、委比、量比、换手率

★ 盘口

盘口是指个股买入和卖出的委托挂单情况。一般的交易软件能够看到五档盘口，即买入和卖出分别为五档的盘口，如图 2-3 所示。

★ 买盘

买盘体现股票买方的买入意愿和实力，直接体现在五档挂单数量，如图 2-3 所示。

★ 卖盘

卖盘体现股票卖方的买入意愿和实力，直接体现在五档挂单数量，如图 2-3 所示。

| R 马钢股份 600808 | | | |
|---|---|---|---|
| 委比 | | +2.86% | 899 |
| 卖盘 | 5 | 5.11 | 648 |
| | 4 | 5.10 | 3276 |
| | 3 | 5.09 | 6435 |
| | 2 | 5.08 | 4595 |
| | 1 | 5.07 | 327 |
| 买盘 | 1 | 5.06 | 429 |
| | 2 | 5.05 | 4304 |
| | 3 | 5.04 | 4319 |
| | 4 | 5.03 | 3653 |
| | 5 | 5.02 | 3475 |

图 2-3　盘口示意图

★ 委比

委比是指委托买入手数和委托卖出手数之差与委托买入手数和委托卖出手数之和的比值。委比数值越大说明买方实力越强，如图 2-3 所示。

★ 量比

量比用于衡量当日成交量与最近五个交易日的平均成交量的变化程度。量比越大，说明成交趋于活跃，放量明显；反之，则说明缩量明显。

★ 换手率

换手率是指某只股票某段时间内成交数量与该股流通股本总数之比。换手率显示了股票交易的活跃程度，换手率越高，说明交易越活跃。

**术语解读：**

对于短线投资者来说，量比、换手率都是其交易的重要参考指标。在后面的章节中我们也将详细加以论述。

## 6. 高开、低开、平开

★ 高开

高开是指当日开盘价超过上一交易日收盘价的情况。

★ 低开

低开是指当日开盘价低于上一交易日收盘价的情况。

★ 平开

平开是指当日开盘价与上一交易日收盘价相同的情况。

**术语解读：**

如果不是大幅低开或高开，开盘价对股价整体走势的影响都不会太大。

## 7. 建仓、清仓、补仓、空仓、重仓

仓位是投资者对所持有股票数量的形象称呼。

★ 建仓

建仓是指买入股票。

★ 清仓

清仓是指卖出股票。

★ 补仓

补仓是指继续买入所持有的股票。

★ 空仓

空仓是指没有买入任何股票。

★ 重仓

重仓是指全部资金都用于买入股票。

**术语解读：**

仓位控制一般与自己对大盘走势的研判有关。对大盘未来走势看好时，可升高自己的仓位，甚至满仓；对大盘未来走势不看好或判断不清时，必须合理控制仓位。

## 8. 洗盘、震仓、护盘

★ 洗盘

洗盘，是指庄家在拉升过程中，为了让低价位买入的投资者卖出股票，以减轻上方压力，抬高市场平均成本，而采用的一种打压股价的手段。在洗盘过程中，股价往往会出现大幅震荡。上涨与下跌的转换会非常快，让投资者难以把握未来的方向。

★ 震仓

震仓是庄家洗盘的一种方式，即短期内迅速打压股价，在K线图上留下一根大阴线，将立场不坚定的投资者清洗出局。

★ 护盘

护盘，是指庄家或政府出于某种目的，防止股价或大盘过快下跌而采取的行动。

**术语解读：**

很多投资者过早地卖出上涨中的股票，都是由于庄家的洗盘和震仓造成的。换句话说，如果不能让较多的投资者出局，那么，庄家是不会让股票快速上涨的。

## 三、股票交易的基本规则和制度

熟悉股市交易规则并不能帮助你挣钱，但如果不了解这些规则，则根本无法挣钱。新手炒股前，需要对以下几项交易规则有所熟悉和了解。

### （一）交易数量限制

股票市场的交易单位为"股"，100股＝1手。每次交易必须是100股或其整数倍，即买卖多少手。

因分红、送股、配股等原因产生零股的情况，可一次性卖出，不可以买入零股。

### （二）交易价格限制

沪深A股市场的最小报价单位为"0.01元"。买入和卖出股票，需将价格精确至0.01元。沪市B股最小报价单位为"0.001美元"；深市B股最小报价单位为"0.01港元"。

### （三）涨跌停板

该制度源于国外早期的证券市场，是为了防止交易价格的暴涨暴跌而设置的。我们股市自1996年12月26日正式实施此制度。

所谓的涨跌停板，是指股价只能在设定的最大上涨或下跌幅度内波动，如果下单价格超过该幅度的限制将被视为无效下单。沪深A股市场中正常交易股票的涨跌停限制为10%，即股价上涨10%就不会再上涨了，当然，由于股价的最小报价单位为0.01元，因而，10%的涨跌限制也会稍有不同，例如，有的股票可能上涨到9.99%就停板了，有的则可能上涨到10.01%。图2-4为首创股份2017年4月7日分时走势图。

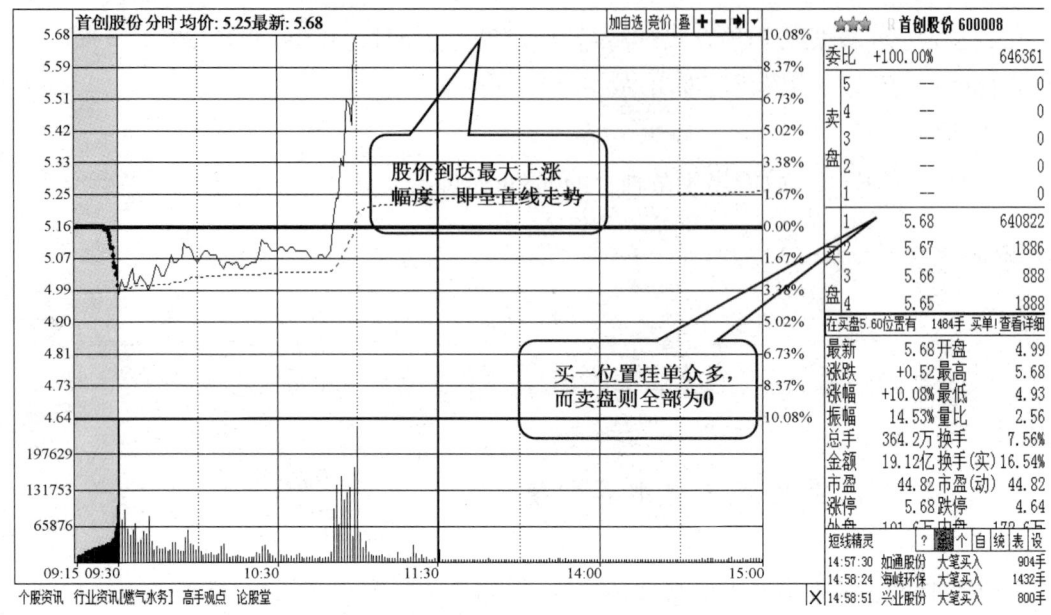

图 2-4 首创股份(600008)涨停板示意图(2017.4.7)

通常情况下,股价一旦到达涨停位置,再想买入股票会非常困难;而股价到达跌停位置,卖出则非常困难。

ST 类股票的涨跌停限制为 5%。

新股发行上市第一天的涨跌停限制,目前设定为 44%。

**投资建议:**

通常情况下,股票前一交易日涨停,那么,下一交易日开盘后上涨的概率较高;而前一交易日跌停,下一交易日开盘后下跌的概率也较高。投资者手中的股票如果被拉升至涨停板位置,则耐心持股,直至涨停板打开即可;反之,如果股票被打压至跌停板,则须尽早卖出。涨停板制度,作为保护投资者利益、抑制过度投机的政策,也经常被庄家用来引诱投资者。

### (四) 集合竞价

集合竞价,是指对一段时间内所接受的买卖申报一次性集中撮合成交的竞价方式。集合竞价需要遵循以下三个原则:

(1) 以此价格成交,能够获得最大成交量;

(2) 高于参考价买入申报和低于参考价卖出申报必须全部成交;

(3) 与参考价位相同的申报,其中买入申报和卖出申报必须有一方能全部成交。

若有几个价格同时符合上述三个条件,沪市按照几个价格的中间价成交,而深市则按照与前一交易日收盘价最近的价格成交。

目前,股市每天早盘的开盘价都是通过集合竞价获得的,即每个交易日的9：15～9：25。除此时段外,深市每天的收盘价也是通过集合竞价的方式获得的,即每个交易日的14：57～15：00。从2018年8月20日开始,沪市收盘价也通过集合竞价的方式产生。

**投资建议：**

<u>投资者在集合竞价阶段如要买入或卖出股票,尽量将价格设置得高于其他投资者的买入价格或低于其他投资者的卖出价格,这样既保证了成交,又因为交易价格是集合竞价的结果,自身也不会吃亏。</u>

### (五) "T＋1"交易制度

"T＋1"交易制度中的T是指交易当天,"T＋1"则是指交易完成后的下一交易日。"T＋1"交易制度,是指投资者当天买入的股票要到下一交易日才能卖出,但当天卖出的股票当天就可以买入新的股票,不过,当天卖出股票的资金却不能提现。

**投资建议：**

<u>"T＋1"交易制度本意是防止过度投机,保护投资者利益的,但是,由于其对交易时间的限制也经常导致很多投资者出现买入股票后无从反悔,只能坐等亏损的状况。庄家也经常利用这一制度套牢投资者。</u>

## 四、融资融券与沪港通、深港通

### (一) 融资融券

融资融券又称证券信用交易,或保证金交易,是指投资者向具有融资融券业务资格的证券公司提供担保物,借入资金买入证券(融资交易)或借入证券并卖出(融券交易)的行为。该定义也可以这样通俗理解：投资者认为某只股票可能会上涨,就可以先到证券公司借钱买入,待股价上涨卖出后,再将钱还给证券公司,这就是融资交易；投资者认为某只股票可能要下跌,也可以先到证券公司借来股票卖出,待股价下跌后再买回股票归还证券公司,这就是融券交易。

对于投资者来说,通过融资融券交易,既可能让自己的受益翻倍,也可能让自己的亏损扩大数倍。也就是说,从事这种交易,要求投资者具备较强的抗风险能力。

当然，开通融资融券交易也是有一定门槛的，具体包括以下几条：

第一，交易资金。

投资者所持有的资金，就相当于自己的抵押物，因而，必须具备相当的资金规模才能参与融资融券交易。最低的资金限额因券商不同而有所区别。

第二，投资年限。

投资者最少需要参与股票交易满6个月。

第三，所属券商。

只有具备了相关资质的券商才能开展融资融券业务。当然，获得融资融券的券商会越来越多，投资者如需开通，直接向自己开户的券商咨询即可。

第四，操作标的。

只有满足一定条件的股票才能成为融资融券的标的。投资者如果开通了该业务，那么在炒股软件中，可见到这些符合条件的股票。

这些股票应符合以下条件：第一，上市时间满3个月；第二，流通股本不少于1亿股或流通市值不少于5亿元；第三，股东人数不少于4 000人；第四，近3个月，日均换手率不低于基准指数日均换手率的20％；第五，发行企业已经完成股权分置改革；第六，未被ST处理等。

**投资建议：**

融资融券交易，类似于期货交易，但风险系数要小于期货。它不仅有投资收益与风险放大的功能，同时还为投资者提供了股市做空功能。

## （二）沪港通

### 1. 沪港通的含义

沪港通是"沪港股票市场交易互联互通机制试点"的简称，是指上海证券交易所（简称"上交所"）和香港联合交易所有限公司（简称"联交所"）建立技术连接，使两地投资者通过当地证券公司或经纪商买卖规定范围内的对方交易所上市的股票。

沪港通包括沪股通和港股通两部分。其中，沪股通，是指香港投资者委托香港经纪商，经由联交所设立的证券交易服务公司，向上交所进行申报，买卖规定范围内的上交所上市的股票。港股通，是指内地投资者委托内地证券公司，经由上交所设立的证券交易服务公司，向联交所进行申报，买卖规定范围内的联交所上市的股票。

### 2. 沪港通的特点

一是充分借鉴市场互联互通的国际经验，采用较为成熟的订单路由技术和跨境结算安排，为投资者提供便捷、高效的证券交易服务；

二是双向开放,内地投资者可以通过港股通买卖规定范围内联交所上市的股票,同时,香港投资者也可以通过沪股通买卖规定范围内上交所上市的股票;

三是对投资者双向采用人民币交收,即内地投资者买卖以港币报价的港股通股票,以人民币交收,香港投资者买卖沪股通股票,以人民币报价和交易;

四是在试点初期实行额度控制,即内地投资者买入港股通股票有总额度和每日额度限制,香港投资者买入沪股通股票有总额度和每日额度限制;

五是两地投资者通过沪港通可以买卖对方市场股票限于规定的范围。

3. 港股通对投资者的要求

在试点初期,香港证监会要求参与港股通的内地投资者仅限于机构投资者及证券账户及资金账户余额合计不低于人民币50万元的个人投资者。

4. 港股通交易的买卖规则

应当拥有沪市人民币普通股账户,同时,港股通交易仍以"手"为买卖单位,不同于内地市场每买卖单位为100股,在香港,每只上市证券的买卖单位由各发行人自行决定,可以是每手20股、100股或1 000股等。投资者如果想查阅每只证券的买卖单位,那么可以登录联交所网站,在"投资服务中心"栏目内,选择"公司/证券资料",输入股份代号或上市公司名称以查询。

(注:以上内容引自中国证监会官网和上海证券交易所网站。)

**投资建议:**

沪港通的各种规则和限制措施也会根据市场情况适当地调整。作为股市新手,在没有弄明白香港股市交易规则的前提下,最好不要贸然参与。毕竟内地股市和香港股市的交易规则存在很大的区别。

## (三)深港通

深港通,是深港股票市场交易互联互通机制的简称,是指深圳证券交易所和香港联合交易所有限公司建立技术连接,使内地和香港投资者可以通过当地证券公司或经纪商买卖规定范围内的对方交易所上市的股票。

深港通包括深股通和港股通两部分。其中,深股通,是指香港投资者委托香港经纪商,经由联交所设立的证券交易服务公司,向深交所进行申报,买卖规定范围内的深交所上市的股票。港股通,是指内地投资者委托内地证券公司,经由深交所设立的证券交易服务公司,向联交所进行申报,买卖规定范围内的联交所上市的股票。

2016年12月5日,深港通正式启动。深港通的交易方法与沪港通区别不大,只是对于香港投资者来说,可以更加方便交易深交所上市的中小板和创业板股票。

# 第三章 看不懂盘面、盘口，如何炒股

看盘，是新手进入股市需要学习的第一课。那么，看什么盘，为何要看盘，如何看盘，也就成了很多新股民心中最急需解答的三个问题。

**第一个问题：看什么盘。**

主要看两类盘面：其一，大盘分时走势盘面。大盘盘面主要包括上证指数盘面和深成指数盘面，又以上证指数盘面最为重要；其二，个股分时走势盘面。

**第二个问题：为何要看盘。**

通过观察盘面细节，透析买卖双方力量的变化，预测股价或指数未来的变动趋势。

**第三个问题：如何看盘。**

盘面信息的背后，往往透露着主力或庄家的某种意图，然而，盘面信息错综复杂，有些内容可以帮助投资者作出正确的判断，有些信息的意义就不是很大。何种信息有效；如何使用这些信息，则是看盘要解决的核心问题。

## 一、大盘分时走势研判

上证指数分时走势图，是把股票市场的一系列交易信息，实时地用曲线在坐标图上加以显示的一种技术图形。坐标的横轴表示交易时间，纵轴的上半部分是指数，下半部分显示的是实时的成交量。下面以2017年4月7日的上证指数分时走势图为例，简单介绍一下上证指数分时走势图所传递的信息。

图3-1所示为上证指数在2017年4月7日的分时走势图。图中的"上证指数线"代表了上证指数的实际走势，反映的是经过加权处理的大盘指数，在一般的股市行情软件中用"白线"表示；图中的"领先指数线"代表的是不含加权处理的大盘指数，在行情软件中一般用"黄线"表示。图中的红柱线与绿柱线表示的是买盘与卖盘的对比情况，在横线上方的红线柱，表示的是买盘大于卖盘的情形；在横线下方的绿线柱，表示的是卖盘大于买盘的情形。

研判大盘分时走势图时，需要重点关注以下几方面。

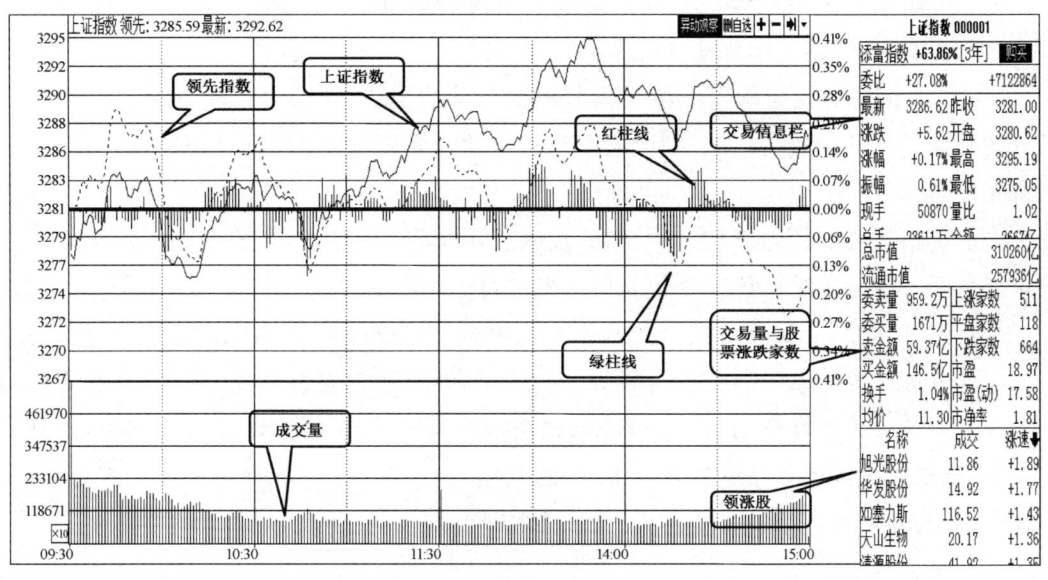

图 3-1　上证指数分时走势图(2017.04.7)

## （一）上证指数线与领先指数线

上证指数线，也就是通常所说的分时走势图上的白线，是以样本股的发行股本数为权数进行加权计算得到的，因此，一些大盘股（权重股）对该线的走势影响很大；而领先指数线，就是通常所说的分时走势图上的黄线，是未经过加权处理的，受权重股影响较小，因而，更能反映一些小盘股的走势特点。

其实，通常意义上所说的大盘股与小盘股并没有明确的界定，只是相对而言，总股本较小的股票被称为小盘股；而总股本较大的股票则被称为大盘股。现阶段意义上的小盘股指的是流通股本不超过 1 亿股的股票；而将流通股超过 5 亿股的股票称之为大盘股。

上证指数线与领先指数线所处的位置不同，说明大盘股与小盘股涨跌情况不同，因而，对后市的影响也是各有差异。一般情况下，这两条线在不同位置所代表的意义如下。

（1）当指数上涨时，如果上证指数线上升较快，而领先指数线上升较慢，则说明大盘股在领涨；反之，则说明小盘股在领涨。

（2）当指数下跌时，如果上证指数线下跌较快，而领先指数线下跌较慢，则说明大盘股在领跌；反之，则说明小盘股在领跌。

（3）如果上证指数线与领先指数线黏合在一起，则说明整个市场是一种普涨或普跌的格局，且上涨或下跌的幅度越大，上涨或下跌的家数也就会越多。

（4）如果上证指数线在领先指数线的上方，则说明大盘股的走势强于小盘股；反之，则说明小盘股的走势强于大盘股。

（5）上证指数线与领先指数线也会出现相反的走势，这说明市场资金关注点存在分歧。如果上证指数线在上，则说明市场资金比较青睐大盘股；反之，则说明市场资金青睐小盘股。

上证指数线与领先指数线的变动，反映了市场资金关注热点的变动与资金操作的重点。投资者通过观察这种变化就可以确定自己选股的方向。

在图3-1中，上证指数线开盘后一直位于领先指数线下方，并且在上午时段，全部位于开盘点位附近，这说明两点：第一，整个市场处于横向震荡格局；第二，整个市场的上涨主要是由小盘股带动的。午后，上证指数线与领先指数线双双上升，股指由绿翻红，且上证指数线位于领先指数线上方，这说明两点：第一，整个市场出现上涨走势；第二，大盘股的走势强于小盘股，即大盘股在拉动指数上扬。

### （二）红柱线与绿柱线

柱状线是一种买盘与卖盘实力强弱对比的均衡线。当柱状线位于中间横轴的上方时，该柱状线呈红色；当柱状线位于中间横轴的下方时，该柱状线呈绿色。

红柱线表示的是买盘强于卖盘，当红柱线逐渐变长时，表示买盘逐渐增强；绿柱线表示的是卖盘强于买盘，当绿柱线逐渐变长时，表示卖盘逐渐增强。

红柱线与绿柱线表示的都是瞬间买盘与卖盘的对比情况，并不是说，大盘上涨时，所有时间的买盘都强于卖盘，只是在大盘加速上涨时才会出现明显的红柱线增多的情况；当大盘在上涨中途出现盘整时，也会出现红柱线变短或绿柱线变长的情况。

红线柱与绿柱线的长度不同，所代表的含义也有所差别。

（1）当红柱线变长时，说明买盘踊跃，大盘上涨的力度较强；反之，当红柱线变短时，说明买盘不济，上涨的力度减弱。

（2）当绿柱线变长时，说明卖盘比较踊跃，下跌的力度较强；反之，当绿柱线变短时，说明卖盘不济，下跌的力度也在减弱。

图3-1中，红柱线与绿柱线呈现出交错拉升的态势，即红柱线与绿柱线各自出现拉升情况，这说明两点：第一，买盘与卖盘均未获得绝对优势地位，只是在某一时段获得了相对优势；第二，整个市场对未来走势的预判呈分化态势，由于大盘在之前的几个交易日出现了上涨行情，很多获利盘开始涌出，而继续看好后市者又保持相对谨慎的态度，使得大盘并未出现一边倒的态势。

### （三）上涨家数与下跌家数

上涨家数是指当时股票价格高于前一交易日收盘价的股票个数；下跌家数是指当

时股票价格低于前一交易日收盘价的股票个数。与此相对应,还有平盘家数这一概念。平盘家数,是指当时股票价格与前一交易日收盘价相同的股票个数。

上涨家数与下跌家数的多少反映了市场的景气程度。上涨家数与下跌家数数量的多少分别代表的含义如下。

(1)当上涨家数远远超过下跌家数时,说明市场气氛非常活跃,短期有进一步上涨的可能,适合投资者进行短线操作。

(2)当下跌家数远远超过上涨家数时,说明市场气氛非常不好,短期还有进一步下跌的可能,投资者最好采取观望的态度。

这里以图3-1的大盘走势为例,简单介绍大盘上涨与下跌情况。在图3-1中的上涨与下跌家数一栏中,有如图3-2所示的信息。

在图3-2中,上涨家数为511家,而下跌家数为664家,说明上涨家数略少于下跌家数,市场处于调整阶段。大盘指数趋向于震荡调整的可能性更高,此时,短线交易者可以考虑离场静观其变。

| 上涨家数 | 511 |
|---|---|
| 平盘家数 | 118 |
| 下跌家数 | 664 |
| 市盈 | 18.97 |
| 市盈(动) | 17.58 |
| 市净率 | 1.81 |

图3-2 上涨家数与下跌家数

## 二、大盘每日研判要点

大盘指数的走势总是具有连续性。前一阶段的走势,往往会影响后一阶段的走势。也就是说,前一阶段指数走出较低的趋势时,后一阶段很有可能会延续下跌的走势,除非有转折性的信号出现。而当大盘指数运行到一些特殊区域时,还会出现一些异常的波动,这些情况,作为投资者都应该在看盘过程中发现。

投资者每日盯盘时,需要重点关注以下几项内容。

### (一)集合竞价时段的点位和成交量

好的开始是成功的一半。对于大盘指数来说,集合竞价阶段的低开与高开不一定能影响全天的走势,但是,开盘时段的点位和成交量还是会对投资者的心理造成一定的影响。即当指数高开时,投资者往往会感到心情舒畅;当指数低开时,难免会感到有些失落,并担心当天行情会走低。

处于正常波动幅度内的开盘点位和成交量往往不会对指数的走势造成影响,因而,也就不在我们的研究范围之内。这里,我们主要研判一下集合竞价阶段的大盘点位与成交量出现异常表现的情况。

(1)指数上涨,成交量放大。当大盘指数出现上涨,且成交量出现放大时,表示市场做多气氛浓厚,指数未来上涨的可能性很大。投资者可以考虑做多。

(2)指数上涨,成交量萎缩。当大盘指数出现上涨,且成交量出现萎缩时,表示市场做多气氛较淡,指数未来有可能会出现一定的回调。投资者宜持币观望。

(3) 指数下跌,成交量放大。当大盘指数出现下跌,且成交量出现放大时,表示市场做空气氛浓厚,指数未来有可能会出现一定的下跌。投资者可以考虑卖出股票。

(4) 指数下跌,成交量萎缩。当大盘指数出现下跌,且成交量出现萎缩时,表示市场交易清淡,观望气氛比较浓,指数未来走势具有很大的不确定性,投资者宜持币观望。

我们看一下 2015 年 8 月 24 日上证指数的走势图,如图 3-3 所示。

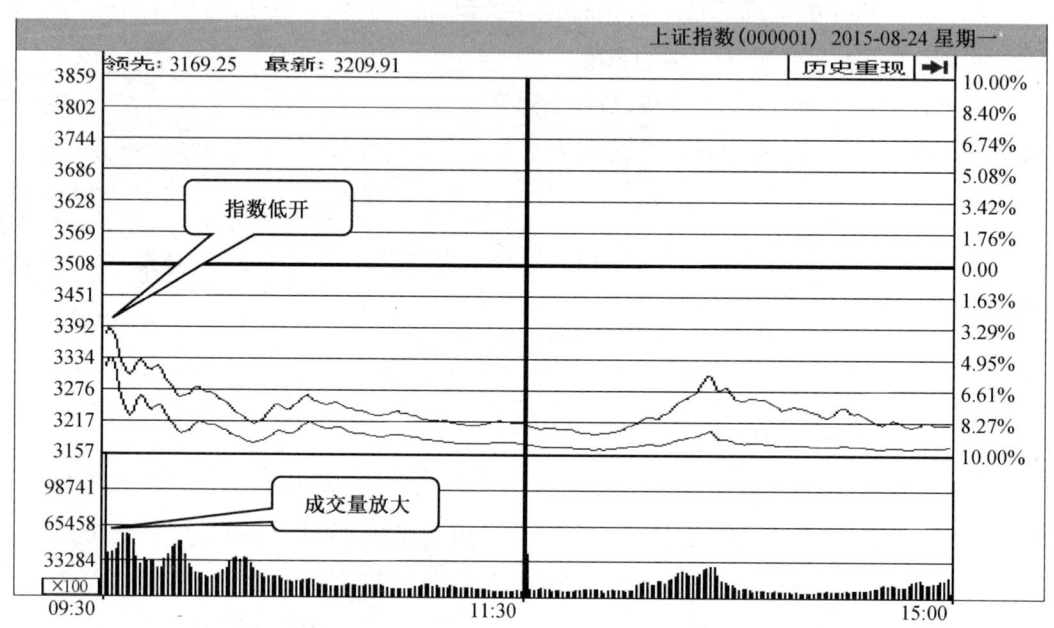

图 3-3　上证指数(1A0001)日分时走势图(2015.8.24)

在图 3-3 中,上证指数在 2015 年 8 月 24 日早盘开盘时,在前一交易日大幅低收的影响下,出现大幅低开,且成交量也同步出现放大情况,这说明市场做空气氛浓厚,后市还将进一步下跌。当日,上证指数下跌幅度达到 8.49%,刷新了中国股市多年的跌幅纪录。

### (二) 开盘半小时股价变动方向

物极必反,盛极而衰。大盘指数往往也遵循自然界的这一普遍规律。如果没有什么特别的利好消息或利空消息,当大盘开得过高或过低时,都会出现相应的回调。大盘指数如果开得过高,就会有一部分的获利盘在早盘涌出,促使指数下跌,半小时之内指数就会出现回落;反之,如果开得过低,就会有一部分抄底的买盘在早上进入市场,拉动指数上升,半小时之内指数就会出现回升。

除此之外,开盘半小时内的大盘走势情况往往会对一整天的走势构成一定的影响。具体走势情况以及影响如下。

（1）在上涨趋势中，大盘开盘半小时以内，指数线出现一浪比一浪高的走势，说明买盘非常强劲，当天大盘震荡走高的可能性较大。但是，如果开盘半小时的成交量过高，即半小时成交量已经超出前几个交易日全天或几天的数量，则庄家拉高出货的可能性非常大，投资者应该谨慎应对。

（2）在下跌趋势中，大盘开盘半小时以内，指数线出现一浪比一浪低的走势，说明卖盘实力比较强劲，当天大盘震荡走低的可能性较大。如果开盘半小时成交量较大，则说明市场对股价的下跌走势基本认可，后市走跌的可能性更大。

一般情况下，影响大盘走势的因素比较多，例如，外围股市走势、汇市的走势、国际政治经济形势、国家的相关政策等。因此，大盘走势具有较大的不确定因素。

下面以 2015 年 7 月 9 日的上证指数为例进行说明，如图 3-4 所示。

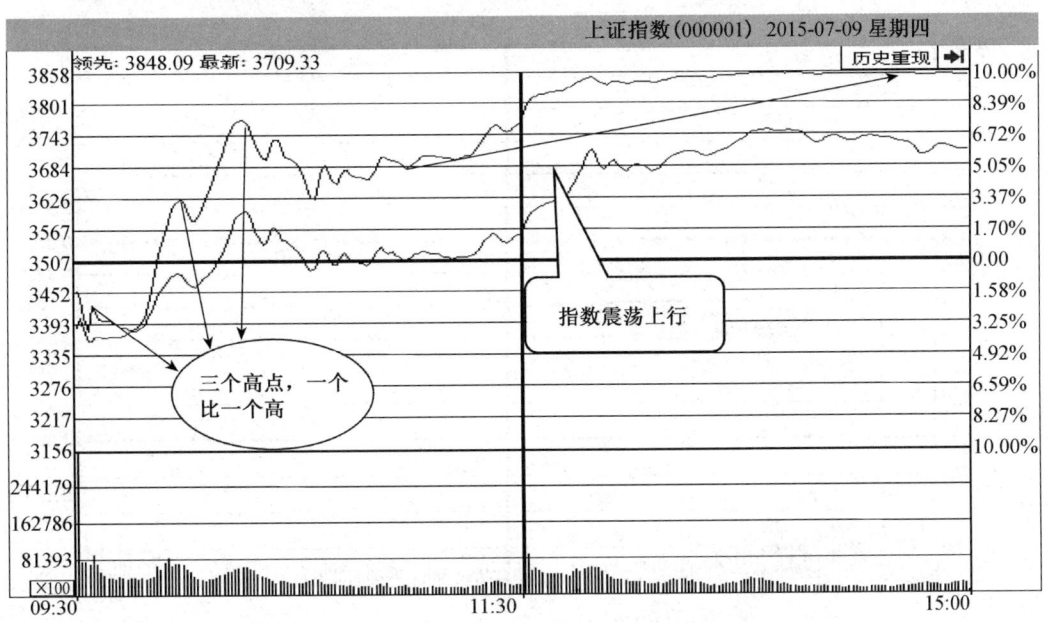

图 3-4　上证指数(1A0001)日分时走势图(2015.7.9)

图 3-4 中，大盘指数线在前一交易低收的基础上大幅低开，随后，上涨的高点，一个比一个高，而且每当指数创出高点时，成交量也会出现异常增加，这说明大盘指数走势良好，未来还将进一步走高。这也印证了文中关于在上涨趋势中，开盘半小时对整天走势影响的预判。当然，如果半小时之后的大盘指数线出现跌破前期三个高点的情况，未来仍然有向下的可能。

### （三）大盘支撑位与阻力位情况

大盘指数在运行过程中，总会受到支撑位与阻力位的影响。阻力位是指阻碍指数向上的某一价位区域；支撑位是指阻止指数向下运行的某一价位区域。通过阻力位与支撑位的判断可以很好地研判大盘的走势方向。

当指数冲过阻力区时,表示大盘走势非常强,有进一步上涨的可能,投资者可以选择买入;当指数跌破支撑位时,则表示大盘走势非常弱,有进一步下跌的可能,投资者应该选择卖出。

常见的大盘阻力位和支撑位有下面几个。

(1)开盘价。若当日开盘后指数走低,竞价时段在开盘价处积累了大量卖盘,指数运行到此就会受到一定的卖盘压力,此处,就会成为一个阻力位;反之,如果开盘后指数走高,开盘价位就会积累一定的买盘,指数运行到此就会受到一定的买盘支撑,此处,就会成为一个支撑位。下面看一下 2014 年 12 月 16 日上证指数的走势情况,如图 3-5 所示。

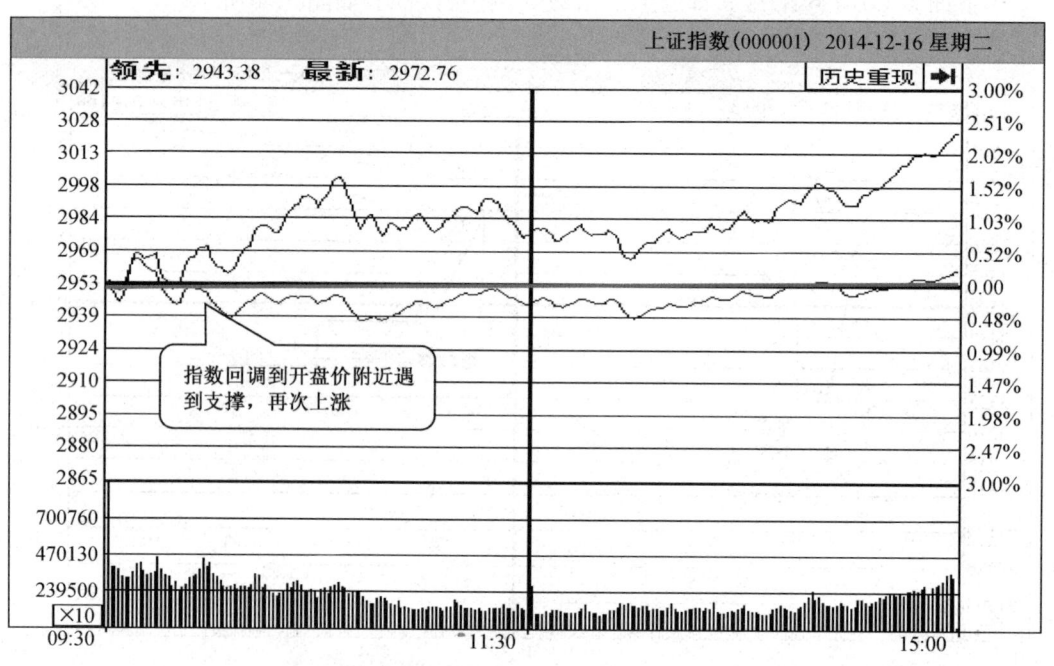

图 3-5　上证指数(1A0001)日分时走势图(2014.12.16)

2014 年 12 月 16 日,上证指数在开盘之后一路走高,9:45 分以后,指数出现了一波回调,指数回调到开盘价附近,但受到开盘价的支撑,重新开始上涨,此后,股价虽时有下调,但从未再次回调到开盘价附近,这说明当日股指走势比较强势。

(2)前一收盘价。若当日指数走低,则在指数反弹到前一交易日收盘价点位时,前一交易日的买盘就会变成卖盘而涌出,从而形成一定的压力;反之,若当日指数走高,则在前一交易日积累的买盘就会进场,从而会对股价产生支撑作用。下面看一下 2015 年 4 月 10 日上证指数的走势情况,如图 3-6 所示。

上证指数的指数值在 2015 年 4 月 10 日低开之后,一路上扬。指数在上升到前一交易日收盘价附近点位时短期遇阻,但不久即成功突破前一交易日收盘价位置,这说明

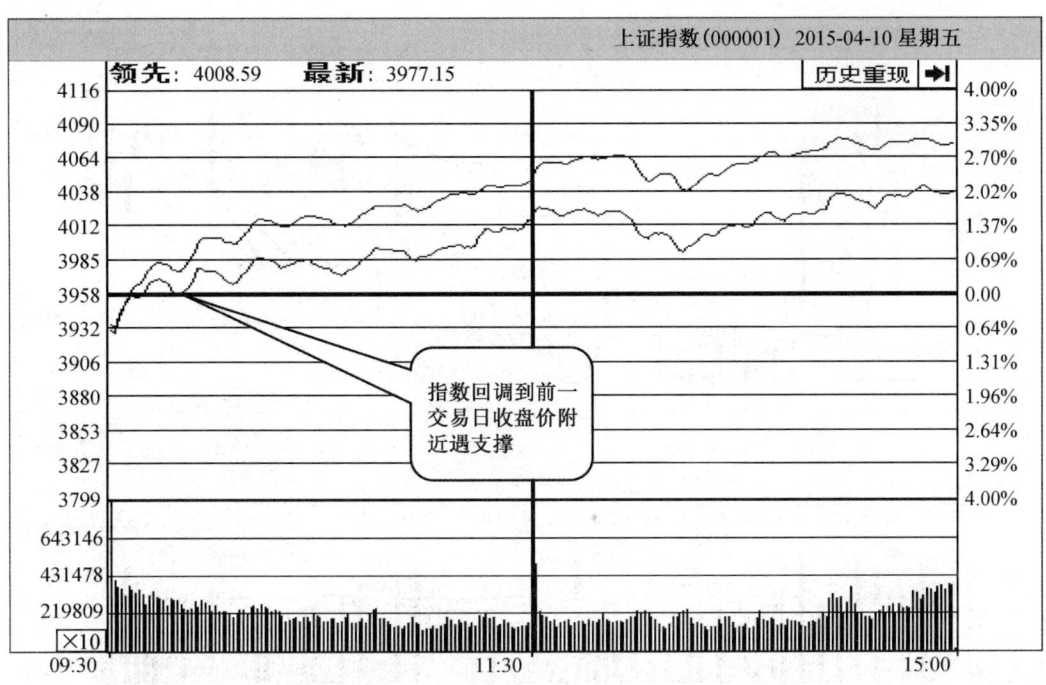

图 3-6 上证指数(1A0001)日分时走势图(2015.4.10)

股指短期走势较强。随后,指数短暂上涨后出现回调,回调至前一交易日收盘价位置时遇到支撑而再次上涨,这说明该位置具有较强的支撑作用。

(3)前一高点位。当指数创下前一高点位回落后,在高点位置进入的买盘就会变成套牢盘,当指数再次运行到这一点位时,套牢盘就会变成卖盘蜂拥而出,形成一定的压力;反之,当指数冲破最高点之后,很多投资者见到股价已经突破阻力位之后,就会选择跟进买入,而前一高点价位往往会被认为是一个非常合适的价位,这就会在前一高点位置积累大量的未成交的买盘,这样,当指数再次回落到这一价位时,就会获得一定的支撑,如图 3-7 所示。

图 3-7 中,当大盘指数在 2016 年 11 月 29 日创下 3 301.21 点之后,掉头向下,形成一个相对高点。在 2017 年 2 月 22 日,当大盘指数再次运行到前期高点附近时,遇到阻力,而再次向下运行,大盘在 2017 年 3 月 16 日、3 月 27 日两天再次挑战前期高点,均以失败告终,这说明前期高点 3 301.21 点具有相当的阻力。

(4)前一低点位。当指数自上而下运行到前一最低点时,很多投资者就会认为指数已经运行到了低点,进场买盘就会增多,从而使股价在这一点位获得支撑,形成支撑位;当指数跌破前一最低点的支撑位后,很多投资者就会认为跌势还将继续,于是,就会有更多的卖盘涌出,从而,在这一位置积累很多未成交的卖盘,当指数自下而上反弹再次运行到这一价位时,就会受到上次未成交卖盘的压力,在这一位置形成阻力,如图 3-8 所示。

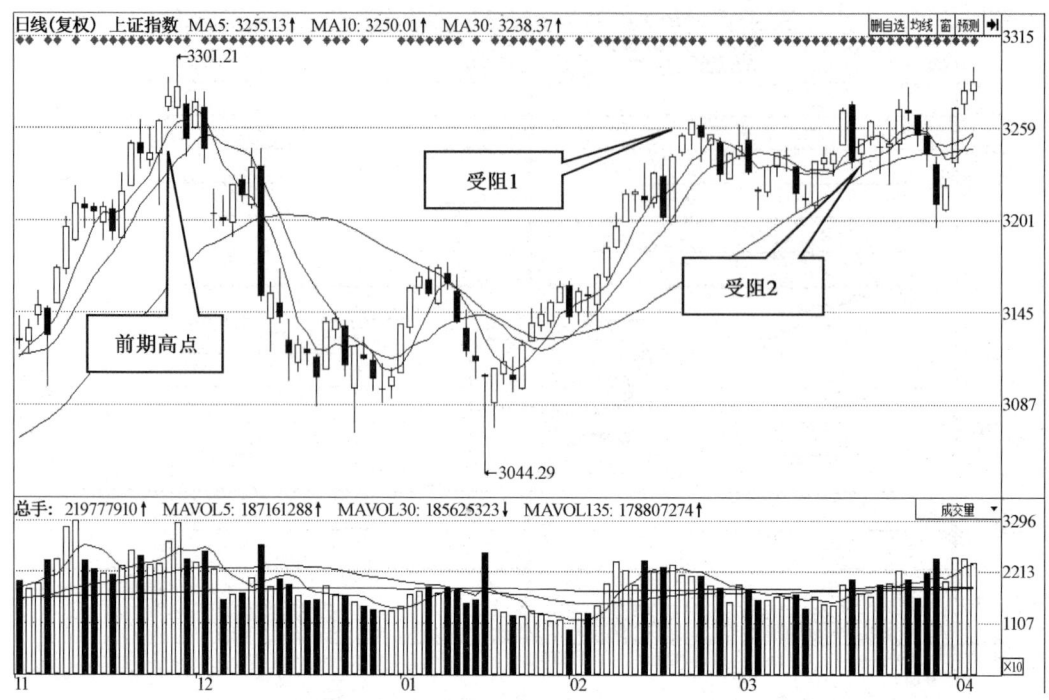

图 3-7 大盘日 K 线走势图

图 3-8 大盘日 K 线走势图(2015.8.26～2016.4.13)

图3-8中，大盘指数在2015年8月26日形成一个局部低点后开始反弹向上，在之后的一波下跌中，大盘跌破这一最低点点位。其后，2016年4月13日回升到前期最低点位附近时遇阻，开始掉头向下。由此可见前期最低点对大盘上升的阻碍作用。

（5）均线位置。均线代表所有投资者的平均持股成本。当大盘指数位于均线下方时，表示很多投资者都处于被套牢状态，一旦指数自下而上运行到均线附近，就会有一定的卖盘涌出，从而形成一定的压力，一般短线压力较大的均线主要是5日均线和10日均线；反之，一旦指数向上冲破均线压力之后，市场上大多数投资者就会对指数上行持乐观态度，当指数下跌到均线附近位置时，很多投资者就会认为是一个较好的补仓或买入机会，于是，纷纷入场买入，这就对预防指数下行有一定的支撑作用，所以，当指数下跌到均线附近时，就会因受到一定的支撑而向上运行。

下面以大盘在2016年的走势为例进行说明，如图3-9所示。

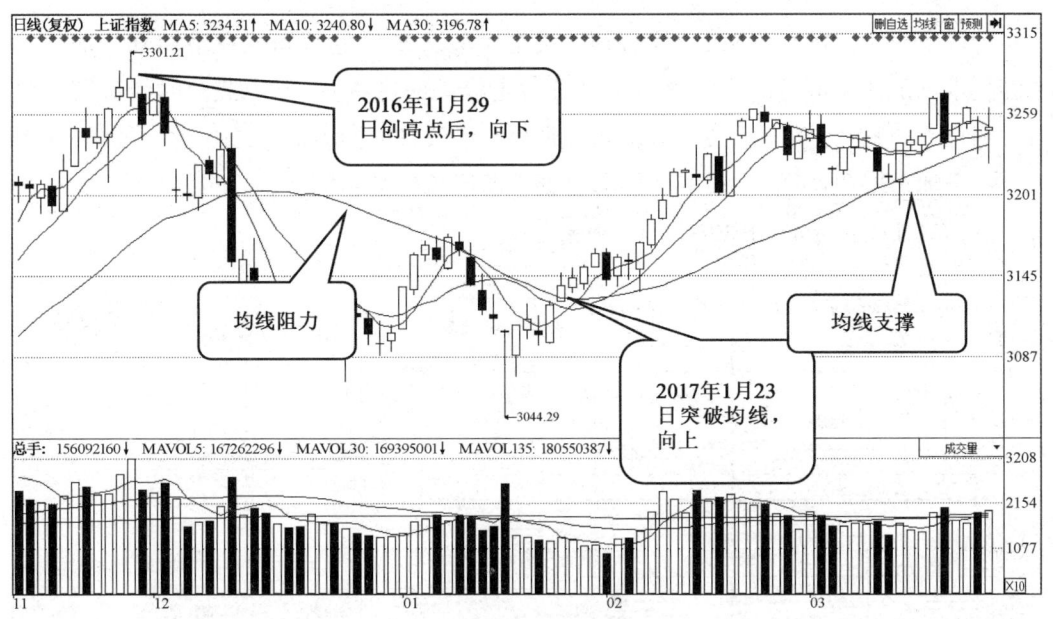

图3-9　大盘日K线走势图(2016.11～2017.3)

2016年11月29日，大盘在创下一个相对高点之后，一路向下，均线一直保持对指数的压制，中间虽有几次向上运行的过程，但均因均线压制无果而终，可见均线对指数的阻碍作用。

到了2017年1月23日，上证指数经过两个交易日的上涨一举向上突破各条均线，这时，均线的阻碍作用开始变成支撑作用，从1月23日开始后，上证指数一直是沿着均线上升的，由此可见均线的支撑作用。

（6）整数关口。由于人们的心理作用，一些整数位置，往往成为上升时的重要阻力位置，同时，也会成为下跌时的支撑位置。

例如，当大盘指数自下而上上涨到3 000点附近时，由于历史上指数每次冲破整数关口都会有一定的反复，因而就会有很多投资者认为大盘指数向上突破3 000点会非常的不容易，因此，很多投资者就会选择卖出股票以回避风险，正因投资者纷纷卖出股票，往往会对大盘指数的上行构成实质性的压力，造成指数遇3 000点而出现回调的情况，这就是整数关口的阻力作用；同样，当大盘指数自上而下跌倒3 000点附近时，很多投资者就会认为大盘指数不会跌破3 000点，于是选择进场抄底以待大盘指数的反转向上，正因投资者的纷纷入场抢筹，对大盘指数构成一定的支撑，使得大盘指数遇3 000点后开始掉头向上，这就是整数关口的支撑作用。这也是大盘在2 000点、3 000点等重要点位附近多空双方都经历了激烈的交锋的原因。

### 三、个股分时走势研判

个股分时走势图与大盘分时图相似，是把个股交易信息用曲线在坐标轴上加以显示的技术图形。个股分时走势图与大盘分时走势图的区别在于，个股分时走势图中没有红绿柱线，只有一条表示从开盘算起的平均股价线，即均价线。

在个股分时走势图上，投资者能够看到个股股价走势、均价线走势以及个股成交量等信息。其主要构成部分如图3-10所示。

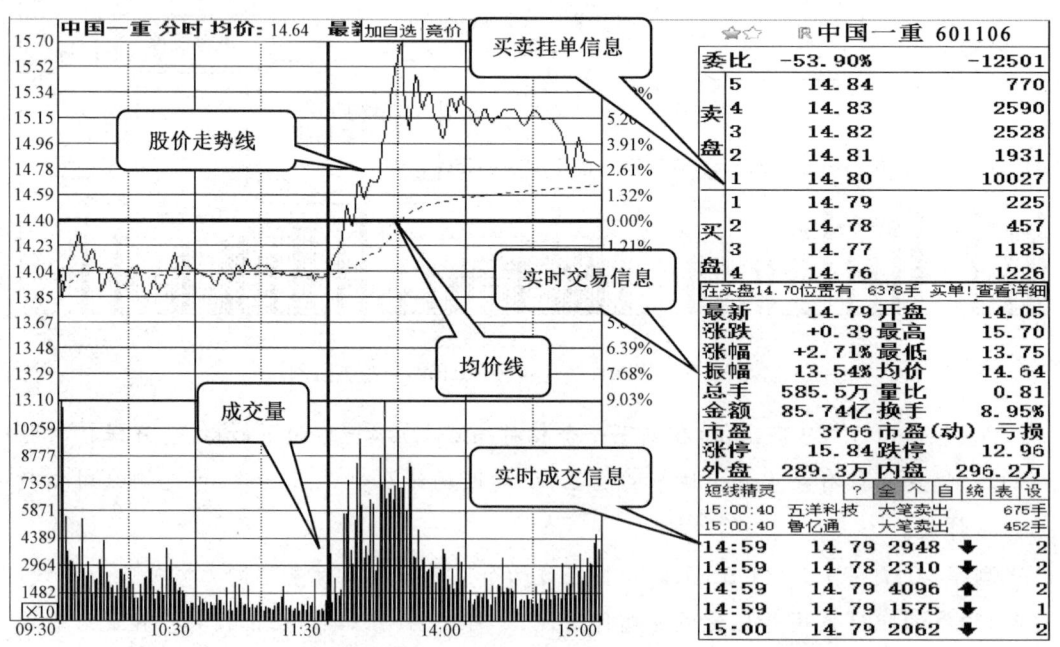

图3-10　中国一重(601106)分时走势(2015.4.30)

图3-10为中国一重的分时走势图。图中的实线"股价走势线"代表中国一重股价

的实际走势,反映的是当天该股股价的变动情况,在一般的股市行情软件中用"白线"表示;图中的虚线"均价线"代表的是从开盘到当时时刻的平均价格曲线,在行情软件中一般用"黄线"表示;"买卖挂单信息"就是通常所说的"盘口",一般股市行情软件中都会给出五档买卖信息;"实时交易信息"为当天该股的交易状况,如"开盘价、最高价、最低价、量比等";"实时成交信息"反映的是从早上开盘到收盘的每一笔成交信息。

研判个股分时走势图时,需要重点关注以下几方面。

### (一) 股价线与均价线之间的关系

图3-10所示的实线,为股价走势线,反映了当天股价走势情况;图中的虚线为股价从开盘到当时时刻的均价线。均价线体现的是从开盘到当时的平均交易成本。因此,投资者可以从股价线与均价线的走势中看两者之间的关系。

股价线与均价线之间存在如下关系。

(1) 当股价线运行在均价线上方时,说明当天买入的投资者大部分处于盈利状态,股价走势较强。当股价每次下跌到均线位置时,都会有一些投资者认为是一个比较合适的买点,于是纷纷买入股票,股价就会止跌向上,从而形成均价线对股价的支撑作用。

(2) 当股价线运行在均价线下方时,说明当天买入的投资者大部分处于亏损状态,股价走势较弱。当股价上涨到均线附近位置时,就会有一些投资者认为此时是一个较好的卖点,于是纷纷卖出股票,股价就会反转向下,从而形成均价线对股价的阻力作用。

我们来看一下西部矿业的案例,如图3-11所示。

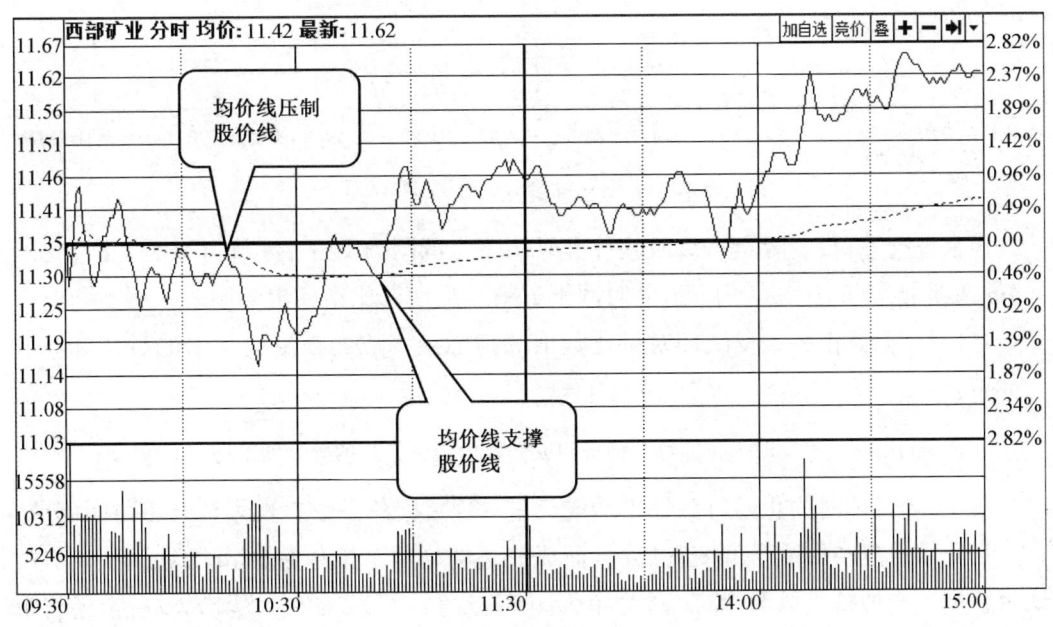

图3-11 西部矿业(601168)分时走势图(2015.4.21)

从图3-11中能够看到,西部矿业的股价在开盘之后出现震荡下跌走势,股价线位于均价线的下方,此时,均价线对股价线有很强的阻力作用,股价几次上涨到均价线附近都因为均价线的压制而重新下跌;在上午十点四十分以后,股价线有效上穿均价线,从此,均价线对股价线的压制作用变成支撑作用,股价线几次下跌到均价线的位置,都由于均价线的支撑作用而重新开始上涨。

### (二)通过量比看相对放量程度

量比是衡量相对成交量的指标。它是指股市开市后平均每分钟的成交量与过去五个交易日平均每分钟成交量之比,如图3-12所示。

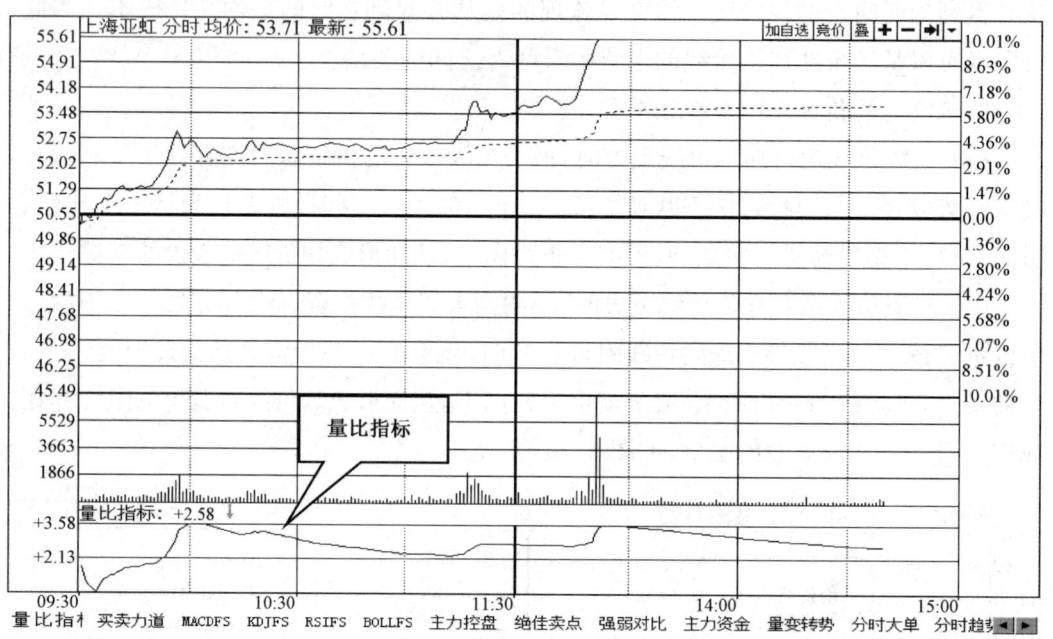

图3-12　上海亚虹分时走势图(2017.3.6)

通常情况下,投资者点击炒股软件分时图下方的【指标】平台,就可以看到【量比指标】的选项卡。点击该选项卡后,分时图下方就会出现量比指标走势图。

量比指标,是由一条反映即时量比数值的指标线构成的。量比数值的具体计算公式如下:

$$量比 = 当日即时为止的每分钟平均成交量 \div 过去5日的每分钟平均成交量$$

其中,当日即时为止的每分钟平均成交量=现成交总手数÷现累计开市时间(分)

量比数值反映成交量的变化情况,而成交量的增减又能体现出市场对股价走势的认可程度。当股价下跌时,量比增大,说明市场已经认可股价的下跌趋势,后市还将下跌;当股价上涨时,量比增大,说明市场已经认可股价的上涨趋势,后市还将上涨。下面来看一下百利科技的案例,如图 3-13 所示。

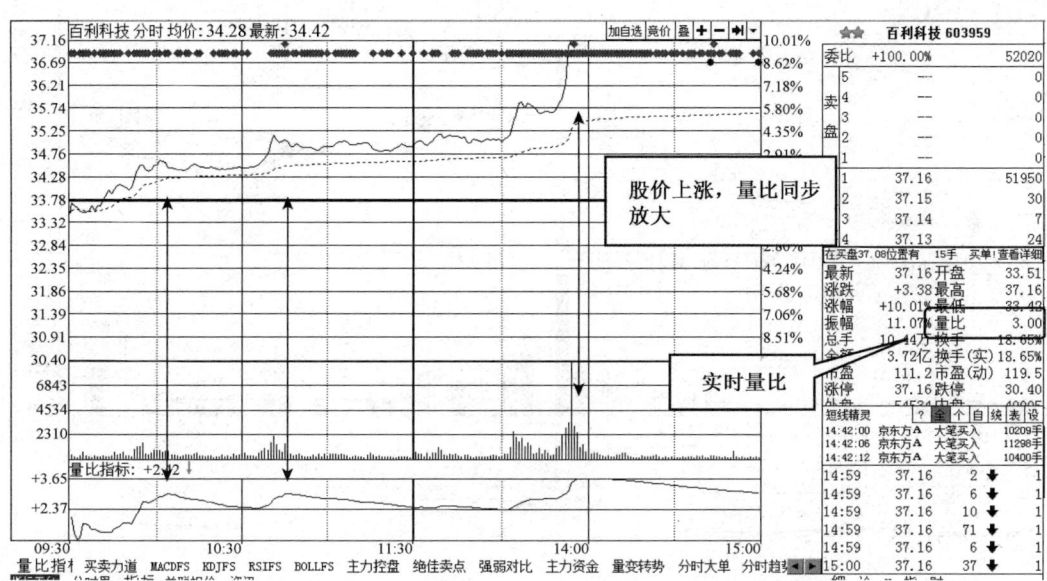

图 3-13　百利科技(603959)分时走势图(2016.11.21)

图 3-13 中,百利科技的股价在 2016 年 11 月 21 日开盘后出现持续上攻态势,观察该股的量比指标可知,股价上攻时,量比数值同步放大,这属于经典的量价齐升形态。未来走高的可能性较大。

量比数值的不同,往往会对交易有不同的指导性含义。

第一,量比在 0.8~1.5 倍,说明成交量属于正常水平。投资者无论持股还是持币,保持观望即可。

第二,量比在 1.5~2.5 倍,说明成交量温和放量。如果股价也处于温和缓升状态,则升势相对健康,可继续持股;如果股价处于下跌状态,也可以认定短期股价难以回升。投资者应该考虑卖出。

第三,量比在 2.5~5 倍,说明成交量放量明显。如果此时股价正突破某一重要压力位或支撑位时,突破有效的概率极高。

第四,量比在 5~10 倍,则可认为是剧烈放量。如果个股属于长期在低位运行的,那么,后续的涨势空间是非常巨大的。

第五,量比达 10 倍以上的,需要投资者密切注意。一般情况下,量比数值达 10 倍以上时,如果股价处于上涨趋势中,则该股有见顶的可能;如果股价处于下跌过程中,则是下跌动能充分释放的一个表现。我们再看一下旭光股份的案例,如图 3-14 所示。

旭光股份的股价从 2016 年 8 月初开始一直处于快速上升行情之中,到 2016 年 8 月底,股价逐渐进入顶部区域。8 月 29 日,该股股价高开低走,在 K 线图上留下了一根带长

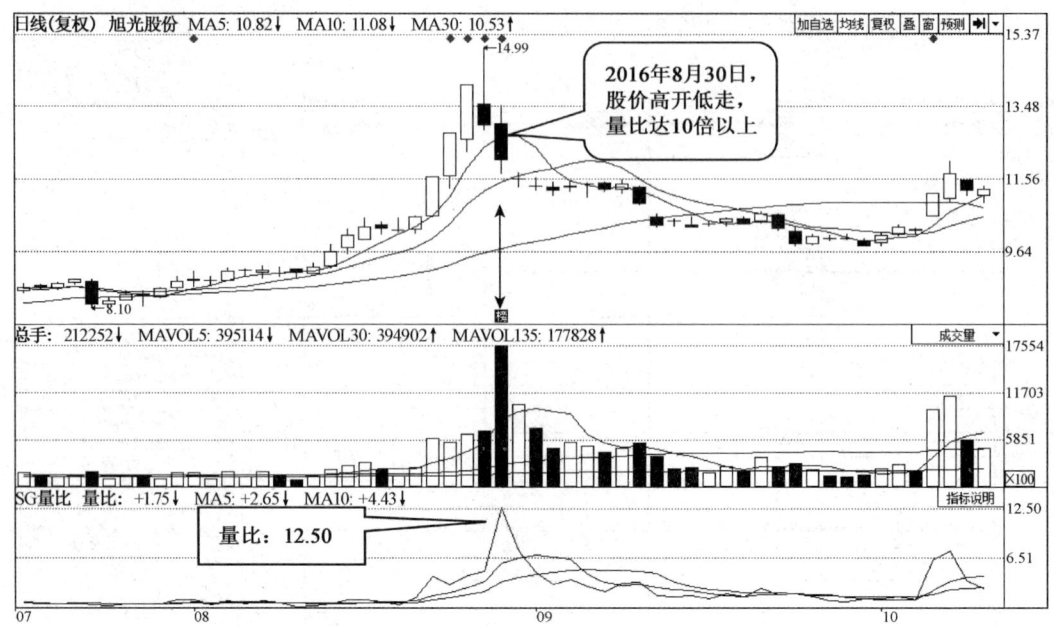

图 3-14 旭光股份(600353)日 K 线走势图

长下影线的阴线;次日即 8 月 30 日,股价再次高开低走,成交量异常放大,当天量比放大到 12.50 倍,预示庄家可能于当天选择出货,投资者宜远离该股,此后,该股一路下跌。

### (三)内盘、外盘看买卖双方力量对比

通常情况下,外盘大于内盘,表明存在资金流入的情况,股价上涨的可能性较高;反之,内盘大于外盘,则股价下跌的可能性较大,如图 3-15 所示。

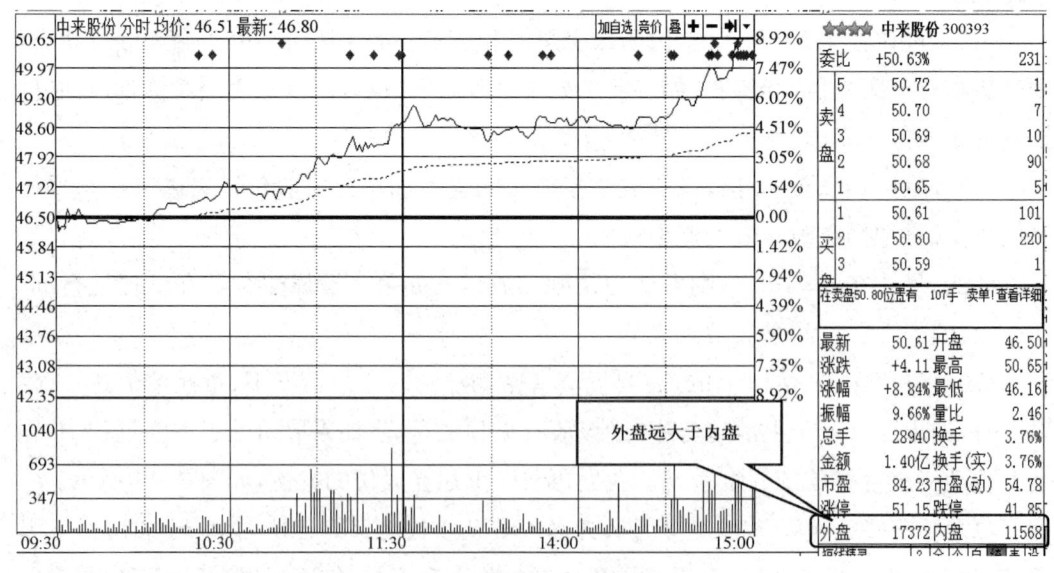

图 3-15 中来股份(600077)分时走势图(2016.11.21)

图 3-15 中,中来股份的股价在 2016 年 11 月 21 日早盘开盘后经过短暂的盘整,一路上攻。随着股价的上攻,资金流入迹象明显,且外盘数据持续高于内盘。

不过,投资者通过外盘与内盘的对比分析,很多时候还能够看到庄家的某些操盘痕迹。在分析外盘与内盘数据时,一般从以下几个角度入手。

(1) 当股价经过较长时间的下跌后,处于一个比较低的位置,这时成交量开始放大,股价也开始回升,此时出现外盘大于内盘的情况,说明有资金主动进场,后市股价上涨的可能性较大。

(2) 当股价经过较长时间的上涨后,处于一个比较高的位置,成交量巨大,并且不能再继续放大时,内盘数量上升超过外盘数量,说明资金离场迹象较为明显,后市股价下跌的可能性较大。

(3) 股价在下跌过程中,常常会发生外盘大于内盘的情况,此种情况并不能表明股价会上涨,这种情况也很有可能是庄家制造的假象。庄家可以先用几笔卖单将股价打到一个比较低的位置,接着,在卖一、卖二位置再挂上卖单,最后,自己再将卖单吃掉,造成股价上升的假象,以诱使投资者跟风买入。

(4) 股价在上涨过程中,常常会发生内盘大于外盘的情况,此种情况也并不能表明股价会下跌。这种情况也有可能是庄家制造出来的假象。庄家可以先用几笔买单将股价拉到一个比较高的位置,接着,在买一、买二的位置上再挂上买单,最后,自己再将这几笔买单吃掉,造成股价下降的假象,以诱使投资者卖出。

(5) 当股价经过一个较大的涨幅后,如某一交易日外盘数量突然大增,但股价却不涨,此时,有可能是庄家制造的假象,投资者应该做好出货的准备。因为外盘数量大增,说明有场外资金入城抢筹,一定会引起股价的上涨,而此时股价却并未上涨,说明这些外盘数量并不是真实的,而是庄家刻意制造出来的。

### (四) 换手率看股票活跃程度

换手率,指的是在某一交易日或某一时段内市场中股票转手买卖的频率,是反映股票流通性强弱的主要指标之一。换手率越高的股票,说明该股受到的关注程度也越高,买卖交易也就越活跃,如图 3-16 所示。

图 3-16 中,达刚路机的股价在 2016 年 11 月 21 日早盘开盘后一路下跌,到了收盘时段股价跌幅超过 8%,换手率更是超过了 35%。这说明该股受到的关注度极高,出现这种状况,多是由前期股价涨幅较大造成的,下面再来看一下该股的日 K 线走势图,如图 3-17 所示。

图 3-17 中,达刚路机的股价在 2016 年 11 月 21 日前出现了一路规模较大的拉升,成交量持续放大,而当日的放量下跌,可能会成为股价下跌或回调的前兆。此时,持有该股的投资者最好选择卖出股票。

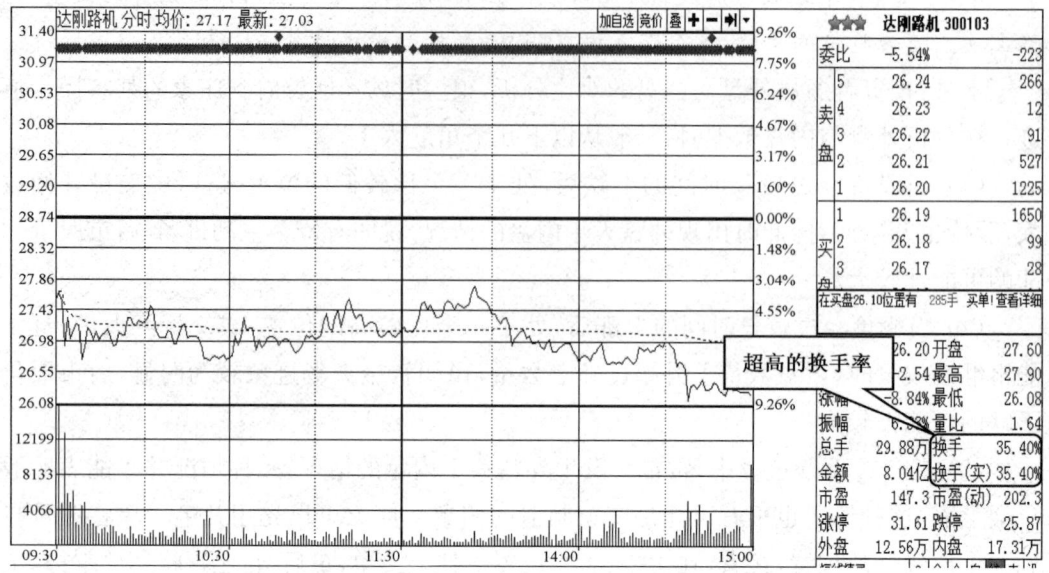

图 3-16 达刚路机(300103)分时走势图(2016.11.21)

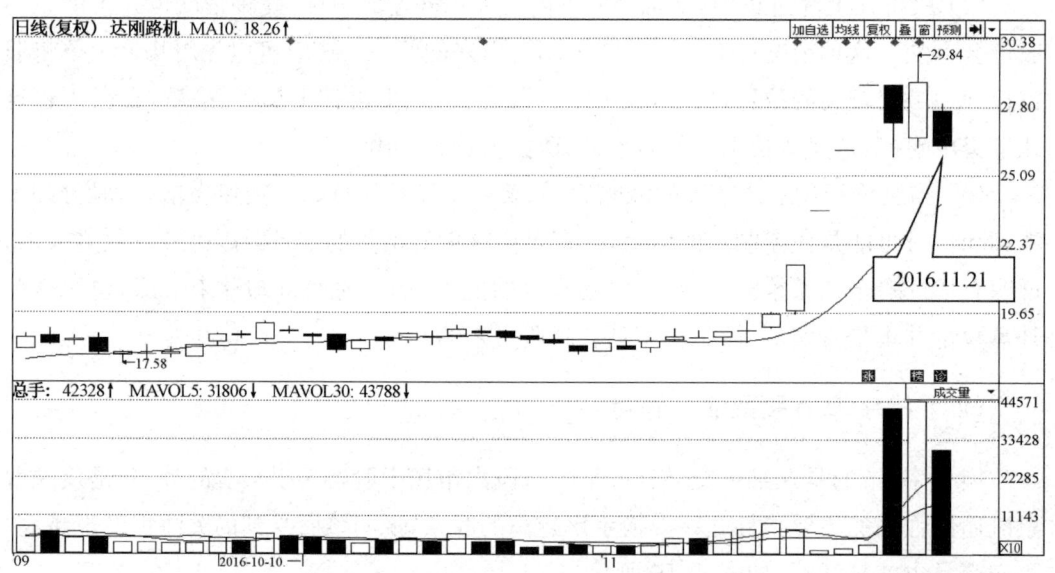

图 3-17 达刚路机(300103)日 K 线走势图

换手率的高低只有与股价所在位置结合才能更明确地判断市场的方向。一般包括以下几种情况。

第一，低价位，低换手率。如果股价经过一轮下跌后，出现严重的缩量、换手率极低的情况，则往往意味着股价启动的时机快要来到。在股价下跌过程中，往往都是庄家在吸筹的过程。换手率极低，说明当时持有该股的投资者不愿意以当时的价格卖出该股。当没有投资者愿意卖出时，庄家继续向下打压也吸收不了太多的筹码，因而，也就失去了向下打压的意愿,所以,庄家想要吸收更多的筹码只能采取向上拉升的方式。出现严重缩量的标准是,换手率不足1%,且要比前几个交易日有明显的缩量情况。

第二,高价位,高换手率。当股价经过一轮上涨之后,成交量暴增、换手率出现超过15%的情形,投资者应该密切注意,这很有可能是庄家在出货。投资者应该记住,将股价拉升之后出货是庄家惯用的一个出货手法,而判断庄家是否出货,成交量与换手率的高低是一个重要的指标。当成交量与换手率均创新高之时,投资者这时应该果断离场,以免被套牢。

第三,高价位,低换手率。当一只股票的股价在连续上涨之后,平均换手率仍然很低,这说明庄家控盘程度较高,且庄家并没有派发筹码,投资者在短期内不需要急于出局。这种股票的走势一般较为稳定,后续上涨的可能性也比较大,待成交量出现放大时,投资者再选择离场即可。

## 四、个股每日看盘分析要点

通常意义上的看盘,需要重点关注以下几项内容。

### (一)利用均价线看走势强弱

前面已经介绍了股价线与均价线之间的关系,下面着重介绍一下均价线在判断股票走势强弱方面的作用。

1. 通过均价线看股价走势强弱

当股价能够保持在均价线的上方,回落时不跌破均价线,就说明当天股价走势比较强劲,同时也预示该股短期内继续走强的概率很大,投资者宜买入该股;当股价跌破均价线后,无法重新回到均价线上方,或者当天一直在均价线下方运行,就说明该股走势疲弱,同时,也预示该股股价在短期内继续走低的概率很大,投资者不宜买入。利用均价线判断股价走势强弱时,应注意以下两点:

(1)当股价位于均价线上方时,如果股价偶有跌破均价线,且很快又回到均价线上方时,说明本次跌破为非有效跌破,均价线对股价支撑作用不变;当股价位于均价线下方时,如果股价偶有突破均价线,且很快又回到均价线下方时,说明本次突破为非有效突破,均价线对股价阻力作用不变。

(2)通过均价线判断股价走势强弱,只适用于短期股价走势。也就是说,当某一交易日股价走强,且一直位于均价线上方时,只能说明该股短期有走强的可能,并不能影响长期走势。

图3-18中,岷江水电的股价在2015年2月12日当天低开高走,并一路上涨。股

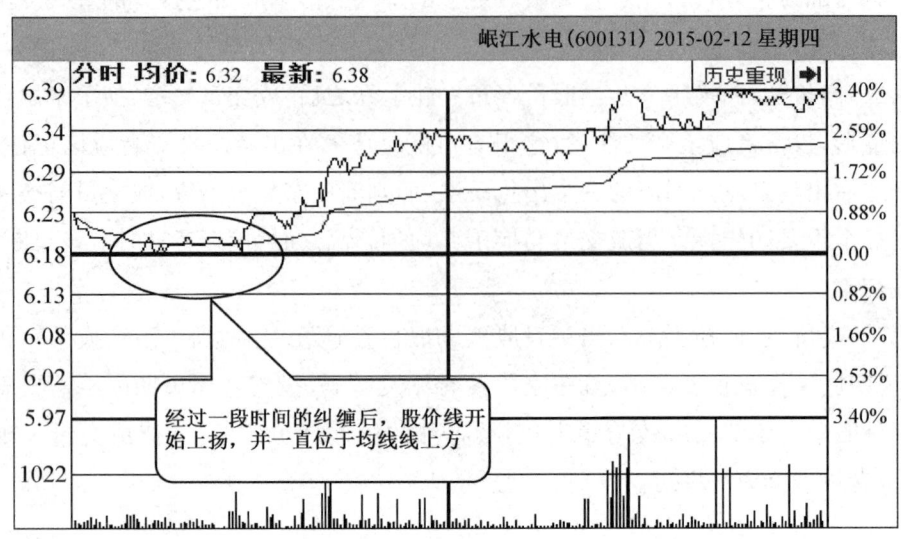

图 3-18　岷江水电(600131)分时走势图(2015.2.12)

价在开盘后沿均价线下挫，经过与其一段时间的纠缠后，10点钟以后开始上涨。其后，股价线一直位于均价线的上方，且股价在回调时，从未跌破均价线，这说明该股短期呈现强势，未来仍有可能继续上涨。再来看一下岷江水电的日K线走势图，如图 3-19 所示。

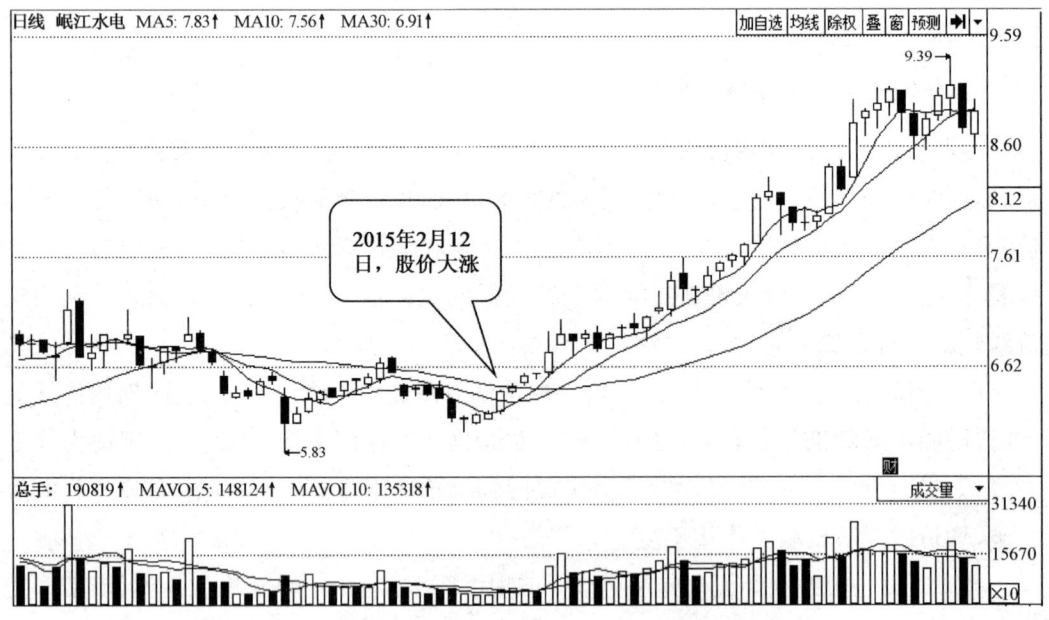

图 3-19　岷江水电(600131)日K线走势图

岷江水电的股价在 2015 年 2 月 12 日收出一根大阳线，且从当天的分时走势图上可以看出,该股短期有望走强。再看一下图3-20,该股在拉出大阳线之后,继续之前的上涨行情,并在创下9.39元的新高之后才开始回调。由此可见,通过均价线可以准确地判断一只股票的短期走势,但却无法判断长期走势。

2. 通过均价线看超级强势股

投资者通过观察均价线的走势,不仅可以发现走势较强的股票,更有可能发现超级强势股。那么,如何发现超级强势股呢?利用股价与均价线之间的距离远近寻找超级强势股,就是一个不错的方法。

均价线表示的是当天买进该股的投资者的平均持仓成本。当股价位于均价线上方时,说明大多数买入股票者都是盈利的,也就意味着会有越来越多的获利盘想要兑现收益,而庄家既然敢把股价拉高,并且远离均价线,说明庄家对该股非常有信心,且庄家不怕散户的出逃。于是,上涨,就成为这类股票唯一的选择。

图3-20中,正和股份的股价延续了前一交易日的强势,在2011年8月9日低开之后,一路上涨,并始终位于均价线上方,期间,只经过了一次回调后,因受到均价线支撑后重新开始上涨,其后,股价线距离均价线越来越大,并最终封上涨停板,由此可见,该股短期将延续强势走势,我们再来看一下该股的日K线走势图,如图3-21所示。

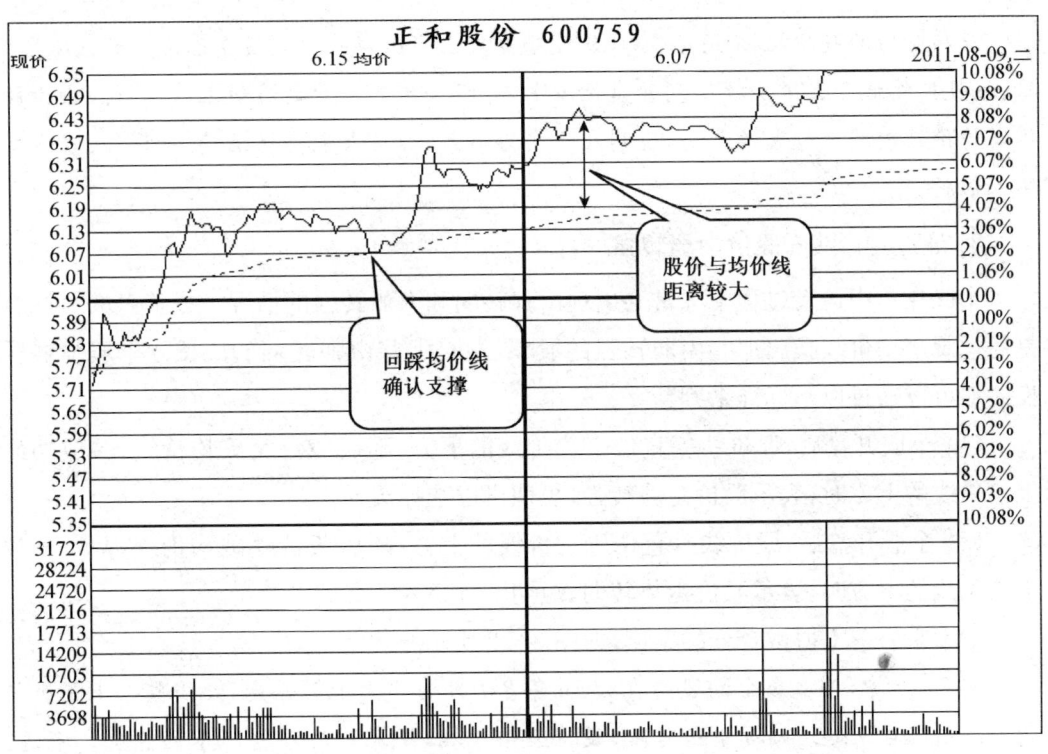

图3-20　正和股份(600759)分时走势图(2011.8.9)

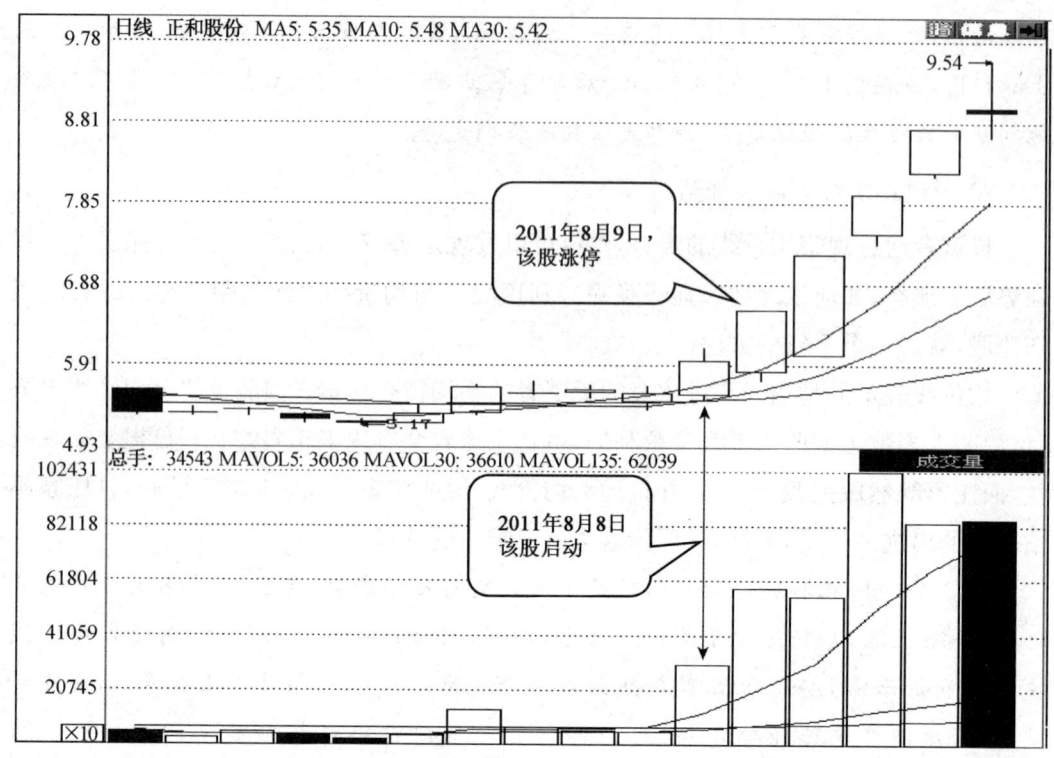

图 3-21　正和股份(600759)日 K 线走势图

正和股份的股价在 2011 年 8 月 9 日涨停前已经出现一次放量上涨的过程。8 月 9 日,该股虽然低开但很快就回到开盘价以上,并经过几波拉升之后封上涨停板。由于股价与均价线之间有较大的距离,说明庄家实力强大,该股未来还将继续上涨。投资者宜买入该股。

### 3. 通过均价线看股价由弱转强

个股在盘中运行过程中经常会出现由强转弱和由弱转强的情况。投资者的目标就是通过观察均价线找出那些由弱转强的股票,抛弃那些由强转弱的股票。个股强弱转换一般可以通过以下标准来判断:

(1) 个股开盘后,股价线一直位于均价线的下方,随后股价突破均价线,并成功站上均价线的上方时,表示股价走势转强,短期可以选择买入。

(2) 个股开盘后,股价线一直位于均价线的上方,随后股价跌破均价线,并一直位于均价线的下方时,表示股价走势转弱,短期不宜介入。

下面来看一下博威合金的案例,如图 3-22 所示。

图 3-22 中,博威合金的股价在 2016 年 3 月 4 日当天低开平走,几乎整个上午都与均价线纠缠在一起。临近中午时段,股价大幅下挫,给人一种即将跳水的感觉。不过,均价线并未出现明显的下跌迹象。

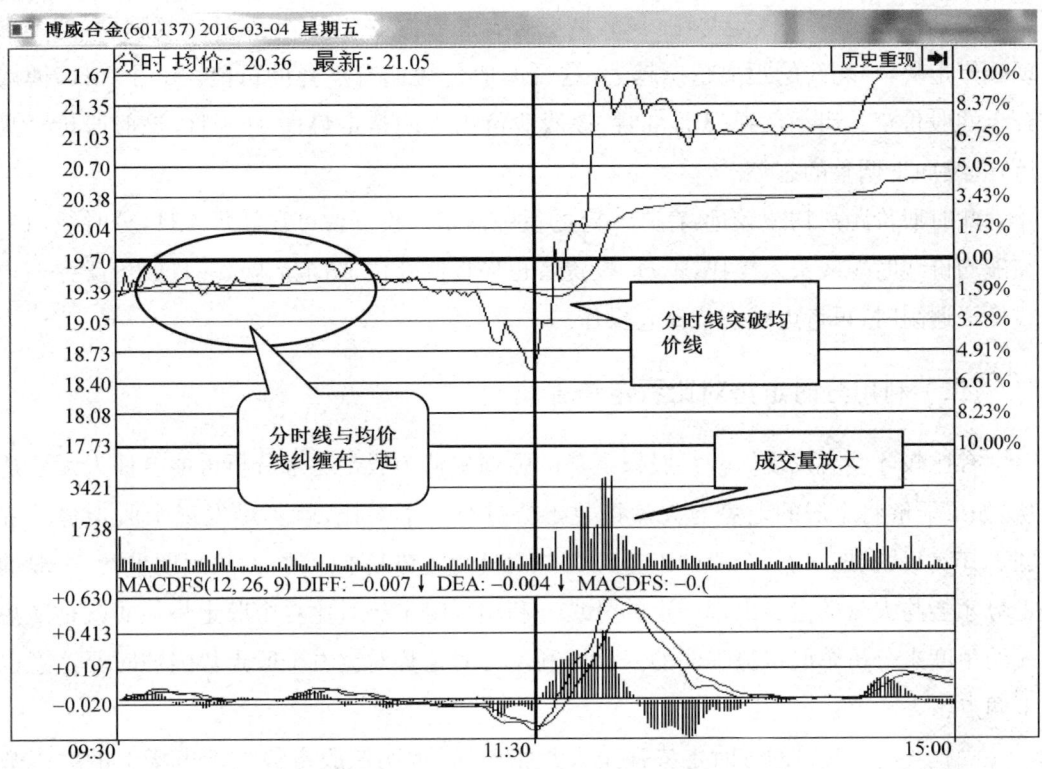

图 3-22 博威合金(601137)分时走势图(2016.3.4)

下午继续开盘后,快速上攻,一举突破均价线,并带动成交量放大,与此同时,均价线同步拐头向上,这说明该股股价可能由弱转强,下面再来看一下该股的日 K 线走势图,如图 3-23 所示。

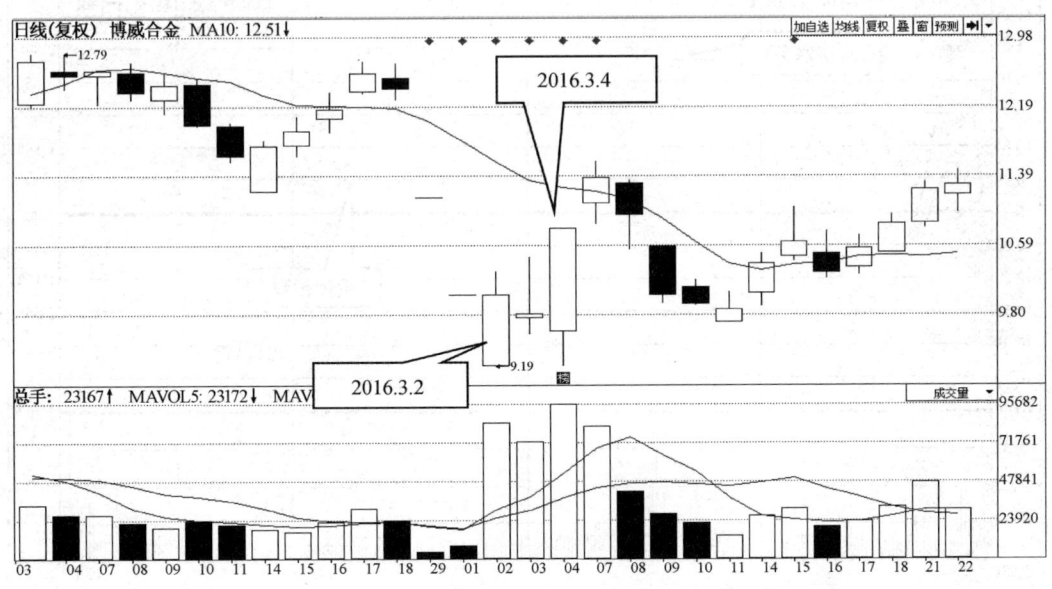

图 3-23 博威合金(601137)日 K 线走势图

观察该股的日K线走势图可知,博威合金的股价在2016年2月底复牌后,连续出现跌停走势,与均线的距离越拉越大,这说明股价短期有反弹的可能。3月2日,博威合金的股价正式启动反弹;3月3日,该股股价出现调整走势;3月4日,该股股价开盘后,继续向下调整的态势。

此时股价距离均线较远,存在一定的反弹需求。投资者可在3月4日,分时线向上突破均价线时短线买入操作,不过,投资者也应控制仓位,防范风险,一旦股价反弹至均线位置遇阻时,再考虑减仓或清仓操作。

### (二)利用分时走势对比看走势强弱

有比较才会有发现。一只股票走势的强弱单从个股走势来分析可能会使人无所适从,如果能够将个股的走势与大盘指数走势进行一下对比,就不难发现个股走势的强弱。其实,从长期来看,个股的走势都会与大盘的走势基本一致;而从短期来看,个股的走势才会与大盘的走势出现一定的分歧。利用分时走势对比看个股走势强弱就是从短线的角度来分析个股走势强弱的。我们利用分时走势对比看个股走势强弱时要注意以下两点:

(1)当一只股票的分时走势强于大盘指数时,说明该股走势强于市场上的大多数股票,这类股票就属于短期的强势股。

(2)当一只股票的分时走势弱于大盘指数时,说明该股走势弱于市场上的大多数股票,这类股票就属于短期的弱势股。

作为投资者,进行走势对比分析的目的,就是找到短期强势股,抛弃短期弱势股。

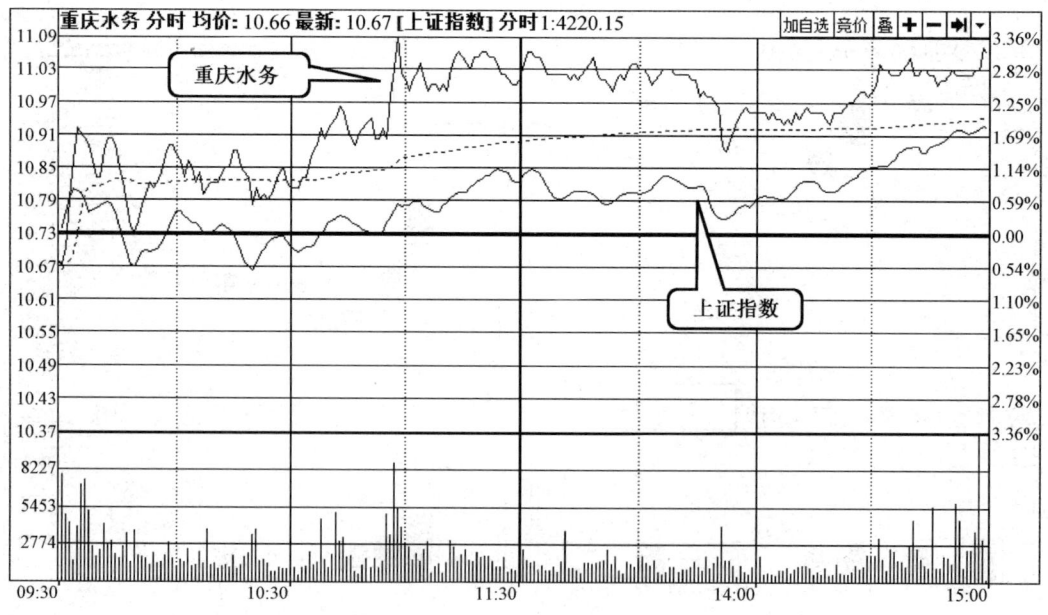

图3-24　重庆水务(601158)与上证指数分时走势对比(2015.4.21)

图3-24中为重庆水务的股价走势与上证指数走势的对比图。从图中我们可以看出，重庆水务早盘平开之后，迅速上冲，并一路震荡上涨，而上证指数的走势却保持在相对低位运行，这说明重庆水务的股价走势明显强于上证指数。也就是说，投资者如果选择短线投资品种，那么，重庆水务是一个不错的选择。我们再来看一下东宝生物的走势，如图3-25所示。

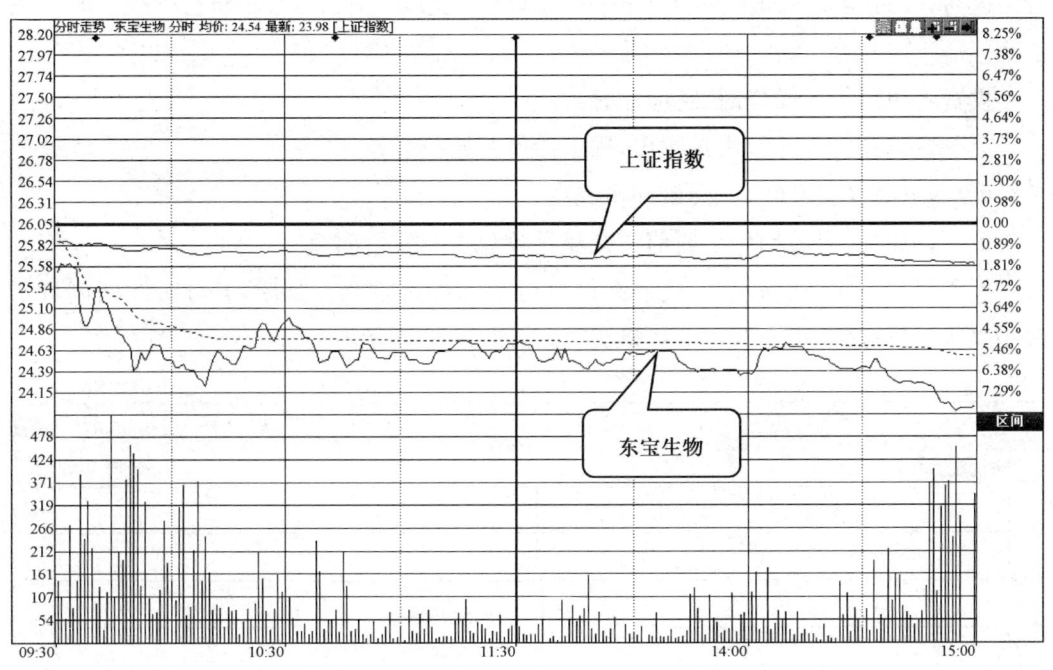

图3-25　东宝生物(300239)与上证指数分时走势对比(2011.9.19)

图3-25为东宝生物的股价走势与上证指数走势的对比图。从图中我们可以看出，东宝生物早盘低开之后，迅速走低，并一路震荡下跌，而上证指数的走势却保持横盘震荡，这说明东宝生物的股价走势明显弱于上证指数。也就是说，投资者如果选择短线投资品种，那么，就应该远离东宝生物。

### (三) 通过分时图形态判断买入点

分时走势图在某种意义上只是日K线走势图的一个缩影，但是，分时图的变化相比于日K线走势图更加激烈，也就是说，分时走势线的上涨下跌总是十分敏捷的。正因如此，很多投资者认为，分时走势图的意义不大。其实，我们仔细观察分时走势线也可以发现许多有价值的信息。例如，投资者可以根据分时走势图在盘中的形态来判断短线的买入点。

#### 1. 通过底部形态判断买入点

很多投资者都知道，股价的日K线走势图、周K线走势图或者月K线走势图上经常会出现一些特殊的底部形态,如,双底形态、三重底形态或头肩底形态等,其实,分时走势图上有时也会出现这些底部形态。其操作要点如下。

(1)小双底形态。

早盘开盘后,股价上冲后出现回落(不跌破前一交易日的收盘价最好),再度上攻,而后,分时线再次回落,且回落的低点高于前一次回调的低点,此后,分时线又一次上攻。这时,分时线在盘面上便会留下一个小双底形态,这预示着股价将会出现一波上涨走势。

投资者执行买入操作时,还应注意:

第一,小双底形成后,大单频出,预示股价开始拉升;

第二,分时线拉升时,成交量同步放大;

第三,分时线突破均价线或前一交易日收盘价时放量明显。

投资者在分时线突破小双底最高价时可考虑买入股票。其后,若分时线回调且不破小双底的最低价,投资者也可择机买入,如图3-26所示。

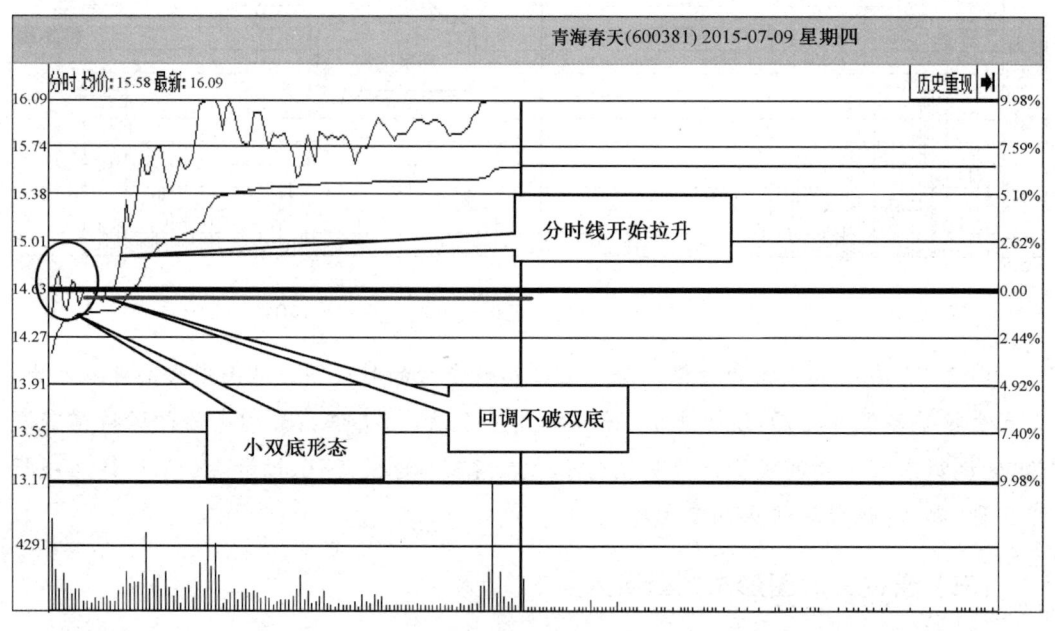

图3-26　青海春天(600381)分时走势图(2015.7.9)

图3-26中,青海春天的股价在2015年7月9日早盘开盘后小幅上攻,其后出现回调走势。分时线刚刚跌破前一交易日收盘价,且仍位于均价线上方时,再度上攻,其后,分时线再次回落,且这一次回落的低点要高于前一次的低点,而后,分时线再度上攻,小双底形态正式形成。随后,该股又经历了一波小幅回调便迅速拉升。分时线突破小双底的最高点时,投资者可追涨买入该股。

投资者按照小双底形态买入股票时,还应考虑:

第一,股价和大盘所处的阶段,即股价和大盘处于上涨或底部阶段才是买入的最佳时机。若当时处于下跌阶段,则应避免操作;

第二,如果前一交易日该股股价以涨停报收,则小双底的出现更能强化买入信号;

第三,投资者执行买入操作前,还可综合应用K线和其他技术指标佐证判断。

(2)大双底形态。

大双底,是指分时线的两个底部距离较远,至少要距离一个小时以上。此时,分时线形成的双底形态,往往具有更强的买入指示效果。相比于小双底,大双底更像W底形态。

下面几种形态的大双底往往属于强烈的买入信号:

第一,股价低开后,在前一交易日收盘价下方形成大双底形态,且后一个底要高于前一个底;

第二,股价随大盘的上攻而快速突破大双底的最高价;

第三,大双底形成时,成交量呈萎缩状态,而股价上攻时,成交量同步放大,如图3-27所示。

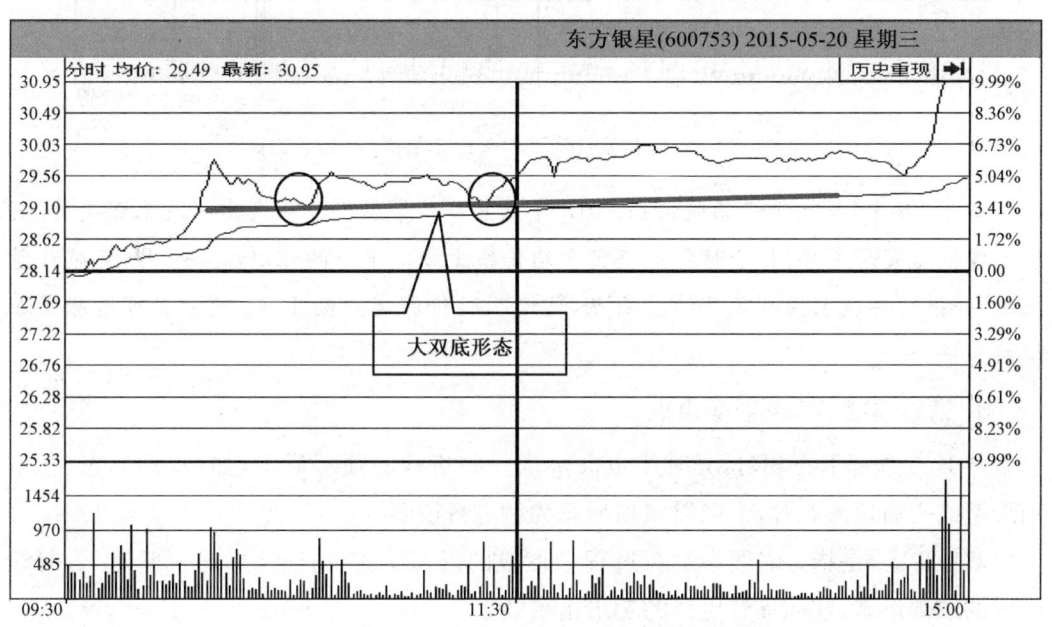

图3-27  东方银星(600753)分时走势图(2015.5.20)

图3-27中,东方银星的股价在2015年5月20日早盘平开后走出一波上涨走势,其后出现回调走势。分时线回调且不破均价线时,再度上攻,其后,分时线经历了一段时间的震荡调整后,再次回落,且这一次回落的低点要高于前一次的低点,而后,分时线再度上攻,两次回落的时间间隔在一小时左右,大双底形态正式形成。随后,该股又经历了一波小幅回调便迅速拉升。

## 2. 分时线突破平台判断买入点

股价在盘中经常会出现横盘整理的震荡走势,此时,就形成了一个整理平台,当股价突破这一整理平台时,往往就会构成买入时机,如图3-28所示。

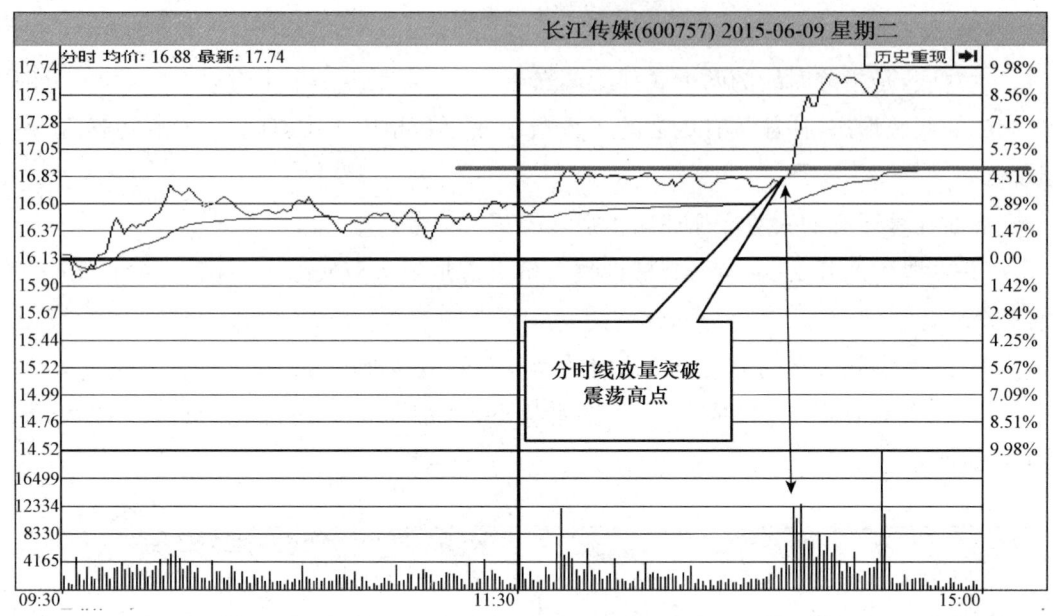

图3-28　长江传媒(600757)分时走势图(2015.6.9)

图3-28中,长江传媒的股价在2015年6月9日早盘平开后走出一波上涨走势,其后出现横盘震荡走势,且分时线一直位于均价线上方。下午两点以后,分时线突破放量上攻,并很快突破了横盘震荡的最高点,这说明股价即将启动上涨,投资者可追涨买入该股。

## 3. 通过顶部形态判断卖出点

与K线顶部形态相对,分时线也会呈现一些特殊的顶部形态,如,双顶形态、三重顶形态或头肩顶形态等,下面以双顶形态为例进行说明。

双顶形态,是指分时线在运行过程中形成的近似于M的顶部形态。此时,分时线形成的双顶形态,往往具有更强的卖出指示效果。

下面几种形态的双顶往往属于强烈的卖出信号:

第一,股价高开高走后,在某一高位形成双顶形态,若后一个顶低于前一个顶,则未来下跌的可能性更大;

第二,分时线形成第二顶时的成交量若小于第一个顶,也属于典型的见顶信号,股价下跌的概率较大。

图3-29中,新华百货的股价在2015年7月21日早盘开盘后大幅上攻,其后出现

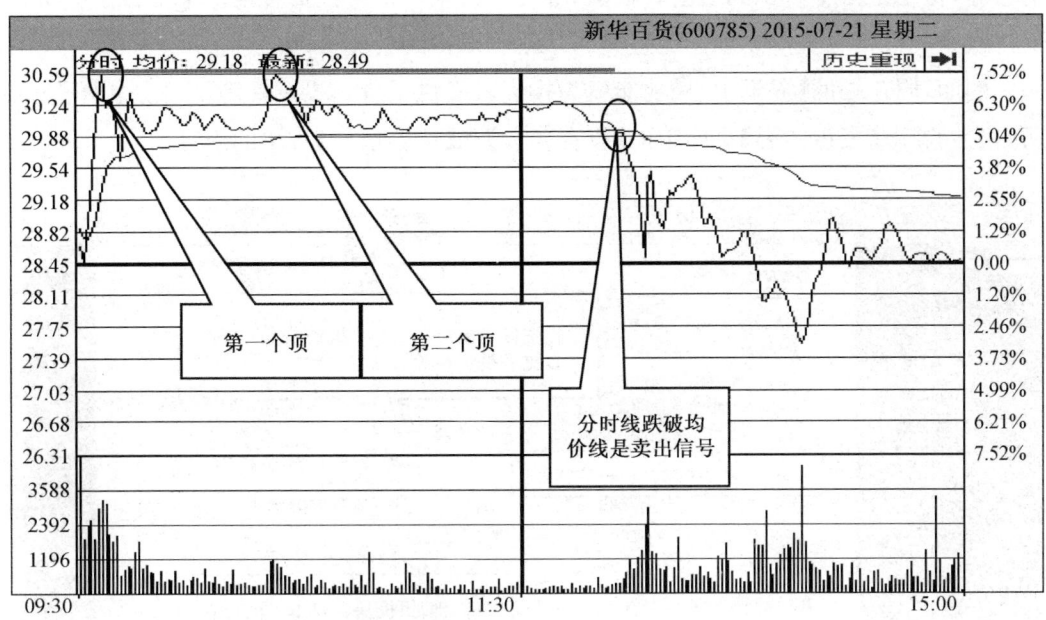

图3-29 新华百货(600785)分时走势图(2015.7.21)

回调走势。分时线第一次回落后，出现了一波横盘震荡走势，其后，分时线再次上攻，且这一次上攻的高点要低于前一次的高点，大双顶形态正式形成。随后，该股又经历了一波小幅震荡后出现下跌走势。大双顶形成时，就是该股的第一个卖点；此后，该股分时线跌破均价线时，就是该股的第二个卖点。

## 五、各时段看盘要点

对于投资者来说，如果时时刻刻都在盯盘，不仅会使自己非常疲劳，而且也没有多大的意义。如果没有发生特别的异动，一天中，只需在几个重要时段进行关注即可。

### (一) 如何看早盘

俗话说："一年之计在于春，一天之计在于晨。"投资者在看盘时也应将早盘置于重要的位置。因为股价早盘的走势在一定程度上会对当天的走势构成一定的影响。

早盘时段，尤其是开盘后半个小时内，如果一只股票在这一时段出现下跌的走势，那么，该股当天下跌的可能性就非常大；同样，如果一只股票在这一时段出现上涨的走势，那么，该股当天上涨的可能性就非常大。

1. 盘前热点信息速读

对于投资者来说，每天开盘前了解股市动态、个股消息，尤其是公司公告、利好利空消息等，肯定是必不可少的活动。目前，各类炒股软件都为投资者提供了全方位的资讯支持服务。投资者根本无须浏览各类网站就可以得到各类资讯。

例如，同花顺的【资讯中心】功能就为投资者提供了各类投资参考消息。如图3-30所示为同花顺【资讯中心】页面中的【投资参考】和【机会情报】板块的内容。

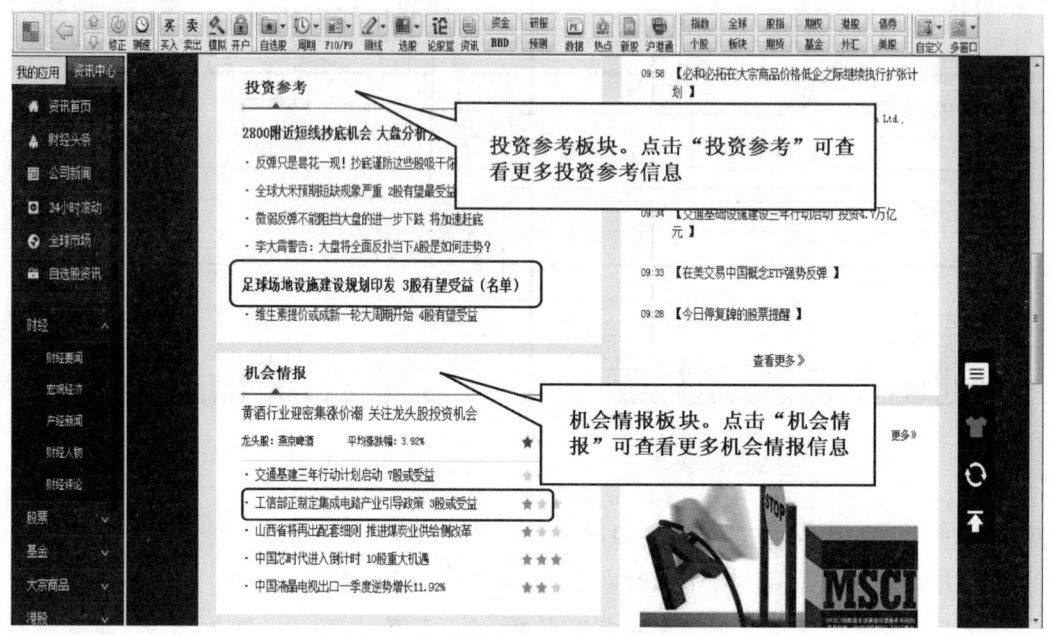

图3-30 【资讯】|【资讯首页】

投资者阅读这些资讯时需要注意：

第一，关注可能引发股市上涨或下跌的热门投资建议和信息，并重点研判这些信息中所提个股是否具有投资价值，例如图3-30中所提的"足球场地建设规划引发，3股有望获益"，就是一条非常值得投资者深度挖掘的信息。

第二，注意投资信息的可持续性。投资者重点关注的信息应该是一些可持续性的信息，例如工业4.0、机器人等长期规划类信息，而一些短暂的、不可持续性信息虽然可能短线推动股价上涨，但却难以持续。投资者介入这些短线股后，存在成为高位接盘者的风险。

第三，关注自己持有的个股和拟购入股票的利好利空消息。当然，有时候，利空消息出现时，未必就是该股最黑暗的时刻，甚至有可能是购入该股最佳的时刻。总之，投资者不能机械地见到利好就买入、见到利空就卖出，而要适当应用反向思维、综合分析，再作交易决策。

第四，机构调研是一个比较有意思的信号。通常情况下，获得机构调研的公司，很可能会被机构买入。不过，真实情况却是，机构可能已经先一步买入这些公司的股票了,而散户见到机构调研,再跟进买入时,就会充当为机构抬升股价、高位接盘者的角色。所以说,在股市中,永远不能寻求一劳永逸的策略,而要学会随时随机调整,活学活用。

2. 关注开盘价及成交量

开盘价是全天交易的起点,是一天之中多空斗争的开端。开盘价是指交易日内开市后第一笔买卖成交的价格,在我国股市中,目前主要采取集中竞价的方式形成开盘价。集中竞价时间是 9:15～9:25,在 9:25 之后会出现当天的开盘价。

开盘价的高低一般都是相对于前一交易日收盘价而言的,主要有三种情况:一是低开,开盘价低于前一交易日收盘价就是低开;二是高开,开盘价高于前一交易日收盘价则为高开;三是平开,开盘价与前一交易日收盘价相同,则为平开。

正常开盘所形成的开盘价,如果没有伴随着大量的成交量,一般对当天股价的走势影响不大,这里不作过多的研究。下面我们主要对伴随着巨大成交量的开盘价进行分析。

(1) 平开大量开盘。

平开大量开盘一般都是人为造成的。每天开盘阶段除非有特别利好或利空的消息,否则,一般投资者都会持观望态度,因此,每天的开盘时段成交量都不会很高。而一旦在开盘时段出现大量开盘,且没有任何利好利空消息,则可以认定这种情况是人为造成的,这就存在以下两种可能性。

第一种可能性是平开大量开盘只是两个庄家之间互相换手,并没有其他意图。如果是这种情况,说明两个庄家之间事先已经达成某项共识,因此,才会采取一致性行动。这种情况出现后,一般股价后市走势都比较平稳,不会出现太大的波动。

第二种可能性是庄家自己与自己的换手。庄家不会平白无故地自己与自己换手,因为这也需要一定的交易费用。平开大量开盘只是庄家在吸引投资者的眼球,也就是说,庄家希望通过大量成交,来吸引投资者的注意,并进而配合自己下一步的行动。这种情况发生后,股价很可能会出现波动,至于向上攀升还是向下运动则需要进一步的观察。

(2) 大幅高开或涨停开盘。

如果庄家不是故意将筹码输送给特定的利益人,那么,股价高开就一定是庄家在吸引投资者的眼球,希望投资者能够跟进买入。同时,这也说明,庄家此时已经过了建仓期。作为投资者是否选择跟进主要还需要确认庄家所处的阶段,如果庄家刚刚完成建仓,那么,后面上升的概率比较大;如果股票是从高位回落后,重新上涨的,那么,下跌的概率会很大,投资者需要谨慎考虑。

(3) 大幅低开或跌停开盘。

如果外围没有异常消息对股价造成影响,那么,股价大幅低开也同样是庄家在吸引投资者的眼球,希望买单跟进。因为没有人愿意一开盘就把自己的股票以较低的价格卖出去。如果开盘后股价很快就能回到前一交易日的收盘价附近,那么,该股后续上涨的概率还是非常大的;如果开盘后该股股价一路下跌,那么,股价很可能会出现破位的走势,说明庄家已经不计成本地出货了,这时,投资者应该迅速出货离场。

3. 看大盘走势强弱

市场整体强弱状况,是投资者最需要关注的内容。如果大盘强势,那么,投资者操作个股就会如鱼得水;相反,如果大盘弱势,那么,投资者操作个股就会事倍功半。

(1) 看涨幅榜第一页。

在炒股软件中,涨幅榜的第一页一般会提供涨幅前 26 名至 30 名股票的信息。投资者在开盘后的半个小时内观察涨幅榜的变化都可以预判当天大盘走势的强弱了。

a. 如果沪深两市有 5 家以上的股票涨停,那么,市场处于强势,投资者可以大胆选股进行短线操作。

b. 如果涨幅榜第一页的股票涨幅均在 4% 以上,那么,市场同样处于强势,投资者仍然可以短线参与。

c. 如果涨幅榜上没有涨停股票,或者涨幅榜第一页的股票的涨幅超过 3% 的很少,那么,就说明市场处于弱势,投资者对于短线交易应该十分慎重。

d. 如果整个市场中没有超过 3% 涨幅的股票,那么,说明市场处于比较严重的弱势,短线投资者应该保持观望。

图 3-31 中为 2015 年 4 月 30 日沪深两市的涨幅榜。从图中可以看出,涨幅榜第一页 26 只股票全部涨停,这说明该日大盘走势非常之强,投资者可积极做多。

| | 代码 | 名称 | 涨幅% | 现价 | 涨跌 | 涨速% | 主力净量 | 总手 | 换手% | 量比 | 买入信号 | 利好 | 利空 |
|---|---|---|---|---|---|---|---|---|---|---|---|---|---|
| 1 | 000767 | 漳泽电力 | +10.04 | 9.43 | +0.86 | +0.00 | 2.15 | 167.5万 | 10.64 | 1.17 | 1 | 无 | 无 |
| 2 | 600959 | 江苏有线 | +10.03 | 9.54 | +0.87 | +0.00 | 0.00 | 904 | 0.015 | 0.52 | 0 | 无 | 无 |
| 3 | 000633 | 合金投资 | +10.03 | 13.05 | +1.19 | +0.00 | -0.01 | 7306 | 0.190 | 0.38 | 0 | 无 | 无 |
| 4 | 000505 | 珠江控股 | +10.03 | 14.15 | +1.29 | +0.00 | 0.60 | 18.51万 | 1.13 | 1.35 | 9 | 无 | 无 |
| 5 | 000017 | 深中华A | +10.03 | 15.25 | +1.39 | +0.00 | 1.69 | 24.12万 | 7.96 | 2.07 | 4 | 无 | 无 |
| 6 | 000687 | 恒天天鹅 | +10.03 | 7.90 | +0.72 | +0.00 | 0.00 | 1633 | 0.034 | 0.01 | 0 | 无 | 无 |
| 7 | 300446 | 乐凯新材 | +10.03 | 20.52 | +1.87 | +0.00 | 0.00 | 34 | 0.022 | 0.48 | 0 | 无 | 无 |
| 8 | 600807 | 天业股份 | +10.03 | 21.62 | +1.97 | +0.00 | 0.49 | 82318 | 2.57 | 0.76 | 1 | 无 | 无 |
| 9 | 600872 | 中炬高新 | +10.03 | 21.73 | +1.98 | +0.00 | 0.66 | 64.42万 | 8.09 | 1.66 | 0 | 无 | 无 |
| 10 | 300434 | 金石东方 | +10.02 | 22.28 | +2.03 | +0.00 | 0.00 | 47 | 0.028 | 0.59 | 0 | 无 | 无 |
| 11 | 603315 | 福鞍股份 | +10.02 | 22.72 | +2.07 | +0.00 | 0.00 | 369 | 0.148 | 2.36 | 0 | 无 | 无 |
| 12 | 002617 | 露笑科技 | +10.02 | 28.33 | +2.58 | +0.00 | -0.21 | 3404 | 0.462 | 0.10 | 0 | 无 | 无 |
| 13 | 002047 | 宝鹰股份 | +10.02 | 11.53 | +1.05 | +0.00 | -0.01 | 6778 | 0.099 | 0.02 | 2 | 无 | 无 |
| 14 | 600235 | 民丰特纸 | +10.02 | 12.30 | +1.12 | +0.00 | 0.57 | 20.42万 | 5.81 | 1.61 | 8 | 无 | 无 |
| 15 | 000616 | 海航投资 | +10.02 | 12.41 | +1.13 | +0.00 | 0.02 | 77453 | 0.542 | 3.40 | 0 | 无 | 无 |
| 16 | 603703 | 盛洋科技 | +10.02 | 26.25 | +2.39 | +0.00 | 0.00 | 361 | 0.157 | 1.67 | 0 | 无 | 无 |
| 17 | 300447 | 全信股份 | +10.02 | 32.95 | +3.00 | +0.00 | 0.00 | 177 | 0.087 | 3.05 | 0 | 无 | 无 |
| 18 | 300404 | 博济医药 | +10.02 | 27.13 | +2.47 | +0.00 | 0.00 | 30 | 0.018 | 0.44 | 0 | 无 | 无 |
| 19 | 603789 | 星光农机 | +10.02 | 21.53 | +1.96 | +0.00 | 0.00 | 410 | 0.082 | 1.98 | 0 | 无 | 无 |
| 20 | 600372 | 中航电子 | +10.01 | 37.35 | +3.40 | +0.00 | 0.55 | 52.70万 | 3.00 | 1.50 | 7 | 无 | 无 |
| 21 | 002215 | 诺普信 | +10.01 | 23.62 | +2.15 | +0.00 | 0.45 | 29.41万 | 5.66 | 1.30 | 1 | 无 | 无 |
| 22 | 600744 | 华银电力 | +10.01 | 8.24 | +0.75 | +0.00 | 0.75 | 21.15万 | 4.46 | 0.65 | 0 | 无 | 无 |
| 23 | 300448 | 浩云科技 | +10.01 | 33.29 | +3.03 | +0.00 | 0.00 | 72 | 0.036 | 1.27 | 0 | 无 | 无 |
| 24 | 002675 | 东诚药业 | +10.01 | 42.85 | +3.90 | +0.00 | -0.01 | 4717 | 0.397 | 2.17 | 0 | 无 | 无 |
| 25 | 000048 | 康达尔 | +10.01 | 17.58 | +1.60 | +0.00 | 0.09 | 51455 | 1.35 | 0.59 | 6 | 无 | 无 |
| 26 | 600129 | 太极集团 | +10.01 | 20.55 | +1.87 | +0.00 | -0.06 | 10250 | 0.240 | 0.15 | 0 | 无 | 无 |

图 3-31 沪深涨幅榜

（2）看成交量变化。

价涨量增，价跌量减是一种比较正常的量价形态。通过这种关系判断大盘分时走势情况同样是有效的，即当大盘上涨时，成交量放大；当大盘下跌时，成交量萎缩，就是一种比较健康的量价关系，也说明大盘有上涨的可能；反之，当大盘下跌时，成交量放大；当大盘上涨时，成交量萎缩，则是一种不健康的量价关系，这说明大盘有走弱的可能。

图 3-32 中，是上证指数在 2016 年 8 月 12 日的走势情况。从图中可以看出，早盘开盘后，成交量与指数同步出现横向震荡情况；午后，当指数上涨时，成交量也出现同步放大情况，这说明指数走势与成交量配合良好，大盘指数短期内有上涨的可能。

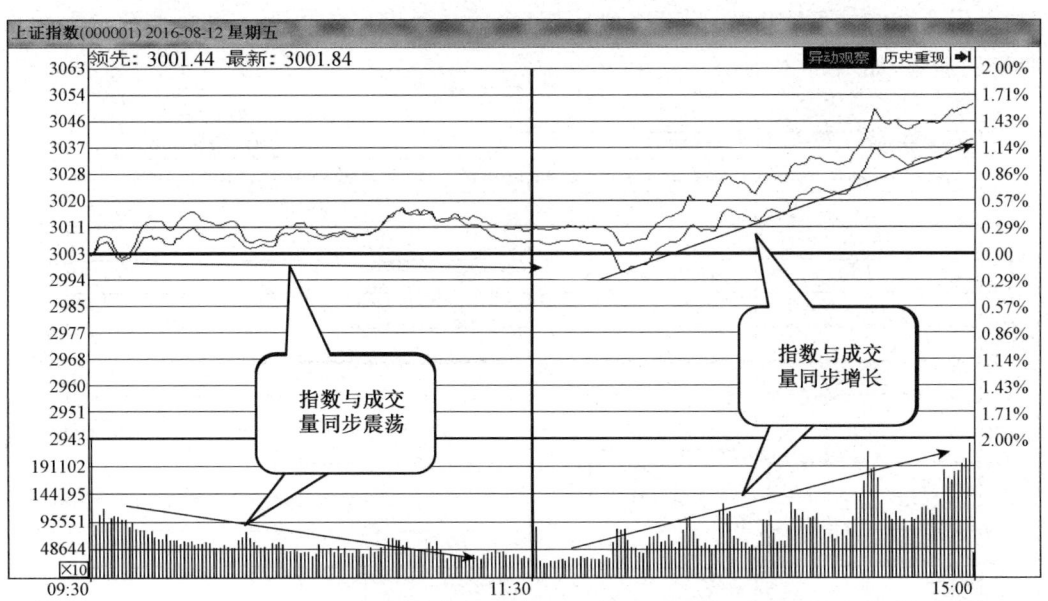

图 3-32　上证指数（1A0001）分时走势图（2016.8.12）

（3）看涨跌家数。

涨跌家数的多少对比，可以反映大盘涨跌的真实情况。

a. 大盘涨，同时上涨家数大于下跌家数，说明大盘上涨自然，涨势真实，投资者可以考虑短线参与。

b. 大盘涨，而下跌家数却大于上涨家数，说明主力通过拉升指标股控制指数，虚涨的成分较大，投资者进行短线投资需要慎重。

c. 大盘跌，同时下跌家数大于上涨家数，说明大盘下跌自然，跌势真实，投资者应避免短线操作。

d. 大盘跌，相反上涨家数却大于下跌家数，说明主力通过打压指标股的方式压制指数，跌势虚假，投资者可以针对目标个股进行逐步低吸。

## (二）盘中操作要点

### 1. 价量齐升找强势股

强者恒强。很多强势股，从早盘一开盘就会立刻显现出强势的特征，尤其是一些刚刚从底部启动的个股，由于庄家要迅速脱离成本区，因此开盘后往往会选择快速拉升。

一只股票开盘后，持续走高，同时成交量持续放大，股价上涨的曲线非常流畅，那么，该股多可能在当天会一直保持强势，甚至会有封上涨停板的可能。当然，对于个股走势的预测还要结合大盘的走势情况，如果大盘出现下跌走势，那么，个股往往难逃下跌的命运，即使已经启动上涨的股票，也可能会重新出现下跌的行情。正因如此，看盘时，首先要看清大盘的走势，只有大盘向好，个股才有向好的可能。下面来看一下昇兴股份的走势，如图3-33所示。

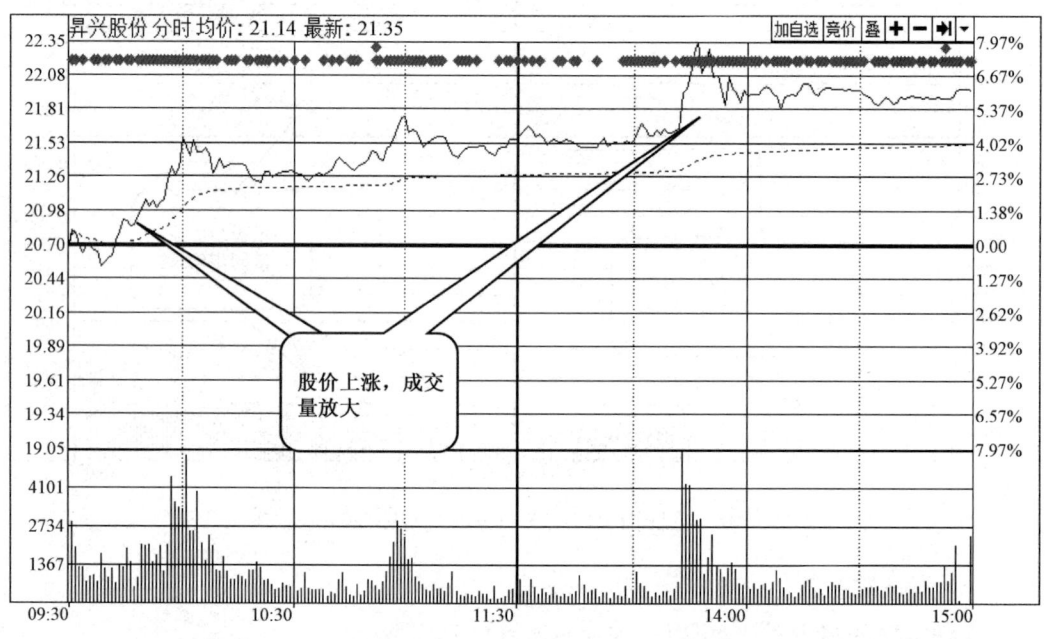

图3-33　昇兴股份(002752)分时走势图(2016.11.22)

图3-33中，昇兴股份在2016年11月22日走出了一波震荡上涨行情。昇兴股份的股价在11月22日开盘之后被迅速拉升，成交量同步呈现放大状态，说明该股当天有走好的可能。盘中，该股的走势出现震荡调整时，成交量也出现萎缩状态；当股价重新被拉升时，成交量再次放大，这说明该股价量关系正常，股价还有进一步上涨的可能。再回头看一下当天上证指数的走势，如图3-34所示。

图3-34中，上证指数在2016年11月22日也出现了震荡上涨的行情。指数在创新高时，成交量也同步放大；指数回调整理时，成交量也出现萎缩情况，这说明指数的价量配

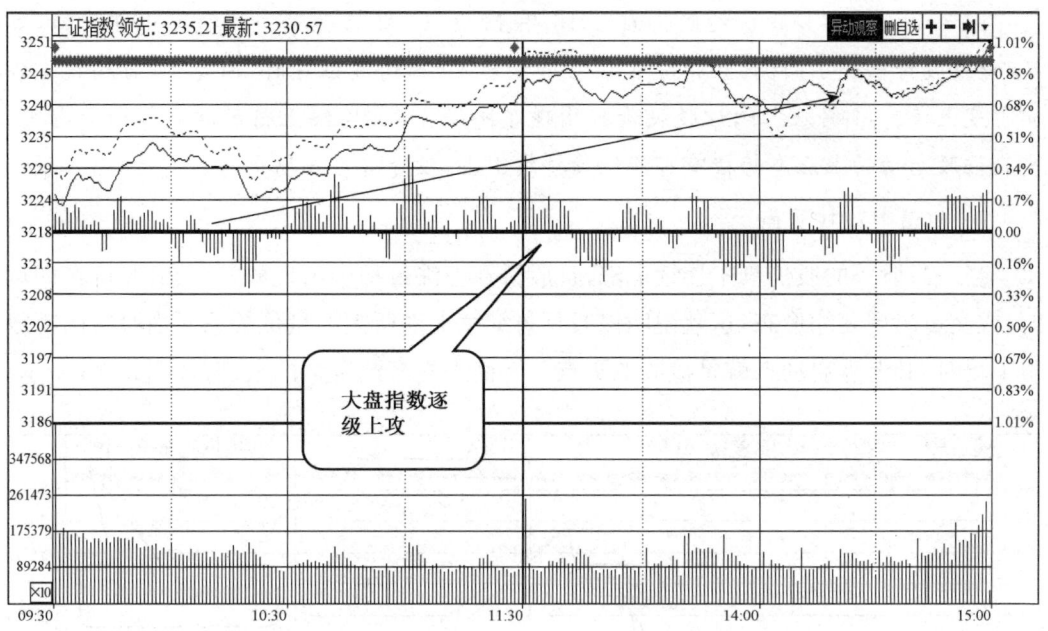

图 3-34　上证指数(1A0001)分时走势图(2016.11.22)

合健康,未来还有上涨的可能。这就说明昇兴股份外部环境良好,该股上涨的可能性很高。

再看一下昇兴股份的日 K 线走势图,如图 3-35 所示。

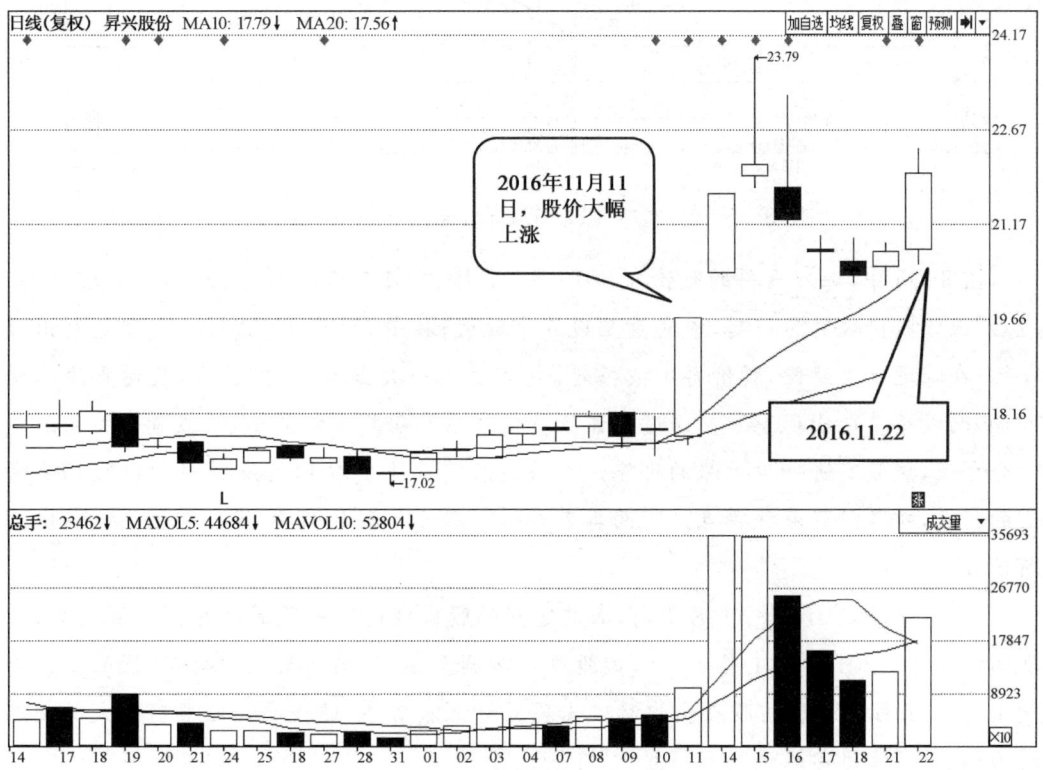

图 3-35　昇兴股份(002752)日 K 线走势图

图 3-35 中,昇兴股份的股价自 2016 年 11 月 11 日启动了一波快速上涨行情,其后,该股股价出现了回调,且股价 K 线在回调至 10 日均线位置时,因受 10 日均线支撑而再度上攻。11 月 22 日,该股股价就出现了脚踩 10 日均线上行的状态。由此可见,当日该股启动的上涨态势极有可能继续持续下去,投资者可入场交易。

2. 放量上攻找买点

当一只股票的股价盘中连续上涨,且股价在上涨过程中出现放量形态,股价在回调时,成交量出现萎缩形态,这就说明该股具备继续上涨所需的量价关系。当股票出现放量上攻时,其上涨启动点就是该股的买点。下面来看海波重科的案例,如图 3-36 所示。

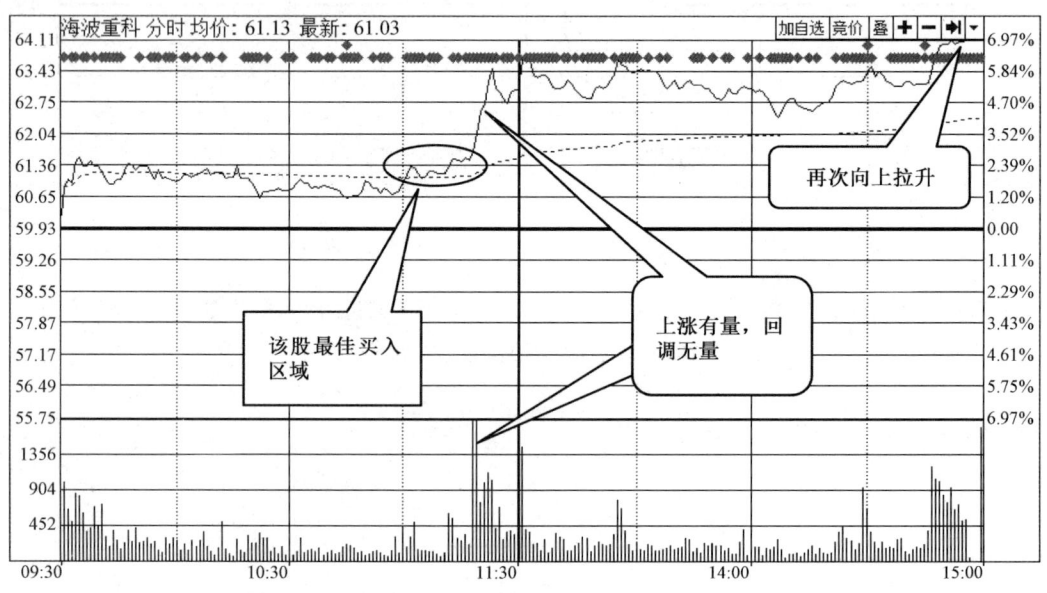

图 3-36　海波重科(300517)分时走势图(2016.22.22)

图 3-36 中,海波重科的股价在 2016 年 11 月 22 日开盘之后,呈现横盘整理形态。随后,该股股价被突然拉起,成交量呈现异常放大;接着,股价出现回调,成交量也出现萎缩;在临近收盘时段,股价再次被拉起,成交量又一次出现放大;最后,股价再次出现回调,而成交量也出现萎缩。通过对该股量价关系的研判可以看出,该股量价关系配合十分合理,该股有进一步上涨的可能。而该股股价向上突破均价线并自均价线拐头向上的拐点,就是该股最佳买点。下面再来看一下海波重科的日 K 线走势图,如图 3-37 所示。

图 3-37 中,2016 年 11 月中旬,海波重科的股价经过了一段时间缓慢上涨之后,出现回调迹象。2016 年 11 月 17 日,该股股价回调至 20 日均线附近,因该均线的支撑再度企稳。11 月 22 日,该股在盘中时段出现放量上涨形态,这说明该股具有很大的上涨潜力,投资者宜迅速跟进买入该股。

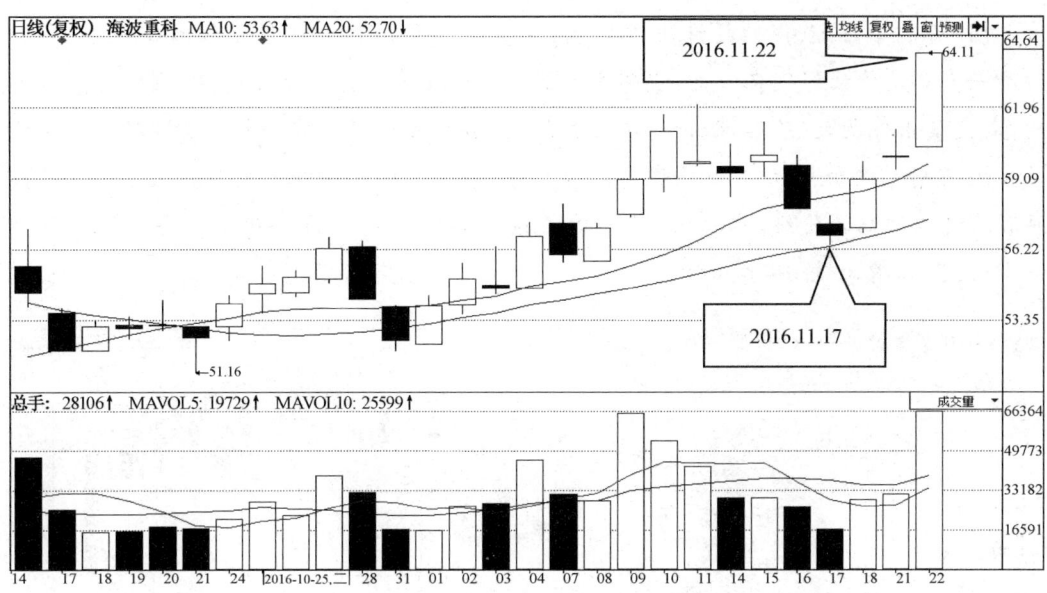

图 3-37　海波重科(300517)日 K 线走势图

### 3. 放量下跌找卖点

当一只股票的股价在盘中连续下跌,且股价在下跌过程中出现放量形态,股价在上涨时,成交量出现萎缩形态,这就说明该股量价关系不协调,未来有进一步下跌的可能。当股票出现放量下跌时,其下跌启动点就是该股的卖点。下面来看一下海利得的案例,如图 3-38 所示。

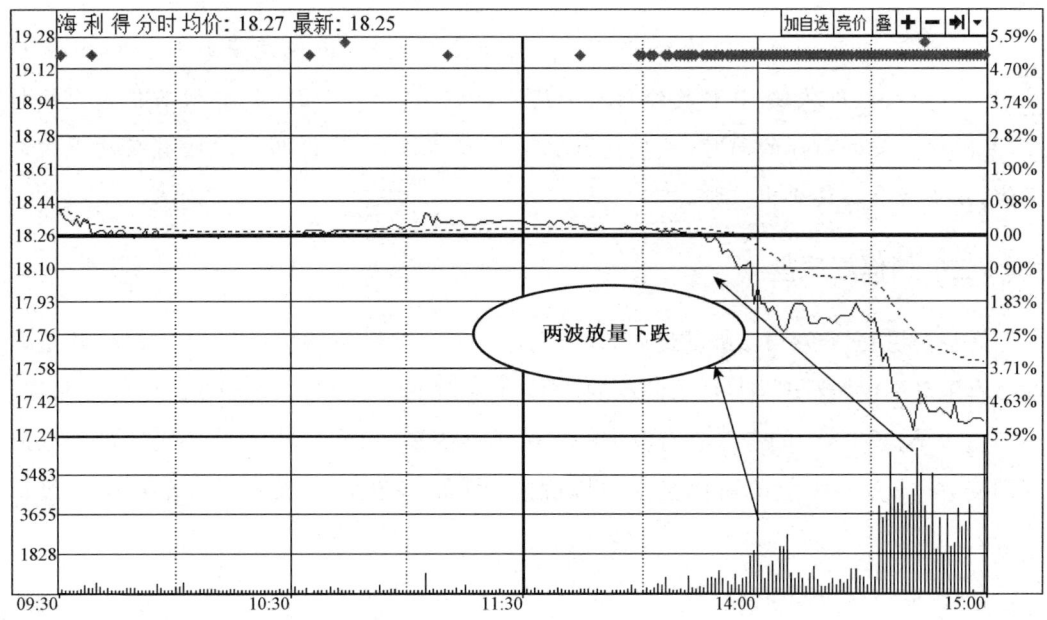

图 3-38　海利得(002206)分时走势图(2016.11.22)

图 3-38 中,海利得的股价在 2016 年 11 月 22 日开盘之后,呈现横盘整理形态,分时线一直与均价线纠缠在一处,说明当天股价走势呈弱势。在下午时段,股价突然被打压,成交量出现放大;随后,股价再次被打压,且成交量出现异常放大。通过对该股量价关系的研判可以看出,该股量价关系配合十分不协调,该股有进一步下跌的可能。而该股股价开启远离均价线,启动下跌时,就是最好的卖点。下面来看一下海利得的日 K 线走势图,如图 3-39 所示。

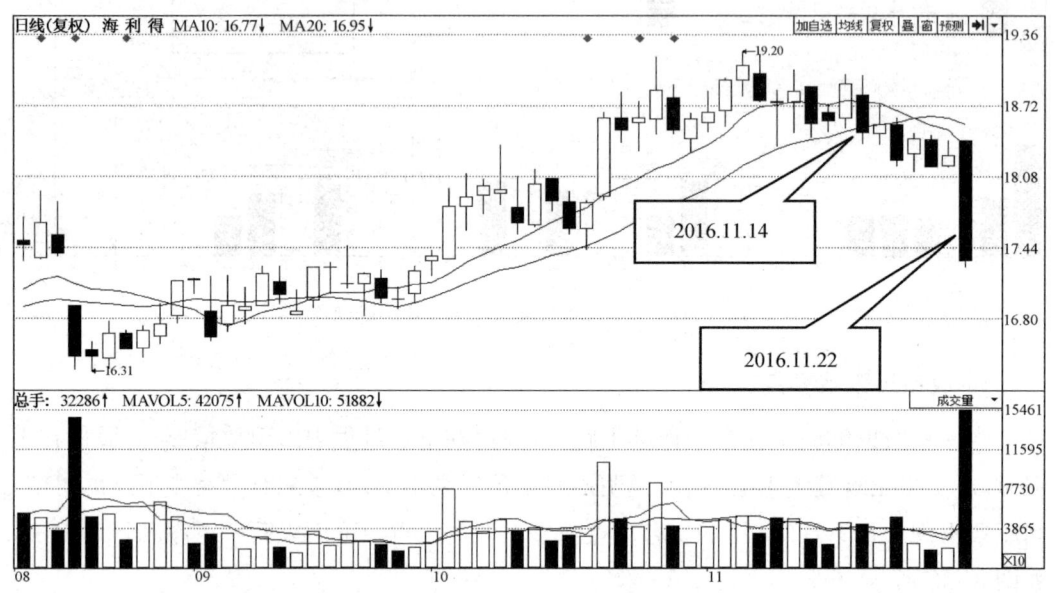

图 3-39　海利得(600725)日 K 线走势图

图 3-39 中,海利得的股价经过了一段时间上涨之后,出现筑顶形态。2016 年 11 月 14 日,该股股价跌破 10 日均线后有加速下跌迹象。11 月 22 日,该股股价被大幅打压,且股价在受到打压的同时,成交量出现了异常的放大,这说明该股还有继续下跌的可能,投资者宜迅速卖出该股。

### (三) 如何看尾盘

尾盘,是指多空双方交战的最后时段,也是一天交战胜负的决定时刻。其实,投资者通过看尾盘不仅能看出当日股价波动的范围,更能对下一个交易日股价的涨跌作出预判。

由于早盘和盘中的走势具有较多的不确定性因素,到了尾盘,许多不确定性因素已经消失,多空双方力量的对比基本可以确定,因而,不少短线投资者喜欢在尾盘进行交易。

#### 1. 尾盘被拉升

尾市拉升,即拉尾盘,是指某只股票的股价在尾盘突然出现上涨的情况,一般情况下,收盘价往往都是当天的最高价,或者近似最高价。

尾市拉升的出现主要有两种可能性:一是股价上涨的前奏;二是庄家出货的信号,具体分析如下。

(1) 股价上涨的前奏。

股价在某一价位或点位已经获得支撑,无论庄家还是普通投资者都不愿意卖出,这时经过反复确认后,尾盘股价突然拉起,接下来股价将开始向上运行。尤其是,当一只股票经过一系列的盘整,成交量已经极度萎缩,这时,如果某一天尾盘突然被拉起,则该股未来上涨的可能性会更大,如图3-40所示。

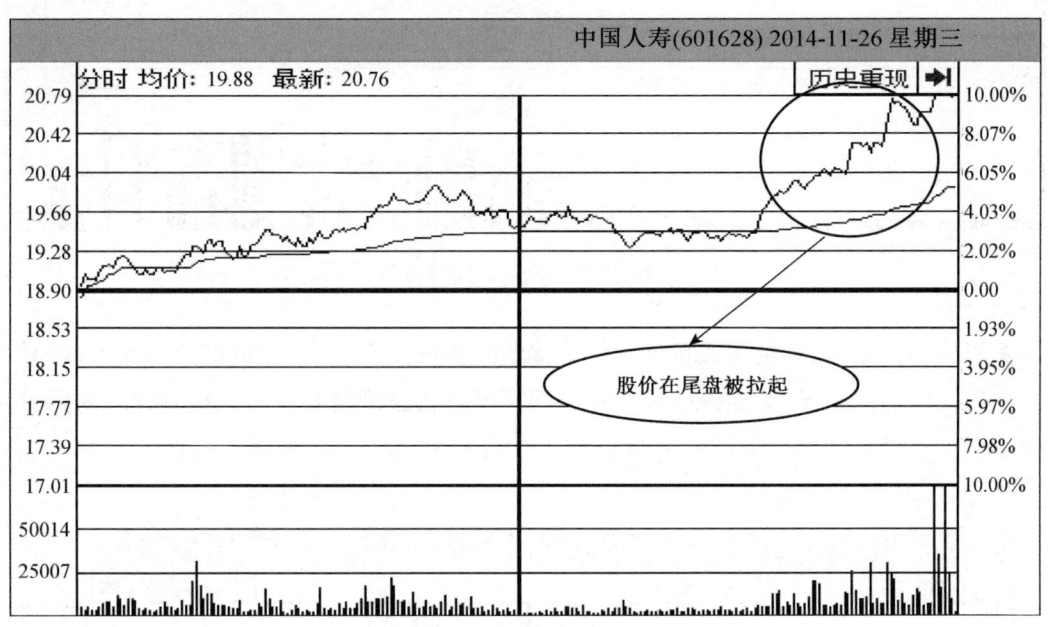

图 3-40　中国人寿(601628)分时走势图(2014.11.26)

图3-40中,2014年11月26日,中国人寿经过一番拉升盘整,成交量逐渐缩小,说明无论庄家还是投资者都不想在当时的价位交易股票,但在尾盘突破携量上升,股价步步高升,说明庄家已经做好将股价继续上拉的准备。

如果能结合中国人寿日K线走势就更能确认这次短线买点,如图3-41所示。

从图3-41中可以看到,2014年11月26日中国人寿的股价突破长期盘整的价位,一举站稳均线,随之而来的成交量也相应地放大,短期买点出现。投资者这时结合庄家尾市拉升的动作,可以确认庄家拉升股价的行动已经开始,如果能够及时跟进买入股票,那么,后面的获利将非常丰厚。

(2) 庄家出货的信号。

股价在一个价位或点位附近反复拉升,这时成交不但不减少,反而更加活跃,这是

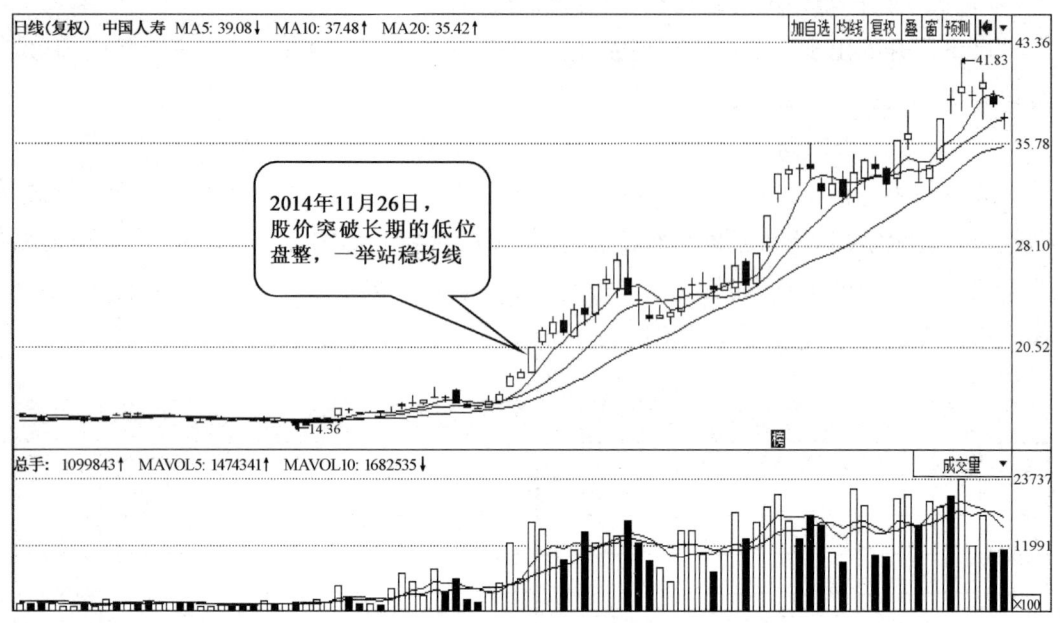

图 3-41　中国人寿(601628)日 K 线图

庄家出货的信号,尤其是当股价处于一个比较高的价位之后,成交量也开始放大,这时,再出现拉尾盘的情况,更能说明庄家在利用拉尾盘将股价拉升到一个相对较高的价位,以给下一交易日的出货预留一定的空间。如图 3-42、图 3-43 所示。

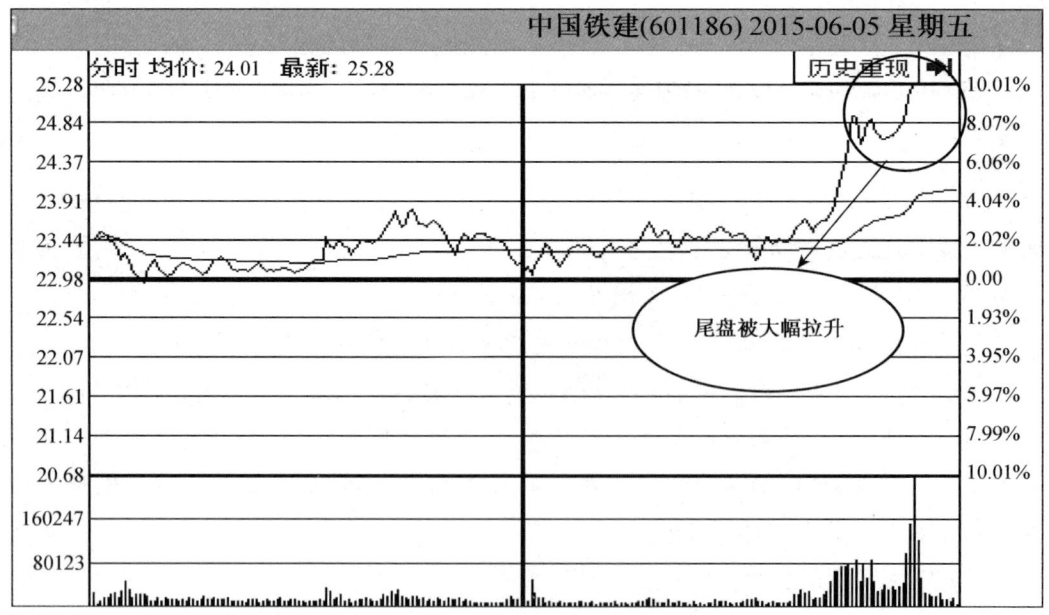

图 3-42　中国铁建(601186)分时走势图(2015.6.5)

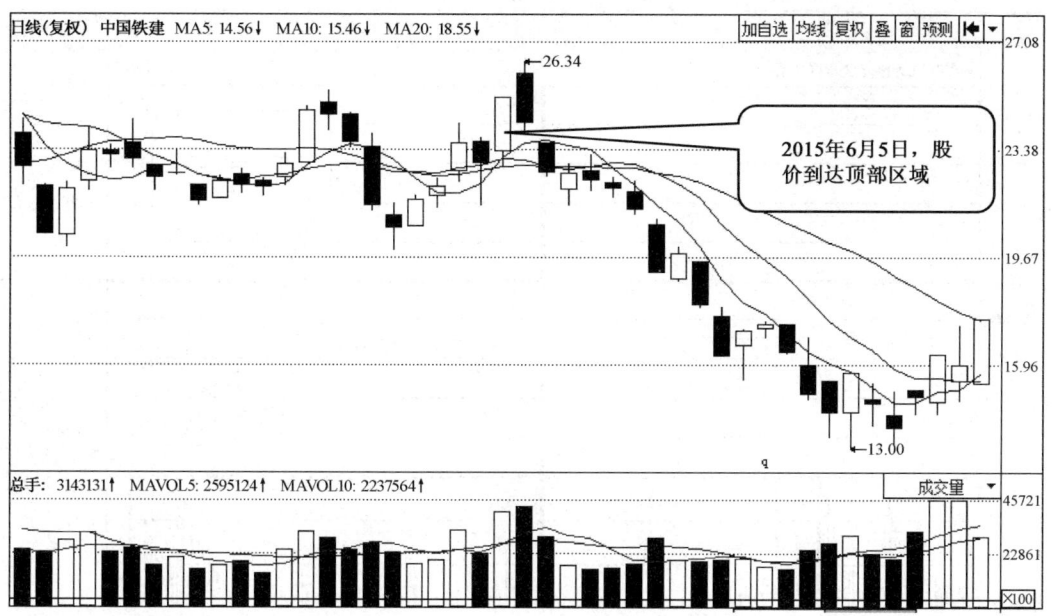

图 3-43　中国铁建(601186)日 K 线走势图

从图 3-42、图 3-43 中能够看出,中国铁建在 2015 年 6 月 5 日以及之前的一段时间里,价位一直维持在 20 元至 26 元之间,且每天的换手率都在 5% 以上,这说明其交易非常活跃,而且在 2015 年 6 月 5 日尾市拉升之前成交量也没有缩小的迹象。如果再看一下中国铁建的日 K 线走势图就会发现,在 6 月 5 日之前,中国铁建已经经历了一波上涨,这说明,庄家很有可能会利用拉升尾盘,以达到方便出货的目的。投资者此时应提高警惕,以免带来不必要的损失。

2. 尾盘被打压

尾市打压,即砸尾盘,是指某只股票的股价在尾盘突然出现下跌的情况,一般情况下,收盘价往往都是当天的最低价,或者近似最低价。

尾市打压的出现主要有两种可能性:一是庄家在洗盘,未来有上升的可能;二是庄家在集中出货,投资者应该避而远之。

(1) 庄家洗盘。

庄家有时为了迅速洗掉不牢固的筹码,以方便自己后面的拉升,会采取砸尾盘的方式,完成洗盘。洗尾盘最大的特点是,股价下跌较快,而且大单频出,但是总体上成交量并没有放大多少。但是,作为投资者,对于庄家洗盘的行为最好不要参与其中,因为,洗盘到股价拉升还有一个过程,其中也一定有更加合适的入场时间,投资者只要保持关注即可。我们先来看下面的例子,如图 3-44 所示。

从图 3-44 中可以看出,在 2015 年 5 月 7 日交易的最后时段,青海春天一路下跌,

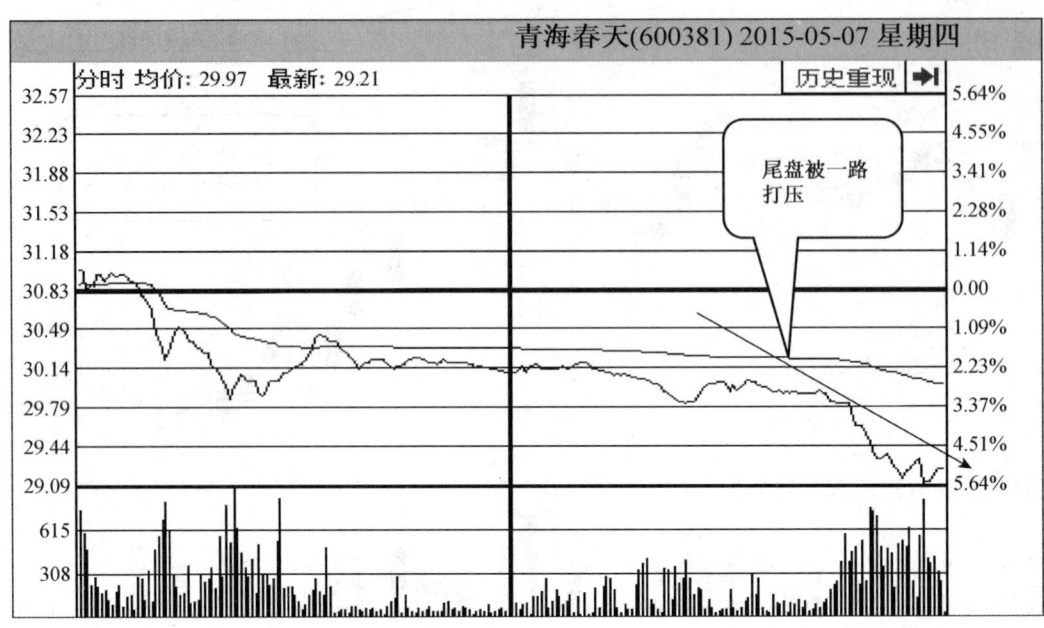

图 3-44　青海春天(600381)分时走势图(2015.5.7)

最后全天跌幅超过 5%,但是当天的换手率仅为 2.54% 左右,相比于一般普通交易日来说,当天的换手率都是比较低的,因此,可以认为,当天属于庄家洗盘的可能性较大。投资者可以保持对青海春天的关注,不必急于入场,然后再看一下青海春天的日 K 线图,如图 3-45 所示。

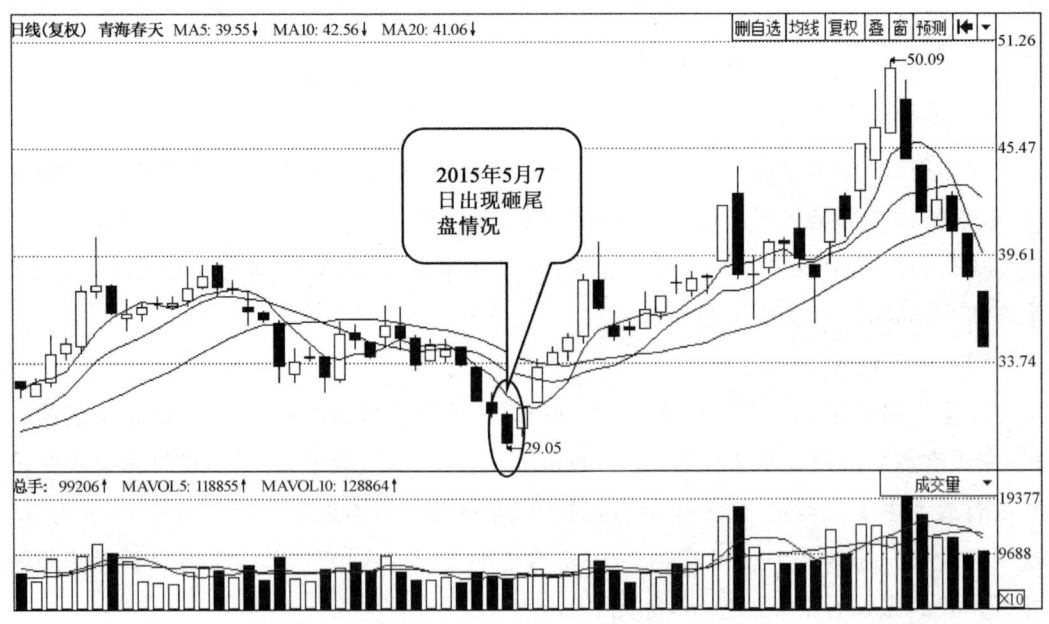

图 3-45　青海春天(600381)日 K 线图

图 3-45 中,通过观察可以发现,在尾盘打压的第二天,股价高开高走,与前一交易日的阴线形成了旭日东升形态,属于典型的趋势反转信号。投资者可在股价突破 5 月 7 日开盘价位置后买入该股。

(2) 庄家出货

成交量是判断庄家是否出货的一个重要标志。如果一只股票的股价在经过了连续的上涨,某一交易日尾盘出现下跌的同时,还伴随着巨大的成交量,那么,无疑可以判定是庄家在出货,投资者一定要避而远之。

下面以深圳能源为例进行说明,如图 3-46 所示。

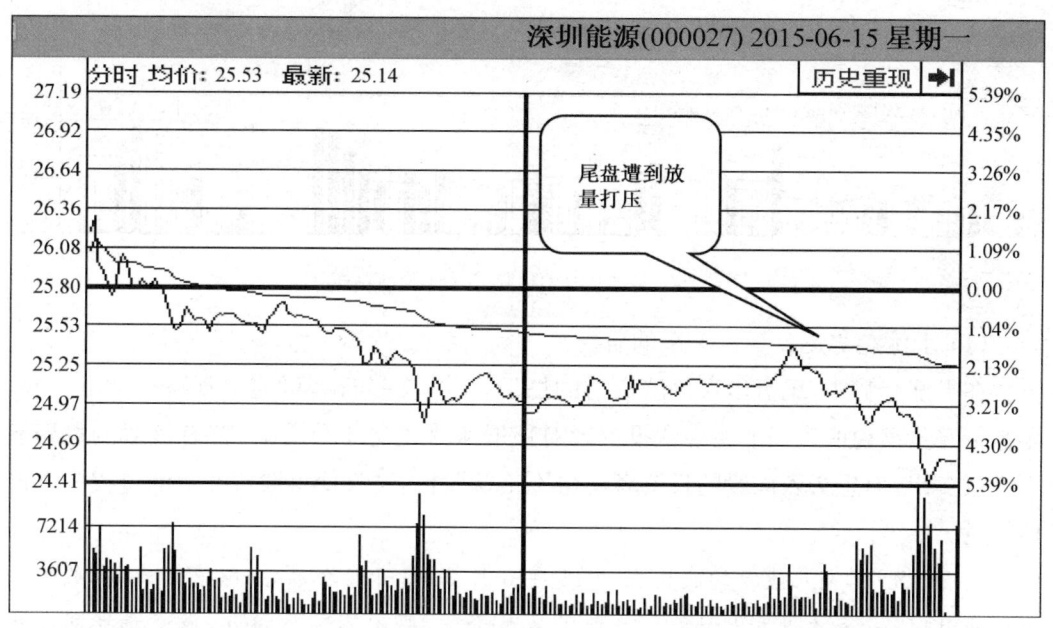

图 3-46 深圳能源(000027)分时走势图(2015.6.15)

在图 3-46 中,深圳能源在 2015 年 6 月 15 日最后时段,一路下跌,同时,成交量也是居高不下,尤其是在尾盘,成交量相比于盘中放大了很多。投资者可以再结合深圳能源的日 K 线图进行观察,如图 3-47 所示。

在图 3-47 中,投资者观察深圳能源的 K 线图就会发现,两个交易日前的价位已经是深圳能源创出的近期高价,也就是说,该股股价回调的可能性非常之大。这从另一方面也说明,砸尾盘就是庄家在集中出货。投资者最好远离这样的股票。

3. 尾盘量价关系研判

量价关系的各种形态,往往对股市的后期走势有重要的影响。正因如此,投资者可以通过对尾盘阶段股价与成交量关系的研判来分析下一个交易日的股价的趋势。一般情况下,我们可以从三个角度来分析尾盘的量价关系。

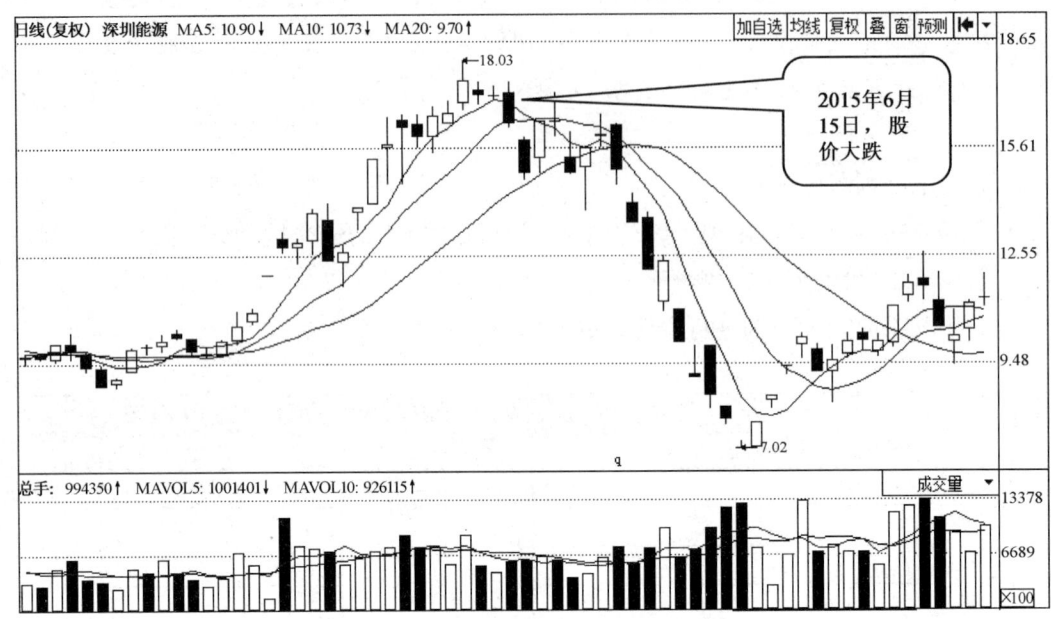

图 3-47 深圳能源(000027)日 K 线走势图

(1) 上涨趋势尾盘量价关系的研判。

在上涨趋势中,尾盘出现价涨量增的情形,下一交易日有可能出现跳空上涨开盘。尾盘价涨量缩说明市场上大多数投资者对该股未来走势十分看好,持有该股的投资者不愿意卖出,而想买入该股的投资者不得不抬拉股价,这就使得股价在上涨过程中不断地放量。

图 3-48 中,湖北能源的股价在 2011 年 6 月 23 日开盘之后,一路震荡走高,股价每次被拉升时,成交量同步出现放大。到了尾盘阶段,股价不断被拉升,成交量也同步出现放大态势,说明该股量价配合十分协调,下一交易日股价有高开高走的可能。我们再看一下湖北能源的日 K 线走势图,如图 3-49 所示。

湖北能源的股价从 2011 年 5 月中旬开始经历了一波下跌走势。股价下跌到 7.28 元的低点后开始反转向上,2011 年 6 月 23 日,湖北能源在尾盘阶段出现量价齐增的情况,说明该股未来走势向好,下一交易日该股有高开高走的可能。2011 年 6 月 27 日(6 月 24 日股东大会休市一天、6 月 25 日、26 日周末休市),该股股价高开高走印证了此前的判断。

(2) 盘整趋势中尾盘量价关系的研判。

在盘整趋势中,尾盘出现价跌量增的情形,下一交易日有可能出现低开。尾盘价跌量增说明市场上大多数投资者对该股未来走势不看好,于是,纷纷选择在尾盘卖出股票。当卖出者增多,买入者减少时,持有股票者为了出清手中的股票不得不选择以降低股价的方式售出手中的股票。

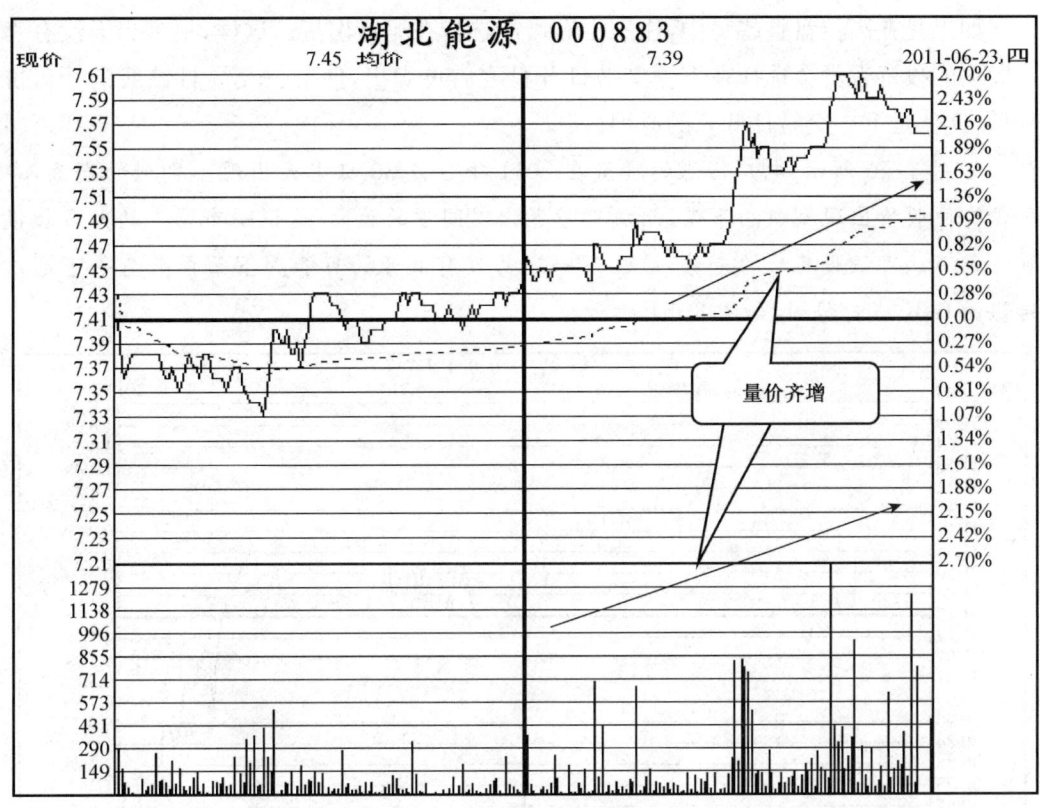

图 3-48　湖北能源(000883)分时走势图(2011.6.23)

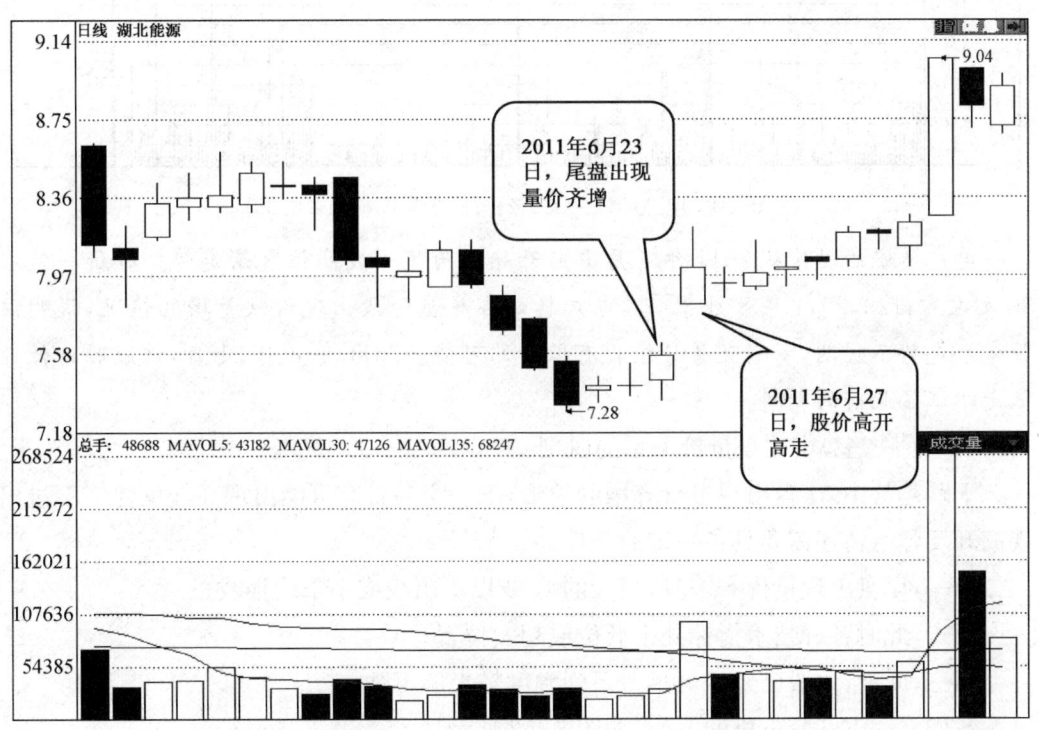

图 3-49　湖北能源(000883)日 K 线走势图

如果是在高位盘整趋势中,庄家也有可能选择在尾盘出货。这样,很多当天没有卖出股票的投资者就会选择在下一交易日开盘之后再卖出,使下一交易日该股的开盘价降低,这就是下一交易日低开的成因。

如图3-50所示,电广传媒的股价在2011年8月30日当天出现了剧烈的震荡,在尾盘阶段股价出现剧烈的下跌,而成交量也出现同步的放大,这说明市场上的大多数投资者都不认可该股其后的走势,该股下一交易日有低开的可能。下面再来看一下电广传媒的日K线走势图,如图3-51所示。

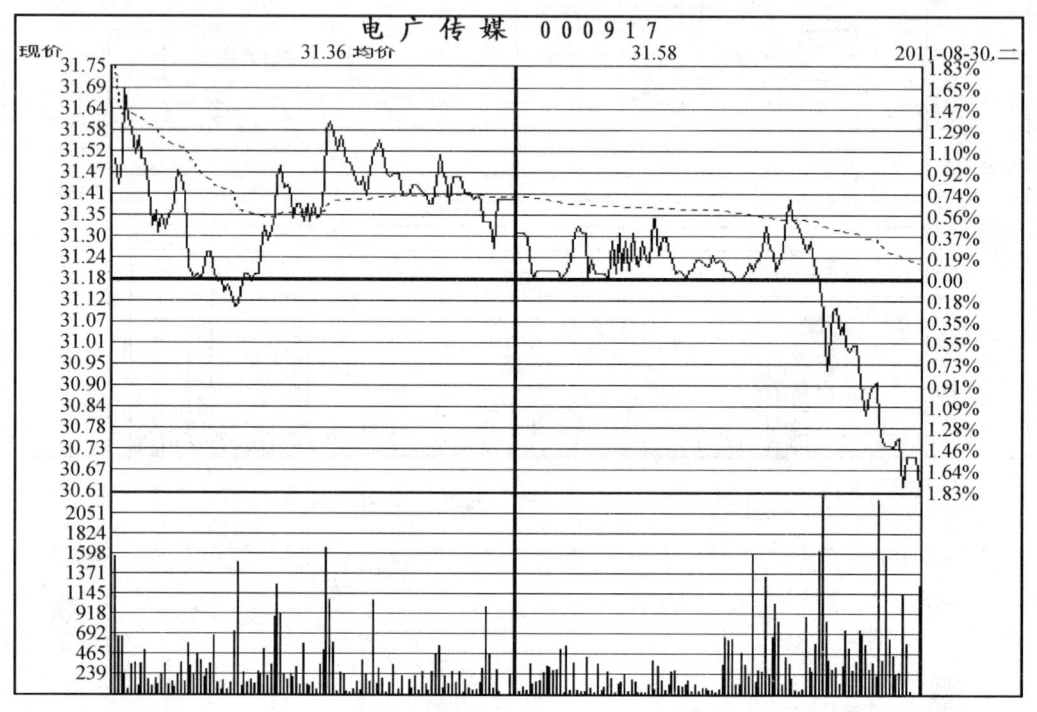

图3-50 电广传媒(000917)分时走势图(2011.8.30)

电广传媒的股价从2011年7月中旬开始经历了一波高位震荡走势。股价一直在30元左右徘徊,2011年8月30日,电广传媒在尾盘阶段出现价跌量增的情况,说明该股未来走势不明朗,下一交易日该股有低开的可能。2011年8月31日,该股股价低开低走印证了此前的判断。

(3) 下跌趋势中尾盘量价关系的研判。

下跌趋势中,尾盘出现量价齐增的情形,下一交易日有可能出现高开反弹。不过出现高开反弹行情还需要具备一定的条件:

第一,尾盘出现量价齐增时,当天的K线以小阴线或小阳线报收;

第二,此时各种技术指标处于低位或超卖位置;

第三,此前,该股已经经历了一系列幅度较大的下跌。

我们看一下江特电机的案例,如图3-52所示。

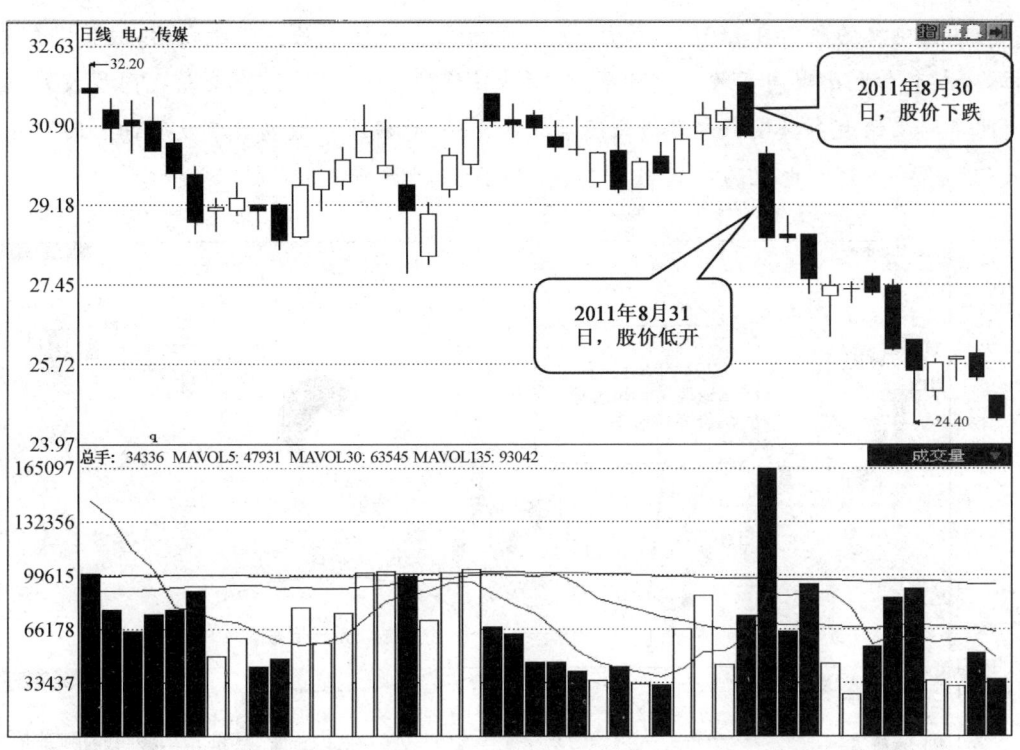

图 3-51 电广传媒(000917)日 K 线走势图

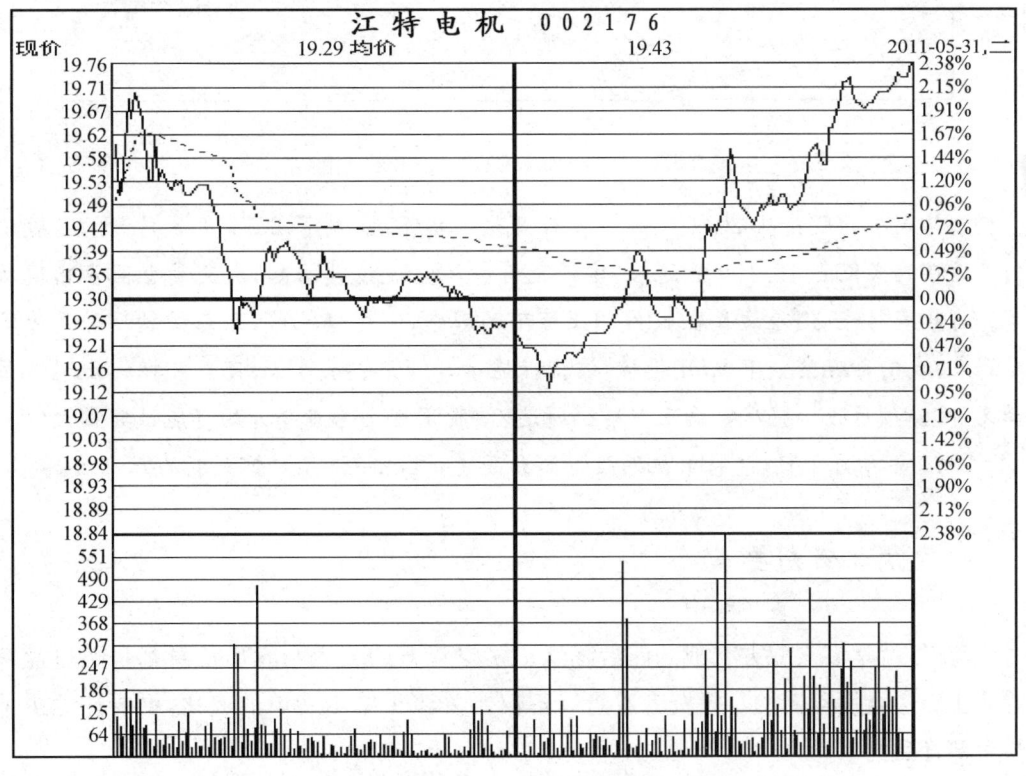

图 3-52 江特电机(002176)分时走势图(2011.5.31)

江特电机的股价在 2011 年 5 月 31 日开盘之后一路下跌。午盘之后,股价突然被拉起,成交量也出现同步放大。到尾盘时段,股价被进一步拉升,成交量也同步放大,这说明市场上的大多数投资者看好该股后续的走势,该股下一交易日有反转向上的可能,我们再看一下江特电机的日 K 线走势图,如图 3-53 所示。

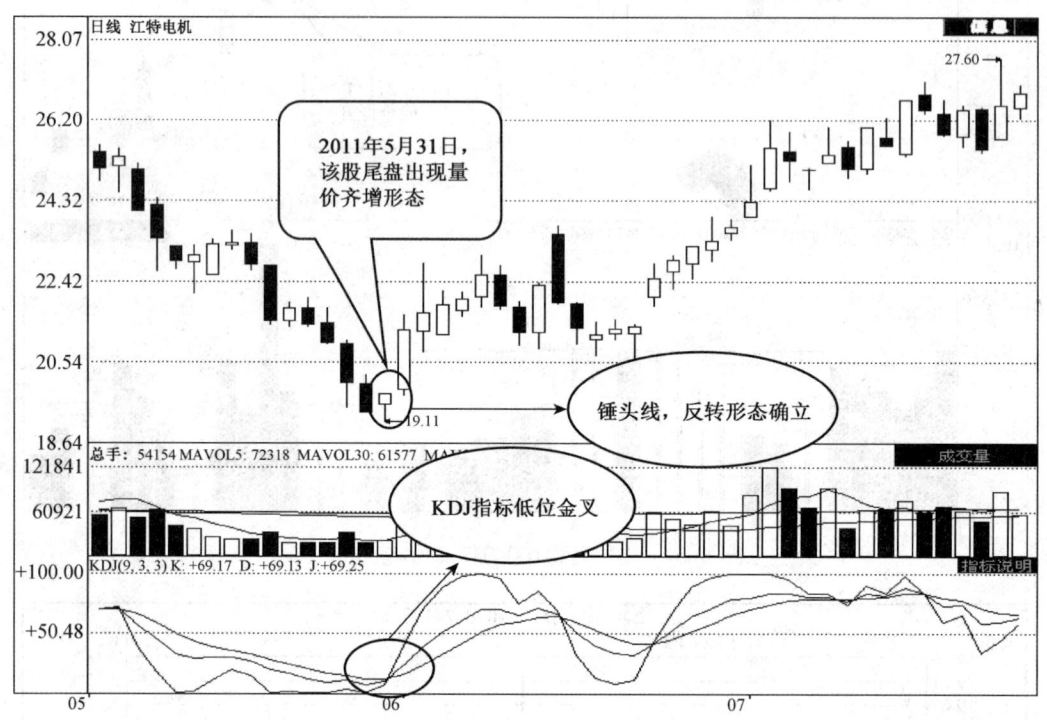

图 3-53　江特电机(002176)日 K 线走势图

江特电机的股价从 2011 年 5 月 9 日开始一路下跌,到了 2011 年 5 月 31 日,股价创下近期的最低点 19.11 元,随后,该股股价在尾盘被拉升而起,成交量也同步出现放大。与此同时,我们看该股在 K 线图上留下的形态,一根锤头线,预示该股反弹马上就要到来;我们再观察一下 KDJ 指标,该指标显示,2011 年 5 月 31 日当天指标出现低位金叉,同样预示股价将反转向上。综上所述,该股下一交易日高开的可能性非常大。

2011 年 6 月 1 日,江特电机的股价高开高走,这也印证了之前判断的正确性。

## 六、盘口研判要点

盘口,就是多空双方交战的前沿阵地。多空双方的买入与卖出信息都是通过盘口的变化传递给投资者的。投资者看盘口不仅要关注买单与卖单的变化,更要注意买单与卖单背后的信息。

盘口，在股市中，是指买入与卖出的委托挂单情况和交易情况。一般投资者能够看到的盘口主要是行情软件中提供的买卖盘各五档的数据，如图 3-54 所示。

| | 鼎立股份 | 600614 |
|---|---|---|
| 委比 | -53.26% | -458 |
| 卖⑤ | 10.07 | 206 |
| 卖④ | 10.05 | 75 |
| 卖③ | 10.02 | 18 |
| 卖② | 10.00 | 308 |
| 卖① | 9.99 | 52 |
| 买① | 9.95 | 10 |
| 买② | 9.90 | 2 |
| 买③ | 9.88 | 118 |
| 买④ | 9.87 | 59 |
| 买⑤ | 9.85 | 12 |

图 3-54 买卖盘口挂单情况

### (一) 买卖盘口看庄家意图

股市上就是庄家与散户的博弈，一方获胜必定以另一方的亏损为前提。对于庄家来说，每一次的挂单都有一定的含义，或者为了迷惑投资者，或者是为了打压股价等。投资者通过对各种挂单情况的研判，就能发现庄家挂单背后的真正意图。

下面简单介绍几种挂单情况，仅供投资者参考。

**1. 上方挂大卖单**

上方挂大卖单，投资者往往会认为是卖盘压力较重，股价上涨将受到阻力，但是，在具体的交易实战中，挂大卖单的情况不同，其含义也不尽相同。

（1）如果股价处于低位，盘中虽然有大卖单，但买盘依旧非常活跃，说明庄家正在吃货，投资者这时可以考虑追随庄家建仓。当股价处于低位时，已经没有多少投资者愿意将自己手中的筹码卖出了，这时的大卖单很可能是庄家自己设下的，用来迷惑投资者的，故意让投资者感到股价还将继续下跌，逼其卖出手中的筹码，接着，庄家再利用活跃的买盘将投资者的卖盘全部吃掉，从而完成建仓任务；反之，如果这时的大卖单是真实的，即大卖单不是庄家设下的，那么，就不会有活跃的买盘出现，因为，在上方有大卖单的情况下，是不会有很多投资者选择积极买入的。

（2）当一只股票开始拉升时，上方立刻出现大卖单，有时甚至是先出现大卖单而后出现上涨。当这种情况出现时，如果大卖单不能被迅速吃掉，说明庄家吸筹不足，或者不想发动上攻；如果大卖单被慢慢吃掉，而且上攻速度不是很快，说明庄家已经相对控盘，既想上攻，又不想出掉太多的筹码。

（3）如果股价逐步下跌，而大卖单也接连出现，说明庄家在刻意打压股价，此时投资者需保持关注，一旦股价调整到位，再适时跟进。股价逐步下跌一般有两种可能：一是庄家出货；二是庄家在刻意打压股价。而在股价下跌过程中，庄家想出货也一定会使用小单向下砸，逐步完成出货，而采用大单向下砸的方式是无法完成出货的，因为，在股价逐步下跌过程中，是不会有很多投资者愿意积极买入的，因而，大卖单是不可能成交的。由此可以推断，这些大卖单是庄家用来刻意打压股价的。

**2. 下方挂大买单**

下方挂大买单，在正常情况下，说明下方承接有力，股价将止跌上涨，但是，在具体的交易实战中,下方挂大买单的情况不同,所代表的含义也不尽相同。

(1) 股价在横盘震荡或者下跌时,出现大买单,这说明庄家很可能在被动护盘,投资者最好不要盲目跟进。很多投资者都有这样的心态:当股价上涨时会积极买入,当股价下跌时则会选择积极卖出。当股价在横盘震荡或下跌时,是不会有多少投资者愿意买入的,而这时下方接连出现大买单,且这些大买单又不积极向上买入,这只能说明庄家是为了阻止股价的进一步下跌而采取护盘行动。

(2) 股价在连续上涨过程中,出现大买单,同时买盘又比较多,说明庄家在吸引买盘入场。如果此时处于股价刚刚启动阶段,那么,庄家很有可能在借力拉升,投资者可以积极买入;但如果此时股票已经出现较大涨幅,庄家则有可能在拉升出货,投资者当谨慎行事。事实上,拉高出货也是庄家惯用的出货手法,投资者应该特别注意。

3. 下跌时没有买单

庄家多在股价下跌过程中吸筹。而当股价在下跌过程中,没有出现大的承接盘时,说明买入的都是一些散户,庄家并没有买入股票。出现这种情况,有两种可能:一是市场普遍认可该股的下跌,说明该股的跌势还将继续,投资者应远离这类股票;二是庄家很有可能已经具备控盘的能力。庄家利用股价下跌过程适当地减仓,很有可能是为进一步拉升作准备。投资者应该密切关注股价的走势。一旦股价结束下跌,要立即跟进买入。

无论基于何种原因出现的下跌过程中没有买单,投资者在下跌过程中,都不要轻易地参与进去,一定要等股价企稳之后,再考虑建仓。

4. 大阳线次日挂单多少

一只没有被庄家控盘的股票,在大阳线过后的交易日,会有很多投资者选择卖出股票以兑现盈利,同时,还会有另一批投资者认为股价还会继续上涨而追高买入,因而买卖盘口都会有较多的挂单,成交也会非常活跃,股价变化比较大,这也说明了多空分歧较大。

而被庄家控盘的股票,在大阳线过后的交易日成交会比较清淡,因为,该股的大部分筹码早已被庄家锁定,只要庄家不想出货,那么,买卖盘口挂单都会比较小,成交量也无法放大,这也正说明当时庄家无意派发筹码,后市仍然看涨。

(二) 盘中的大买单和大卖单

投资者在看盘过程中经常会遇到下面这种情况。当"买三"或"买四"档出现大买单时,突然出现的大卖单将其打掉。正当投资者认为股价可能会向下跌时,在"买三"的位置再次出现大买单,随之而来的大卖单将其再次打掉,如此反复。

出现上述情况,只能说明盘口出现异动,这时,投资者需要密切关注盘口的动向,并仔细分析这些现象背后的玄机。投资者如果发现诸如下面所列的几个细节,需要特别关注一下。

第一,在卖出盘口挂出的单子都很小;

第二,大买单是先出现在买盘上的;

第三,大卖单只是一到两笔就把买单打掉;

第四,此类现象反复出现。

不断出现又不断被消化掉的大买单的背后,往往都会有一双无形的手。无论大买单的数量是多少,总会被几张大卖单给打掉,这说明盘口所显示的信息都是庄家刻意而为的。庄家如此操作,一定有自身要达到的目的,投资者应该有所防备。对于投资者来说,通过上述四个细节,至少可以判断出以下几点。

第一,买卖盘口挂单很小,说明市场交易非常冷清,所以,市场上的大买单应该是庄家自己设下的。

第二,庄家将买单设在"买三"的目的是,希望投资者能够将单子挂在"买一"或"买二"的位置。庄家在"买三"位置设置大买单,能够达到两个效果:一是告诉投资者该股有大的承接盘,可以放心买入;二是告诉投资者"买三"位置有大买盘,所以,你要想买入再将买单放在"买三"位置是不可能成交的,必须放到"买一"或"买二"的位置才能成交。

第三,大买单的频繁出现,说明大卖单就是庄家自己的,因为,如果是别人的大卖单,庄家不会一个接一个地设置大买单。

综合以上分析可以作出如下判断:庄家是希望投资者能够将买单挂在"买一""买二"的位置,以承接自己的大卖单。当"买一""买二"挂单数量达到一定程度时,投资者的大卖单就会出现,将买单的单子全部打掉,这时,庄家就完成了一次减仓操作,如此多次反复,庄家就会达到一定的减仓目的。

### (三) 时有时无的买单与卖单

投资者经常会遇到类似这种情况:一只股票在价格回落过程中,在"买一""买二""买三""买四""买五"五个档口都有相当数量的挂单,但是,前三个档口位置的买盘挂单总是飘忽不定,开始时挂单 300 手,一会儿就变成 50 手,一会儿又变成 250 手,接着又变成 300 手。这时的 300 手有可能已经不是一个整数,也许是 301 手、302 手。但这都不妨碍我们对这一现象的研究。

投资者仔细观察这一现象就会发现:这些单子虽然变来变去,但是总数却没有太大的变化,与最初开始时的单子总数相差不多。其实,在一个很短的时间内,在同一价位上频繁地撤单又挂单,这只能是某一个人的做法而不可能是市场自发行为。而这个人很可能就是该股的庄家。

庄家这样做的原因,无外乎以下两种。

1. 让投资者的挂单先成交,以维护股价

投资者应该了解:在市场上,同一价位的挂单不可能只是一张单子,那是由多张挂单共同构成的。我们股市的成交规则是在同一价位上,排在前面的挂单先成交。庄家利用的就是这一规则。

庄家先在某一个价位挂好买单,以吸引更多的投资者跟随其挂单,然后再将自己的挂单撤出,这样,投资者的挂单自然就会出现在比较靠前的位置,当市场上出现卖单时,投资者的买单就被市场上的抛单打掉。庄家的单子由于在后面,所以并没有成交,这样,庄家在没有损失买单的前提下,保住了市场的股价。

2. 吸引市场买单,震慑卖单

如果庄家一味地选择撤单而不追加买单,那么,当市场上的卖单将投资者的买单吃掉之后,股价自然将会下降。为了防止这种情况的出现,庄家往往会选择再将自己的买单挂到投资者的买单之后,使这一档口的买单看起来非常多,这样做有两个目的:一是吸引更多的买单加入;二是震慑卖单,不让过多的卖单流出。如果卖方看到市场的买盘较多时,就会选择观望的态度,而不会主动地卖出,而这就是庄家要达到的效果。

总之,庄家就是通过不断地撤单、挂单的手法,一方面吸引市场的买单以帮助其维护股价;另一方面又想让卖方看到市场的买盘很大,股价并不能轻易地下降。

### (四)阻截式大单的奥秘

| ★★★ | 南京银行 | 601009 |
|---|---|---|
| 委比 | -48.02% | -3063 |
| 卖⑤ | 10.60 | 2502 |
| 卖④ | 10.59 | 766 |
| 卖③ | 10.58 | 671 |
| 卖② | 10.57 | 466 |
| 卖① | 10.56 | 316 |
| 买① | 10.55 | 1051 |
| 买② | 10.54 | 141 |
| 买③ | 10.53 | 83 |
| 买④ | 10.52 | 234 |
| 买⑤ | 10.51 | 149 |

图 3-55 南京银行(601009)买卖盘口(2011.1.7)

盘中经常会出现这样一种情况:上档卖盘中全部都是大卖单,而下档买盘中的买单又都比较小,只有"买一"位置有一个大单,而且,上档的大卖单迟迟不下来,"买一"位置的大买单就长时间地放在那里。这个在"买一"位置的大买单就可以称之为"阻截式大单"。

我们先来看一下南京银行的案例,如图 3-55 所示。

从图 3-55 中,我们可以看到,在"卖一"到"卖五"这五档上积累了大量的卖盘,而"买二"到"买五"的买盘都比较小,都没有超过 300 手,在"买一"位置却横着一个 1 000 多手的大买单。而且这个大买单放在这里很久,也没有大卖单将其打下来。

下面对产生这种现象的原因进行一下分析。

1. 想卖的大单其实并不多

从南京银行买卖盘口中可以看到,其实大卖单的数量远远超过了买单的数量,如果大卖单向下走,那么,买单是不可能阻截得住的。但是,"买一"位置的大单却长久地保住了,这说明两个问题:第一,上面的卖单与下面的买单都是庄家自己设下的,如果上面的卖单是普通投资者的,那么,很可能早砸向"买一"位置的挂单了,而不会长时间挂在卖盘的位置;第二,庄家并不想让股价向下运行,庄家用一个大买单横在"买一"的位置,就是为了防止股价的下行,这个大单这时就起到了护盘的作用。

2. 庄家目标直至"卖一"

庄家在"买一"位置设下大买单,实质上就是告诉投资者,如果想买就要直接去"卖一"上去买,因为,"买一"上需要先成交大单之后,才能轮到投资者的小单。这样,投资者为了买入股票就只能选择主动出击的方式,打掉"卖一"的卖单。

因此,可以这样说,庄家如此布局的目的就是为了将"卖一"位置上的卖单出掉。至于"卖一"位置上有多少是庄家的单子,这是很难判断的,但如果"卖一"位置的单子不断地被消化,不断地被增加,那么,就可以断定"卖一"位置的单子是庄家设下的了。

庄家通过设置阻截式大单,将投资者的焦点集中到"卖一"位置,一般会出于以下两种目的:

第一,为了拉升股价。庄家在拉升股价过程中需要吸收一定的筹码,因此,需要在拉升前先降低一下持仓量,这样,在拉升过程中,才会有足够的资金吸筹。

第二,为了出货。当市场行情不理想,庄家无法利用拉高股价的方式出货时,通过这种方式出掉"卖一"位置的抛单,可以最大限度地获得操盘利润。因为,用一个大买单拦在"买一"的位置,可以有效地防止股价下滑给自己出货造成的损失。

庄家到底是出于何种目的?投资者要考虑当时股价所处的位置,如果股价处于低位,且已经盘整多日,那么,庄家向上拉升该股的可能性比较大;反之,如果该股已经有了一定幅度的涨幅,那么,庄家出货的可能性就比较大。

# 第四章 K线图比你更了解股市

K线由于其图形形状貌似根根蜡烛,所以被称为蜡烛图;加上这一些蜡烛有"黑白"之分,因而也叫阴阳线。

K线图,自从被引入股市以来,以其简洁、清晰、实用等特性,为广大投资者所青睐,目前,已经成为股市投资最常用的技术分析工具。

## 一、K线,能告诉我们什么

K线的有效性已经为市场所认可,而其有效性的根源,则要从K线的构成以及应用技巧等方面说起。

### (一) K线的构成

K线是柱状的线条,由影线和实体组成,它能够把某一周期内的开盘价、最高价、最低价和收盘价这四个价格的市场情况直观地表现出来。K线的上影线的顶端代表这一交易周期的最高价;下影线的末端代表这一交易周期的最低价;实体的上下两端分别代表这一交易周期的开盘价和收盘价,如图4-1所示。

开盘价又称开市价,是指某种证券在证券交易所每个交易周期开盘后的第一笔交易的成交价格,是买卖双方相互交战的楚河汉界。目前国内股票市场采用集合竞价的方式来确定每天的开盘价。

最高价是指某种证券在

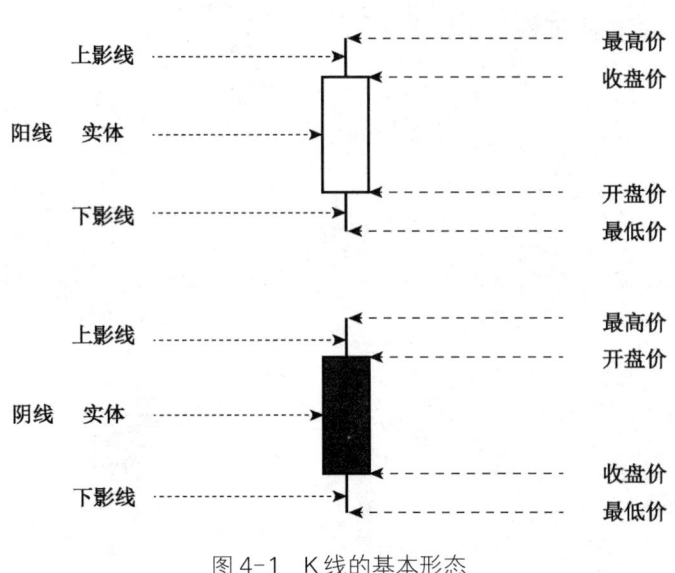

图4-1 K线的基本形态

每个交易周期从开盘到收盘的交易过程中所产生的最高价格。

最低价是指某种证券在每个交易周期从开盘到收盘的交易过程中所产生的最低价格。

收盘价是指某种证券在每个交易周期最后一笔交易的成交价格。收盘价是当前行情的标准,又是下一个交易周期开盘价的依据,代表买卖双方的力量对比结果可据以预测未来的市场行情。不过,目前深市的收盘价和开盘价一样是通过集合竞价产生的,也就是说,从14:57分开始集合竞价,至15:00产生收盘价。从2018年8月20日开始,沪市收盘价也通过集合竞价产生。

根据开盘价与收盘价之间的关系,K线又分为阴线、阳线两种。

### (二)K线的解读及交易指示意义

#### 1. K线实体解读

从图4-1中可以看出,K线的实体颜色有黑白之分,这主要反映了开盘价与收盘价的相对位置关系,即如果开盘价高于收盘价,则K线实体为黑色;如果开盘价低于收盘价,则K线实体为白色。通常意义上来说,K线实体为白色,也就是阳线,说明买方力量较强,且阳线越大,买方实力越强,股票走势较好;K线实体为黑色,也就是阴线,说明卖方力量较强,股票走势较差。

当然,实体为白色并不能同于股价上涨,如果开盘价和收盘价均低于前一交易日的收盘价,且当日开盘价低于收盘价,那么,尽管当日股价相比于前一交易日有所下跌,但K线实体仍旧为白色。此K线虽然为阳线,但在技术分析时,只能称之为假阳线。

实体的长短,有时确实能够反映买卖双方实力的强弱,例如,一根大阳线的出现,通常会引领一波上涨行情;一根大阴线的出现,很可能会让股票走势由上涨转为下跌。不过,K线的交易指示作用与其所在的位置和成交量等因素都有着密不可分的关系,因此,投资者在分析时,应注重多角度综合研判。

#### 2. K线上下影线解读

上下影线,是K线图的重要组成部分。尽管其交易指示作用弱于实体,很多交易分析软件,并不将其列入分析标的,但它的出现、长短对后市还是具有一定的指导作用。

上下影线的距离,即股价最高点与最低点之间的距离,反映了当天股价波动的幅度。通常情况下,波动幅度较大,说明股票交易活跃,多空之间博弈激烈;反之,如果上下影线距离较短,则说明多空之间分歧并不严重。

在某些情况下,上下影线也承担着主力试盘的目的。例如在股价上涨时,主力有时会突然拉升股价,而后任其自由下跌,借以观察抛盘情况,与此同时,该日的K线图必然会留下一根长长的上影线;同样,股价在下跌过程中,主力如果想了解一下护盘或接盘情况,就会连续打压股价,使其短时间内快速下跌,借以观察买盘情况,以便为未来操盘提供支持,这样,当日K线图中必然会留下一根长长的下影线。

### (三)K线图是如何指导交易的

炒股软件或很多炒股网站给出的K线图都是按照时间先后顺序排列整齐的一组图形。投资者通过相关提示,可以将其切换为日K线走势图、周K线走势图和月K线走势图等。其中,日K线走势图使用得最频繁。

通过对K线图的研判,大致可以作出这样几项研判。

1. 交易指示性信号

由于每根K线图都是当前交易日多空双方交锋的结果,因而,其对下一个交易日股价的走势具有很强的指示作用。例如,前一交易日的K线图走出了光头阳线(没有上影线的阳线),则说明下一交易日高开的可能性非常之大;如果前一交易日的K线图走出了光脚阴线(没有下影线的阴线)则说明下一交易日低开的可能性非常之大。

图4-2为中山公用日K线走势图。2014年11月21日,中山公用股价涨停,日K线出现了光头大阳线形态,这预示着下一个交易日股价可能继续上涨。24日,股价直接跳空开盘,则印证了其交易指示作用。

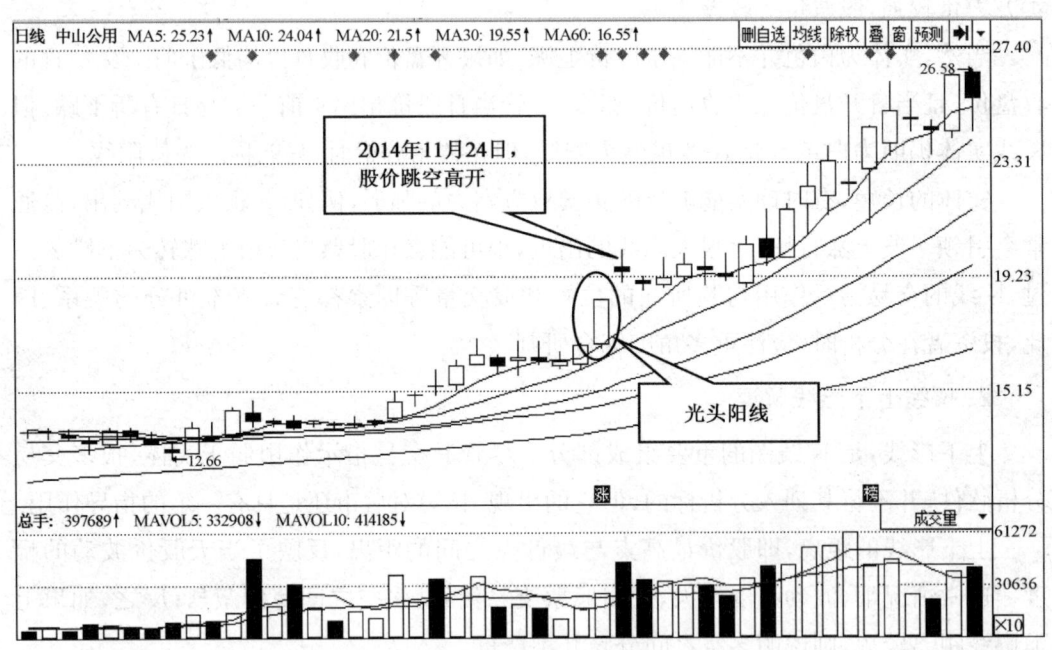

图4-2 中山公用(000685)日K线走势图

由于我国股市设有10%的涨跌停限制,因而,当做多力量还没有完全释放时,股价已经达到了规定的最高限制,这就迫使做多力量不得不在下一交易日开盘时段继续发力,这也是光头阳线的次日,股价多数高开的原因所在。

单根K线只反映了某一交易日的多空争夺情况,因而,其对未来走势的预判准确性并不高。如果能够通过观察一组或者结合其他技术指标综合研判效果则会好很多。

**2. 趋势性引导信号**

事实上,我们很难从一根K线中预判出未来股价的走势,但却可以从一组K线的运行态势中,预测未来的趋势。例如,前几个交易日的K线形成了某种典型的反转形态,如启明星形态、黄昏之星形态,那么,我们就可以预判股价走势可能会发生反转;如果以前十几个,乃至几十个K线图构成了典型的底部形态或顶部形态,那么,就可以预判股价在不远的将来会上涨或下跌。

图4-3所示,铜陵有色自2014年10月21日起开始了一波下跌走势,其后,股价在底部震荡盘整了1个月左右的时间,形成三重底形态。11月24日,股价突然跳空上涨,突破三重底形态,成交量也同步放大,这预示着股价将会走出一波上涨行情。

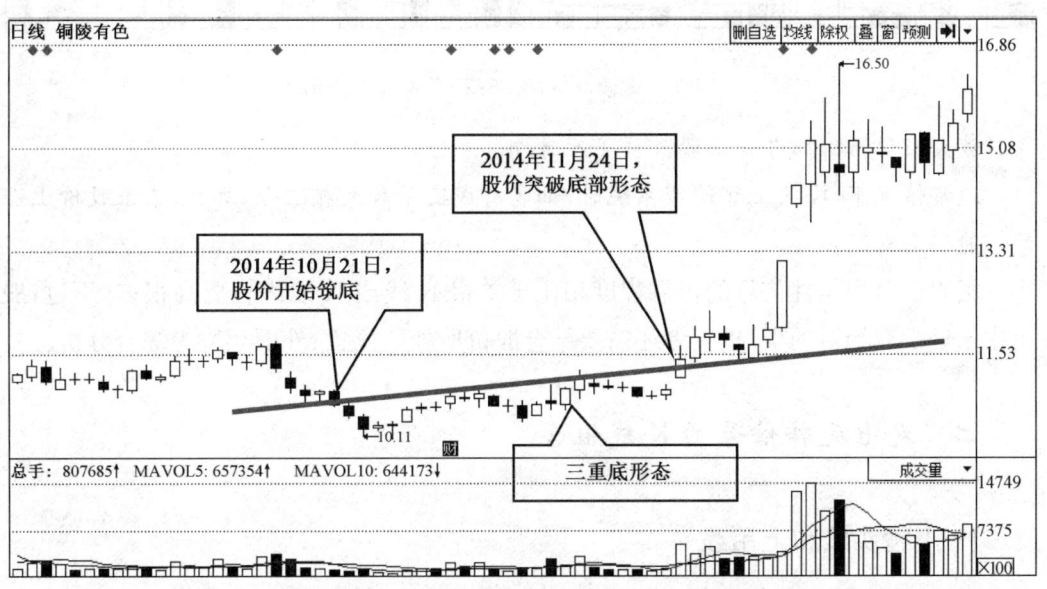

图4-3 铜陵有色(000630)三重底形态走势图

趋势性引导信号,也许并不会直接告诉你明天股价会涨还是会跌,但是,它却可以告诉你,未来股价运行趋势的大概率事件,即上涨的概率大还是下跌的概率大。

**3. 买卖交易指示性信号**

实质上,单纯的K线并不会发出买入或卖出信号。不过,如果能将K线与其他技术分析工具结合,那么,K线就可以具备发出买卖交易指示性信号的能力。例如,K线与均线系统结合,同时辅以成交量为参考,那么,研判股票的买卖点将更为准确。

如图4-4所示,嘉澳环保的股价在2017年3月10日,结束了连续多日的盘整,收出一根光头大阳线。此根阳线一举突破多条均线的压制,与此同时,成交量相比前一交

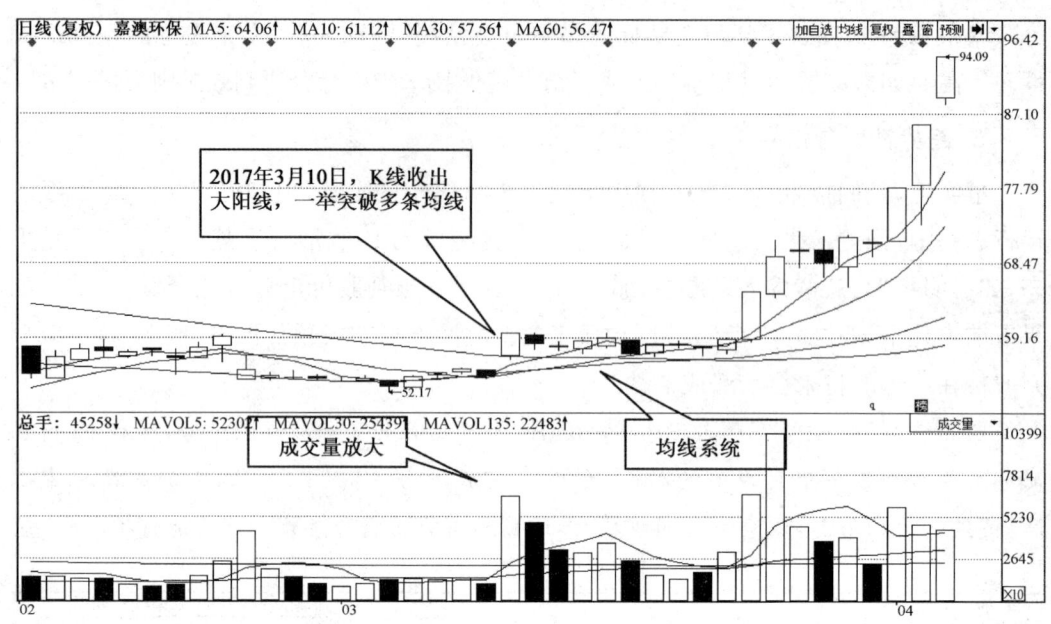

图 4-4　嘉澳环保(603822)日 K 线走势图

易日放大数倍,此时,即是该股最佳买入时期。

通常情况下,K 线上穿均线系统时,如能有成交量放大相配合,那么,未来股价上涨的可能性会更高。

买卖交易指示性信号的可靠程度相比于单根 K 线或 K 线组合要高很多,不过,股市中永远没有绝对的事,投资者还需要结合股价所处的位置、外围环境等综合分析。

## 二、发出反转信号的 K 线组合

### (一) 锤头线和上吊线

1. 锤头线

【形态特征】

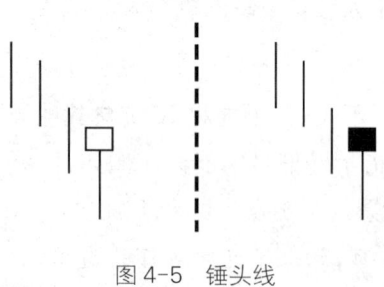

图 4-5　锤头线

锤头线一般出现在一段下跌行情的末尾。它既可以是阳线,也可以是阴线,其实体很短,且位于整个价格区间的上端;因而上影线很短或根本不存在,下影线却很长且至少是实体的两倍。锤头线的出现说明虽然空方仍在打压股价,但多方在低位开始接盘,并在收盘时将股价托高到一定位置,暗示"市场正在用锤子夯实底部",如图 4-5 所示。

【操作策略】

(1) 锤头线是底部信号,后市看涨,如果出现锤头线的次日,股价呈上涨势头,则表明多方已经开始占据优势,投资者可适量买入。

(2) 在锤头线出现后的几个交易日内,如果股价出现了连续的放量上涨,则投资者可以积极买入、持股待涨。

【形态解析】

(1) 锤头线只有在大幅的下跌之后或是严重的超卖情况下才有意义。

(2) 阳线锤头线比阴线锤头线的看涨信号更强。

(3) 锤头线的下影线越长、实体越短,形态发出的反转信号就越可靠。

(4) 如果锤头线与前一日相比有跳空现象,或有明显的放量,则反转意义更明显。

【实盘案例】

如图 4-6 所示,经过一段时间的下跌之后,2014 年 12 月 31 日,浙江富润的日 K 线图上收出一根阳线锤头线,表明下方存在较强的支撑,是股价见底的信号。次日,该股继续小幅上涨,投资者可以适量买入。2015 年 1 月 6 日,该股高开高走,此时投资者可以加仓买入。

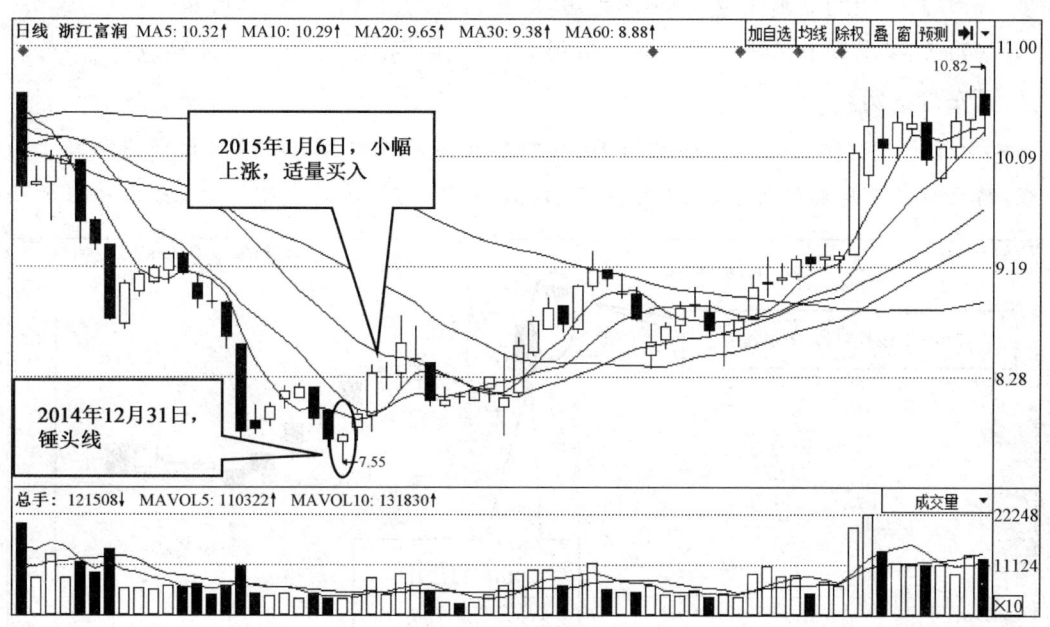

图 4-6  浙江富润(600070)的日 K 线图

2. 上吊线

【形态特征】

上吊线的形态与锤头线相同,实体很短且位于整个价格区间的上端,也是阴阳皆

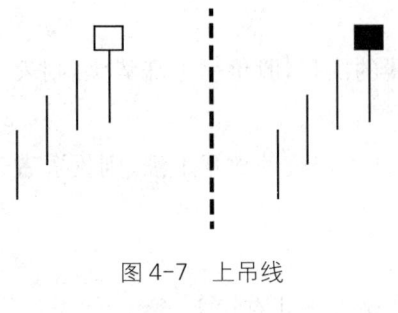

图 4-7 上吊线

可;其上影线很短或根本不存在,下影线却很长且至少是实体的两倍。上吊线与锤头线的区别在于位置不同,上吊线一般只出现在一段上涨行情的末尾。上吊线较长的下影线说明下档存在较多的买盘,但是多方力量已经相当脆弱,一旦空方发力,多方一般无还手之力,行情将由上涨转向下跌,如图 4-7 所示。

【操作策略】

(1) 上吊线是顶部信号,后市看跌,如果出现上吊线的次日,股价呈下跌势头,则表明空方已经开始占据优势,投资者应考虑卖出。

(2) 上吊线形态完成后,投资者可以选择轻仓观望;如果之后股价继续下跌,那么投资者可以将手中的剩余股票卖出。

【形态解析】

(1) 上吊线只有在大幅的上涨之后或是严重的超买情况下才有意义。

(2) 阴线上吊线比阳线上吊线的看跌信号更强。

(3) 上吊线的下影线越长、实体越短,形态发出的反转信号就越可靠。

(4) 如果出现上吊线的当天成交量很大,那么后期出现下跌的可能性也将增大。

【实盘案例】

如图 4-8 所示,2014 年 12 月 8 日,连续拉出涨停板的长城动漫收出一根阴线上吊线,暗示行情有反转的可能。12 月 9 日,该股跳空低开,然后一路下跌,收出一根大阴

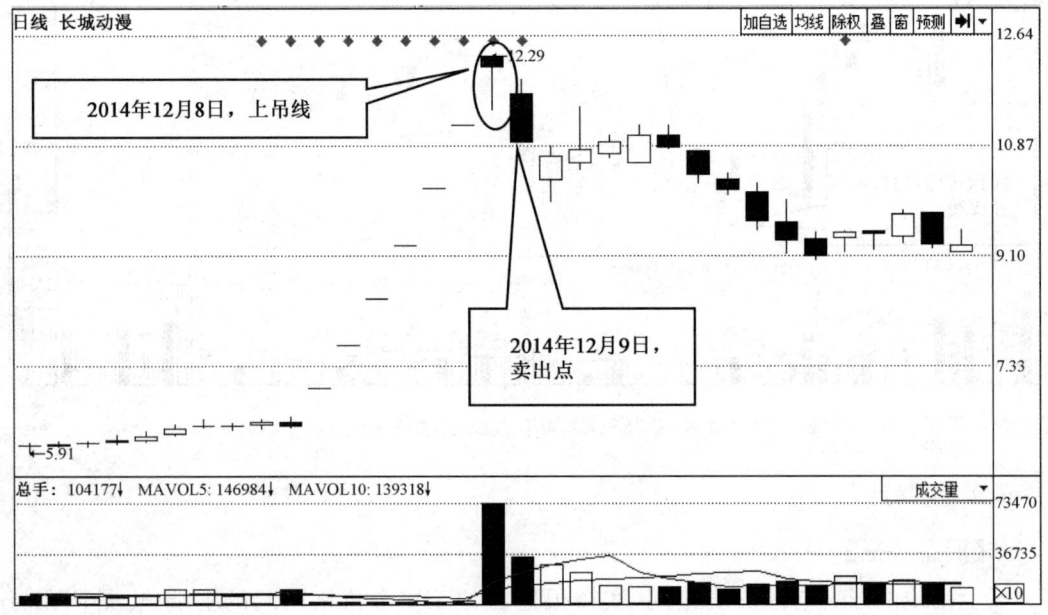

图 4-8 长城动漫(000835)的日 K 线图

线,反转信号得到确认。这说明空方已经占据绝对优势,行情将进入下跌行情。看到此情形,投资者应该在 9 日当天或次日实施卖出操作。

## (二)倒锤头线和流星线

### 1. 倒锤头线

【形态特征】

倒锤头线一般出现在一段下跌行情的末尾,其形态与锤头线正好相反,也有阴阳两种类型。倒锤头线的实体很短,且位于整个价格区间的下端;因而下影线很短或根本不存在,上影线却很长且至少是实体的两倍,该形态的出现表示多方正在聚集力量向空方发动进攻,但上攻力量有限,股价最终被空方打压下来,如图 4-9 所示。

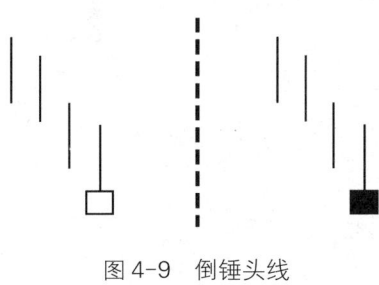

图 4-9 倒锤头线

【操作策略】

(1)倒锤头线也是常见的底部信号,暗示行情有变盘的可能。如果出现倒锤线的次日,股价呈上涨势头,则表明多方已经开始占据主动,投资者可适量买入。

(2)出现倒锤头线形态后,如果投资者担心风险,则可以观察几日,待到行情企稳后再逢低吸纳。

【形态解析】

(1)倒锤头线只有在大幅的下跌之后或是严重的超卖情况下才有意义。

(2)阳线倒锤头线比阴线倒头锤线的看涨信号更强。

(3)倒锤头线的上影线越长、实体越短,形态发出的反转信号就越可靠。

(4)如果出现倒锤头线的当天伴随着较大的成交量,那么后市可能不涨反跌。

【实盘案例】

如图 4-10 所示,印纪传媒在 2014 年 12 月出现一波下跌行情。2014 年 12 月 23 日,该股收出一根倒锤头线,这表明后市可能进入上涨行情。激进的投资者可以在次日,即 12 月 24 日买进该股;而稳健的投资者则可继续观望,等到 12 月 25 日该股突破第一根倒锤头线顶端价位时再跟进。

### 2. 流星线

【形态特征】

流星线与倒锤线的形态相同,只是所处的位置不同。流星线一般出现在一段上涨行情的末尾,它也有很长的上影线和很短的实体,而没有下影线或下影线非常短。流星线的形状看起来像一颗拖着长尾的流星正从天空陨落,表示虽然多方在努力抬升股价,

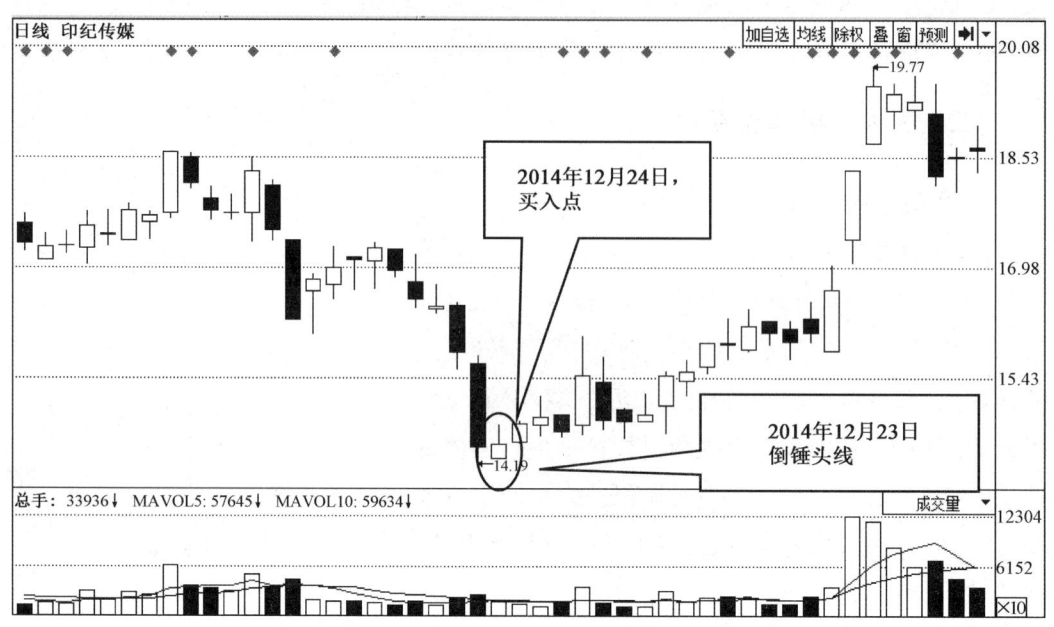

图 4-10 印纪传媒(002143)的日 K 线图

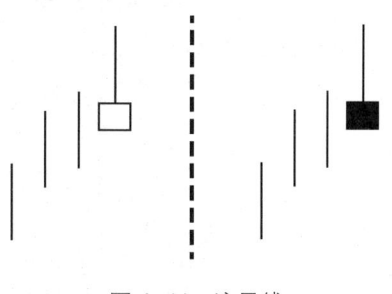

图 4-11 流星线

但前期获利盘开始在高位抛售,因此它的出现预示着股价即将回落,如图 4-11 所示。

【操作策略】

(1)流星线是顶部信号,后市看跌,如果出现流星线的次日,股价呈下跌势头,则表明空方已经开始占据主动,投资者应实施减仓操作。

(2)在流星线出现后的几个交易日内,如果股价出现连续下跌走势,则投资者应该果断卖出、出局观望。

【形态解析】

(1)流星线只有在大幅的上涨之后或是严重的超买情况下才有意义。

(2)阴线流星线比阳线流星线的看跌信号更强。

(3)流星线的上影线越长、实体越短,形态发出的反转信号就越可靠。

(4)如果流星线与前一日相比有跳空现象,或有明显的放量,则反转意义更明显。

【实盘案例】

如图 4-12 所示,2014 年 12 月下旬,经过连续上涨的银信科技出现疲态。12 月 18 日,该股股价创出新高后被空方打压下来,最终形成一根阳线流星线。这说明上方卖压沉重,股价上攻动能略有所欠缺,有下滑的危险。

2014 年 12 月 19 日,该股跳空低开,经过一波震荡后在 K 线图上留下了一根十字

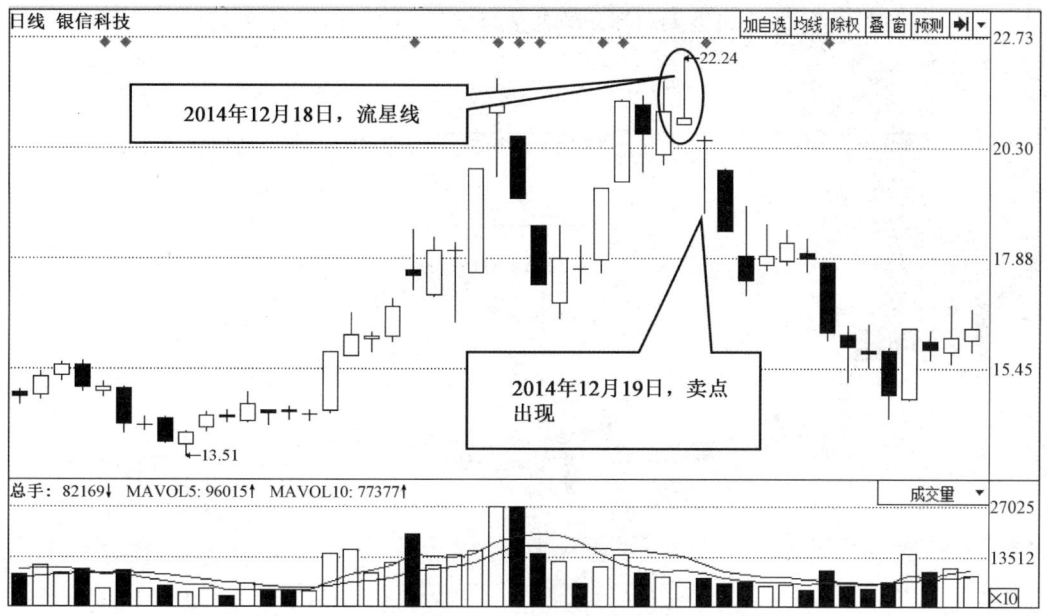

图4-12 银信科技(300231)的日K线图

线。看出端倪的持股者应该在当天果断卖出。之后,该股股价一路走低。

### (三)看涨吞噬和看跌吞噬

#### 1. 看涨吞噬

【形态特征】

看涨吞噬又称阳包阴,一般出现在一段下跌趋势之后。它由两根K线组成,前一根是实体较短的阴线,后一根是实体较长的阳线,阳线的实体能够将阴线的实体完全吞噬。看涨吞噬表示之前强势的空方力量已经衰竭,多方开始占据主动并已压倒空方,是常见的底部信号,如图4-13所示。

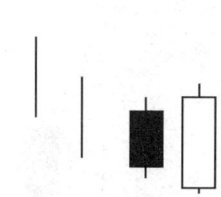

图4-13 看涨吞噬

【操作策略】

(1)看涨吞噬形态的出现表明股价已经触底或阶段性触底,投资者看到此信号后可以考虑买入。

(2)买入股票应当慎重,最好等到出现进一步确认信号后再行动。比如,在看涨吞噬出现后,股价呈上涨势头,那么投资者便可以果断买进。

【形态解析】

(1)第一根阴线的实体越短、第二根阳线的实体越长,则发生反转的可能性越大。

(2)看涨吞噬出现之前股价下跌的速度越快、幅度越大,那么未来发生反转的力度也将越大。

（3）如果在发生吞噬的当天，伴随着成交量的放量配合，则反转信号更为可靠。

【实盘案例】

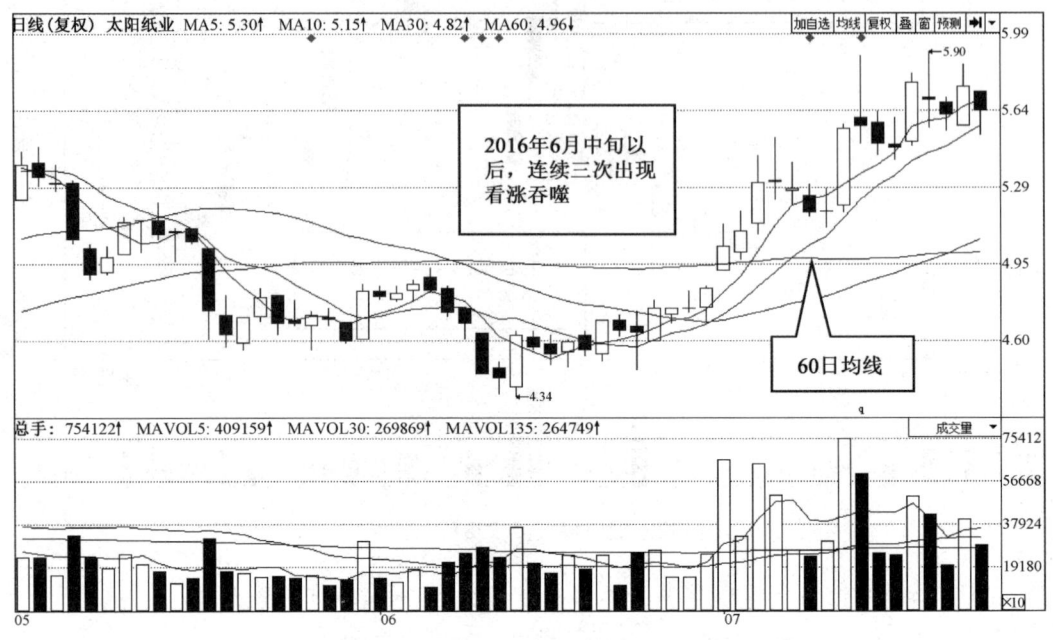

图4-14　太阳纸业(002078)日K线走势图

图4-14中，太阳纸业的股价在2016年4月中旬开始一波下跌走势，进入6月中旬，该股股价出现反弹迹象。6月15日、6月22日、6月27日三根阳线与前一交易日的阴线均构成了看涨吞噬形态，预示股价将要企稳反弹，投资者可以保持对该股的关注。其后，该股股价向上突破了60日均线，预示将会马上启动，投资者宜快速跟进买入股票。

### 2. 看跌吞噬

【形态特征】

看跌吞噬又称阴包阳，一般出现在一段上涨趋势之后。它由两根K线组成，前一根是实体较短的阳线，后一根是实体较长的阴线，阴线的实体能够将阳线的实体完全吞噬。看涨吞噬表示之前强势的多方力量已经衰竭，空方开始占据主动并已压倒多方，是常见的顶部信号，如图4-15所示。

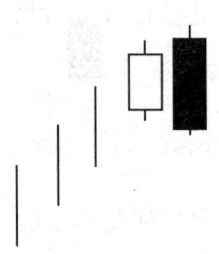

图4-15　看跌吞噬

【操作策略】

（1）看跌吞噬形态的出现表明股价已经触顶或阶段性触顶，投资者看到此信号后应该考虑卖出。

（2）当股价处于高价区时，如果投资者已预测出看跌吞噬信号的出现，那么就应该提早采取行动，而不必等待收盘价或进一步的验证信号。

(3) 如果看跌吞噬出现后的次日，股价呈下跌势头，那么持股者应该果断实施卖出操作。如果未来几日股价依然下跌不止，那么还有剩余股票的投资者应该果断平仓。

【形态解析】

(1) 第一根阳线的实体越短、第二根阴线的实体越长，则发生反转的可能性越大。

(2) 看跌吞噬出现之前股价上涨的速度越快、幅度越大，那么未来发生反转的力度也将越大。

(3) 如果在发生吞噬的当天，伴随着成交量的放量配合，则反转信号更为可靠。

【实盘案例】

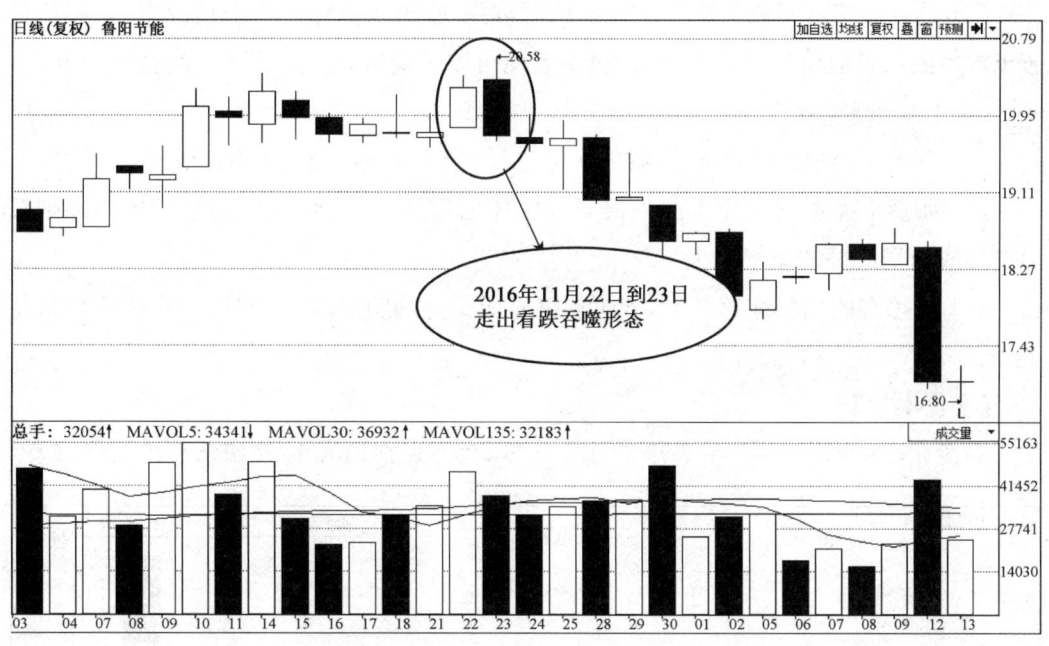

图 4-16　鲁阳节能(002088)日 K 线走势图

图 4-16 中，鲁阳节能的股价从 2016 年 2 月份启动一波震荡上涨行情。到了 11 月初，该股股价出现筑顶迹象。11 月 22 日，该股股价继续上涨惯性，拉出一根中阳线，11 月 23 日，该股高开低走，拉出一根大阴线，这根大阴线吞没此前的阳线，说明股价反转的可能性非常的大，投资者宜卖出股票。

### (四) 刺透形态和乌云盖顶

1. 刺透形态

【形态特征】

刺透形态又称曙光初现，通常出现在一段下降趋势之后。它是由两根 K 线组成

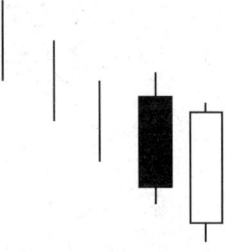

图 4-17 刺透形态

的,第一天收出一根大阴线或中阴线,表示原来趋势的延续。第二天的开盘价低于第一天的收盘价,而收盘价则位于第一天阳线实体的中部以上。刺透形态暗喻黑暗的市场已出现希望的曙光,它的出现说明多方已经被逼到最后的防线,在退无可退的情况下背水一战、大举反击,而此时空方已经弹尽粮绝,下跌动能不再,所以行情看涨的可能性较大,如图 4-17 所示。

【操作策略】

(1)刺透形态是见底或阶段性见底信号,表示持币的投资者正在踊跃买入,投资者看到该信号后可以在适当的时候跟进。

(2)建议投资者对该形态先予以确认后,再实施买入操作。一般情况下,当刺透形态出现后的次日股价呈现上涨态势,投资者便可以适量买入。

【形态解析】

(1)形成刺透形态的两根 K 线的实体越长,未来出现上涨的可能性越大。

(2)刺透形态中阳线扎入前一根阴线实体的程度越深(收盘价的位置越高),则该形态构成市场底部的概率越大。

(3)如果在收出阳线这一天,同时伴随着成交量的明显放大,则进一步证明后市将上涨。

【实盘案例】

如图 4-18 所示,2014 年 7 月 24 日、25 日,信邦制药的日 K 线图上出现刺透形态。

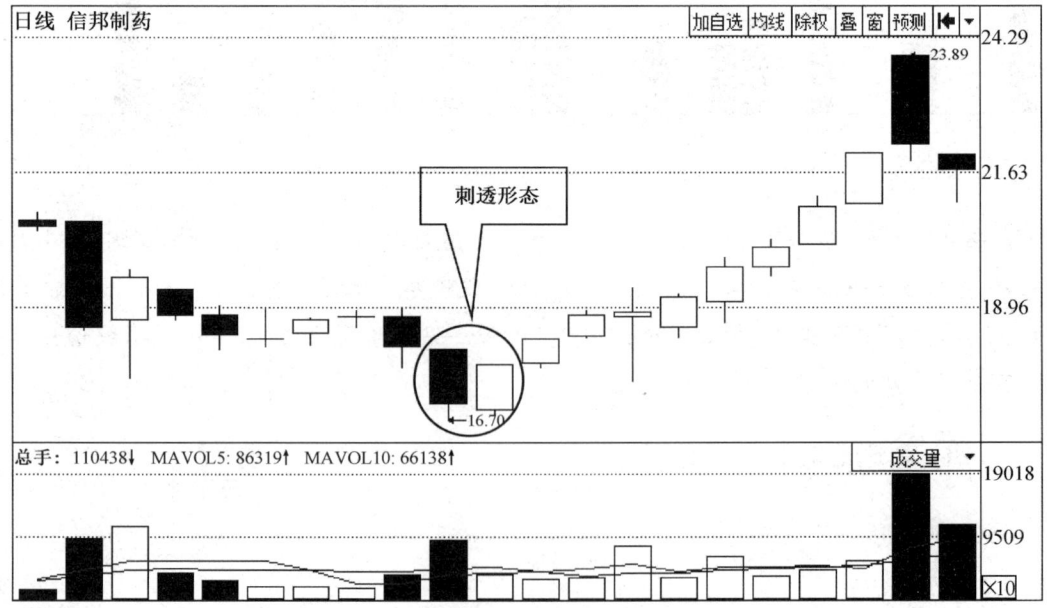

图 4-18 信邦制药(002390)日 K 线走势图

2014年7月24日,信邦制药收出一根光头大阴线。7月25日,该股跳空低开不久便探底,随后便一路上扬,不仅成功弥补开始的跳空,还将收盘价定格在上涨4.5%的位置,形成一根光头阳线。这根阳线深入前一日大阴线实体的中部以上位置,共同组成刺透形态。这预示着股价已经实现阶段性沉底。

2014年7月28日,该股跳空高开,多方优势更加明显,投资者应该在盘中逢低买进、积极吸纳。

2. 乌云盖顶

【形态特征】

乌云盖顶又称乌云线,通常出现在一段上升趋势之后。它是由两根K线组成的,第一天收出一根大阳线或中阳线,表示原来趋势的延续。第二天的开盘价高于第一天的收盘价,而收盘价则位于第一天阳线实体的中部以下。乌云盖顶形态暗喻市场上已经阴云密布,它的出现动摇了市场上多头的信心,甚至使得一些多头转而做空,因而具有较为强烈的反转意义,如图4-19所示。

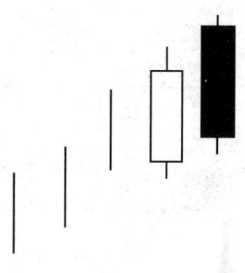

图4-19 乌云盖顶

【操作策略】

(1) 乌云盖顶是见顶或阶段性见顶信号,表示前期获利的投资者正在踊跃卖出,投资者看到该信号后应该果断离场。

(2) 凡出现乌云盖顶形态,次日股价又呈现下跌态势,则投资者应坚决卖出。

(3) 当股价处于高价区内,如果投资者能在股价收阴的那天预判出乌云盖顶形态的出现,便可以在当天实施减仓操作以规避风险。

【形态解析】

(1) 形成乌云盖顶形态的两根K线的实体越大,未来出现下跌的可能性越大。

(2) 乌云盖顶形态中阴线扎入前一根阳线实体的程度越深(收盘价的位置越低),则该形态构成市场顶部的概率越大。

(3) 如果在收出阴线这一天,同时伴随着成交量的明显放大,则进一步证明后市将下跌。

【实盘案例】

图4-20中,华能国际的股价从2015年4月10日开始启动了一波快速拉升。股价拉升过程中不断进行震荡调整,5月4日,该股以涨停报收,在K线图上留下一根光头大阳线,其后的5月5日,该股高开低走,收出一根大阴线,且此阴线深入前一根阳线一半以上,至此,乌云盖顶形态正式形成。再观察发现,出现大阴线当天的成交量比前一交易日稍稍放大了一些,预示股价出现下跌的可能性非常大。

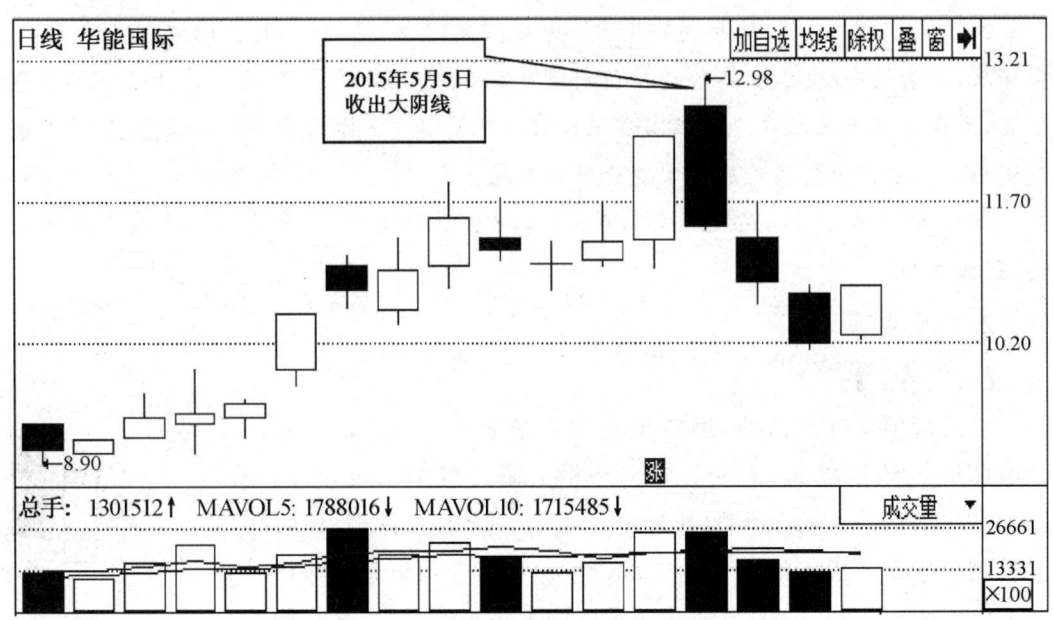

图 4-20　华能国际(600011)日 K 线走势图

### (五) 早晨之星和黄昏之星

#### 1. 早晨之星

【形态特征】

早晨之星又称晨星、启明星,一般出现在一段下跌行情的底部。它由三根 K 线组成。第一天收出一根实体较长的阴线,是原来下跌趋势的继续。紧随其后的是一根实体非常小的星线(小阳星、小阴星或者十字线),且其实体与前一天的实体之间形成了一个向下的跳空缺口,这表示行情处于不确定的状态中。第三天收出实体较长的阳线,它的收盘价位于第一根阴线的中部以上,说明多方夺回了市场的主动权。早晨之星就像黎明前出现的启明星一样在指示投资者市场即将迎来光明,股价在不久之后将会上涨,如图 4-21 所示。

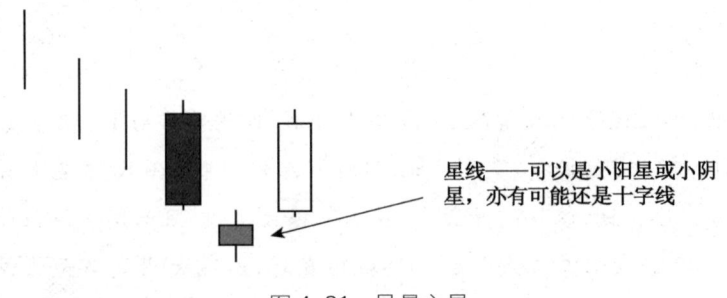

图 4-21　早晨之星

【操作策略】

（1）早晨之星诠释了此消彼长、由空向多的行情变化过程，是非常重要的底部信号，投资者看到该形态后应该考虑买入。

（2）投资者买入的时机可以选择在早晨之星最后的阳线形成的当天或次日。投资者可以运用分时K线，在第三天的盘中、收盘前几分钟或下一交易日开盘时实施买进操作。

【形态解析】

（1）第一天的阴线和第三天的阳线的实体越长，则市场发生反转的力量越大。

（2）中间的星线实体越小，与第一根阴线之间的跳空幅度越大，那么反转的可能性也越大。

（3）第三天的收盘价相对于第一根阴线的位置越高，则后市上涨的可能性越大。

（4）第三天收出阳线时，成交量越大，反转信号的可靠性越高。

【实盘案例】

如图4-22所示，长航凤凰在下跌行情末期的2013年6月27日、28日和7月1日这三个连续的交易日里形成了早晨之星形态。

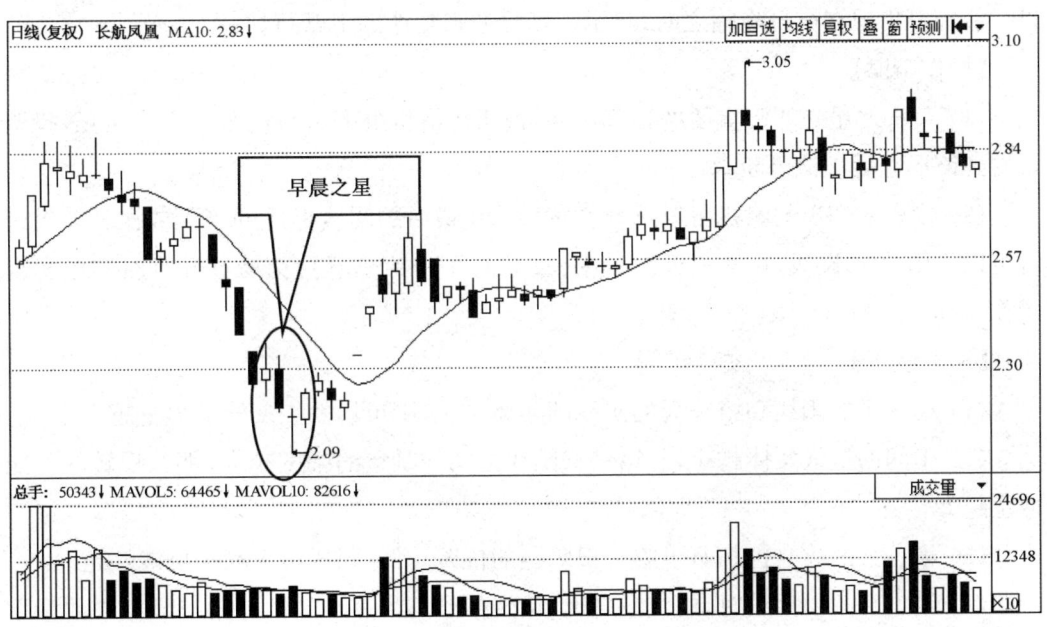

图4-22　长航凤凰(000520)日K线走势图

2013年6月27日，长航凤凰收出一根上影线较长的大阴线，表明上档存在较大的抛压。

2013年6月28日，该股跳空低开，并收出一根十字线，这表明多空双方处于胶着状态,后市情况不明。

2013年7月1日,该股以前一日开盘价高开,收出一根大阳线,说明市场已经进入多头状态。

这三根K线共同组成早晨之星形态,这是后市看涨的征兆。因此,投资者应在7月2日这一天买入股票、持股待涨。

2. 黄昏之星

【形态特征】

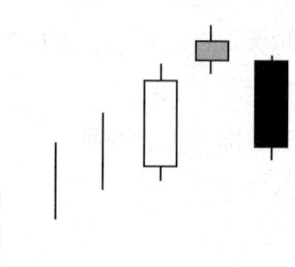

图 4-23 黄昏之星

与早晨之星相对的形态名叫黄昏之星。黄昏之星又称暮星、夜星,一般出现在一段上涨行情的顶部。它也是由三根K线组成的。第一天收出一根实体较长的阳线,是原来上涨趋势的继续。紧随其后的是一根实体非常小的星线,且其实体与前一天的实体之间形成了一个向上的跳空缺口,这表示行情处于不确定的状态中。第三天收出实体较长的阴线,它的收盘价位于第一根阳线的中部以下,说明空方已经在市场上占据优势地位。如图4-23所示。黄昏之星一般最早出现在夜幕降临之时,暗示市场将迎来黯淡的下跌行情。

【操作策略】

(1) 黄昏之星是非常重要的顶部信号,说明行情将由多头市场步入空头市场,投资者看到该形态后应该果断卖出。

(2) 投资者卖出的时机可以选择在黄昏之星最后的阴线形成的当天或次日。投资者可以运用分时K线,在第三天的盘中、收盘前几分钟或下一交易日开盘时实施卖出操作。

【形态解析】

(1) 第一天的阳线和第三天的阴线的实体越长,则市场发生反转的力量越大。

(2) 中间的星线实体越小,与第一根阴线之间的跳空的幅度越大,那么反转的可能性也越大。

(3) 第三天的收盘价相对于第一根阴线的位置越低,则后市下跌的可能性越大。

(4) 第二天收出星线时,成交量越大,反转信号的可靠性越高。第三天如果放量下跌,那么卖出信号就更明确。

【实盘案例】

如图4-24所示,厦门信达在上涨行情末期的2015年6月24日、25日和26日这三个连续的交易日里形成了黄昏之星形态。

2015年6月24日,厦门信达收出一根光头大阳线,表明多方占据绝对优势地位。

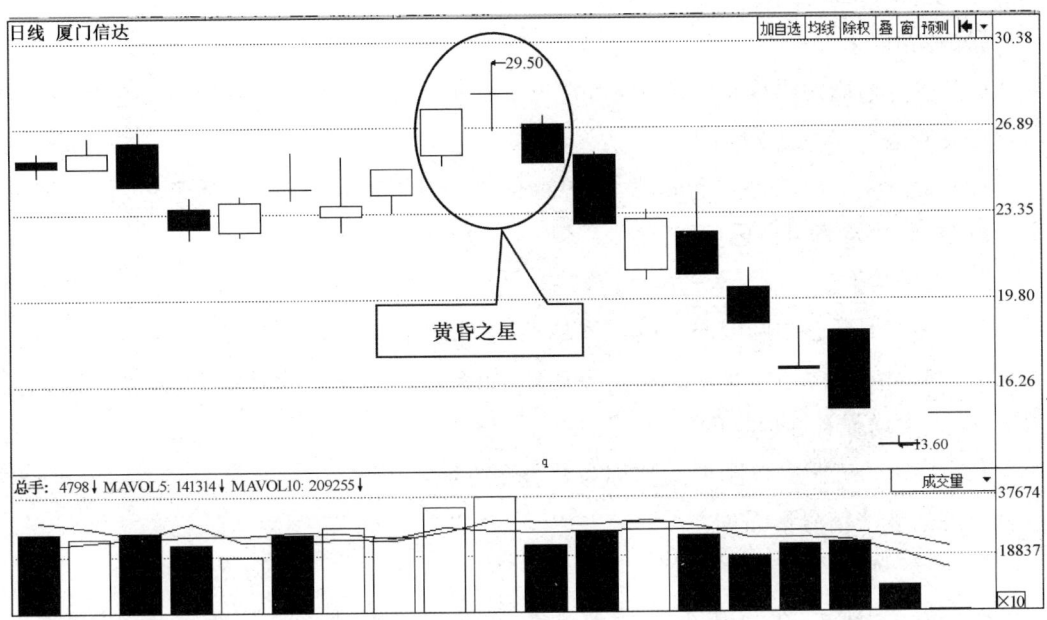

图 4-24　厦门信达(000701)日 K 线走势图

2015 年 6 月 25 日,该股跳空高开,并收出一根十字线,这表明多空双方处于胶着状态,后市情况不明。

2015 年 6 月 26 日,该股以低于前一日开盘价低开,收出一根大阴线,说明市场已经进入空头格局。

这三根 K 线共同组成黄昏之星形态,这是后市看跌的征兆。因此,投资者应在 6 月 27 日这一天卖出股票。

## 三、发出中继信号的 K 线组合

### (一) 多方炮和空方炮

1. 多方炮

【形态特征】

多方炮又称两阳夹一阴,通常出现在上涨初期或上涨途中,由两根实体较长的阳线和一根实体较短的阴线组成。三根 K 线的中轴基本处于同一位置上,阴线被左右两根阳线紧紧地夹在中间,其开盘价一般低于其前后两根阳线的收盘价,收盘价一般高于其前后两根阳线的开盘价。多方炮形态出现在上涨行情中有继续看涨

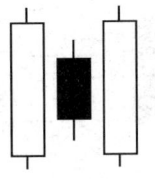

图 4-25　多方炮

的意味，如图 4-25 所示。

【操作策略】

（1）多方炮通常出现在庄股中，当它出现在上涨初期时，是庄家拉升的信号，投资者可以在形态完成后果断买入。

（2）上涨途中出现多方炮形态，是中继信号，表明股价经过短暂休整后，仍有继续上升的空间，投资者可以适度追涨。

【形态解析】

（1）多方炮形态中两根阳线的实体越长，后市上涨的可能性越大。

（2）中间的阴线通常是庄家的洗盘动作，如果这一天成交量明显萎缩，隔日又突然放大，会大大增强看涨信号的可靠性。

（3）特殊的三阳夹二阴形态被称为叠叠多方炮，是两个存在交集的多方炮的组合，这种形态的看涨信号更强烈。

【实盘案例】

如图 4-26 所示，2015 年 4 月 14 日至 4 月 16 日，中国重工的 K 线图上都出现了多方炮形态，预示股价未来将有一波上涨行情。

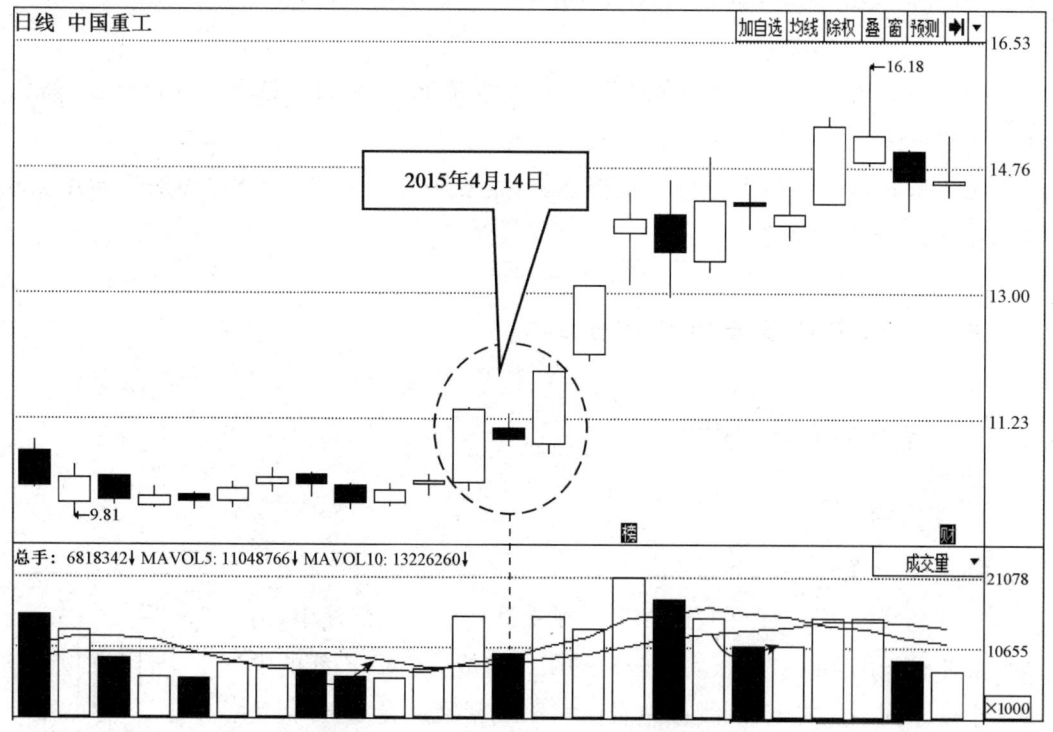

图 4-26　中国重工(601989)日 K 线走势图

2015 年 4 月 14 日至 4 月 16 日，中国重工在经历一段盘整行情后，走出多方炮形态,这一阶段也是之前股价都没能突破的压力位置,庄家在这一区域设计该形态可谓寓意明显,就是为了洗盘然后拉升。但是持股的投资者只要多加警惕还是能避免落入庄家圈套。此外,激进的投资者还可以选择在次日买入股票,短线做多。

2015年4月14日,多方炮形态出现在中国重工股价启动初期,看到这一形态后,投资者应该果断买入、持股待涨。需要说明的是在出现多方炮的时候,阳线都有成交量放大支撑,而阴线则对应成交量萎缩,这种价量配合使得形态的看涨信号更为明显。

2. 空方炮

【形态特征】

空方炮又称两阴夹一阳,通常出现在下跌初期或下跌途中,由两根实体较长的阴线和一根实体较短的阳线组成。三根K线的中轴基本处于同一位置上。阳线被左右两根阴线紧紧地夹在中间,其开盘价一般高于其前后两根阴线的收盘价,收盘价一般低于其前后两根阳线的开盘价。空方炮出现在下跌行情中有继续看跌的意味,如图4-27所示。

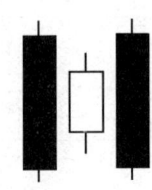

图4-27 空方炮

【操作策略】

(1) 空方炮常出现在庄家出货的过程中,当它出现在下跌初始阶段,有强烈的看跌意味,投资者应降低仓位或清空仓位,以免被高位套牢。

(2) 在下跌初期或下跌途中出现空方炮形态,是中继信号,股价经过短暂休整后可能会继续下跌,这时持币的投资者最好不要介入,而持股的投资者应该于形态完成后果断杀跌。

【形态解析】

(1) 空方炮中前后两根阴线的实体越长,后市下跌的可能性越大。

(2) 在空方炮形成的过程中,成交量可能放大,也可能缩小,无论成交量如何变化,该形态都是看跌信号。

(3) 特殊的三阴夹二阳形态被称为叠叠空方炮,是两个存在交集的空方炮的组合,这种形态的看跌信号更强烈。

【实盘案例】

如图4-28所示,中煤能源的股价从2015年3月开始了一波上涨行情,并于2015年4月28日达到阶段最高点。

2015年4月30日,中煤能源低开,股价略微上移之后便一路走低,收出一根大阴线。

2015年5月4日,该股在前日收盘价附近开盘,盘中也曾出现一波上攻,最终收出一根中阳线。

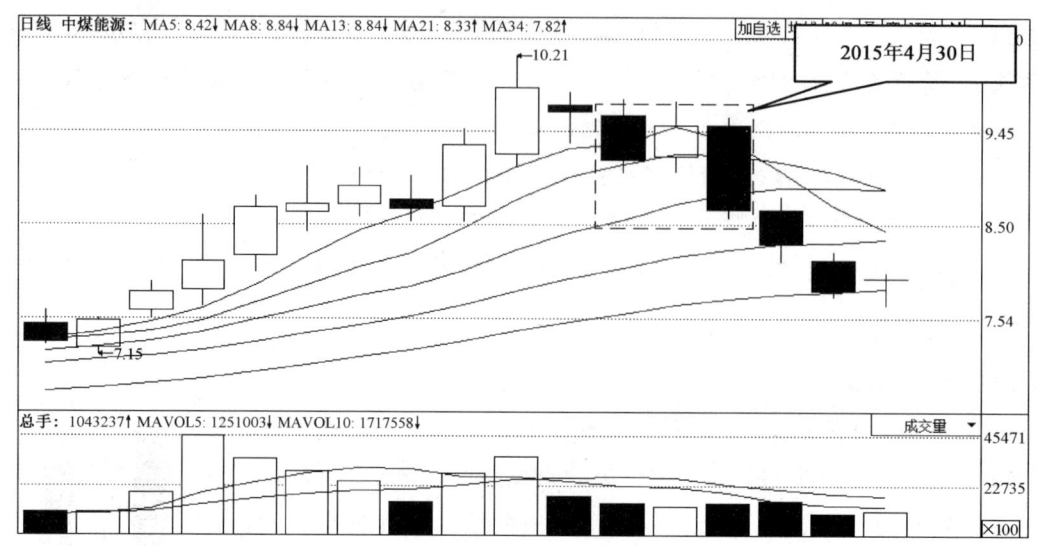

图 4-28  中煤能源(601898)日 K 线走势图

2015年5月5日,该股以前日收盘价开盘,然后一路向下,收出一根只带很小上下影线的大阴线,全天跌幅达到 9.17%。

这三个交易日所形成的"两阴夹一阳"的形态便是空方炮。这种形态出现在股价的高位,属于强烈的看跌形态。因此,空仓的投资者应以持币观望为宜;持股的投资者可在第三根阴线形成的当日止损,也可在次日逢高卖出。

## (二) 三个白兵和三只乌鸦

### 1. 三个白兵

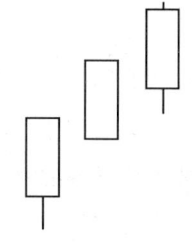

图 4-29  三个白兵

【形态特征】

三个白兵,一般出现在上涨初期或上涨途中,其特征是连续出现三根阳线,其中第二、第三根阳线收盘价要高于前一天的收盘价,且每根阳线的收盘价都接近或等于该日的最高价。三个白兵是市场健康上涨的标志,预示着一轮下跌行情的结束或上涨行情的继续,如图 4-29 所示。

【操作策略】

(1) 当三个白兵出现在上涨初期,说明上涨行情已经确立,投资者可以果断买入、持股待涨。

(2) 当三个白兵出现在上涨途中,表示多方强势,是看涨信号,投资者可追涨买入。

(3) 三个白兵的买入点应该在第三根阳线收出的当天或次日。

【形态解析】

(1) 如果三根阳线的实体依次变大,表示多方力量逐渐加强,后市加速上升的可能性变大。

（2）出现三个白兵形态时，所伴随的成交量越大，看涨信号越强。

（3）如果三根阳线（尤其是最后一根阳线）留有较长的上影线，则说明上方抛压较重，不能按照三个白兵进行操作。

【实盘案例】

如图4-30所示，2015年3月17日至19日，中原高速在经历了一波底部整理行情之后，其K线图上出现了三个白兵形态。

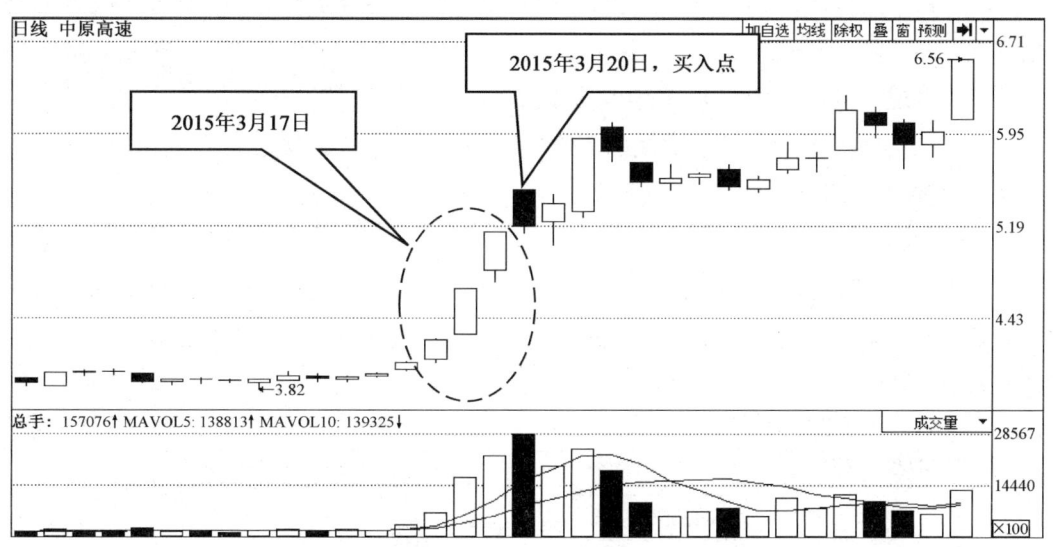

图4-30　中原高速(600020)日K线走势图

2015年3月13日、16日，中原高速连续收出小阳线。3月17日，该股又收出一根大阳线。其中后面K线的开盘价总是位于前一根K线的实体之内，而收盘价都高于前一日的收盘价，从而形成三个白兵形态。这预示着行情已触底反弹，投资者可以在3月20日进行买入操作。

该股在后面虽然调整了两天，但一直没有跌破19日阳线的最低点，因此可放心持股。2015年3月24日，该股高开高走，股价突破了三个白兵的最高价，这时投资者可以追加买入。

2. 三只乌鸦

【形态特征】

三只乌鸦，一般出现在下跌初期或下跌途中，其特征是连续出现三根大阴线或中阴线，其中第二、第三根阴线的收盘价要低于前一天的收盘价，且每根阴线的收盘价都接近或等于该日的最低价。三只乌鸦表示一种稳健下跌的态势，预示着一轮上涨

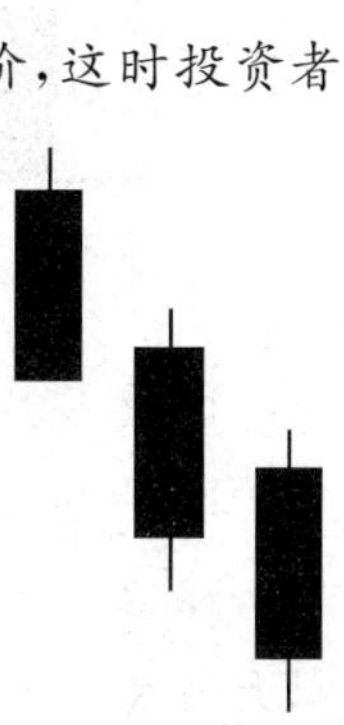

图4-31　三只乌鸦

行情的结束或下跌行情的继续,如图4-31所示。

【操作策略】

(1) 当三只乌鸦出现在下跌初期,说明下跌行情已经确立,投资者应该果断卖出、空仓观望。

(2) 当三只乌鸦出现在下跌途中,表示空方强势,是看跌信号,投资者应杀跌卖出。

(3) 三只乌鸦的卖出点应该在第三根阴线收出的当天或次日。

【形态解析】

(1) 如果三根阴线的实体依次变大,表示空方力量逐渐加强,后市加速下跌的可能性变大。

(2) 出现三只乌鸦形态时,所伴随的成交量越大,看跌信号越强。

(3) 三只乌鸦形态中三根阴线的下影线越短,即收盘价越接近于最低价,那么看跌意味越明显,后市下跌的力度也将越大。

【实盘案例】

如图4-32所示,大唐发电的股价从2015年2月开始一直处于上涨行情中。2015年5月5日至7日,该股的K线图上出现三个实体较大的阴线,这三根阴线组成了三只乌鸦形态。

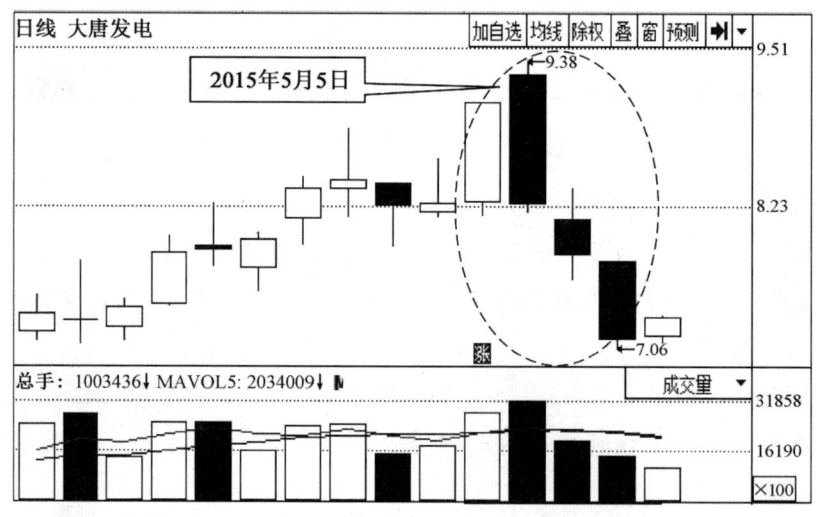

图4-32 大唐发电(601991)日K线走势图

2015年5月5日,大唐发电的股价低开低走,收出一根大阴线。

2015年5月6日,该股跳空低开,最后收出一根带长上下影线的中阴线。

2015年5月7日,该股又以低于前一日收盘价的价格开盘,并一路向下,最后收出一根大阴线。

看到这种情形后，投资者应该在5月7日阴线还未形成之前逢高卖出；如果当日没有选择卖出，则应该在下一个交易日果断杀跌。

### (三) 上升三法和下降三法

#### 1. 上升三法

【形态特征】

上升三法又称上升三部曲，通常出现在上涨途中。它是由大小不等的若干根K线组成的。首先出现的是一根实体较长的阳线，紧随其后的是三根依次下降的小K线，它们的收盘价均高于第一天阳线的最低价。最后一天收出一根坚挺的大阳线，其收盘价高于第一天的收盘价。上升三法形态表示的是股价上涨过程中的短暂休整，如图4-33所示。

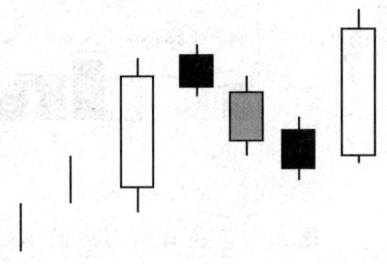

图4-33　上升三法

【操作策略】

(1) 如果在一根大阳线之后紧跟着出现若干下跌的K线，且股价一直未能跌破大阳线的最低价，那么投资者就可耐心持股。

(2) 上升三法形态暗示空方打压力量有限，多方又用凌厉的攻势收复了失地，所以是看涨信号，投资者可以在形态完成后适时适量买入。

【形态解析】

(1) 最后一根阳线的实体越长，表明后市上涨的力度越大。

(2) 如果出现阳线时的成交量明显放大，而出现阴线时的成交量萎缩，则看涨信号的可靠性越高。

(3) 如果三根小K线击穿了第一根阳线的最低价，或者最后一根阳线不能突破第一根阳线的收盘价，则上升三法形态不能成立。

【实盘案例】

如图4-34所示，康恩贝从2015年3月初开始了稳步上升行情。2015年4月3日至10日，处于上涨途中的该股形成了上升三法形态。

2015年4月3日，康恩贝股价高开高走，并最终在K线图上留下一根中阳线。

2015年4月7日至9日，该股连续三个交易日收出小阴线，而且这些小阴线的收盘价都要高于第一根阳线的开盘价。看到这种形态后，投资者不应盲目减仓。

2015年4月10日，该股又高开高走收出一根大阳线，完全弥补了前三日的跌幅。这充分证明，中间的三根小阴线是庄家的洗盘手法。庄家达到清洗浮筹的目的后迅速将股价拉升，不想再给短线投资者逢低补仓坐轿的机会。

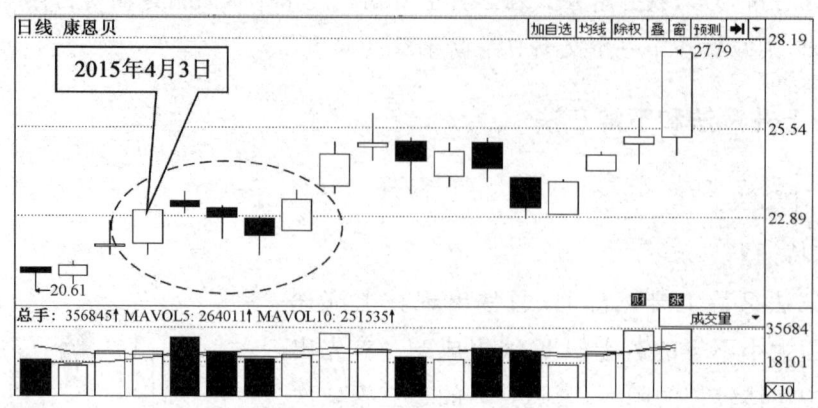

图 4-34　康恩贝(600572)日 K 线走势图

这五个交易日所形成的 K 线组合便是上升三法。这表明股价将在短期内继续上涨。投资者看到此形态完成后，不但应继续持股，还可在次日逢低买入。

2. 下降三法

【形态特征】

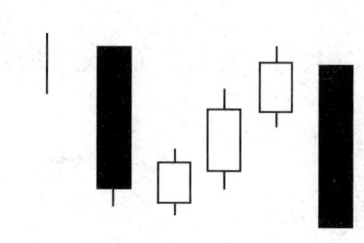

图 4-35　下降三法

下降三法又称下降三部曲，通常出现在下跌途中。它是由大小不等的若干根 K 线组成的。首先出现的是一根实体较长的阴线，紧随其后的是三根依次上涨的小 K 线，它们的收盘价均低于第一天阴线的最高价。最后一天收出一根大阴线，其收盘价低于第一天的收盘价。下降三法形态表示的是股价下跌过程中的短暂休整，如图 4-35 所示。

【操作策略】

(1) 如果在一根大阴线之后紧跟着出现若干上涨的 K 线，且股价一直未能突破大阴线的最高价，那么投资者就不宜贸然介入。

(2) 下降三法表示空方没有失去主导地位，依然保持着强势，是看跌信号。投资者看到这种形态后应保持持币观望状态，仍持有股票的投资者应果断割肉止损。

【形态解析】

(1) 最后一根阴线的实体越长，表明后市下跌的力度越大。

(2) 下降三法与成交量之间没有太大的关系，只要该形态出现，不管是放量还是缩量，都是强烈的看跌信号。

(3) 如果三根小 K 线突破了第一根阴线的最高价，或者最后一根阴线不能突破第一根阴线的收盘价，则下降三法形态不能成立。

【实盘案例】

如图4-36所示,三峡水利从2015年2月初启动了一波上涨行情。2015年4月23日股价在创下近期新高的23.99元后开始震荡下跌。

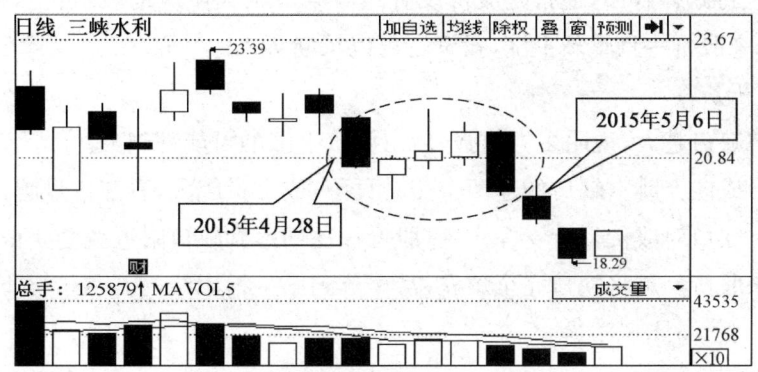

图4-36　三峡水利(600116)日K线走势图

2015年4月28日,三峡水利的股价低开低走,在K线图上留下一根大阴线。

2015年4月29日、30日、5月4日(5月1日、2日、3日休市),该股连续收出三根小阳线。它们的收盘价都要低于第一根阴线的开盘价。

2015年5月6日,该股又出现一根大阴线,且其收盘价低于第一根阴线的收盘价。

这五个交易日所形成的K线组合就是下降三法。该形态是明显的下跌中继信号,表示股价将继续下跌。看到这种形态后,持币的投资者应该继续观望,而持股的投资者应该果断斩仓。

## (四) 向上跳空缺口和向下跳空缺口

### 1. 向上跳空缺口

【形态特征】

向上跳空缺口又称跳空高开缺口,一般出现在上涨途中,由两根阳线组成,第一天收出一根阳线,第二天股价跳空高开并再度收阳,使得前一根阳线的最低点与后一根阳线的最高点之间留下了一个缺口。向上跳空缺口在低位出现通常是多头强势的表现,是看涨信号,如图4-37所示。

【操作策略】

(1) 在涨势中,如果股价先是收出一根阳线,次日股价大幅跳空高开,且开盘后呈现强势上攻态势,

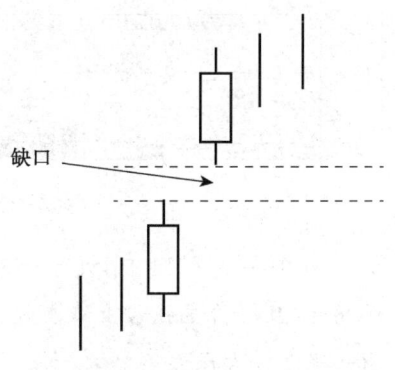

图4-37　向上跳空缺口

持股者就可适量买入。

(2) 在向上跳空缺口形成的次日,如果股价继续强势上涨,投资者可以追涨买入。

(3) 如果在向上跳空缺口形成之后,股价可能在缺口附近徘徊几日后再上涨,只要股价没有完全将缺口补回(通常是股价没有跌破第一根大阳线的收盘价),投资者就可坚持持股;未来股价一旦重新上涨,投资者可以果断买入。

【形态解析】

(1) 跳空缺口越大,说明多方越强,后市股价上涨的可能性越大。

(2) 在形成向上跳空缺口的这两个交易日中,成交量越大,看涨信号越强烈。

(3) 跳空缺口对股价具有支撑作用,股价往往回落到缺口附近就会获得支撑。

(4) 未来股价一旦将缺口完全填充,甚至落到第一根阳线的开盘价之下,那么投资者就应果断止损。

【实盘案例】

如图4-38所示,2011年2月14日、15日,三元股份(600429)的日K线图上出现了向上跳空缺口。

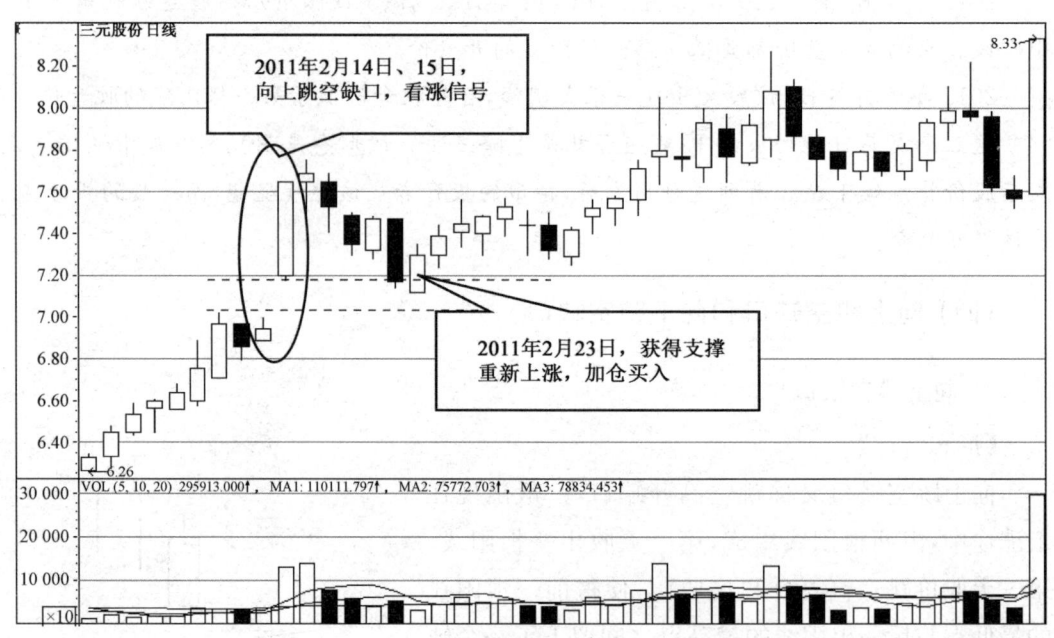

图4-38 三元股份(600429)的日K线图

2011年2月14日,处于上涨途中的三元股份收出一根小阳线;2月15日,该股大幅高开,且股价呈强势上涨态势,看到这种情况后,投资者可以适量买入。当天该股收出一根涨停大阳线。

之后,股价出现小幅回落。2011年2月23日,股价在大阳线的最低价附近获得支撑重新上涨,买入机会再次出现,投资者可以加仓买入。

2. 向下跳空缺口

【形态特征】

向下跳空缺口又称跳空低开缺口,一般出现在下跌途中,由两根阴线组成,第一天收出一根阴线,第二天股价跳空低开并再度收阴,使得前一根阴线的最低点与后一根阴线的最高点之间留下了一个缺口。向下跳空缺口在高位出现通常是空头强势的表现,是看跌信号,如图4-39所示。

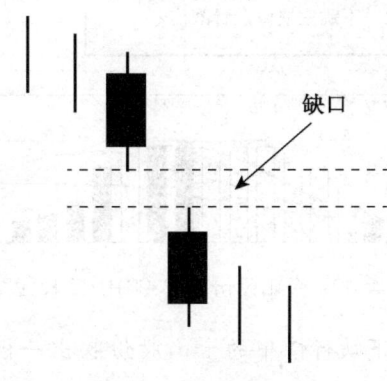

图4-39　向下跳空缺口

【操作策略】

(1)在跌势中,如果股价先是收出一根阴线,次日股价大幅跳空低开,且开盘后呈现弱势,持股者就应提前实施减仓或平仓操作。

(2)在向下跳空缺口形成的次日,如果股价继续下跌,投资者应该果断沽空仓位。

(3)在向下跳空缺口形成之后,股价可能在缺口附近徘徊几日后再下跌,只要股价没有突破第一根大阴线的开盘价,投资者就应保持空仓观望姿态。

【形态解析】

(1)跳空缺口越大,说明空方越强,后市股价下跌的可能性越大。

(2)在形成向下跳空缺口的这两个交易日中,成交量越大,看跌信号越强烈。

(3)跳空缺口对股价具有阻力作用,股价往往反弹到缺口附近就会获得支撑。

(4)未来股价一旦将缺口完全填充,说明有买盘进场,但投资者仍不宜买入;只有当股价突破向下跳空缺口第一根阴线的开盘价时,投资者才可根据实际情况考虑是否该介入。

【实盘案例】

如图4-40所示,2011年9月9日、13日,金山股份(600396)的日K线图上出现向下跳空缺口。

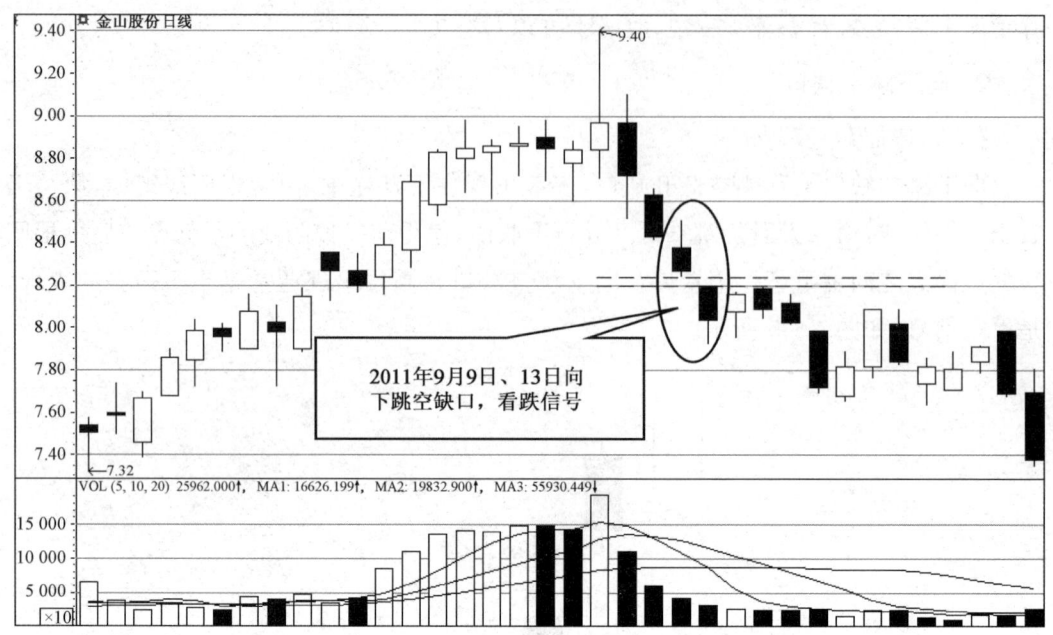

图 4-40 金山股份(600396)的日 K 线图

2011年9月9日,处于下跌行情中的金山股份收出一根阴线。9月13日,该股跳空低开,且一路向下,说明空方强势,持股者应该果断卖出股票。之后股价在缺口下方短暂横盘,但始终未能将缺口完全补回,因此还有剩余股票的投资者应该选择平仓,而持币者仍应以空仓观望为主。

## 四、经典 K 线形态以及交易指示意义

### (一) 头肩顶与头肩底

1. 头肩顶

【形态特征】

头肩顶,出现在上涨行情中,由三个高峰组成,左右两个高峰相对较低,基本处在同一水平位置上,中间一个高峰的高点明显高于左右两个高峰的高点,其形态就像一个人的头部和两肩。在两次回调的过程中,股价在非常接近的低点位置获得支撑,将这两个回调低点用直线相连构成了头肩顶的颈线,如图 4-41 所示。

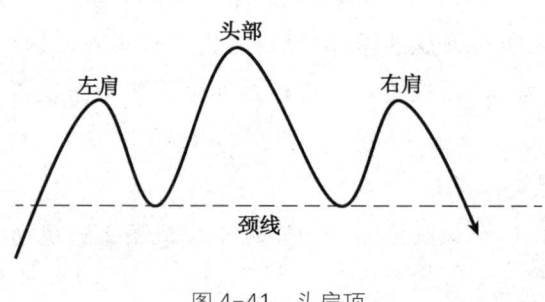

图 4-41 头肩顶

【操作策略】

（1）头肩顶形态是较为可靠的熊市信号，此形态出现之后常常会有一波较为显著的下跌行情，因此，投资者看到头肩顶形态后，应果断卖出股票。

（2）如果第二个高点的成交量较第一个高点大幅缩减，暗示头肩顶出现的可能性，"先知先觉"的投资者可以在右肩形成的过程中卖出股票。

（3）当股价跌破颈线位置，表示头肩顶形态构筑完成，这是头肩底形态的第一个较为明确的卖出信号。如果颈线向下倾斜，表示后市下跌的可能性更大。

（4）股价跌破颈线后，往往会在不久之后回抽到颈线附近，如果股价上探回落，则向下突破的有效性便得到确认，这是第二个明确的卖出信号。

【形态解析】

（1）成交量是表示头肩顶形态信号强弱的一个重要指标。如果在形成左肩和头部的过程中成交量显著放大，在冲破颈线形成右肩的过程中成交量却出现萎缩，说明看跌信号更可靠。

（2）一般来说，头肩顶形态较为平坦，需要较长的时间来完成。而形成头肩顶所用的时间越长，后市下跌的空间可能越大。

（3）头肩顶形态可能演变成多个头部或多个肩部形态，但是其基本的技术含义并没有改变，不影响作为头肩顶形态来进行研判。

【实盘案例】

如图 4-42 所示，2014 年 9 月至 11 月，壹桥海参的股价走势图上出现了头肩顶形

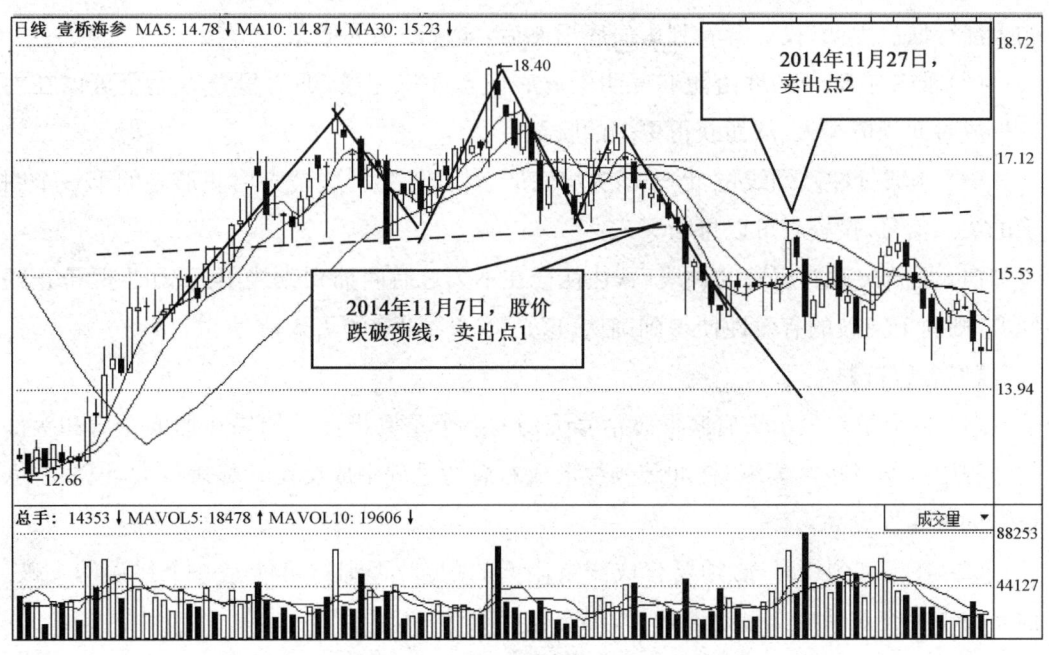

图 4-42　壹桥海参(002477)的日 K 线图

态。从成交量来看,在左肩和头部形成的过程中,成交量明显放大;而在右肩形成的过程中,成交量出现萎缩。这充分说明多方力量被逐渐消耗,后市严重看跌。

2014年11月7日,股价跌破颈线,至此,头肩顶形态构筑完成,第一个明确的卖点出现,投资者应该将所持的股票果断出手。

2014年11月27日,该股回抽到颈线附近遇阻回落,这是对头肩顶形态的确认。如果投资者还有剩余股票,应该毫不犹豫地沽空离场。

2. 头肩底

【形态特征】

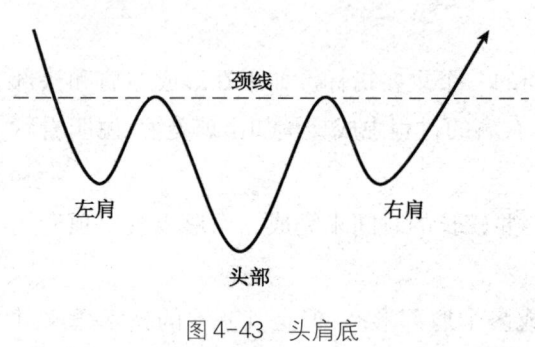

图4-43 头肩底

头肩底,出现在下跌行情中,由三个低谷组成,左右两个低谷相对较浅,基本处在同一水平位置上,中间一个低谷的低点明显低于左右两个低谷的低点,其形态就像一个倒立的人的头部和两肩。在两次反弹过程中,股价在两个非常接近的高点位置遇到阻力,将这两个反弹高点相连就构成了头肩底的颈线,如图4-43所示。

【操作策略】

(1) 头肩底形态是较为可靠的牛市信号,此形态出现之后常常会有一波较为可观的上涨行情。因此,投资者看到头肩底形态后,应果断买入股票。

(2) 如果有充分的理由能够证明头肩底形态即将完成,那么投资者完全可以在右肩形成时便积极买入,从而获得更多的收益。

(3) 当股价冲破颈线位置,表示头肩底形态构筑完成,这是头肩底形态的第一个明确的买入信号,投资者可以果断买入。

(4) 股价突破头肩底的颈线后,往往会在不久之后回抽到颈线附近,如果股价止跌回升,则向上突破的有效性便得到确认,这是第二个明确的买入信号。

【形态解析】

(1) 成交量是表示头肩底形态信号强弱的一个重要指标。如果在形成左肩和头部的过程中成交量极度萎缩,在冲破颈线形成右肩的过程中成交量却显著放大,说明看涨信号的可靠性更高。

(2) 在突破颈线时,必须要有成交量剧增的配合,否则这可能是一个错误的突破。但是如果在突破后成交量逐渐增加,形态也可确认。

(3) 一般来说,头肩底形态较为平坦,需要较长的时间来完成。而形成头肩底所用的时间越长,后市上涨的空间可能越大。

(4)头肩底形态可能演变成多个头部或多个肩部形态,但是其基本的技术含义并没有改变,不影响作为头肩底形态来进行研判。

【实盘案例】

如图4-44所示,2014年12月至2015年1月,振芯科技的股价走势图上出现了头肩底形态。

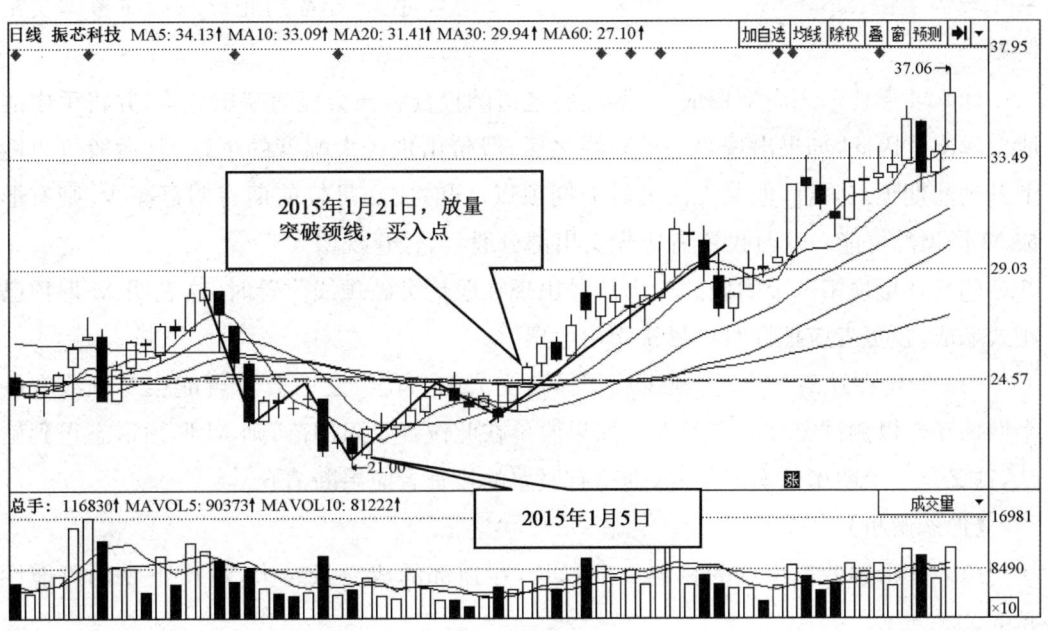

图4-44　振芯科技(300101)的日K线图

2014年12月中旬,振芯科技进入下跌行情中。2015年1月中旬,该股连续形成三个波谷,其中2015年1月5日,该股收出带下影线的小阴线,并创出该段时间的最低价,所以是头部,而两边的低谷构成左右两肩。

2015年7月21日,该股放量突破头肩底的颈线,至此,头肩底形态正式构筑完成,这是一个明显的买入点,投资者可果断买入。

该股攻势较急,所以在突破颈线后并未出现回调,也就是说,该股未给投资者以加仓的机会。

(二) M顶与W底

1. M顶

【形态特征】

M形顶又称双重顶,出现在一段上涨行情的末尾,该形态有两个明显的价格高峰,

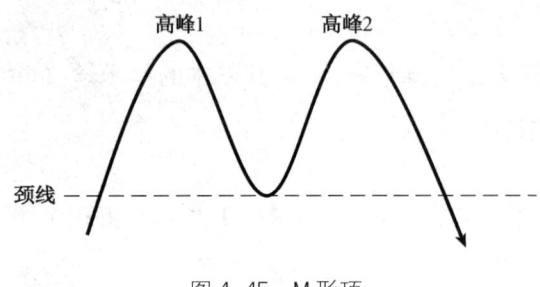

图 4-45　M 形顶

且两个高峰的最高点大致处于同一价位上，形状就像是一个英文字母 M。通过第一次回落的低点，画一条水平直线，就得到了 M 形顶的颈线，如图 4-45 所示。

【操作策略】

（1）M 形顶形态是较为可靠的看跌信号，投资者看到此形态后应考虑卖出股票。

（2）M 形顶形态尚未形成，一些经验老道的投资者便会提前嗅出危险，并将手中的股票卖出。因此，如果出现第一个高峰之后，股价出现较大幅度的下跌，其后股价再度上升到前期顶点附近，但又无法突破前期顶点，同时成交量较前期有明显减少，则有形成 M 形顶的可能。这时投资者应先卖出部分股票、轻仓观望。

（3）M 形顶第一个明确的卖出信号出现在股价突破颈线位置时，这表明 M 形顶已正式形成，投资者应把握时机尽快卖出股票。

（4）股价在跌破颈线后，颈线从支撑位变成阻力位。之后股价可能会对颈线有一个回抽动作以测试突破的有效性。如果股价在此位置受阻回落，则 M 形顶形态得到确认，这又是一个明确的卖出信号，则持有股票的投资者应果断清仓。

【形态解析】

（1）M 形顶两个顶点的相隔周期越长，在顶部的成交量越大，后市下跌的可能性越大。

（2）在 M 形顶形成的过程中，如果第二个高峰的成交量小于第一个高峰的成交量，第二个顶点低于第一个顶点，则看跌的信号更为强烈。

（3）M 形顶的最高点与颈线之间的垂直距离越大，通常表示未来股价下跌的幅度越大。

【实盘案例】

如图 4-46 所示，2014 年 12 月，焦点科技的日 K 线图上出现 M 形顶形态。

2014 年 11 月中旬，该股在震荡下跌之后开启新一轮的上涨行情。经过一番持续快速上涨，该股于 2014 年 12 月 8 日，收出一根上影线很长的中阳线。股价也在创出 70.99 元的阶段新高后开始回落，从而形成 M 形顶的第一个高峰。

2014 年 12 月 10 日，焦点科技的股价在下跌过程中获得支撑而反弹。但这次反弹持续时间较短，12 月 18 日，该股重新开始向下，形成第二个高峰。这次的高峰略高于前一个高点，达到 72.21 元，且成交量显著减少，出现 M 形顶形态的可能性较大。次日，该股收出一根长下影线的小阴线，且这根小阴线与前一交易日的小阴线组成揉搓线，该信号属于明确的顶部信号，投资者应实施减仓操作以规避风险。

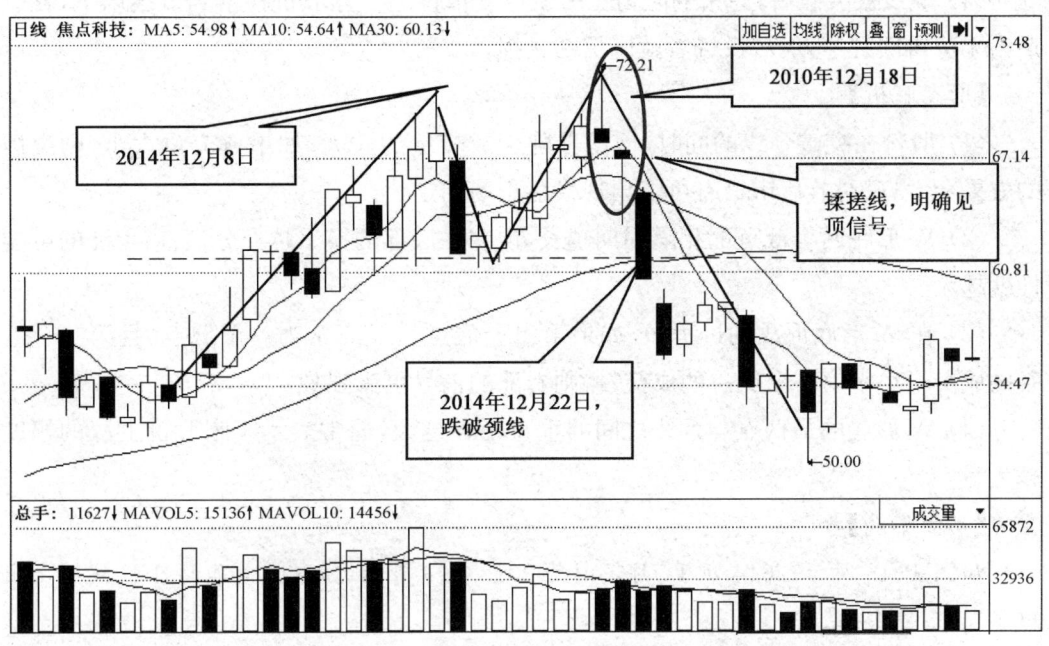

图 4-46　焦点科技(002315)的日 K 线图

2014 年 12 月 22 日,该股股价跌破颈线位置,M 形顶构筑完成,这时持股者应该果断卖出。

2. W 形底

【形态特征】

W 形底又称双重底,出现在一段下跌行情的末尾,该形态有两个明显的价格低谷,且两个低谷的最低点大致处于同一价位上,形状就像是一个英文字母 W,通过第一个反弹高点,画一条水平直线,就得到 W 形底的颈线,如图 4-47 所示。

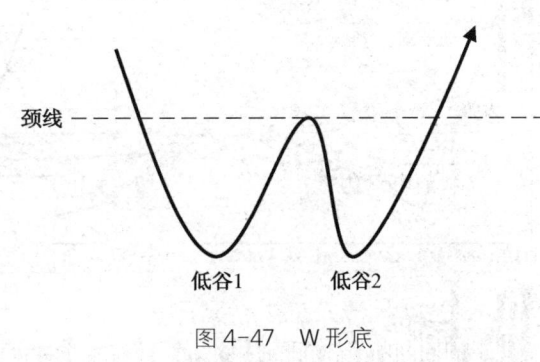

图 4-47　W 形底

【操作策略】

(1) 当股价第二次探底,且所探得的低点高于前一个低谷的低点时,称为二次探底不破底价,激进的投资者就会把握时机适量买入。

(2) W 形底第一个明确的买入时机出现在股价突破颈线位置时,这表明 W 形底基本形成,投资者可积极买入。

(3) 股价向上突破颈线后,有时会重新回落到颈线附近以验证突破的有效性,当股价获得支撑再次上涨时,投资者可以抓住时机买入。

(4) 颈线被突破后,原来的阻力位就变成支撑位。一旦股价掉落到该线以下,且短期内无法再次升穿该线,投资者就应果断止损。

【形态解析】

(1) 股价在突破颈线的同时,应该伴随着成交量的放大;如果成交量太小,则突破的效果会大打折扣,后市极有可能出现横盘震荡的走势。

(2) W 形底两个低点的相隔周期越长,说明在底部的换手越充分,后市上涨的可能性就越大。

(3) 在 W 形底形成的过程中,如果第二个低点位置高于第一个低点,且第二个低谷的成交量小于第一个低谷的成交量,则看涨的信号更为强烈。

(4) W 形底的最低点与颈线之间的垂直距离越大,通常表示未来股价上涨的幅度越大。

【实盘案例】

如图 4-48 所示,2014 年 12 月下旬至 2015 年 3 月上旬,置信电气的日 K 线图上出现了 W 形底形态。

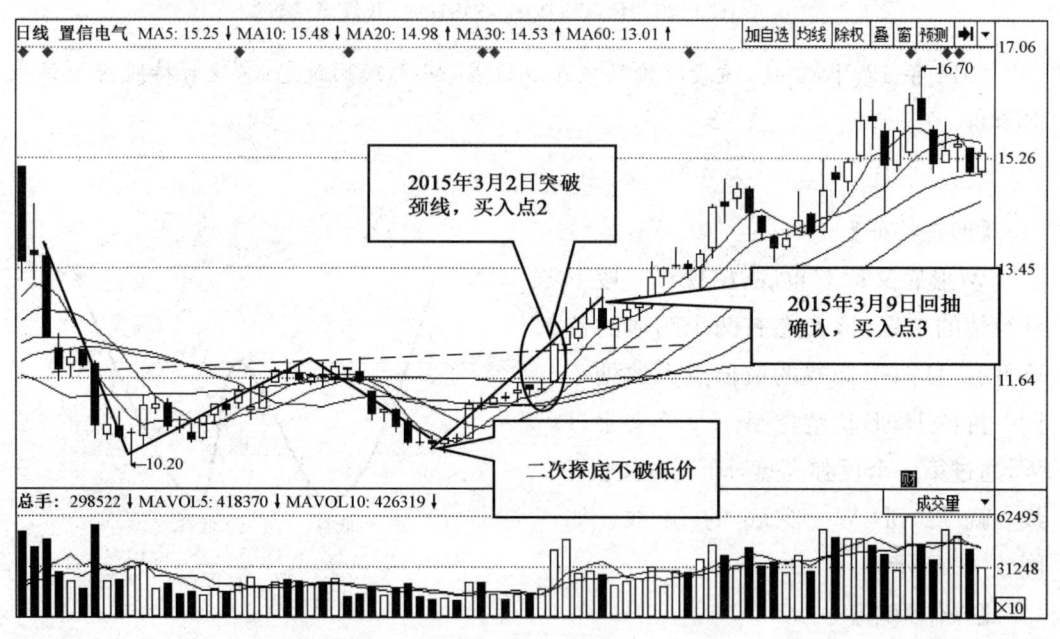

图 4-48　置信电气(600517)的日 K 线图

2015 年 1 月 5 日,处于下跌行情中的置信电气收出一根下影线很长的阴十字线,并创出近期最低价 10.20 元,然后股价开始回升,从而形成第一个低谷。这一回升所持续的时间并不长。2015 年 1 月 29 日,该股上升遇到阻力,重新开始下跌。

2015 年 2 月 10 日,该股收出一根带锤头线的小阳线,并再次开始回升,从而形成第二个低谷。这个低谷的低点要高于前一个低谷的低点,即二次探底不破低价。激进的投资者可以在反弹过程中抓住时机买进股票。

2015年3月2日,该股股价突破颈线位置,W形底构筑完成。这是一个明确的买入信号,稳健的投资者可以在当天放心买入。2015年3月9日,该股低开,在颈线上方完成回抽确认后开始重新上涨,此时投资者可以加仓买入。

投资者在操盘过程中,还可能会见到很多M形顶与W形底的变形,如倒V形顶与V形底、三重底与三重顶等,其具体操作方法与M形顶与W形底相似,只是股价在筑顶或筑底持续的时间较长而已。

### (三)上升三角形、下降三角形与对称三角形

#### 1. 上升三角形

【形态特征】

上升三角形,通常出现在上涨途中或下跌末期,该形态具有这样的特征:股价在反复震荡过程中,每次上涨的高点基本处于同一水平位置,而每次回落的低点却不断上移。随着形态发展,股价波动的幅度越来越小,即高点和低点逐渐靠拢。如果将这些高点和低点分别用直线连接,就形成了一个向上倾斜的三角形,如图4-49所示。

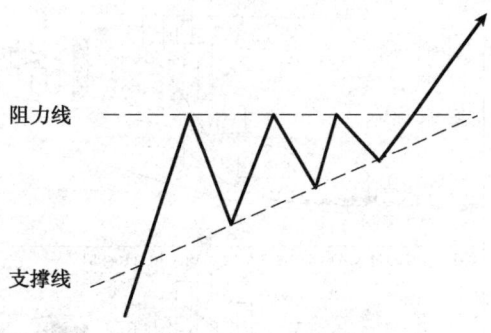

图4-49　上升三角形

【操作策略】

(1)上升三角形在上涨行情中出现,通常表现为中继信号;而在下跌行情中出现,则具有一定的转势意味。因此,一旦股价放量突破上升三角形的上边线,投资者应该果断买入。

(2)有时候,股价向上突破上升三角形后会有一次回抽,以确认突破是否有效。如果股价在三角形的上边线止跌回升就证明突破有效,投资者可在股价回升时迅速介入;如果股价又重新回到三角形之内,则表示形态失败,投资者应及时止损。

(3)上升三角形虽然绝大多数情况下是向上突破的,但少数情况下也可能会跌破支撑位。一旦形成向下破位,持币者不宜介入,而持股者应暂时离场。

【形态解析】

(1)通常在上升三角形形成的过程中,成交量会不断萎缩;但在向上突破时,成交量却会明显放大。如果在突破时,没有成交量的配合,那么看涨信号的可靠性将减弱。

(2)上升三角形高点与低点之间的最大垂直距离越大,股价向上突破后上涨的空间相应地也会越大。

（3）上升三角形不应在股价达到三角形上边线时才发生突破，否则，股价突破后上升空间会十分有限，甚至可能演化成横盘整理走势。

（4）当在高价位区域出现上升三角形，但股价却迟迟不能突破上边线，走势极有可能演变成 M 形顶或三重顶等顶部形态，这时投资者应实施减仓操作以回避风险。

【实盘案例】

如图 4-50 所示，2014 年 9 月至 2014 年 10 月，精诚铜业的日 K 线图上出现了上升三角形形态。

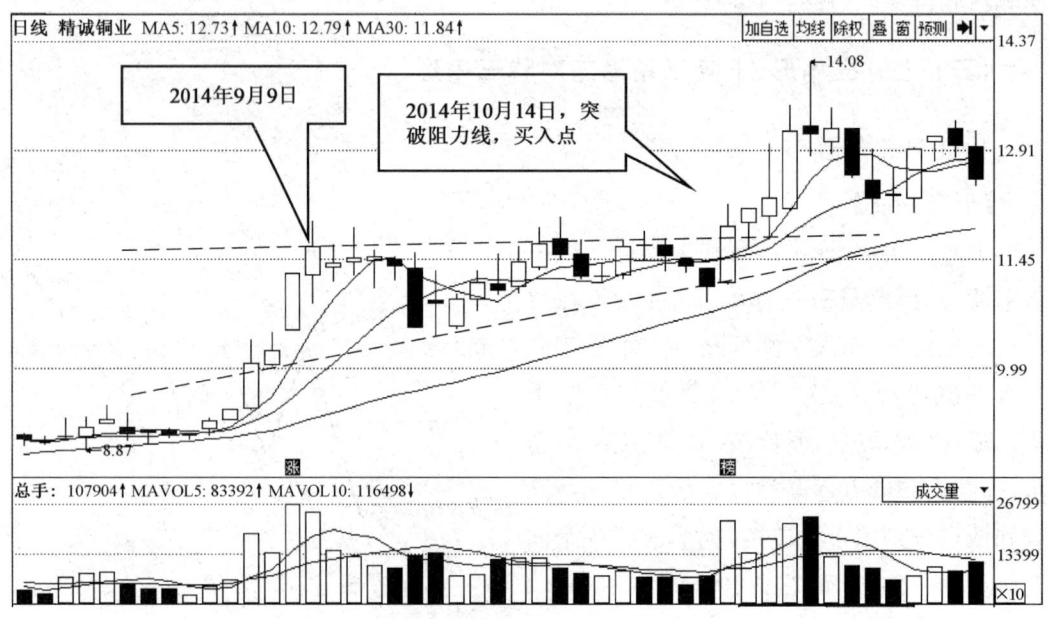

图 4-50　精诚铜业（002171）的日 K 线图

2014 年 9 月初，处于上涨途中的精诚铜业进入横盘整理行情。在此阶段，股价上涨到某一位置附近时会遇到强大的阻力，因而上方形成了一条水平的阻力线；而股价回落所接触的低点却呈现逐渐升高趋势，将它们连起来近似一条向上的斜线。从形态上看，股价具有形成上升三角形的潜质。

2014 年 10 月 14 日，该股在开盘后不久被放量拉升，当股价突破三角形上边线时，投资者应该果断买入。次日，该股在前一日大阳线基础上跳空高开，盘中虽偶有回调，但很快重归上涨通道，此时投资者可以加仓买入。

2. 下降三角形

【形态特征】

下降三角形，通常出现在下跌途中或上涨末期，该形态具有这样的特征：股价在反复震荡的过程中，每次下跌的低点基本处于同一水平位置，而每次反弹的高点却不断下移。随着形态发展,股价波动的幅度越来越小,即高点和低点逐渐靠拢。如果将这些高点和低点分别用直线连接,就形成了一个向下倾斜的三角形,如图4-51所示。

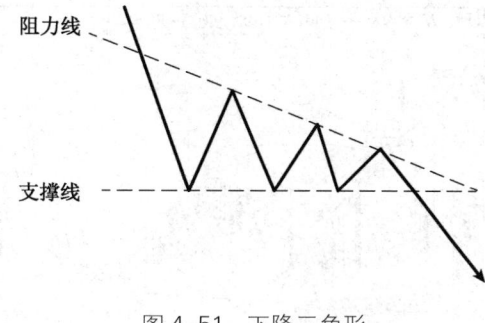

图4-51 下降三角形

【操作策略】

(1) 下降三角形在下跌行情中出现,通常表现为中继信号;而在上涨行情中出现,则具有一定的转势意味。因此,一旦股价跌破下降三角形的下边线,投资者就应该坚决卖出离场。

(2) 有时候,股价向下突破下降三角形后会有一次回抽,以确认突破是否有效。如果股价在三角形的下边线受阻回落就证明突破有效,是投资者另一个卖出机会;如果股价又重新回到三角形之内,则表示形态失败,但这时投资者仍不宜贸然介入。

(3) 下降三角形在绝大多数情况下是向下突破的,但也有例外。一旦股价形成向上突破,持股的投资者不宜再卖出,而持币的投资者仍应以观望为佳。

【形态解析】

(1) 通常在下降三角形形成的过程中,成交量不会出现极度萎缩的情况,有时候甚至会出现量价背离。在向下突破时,成交量也不会有太大的变化。

(2) 下降三角形高点与低点之间的最大垂直距离越大,股价跌破三角形支撑位后的向下拓展的空间相应也就越大。

(3) 当在低价位区域出现下降三角形,如果股价持续整理,迟迟没有实现向下突破,那么走势极有可能演变成W形底或三重底等底部形态。

【实盘案例】

如图4-52所示,2013年7月至9月,万科A的日K线图上出现了下降三角形形态。在这段时间内,处于下跌途中的万科A进入震荡下跌行情。在反复震荡的过程中,股价几乎在同一趋势线上获得支撑,而反弹所形成的高点却越来越低,说明多方已经有些力不从心。

2013年9月25日,万科A的股价跌破了下降三角形的下边线(支撑线),这预示着股价将走向下跌之路,投资者应及时卖出股票。

其后,万科A股价虽出现两次反弹,但每次反弹的高点在触及三角形下边线后迅速下跌,而这两次反弹的高点就是投资者最后出货的机会。

3. 对称三角形

【形态特征】

对称三角形又叫作收敛三角形,可以出现在任何行情中,其形态表现为:股价在一

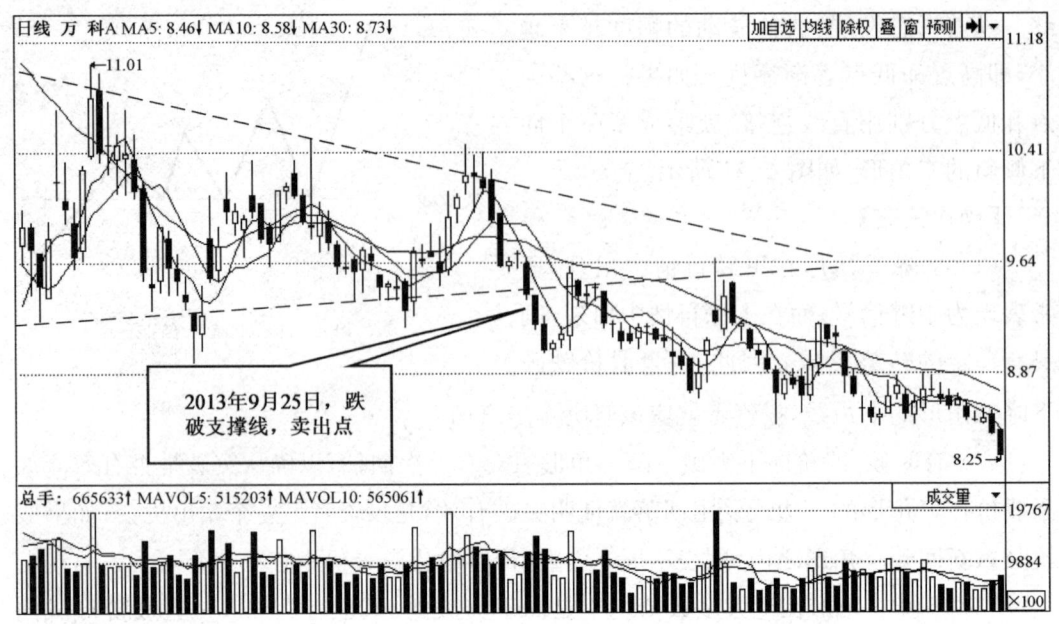

图 4-52　万科 A(000002)的日 K 线图

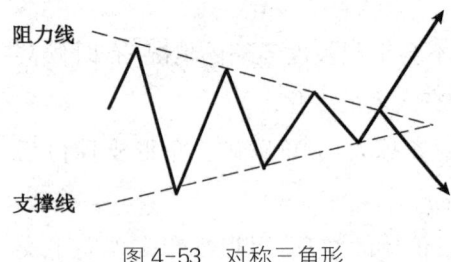

图 4-53　对称三角形

段时间内出现反复震荡整理局面,每次上升的高点都低于前一个高点,而每次下降的低点都高于前一个低点,于是股价波动幅度越来越小。如果将这些高点和低点分别用直线连接,就形成一个逐渐收敛的三角形,如图 4-53 所示。

【操作策略】

(1) 对称三角形是一种观望信号,在该形态的形成过程中,无论是持股者,还是持币者都应该采取冷静观望的态度,不宜盲目操作。

(2) 当在上涨行情中出现对称三角形形态,股价如果突破该形态的上边线就可以考虑买入,如果跌破该形态的下边线就应该尽快卖出。

(3) 当在下跌行情中出现对称三角形形态,股价如果跌破该形态的下边线就应该果断卖出;如果冲破该形态的上边线则不能急于买入,应该等涨势确立后再买进。

【形态解析】

(1) 对称三角形有可能出现在大幅上涨后的顶部区域,亦有可能出现在深度下跌后的底部区域;但更多的时候,它会出现在上涨或下跌的途中,是对前一段行情的一种阶段性休整。

(2) 对称三角形如果在上涨行情中出现,那么最终选择向上突破的可能性较大;如果在下跌行情中出现,那么最终选择向下突破的可能性较大。

(3) 一般来说,对称三角形完成后,如果股价选择向上突破,则必须伴随着成交量的放大,否则有可能造成假突破。如果股价选择向下突破,成交量可能略微放大,但如果放出巨量,则极有可能是主力为了骗钱进行的洗盘动作。

(4)对称三角形向上突破后,股价上升到第一个高点的价位附近才会遇到阻力;因此,投资者通过这一高点画一条水平直线,并以此来度量突破后的最小涨幅。如果股价向下突破,那么也可以基于同样的方法来预测最小跌幅。

【实盘案例】

如图4-54所示,2014年12月至2015年3月,广晟有色的日K线图上出现对称三角形形态。

图4-54　广晟有色(600259)的日K线图

2015年1月上旬,处于上涨途中的广晟有色开始震荡整理。在整理过程中,上涨的高点逐渐降低,回落的低点逐渐升高,且成交量呈现减少趋势,说明多空双方僵持不下,多方和空方中间都有很大一部分人开始作壁上观。此时,投资者最好也保持观望姿态,静待明确的信号出现。

2015年3月17日,该股放量上涨并收出一根大阳线,股价一举冲破对称三角形的上边线,买入点出现,这时投资者应该把握机会果断买进。

其后,该股曾回调至对称三角形趋势线附近,随后遇支撑而重新开始上涨。

### (四) 矩形整理形态

【形态特征】

矩形整理又称箱型整理,是股市中最典型的整理形态,可以出现在任何的行情中,

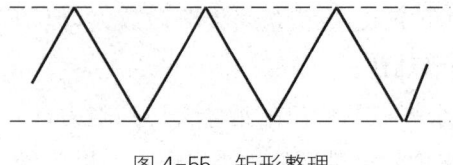

图 4-55 矩形整理

该形态表现为:股价在一定的价位区间内上下波动,将上涨的高点和下跌的低点分别相连,就形成了两条平行的水平直线,如图 4-55 所示。

【操作策略】

(1)绝大多数情况下,矩形表现为一种中继形态,表示股价经过整理后仍然会按照原来的趋势运行。但是矩形整理出现后,投资者仍需要根据股价的历史走势和其他技术指标来判断其是否有演变成反转形态的可能。

(2)在矩形整理没有形成有效突破之前,如果矩形的上下边线距离较远,那么投资者可以在前期采取高抛低吸的短线策略;但如果矩形较窄,那么投资者最好保持观望姿态。

(3)经过一段时间的横向整理后,当股价向上有效突破矩形的上边线时,表示多方开始占据优势,投资者可以考虑买入股票;当股价向下有效突破矩形的下边线时,表示空方开始占据优势,投资者应该考虑卖出股票。

(4)矩形作为中继形态出现,股价在突破后可能会有一个回抽动作,如果在回抽过程中,股价没有回到原来的矩形整理区间,则是投资者第二个买入或卖出的机会。

【形态解析】

(1)矩形整理常常是在庄家强行洗盘下形成的,上边的阻力线是庄家预定的洗盘位置,下方的支撑线是护盘底线。因而,该形态出现在上涨途中的概率较高,也最具有价值。

(2)在矩形整理形成的过程中,成交量应该不断减少。特别是从高点回落时,成交量必须呈现逐渐萎缩的态势。

(3)股价向上突破矩形的上边线时,必须伴随着成交量的放大才有意义;而向下突破时,则不必有成交量的放量配合。

(4)在矩形形成的过程中,成交量一直持续在较高的水平,有可能是庄家托盘出货,即使之后向上突破也可能是一个诱多陷阱,投资者对此要多加提防。

(5)矩形整理完成之后,未来股价的涨幅或跌幅至少应该等于矩形的高度。

(6)矩形整理的形成时间要比三角形、旗形等整理形态都长,通常会超过 4 周(20 个交易日)。矩形整理的周期越长,完成突破后上涨或下跌的幅度相应也会越大。

【实盘案例】

如图 4-56 所示,2014 年 12 月至 2015 年 3 月,云天化的日 K 线图上出现了矩形整理形态。

2015 年 1 月 7 日,云天化收出一根带上影线的阳线,这天的最高价也成为短期内

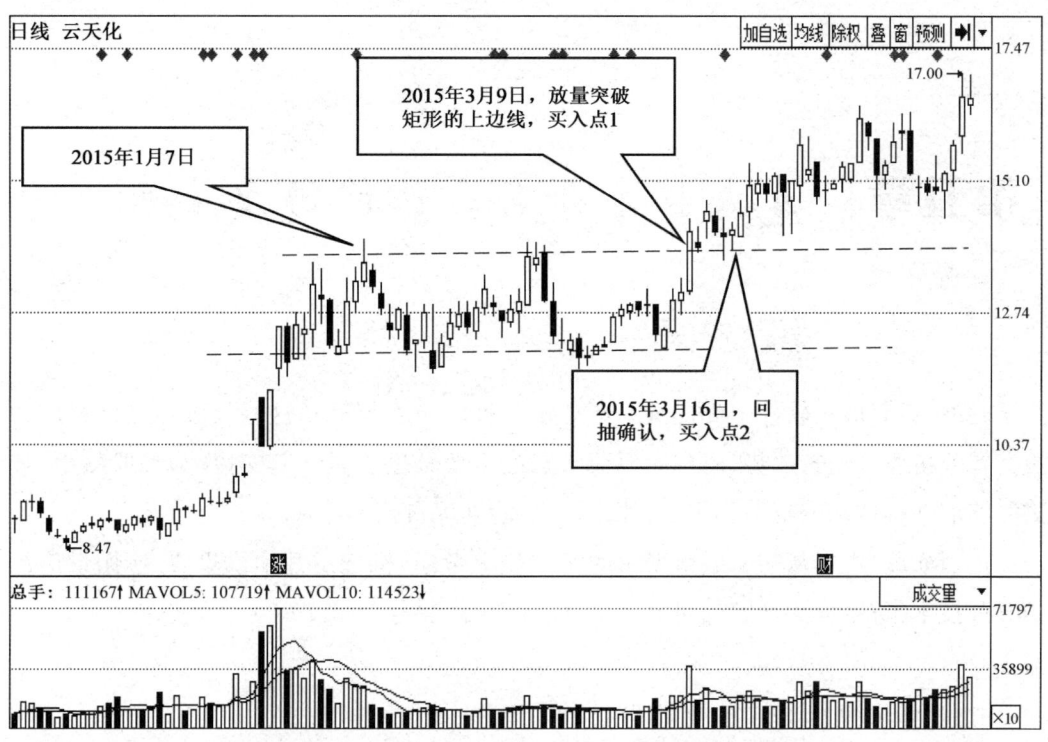

图 4-56 云天化(600096)的日 K 线图

的一个高点。之后该股开始回落并在前期的密集成交区域受到支撑反弹,从而形成一个低点。然后,股价便一直在高点和低点之间的水平通道中运行,形成矩形整理走势。

2015 年 3 月 9 日,该股出现放量突破矩形的上边线。此时,投资者可以买入股票、持股待涨。3 月 16 日,该股回抽到矩形的上边线附近获得支撑,再次上涨,此时投资者可加仓买入。

# 第五章 五大技术指标，让你游刃有余

时下，每套炒股软件中都提供了不下十几种的技术指标。这些技术指标已经成为投资者分析股价运行趋势、研判股票买卖点的重要辅助工具。其实，作为炒股新手，如果能够把一种技术分析工具用精，那么，至少能确保自己不亏钱。

正因如此，本书从初入股市新手的实际需求考虑，挑选了其中最重要、应用最广泛的五种技术指标，作为详解的对象，以供读者学习、参考。

## 一、MA均线：顺势而为赚大钱

移动平均线，简称均线，英文简称为MA，该指标是以"平均成本概念"为理论基础，采用统计学中"移动平均"的原理，将某一段时间内的股价平均值画在坐标轴上连成曲线，用来显示股价的历史波动情况，进而反映股价未来的发展趋势，为投资者提供操作依据。例如，5日均线是以过去连续五个交易日的股票收盘价为基础计算得出的一系列平均值。常用的均线如图5-1所示。

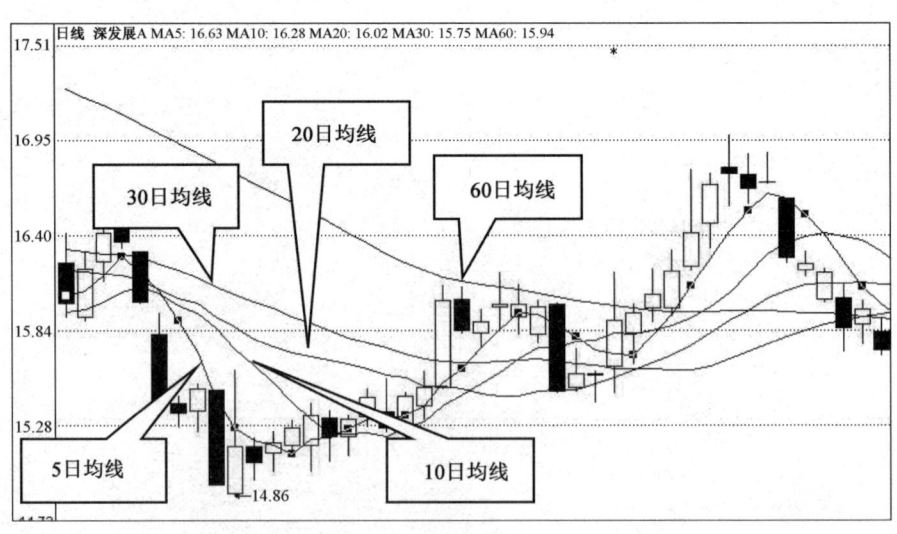

图5-1　移动平均线(MA)

图 5-1 只是给出了五种常用的均线。投资者如果有需求可以自行在 K 线图上添加或减少均线,如 120 日均线、250 日均线等。目前,所有的炒股软件都能实现这一操作。按照均线周期长短可以将均线分成几类。

第一,短期均线。

短期均线中最常用的是以 5 日均线和 10 日均线,分别代表一周或两周的平均价。短期均线揭示市场的短期震荡,投资者可以以此作出短线买卖的依据。

第二,中期均线。

中期均线中最常用的是以 20 日、30 日和 60 日为计算周期,20 日均线代表 1 个月(4 周)的平均股价,在中短线操作时常会被用到;30 日均线和 60 日均线(季线)的波动更具稳定性,能指出市场的中期波动方向,是投资者中线操作的重要依据。

第三,长期均线。

长期均线中最常用的是 120 日均线和 250 日均线。250 日均线与股市的 1 年的开市时间相差不多,常被称为年线;而 120 日均线一般代表半年的周期,常被称为半年线。长期均线指明行情的长期趋势,具有相当高的稳定性。

事实上,选择使用何种周期的均线与投资者的操盘计划是一致的。例如,投资者选择炒短线,那么,5 日均线和 10 日均线则是重点研判对象,20 日、30 日均线则只能列为参考,长期均线则没有实战指导意义。

### (一) 均线五大核心看点

均线最基本的思想是消除股价变动的偶然因素,反映股价在一段时间内变动的基本趋势,因而它具有以下作用。

**1. 揭示股价趋势**

均线能够表示股价的趋势方向,具有趋势的性质。当均线向上运行时,表示行情趋势向好;当均线向下运行时,表示行情趋势向淡。如果从 K 线图上能够画出明显的上升或下降趋势线,那么均线的发展方向与趋势线是一致的,能消除股价在这个过程中出现的起伏波动。

**2. 反映市场平均成本**

均线是近期收盘价的平均值的连线,因而它能有效揭示当前市场的平均成本。比如,某只个股在某一交易日内的 10 日均线位所对应的数值,代表了该股近十个交易日内的平均成本。对平均成本的分析,能够准确认识市场目前的成本结构,进而可以判断出自己的买入价位是否处于有利位置。而且平均成本是市场操作,特别是跟踪庄家踪迹的重要依据。

### 3. 助涨和助跌的作用

在一个较大的趋势中,均线会朝着一个方向移动,通常会持续一段时间后才会转向。因而均线在上涨行情中通常是多头的防线,具有助涨的作用;而在下跌行情中通常是空头的防线,具有助跌的作用。而且当股价向上突破或向下跌破均线时,往往还有向突破方向再进一步的愿望,这也表现了均线的助涨和助跌作用。

### 4. 支撑和阻力的作用

移动平均线在股价走势中会起到支撑线和阻力线的作用。股价在均线上方运行时,均线会对股价形成支撑;股价在均线下方运行时,均线会对股价形成阻力。均线被突破,实际上是支撑线或阻力线被突破。

### 5. 给出明显的交易信号

均线能够为投资者提供适当的交易时机。比如,当周期较短的均线由下向上穿越周期较长的均线时,称为黄金交叉(金叉),此为买入信号;反之,当周期较短的均线由上向下穿越慢周期较长的均线时,称为死亡交叉(死叉),此为卖出信号。

## (二)均线四大必杀技

### 1. 巧用单根均线判断买卖点

单根均线也能被用来识别买卖信号。当股价由下向上突破均线时,意味着股价短期内将向上发展,是买入信号;当股价由上向下跌破均线时,意味着股价短期内将向下发展,是卖出信号。不过,在现实操作过程中,需要考虑的问题还有很多,诸如成交量因素、大盘因素等。下面以 10 日均线判断买卖点为例进行说明。

10 日均线有重要的推涨助跌作用,常常在单边市场中为投资者所使用。当股价向上突破 10 日均线后,即买入股票,但投资者切记,一定要等股价站上 10 日均线再买入,虽然离底部或最低价相差一定价位,但此时上升趋势已明确,涨势刚刚开始,仍是买入的良机;当股价向下跌破 10 日均线即卖出该股,虽然这时可能已经不是股价的最高位置了,但仍可保证投资者收获颇丰。投资者应用此种技巧时应遵循以下三个原则:

第一,股价向上突破 10 日均线应有量的配合,否则可能仅仅是下跌中途的反弹,很快又会跌回 10 日均线之下,投资者宜卖出止损,特别是在 10 日均线下降走平再上行而后又开始下行时,更应止损,说明跌势尚未结束。

第二,投资者在买入股票前,应注意观察大盘的情况,如果大盘也是站在 10 日均线以上,则后市看涨的成功率更高。

第三,投资者在买入股票前,应注意观察 10 日均线的方向。只有当均线的方向向上时,才是买入的良机,如图 5-2 所示。

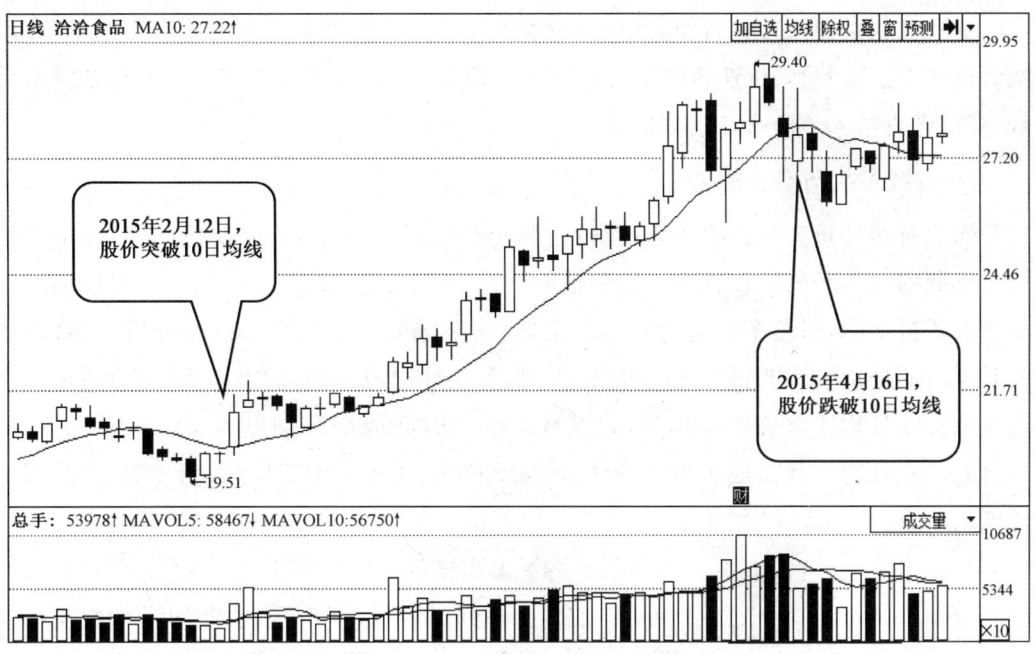

图 5-2  洽洽食品(002557)日 K 线走势图

图 5-2 中,洽洽食品的股价在 2014 年 11 月底经历了一波下跌。股价在下跌到 19.51 元后开始反转向上,2015 年 2 月 12 日,股价突破 10 日均线,与此同时,10 日均线也出现掉头向上的迹象。随着股价的上涨,成交量也出现放大的迹象,这时,再来观察一下大盘的情况,如图 5-3 所示。

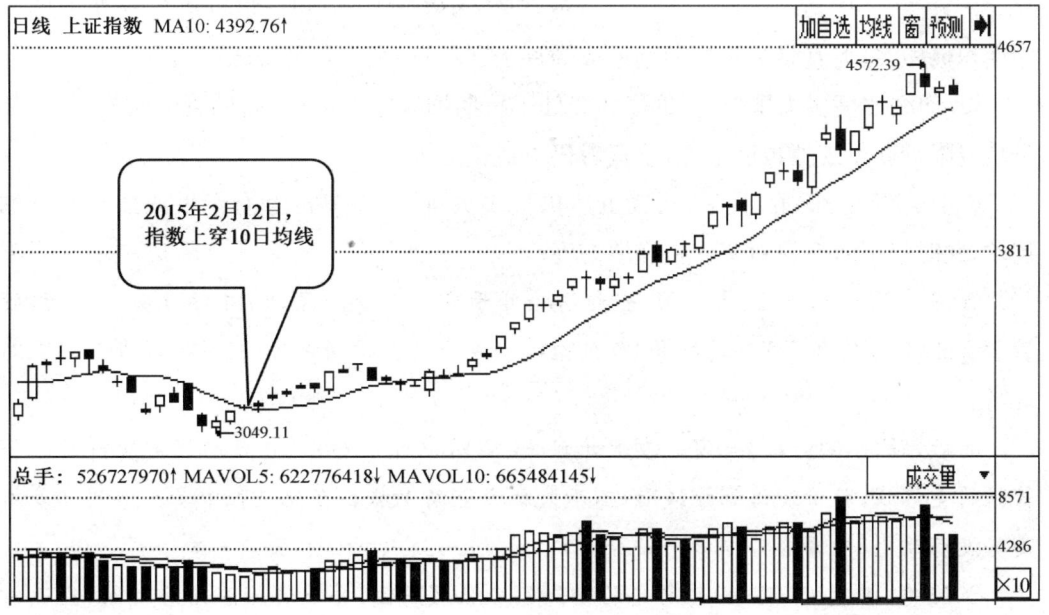

图 5-3  上证指数(1A0001)日 K 线走势图

从大盘指数图上可以看出，上证指数在 2015 年 2 月 12 日当天也出现上穿 10 日均线的情况，与此同时，10 日均线方向出现掉头向上。由此，投资者可以断定大盘情形向好，可以考虑买入洽洽食品这只股票了。

2. 均线多头与空头排列

均线有两种重要的位置关系：股价走势与均线的位置排列，以及短期均线、中期均线与长期均线之间的位置排列。需要说明的是，这里的短期均线、中期均线与长期均线与前文所提不同，只是个相对的概念。比如，如果选取三根均线来进行分析，若将均线的时间周期分别设为 5 日、10 日和 20 日，那么 5 日均线是短期均线，10 日均线是中期均线，而 20 日均线是长期均线；但如果将均线的时间周期分别设为 10 日、20 日和 30 日，那么 10 日均线就变成了短期均线，20 日均线就变成了中期均线，而 30 日均线则是长期均线。

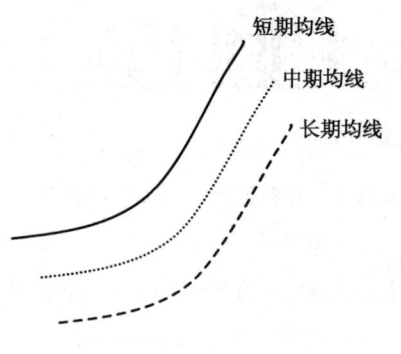

图 5-4　均线的多头排列

（1）多头排列。

多头排列，是指短期均线、中期均线和长期均线按照自上而下的顺序排列，三根均线呈现向上倾斜，如图 5-4 所示。均线的多头排列，表示多方力量强大，股价进入了一个稳定的上升期，通常是中线进场的机会。

投资者在根据均线的多头排列进行操作时，应该注意以下几点。

a. 当均线呈多头排列时，投资者可以在前期和中期积极做多，尤其是多头排列刚形成的首个交易日，是最佳的介入时机。

b. 均线如呈多头排列，股价往往会处于短期均线之上运行，如果股价回落，并在某条均线附近获得支撑再度上涨，投资者仍可适量买入。

c. 当股价上涨到高位后，均线虽然仍呈多头排列，但是已经有走平或掉头向下的迹象，此时投资者应该对买入持谨慎态度。

如图 5-5 所示，2014 年 8 月，世纪游轮处于底部盘整阶段，2014 年 9 月 1 日，该股放量上涨，5 日均线、10 日均线和 20 日均线形成了多头排列走势，此时投资者可以果断进场。

之后，股价和均线都呈现逐步上升势头，从图中可以看出 10 日均线是股价的一个较强的支撑线，股价回落到该线附近，不久就会重新上涨。在此过程中多头排列的基本走势没有改变，投资者可以加仓买入。

2014 年 10 月 21 日，世纪游轮的股价已经涨至高位，并出现滞涨回落现象，当天该股的 5 日均线掉头向下，多头排列有被破坏的危险，此时投资者最好不要盲目介入。

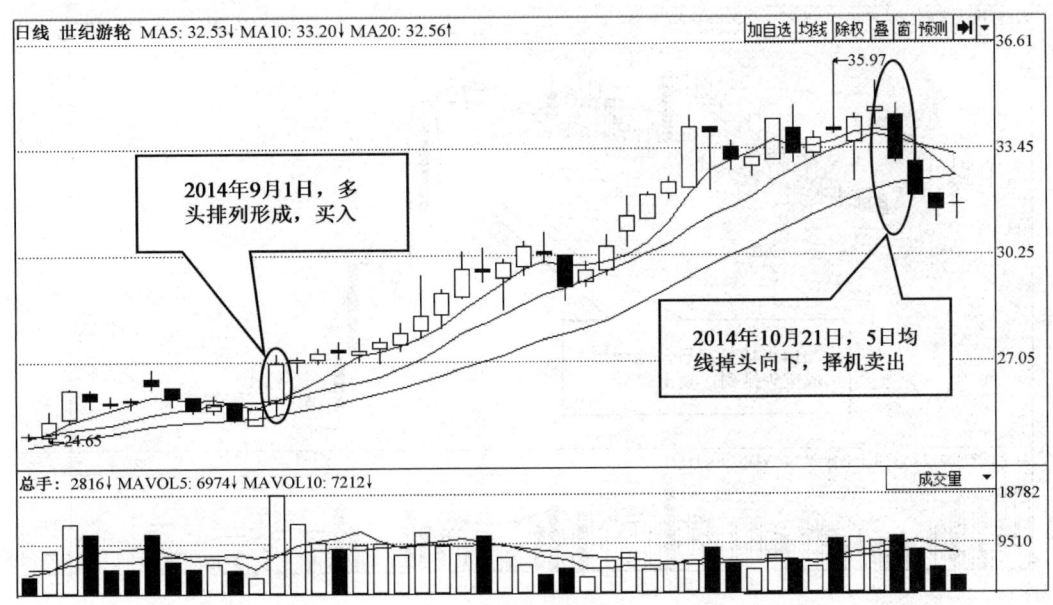

图 5-5 世纪游轮(002558)的日 K 线图

（2）空头排列。

空头排列，是指长期均线、中期均线和短期均线按照自上而下的顺序排列，三根均线呈现向下倾斜，如图 5-6 所示。均线的空头排列，表示空方力量强大，股价进入了一个持续的下跌期，通常是中线离场的信号。

投资者根据均线的空头排列进行操作时，应该注意以下几点。

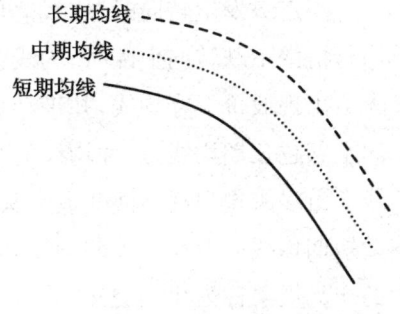

图 5-6 均线的空头排列

a. 当均线呈空头排列时，投资者可以在前期和中期积极做空，尤其是空头排列刚形成的首个交易日，是最佳的卖出时机。

b. 均线如呈空头排列，股价大多会处于短期均线之下运行，如果股价反弹，并在某条均线附近遇到阻力再度下跌，持股者应果断卖出。

c. 当股价下跌到低位后，均线虽然仍呈空头排列，但是已经有走平或掉头向上的迹象，此时投资者不应再盲目割肉。

如图 5-7 所示，2014 年 12 月中旬，处于上涨阶段的恒大高新出现高位滞涨现象，随后股价进入下跌走势。2014 年 12 月 22 日，股价向下连续跌破 5 日、10 日均线和 20 日均线，投资者应及早卖出。

2014 年 12 月 23 日，20 日均线、10 日均线、5 日均线以及股价形成空头排列。看到这种情形，投资者应该果断卖出。此后，股价和均线都呈现逐步下降走势，在此过程中投资者应保持空仓，从图中可以看出 5 日均线是该股重要的阻力线。

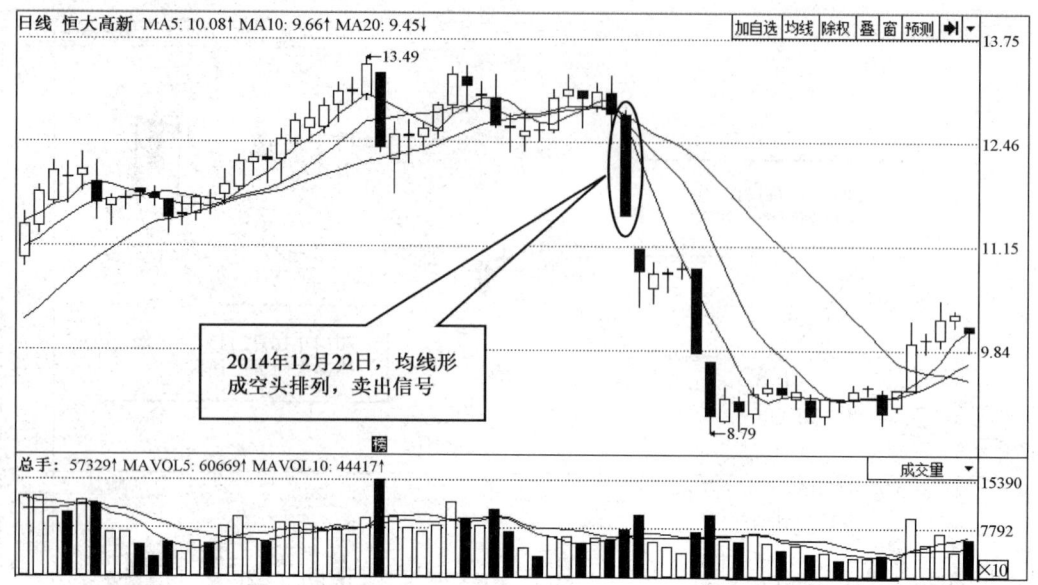

图 5-7 恒大高新(002591)的日K线图

### 3. 黄金交叉和死亡交叉

当走势发生转向时,均线之间以及均线和股价之间会打破原来的顺序重新排列。当行情由下跌转向上涨时,均线会由空头排列逐渐演变成多头排列,在转变过程中,首先会出现股价上穿均线,并带动短期均线向下穿越中期均线和长期均线,接着中期均线向上穿越长期均线,这种均线的交叉现象称为黄金交叉。当行情由上涨转向下跌时,均线会由多头排列逐渐演变成空头排列,在转变过程中,首先会出现股价跌破均线,并带动短期均线向下跌破中期均线和长期均线,接着中期均线向下跌破长期均线,这种均线的交叉现象称为死亡交叉。

(1)黄金交叉。

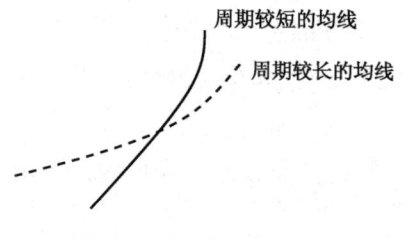

图 5-8 均线的黄金交叉

黄金交叉简称金叉,是指周期较短的均线由下而上穿过周期较长的均线,而且这两条均线的方向都是向上的,如图 5-8 所示。均线金叉,代表阻力线被向上突破,表示行情股价将继续上涨,通常是买入信号。

投资者根据均线的黄金交叉进行操作时,应该注意以下几点。

a. 短期均线上穿上升中的长期均线,形成黄金交叉,投资者可以在金叉形成的当天果断买入。

b. 均线形成金叉时,周期较长的均线应该是向上的,如果该均线走平或向下,则是一个虚假的金叉,不能视为买入信号。

c. 如果周 K 线图或月 K 线图上的均线出现金叉,中长期投资者可以考虑买进。

d. 两条交叉的均线的上倾的角度越大,周期越长,看涨信号越强烈。

e. 两条周期较长的均线发生金叉时,如果股价在交叉点上方附近,那么投资者可以适量买入;如果股价远离均线,那么投资者不宜买入。

f. 如果在均线形成金叉的同时,MACD指标中DIFF线与DEA线也形成金叉,那么买入信号更为可靠。

如图5-9所示,2015年2月初,处于整理走势中的亚夏汽车股价开始反弹,从而带动5日均线、10日均线向上移动。2015年2月12日,5日均线上穿处于上升状态的10日均线,与此同时,该股股价K线位于黄金交叉点的上方,成交量也放大很多倍,这属于比较明确的买入信号,投资者可考虑于此时买入该股。

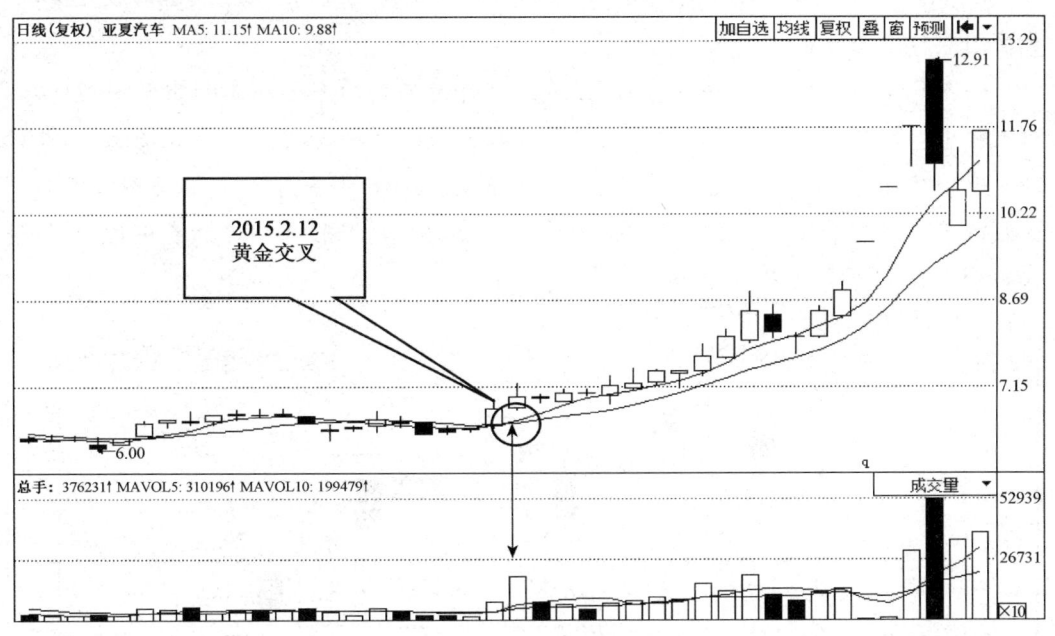

图5-9 亚夏汽车(002607)日K线走势图

其后,该股股价一路上行,由此可见,黄金交叉发出的信号准确性较高。

(2) 死亡交叉。

死亡交叉简称死叉,是指周期较短的均线由上而下跌破周期较长的均线,而且这两条均线的方向都是向下的,如图5-10所示。均线死叉,代表支撑线被向下突破,股价将继续下跌,通常是卖出信号。

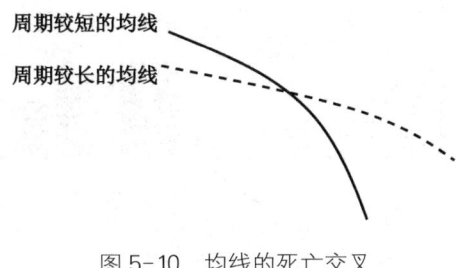

图5-10 均线的死亡交叉

投资者根据均线的死亡交叉进行操作时,应该注意以下几点。

a. 短期均线跌破下降中的长期均线,形成死亡交叉,投资者应该在死叉形成的当天果断卖出。

b. 均线形成死叉时,周期较长的均线应该是向下的,如果该均线走平或向上,则是一个虚假的死叉,不能视为卖出信号。

c. 如果周 K 线图上的均线出现死叉,中长期投资者应该积极做空、持币观望。

d. 两条交叉的均线的下倾的角度越大,周期越长,看跌信号越强烈。

e. 两条周期较长的均线发生死叉时,如果股价在交叉点下方附近,那么投资者可以继续做空;如果股价位于均线下方较远的位置,那么股价有可能出现反弹,持股者不宜马上割肉,应等反弹出现后择高卖出。

f. 如果在均线形成死叉的同时,MACD 指标中 DIFF 线与 DEA 线也形成死叉,那么卖出信号更为可靠。

如图 5-11 所示,2015 年 6 月初,处于上涨行情末期的东方精工创出新高后回落,当天收出一根上影线很长的阳线。次日该股收出一根十字线,表示多方无力上攻,股价随时有下跌可能。之后该股出现连续的小幅下跌。2015 年 6 月 8 日,东方精工 5 日均线跌破了正在向下移动的 10 日均线,形成死亡交叉。这是较为明显的卖出信号,投资者应考虑卖出该股。

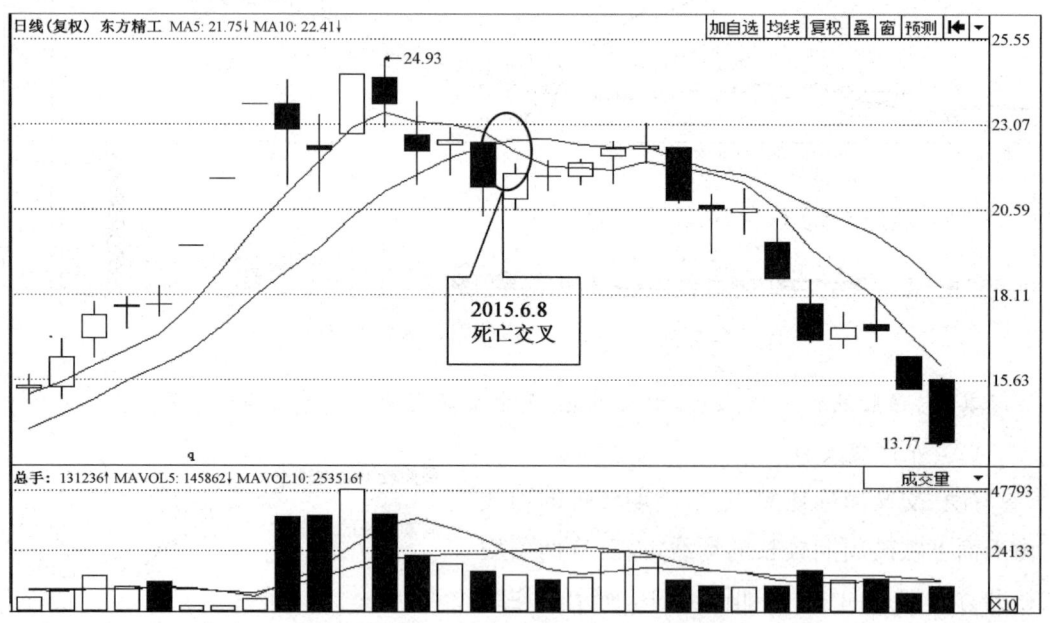

图 5-11　东方精工(002611)日 K 线走势图

其后,该股股价虽出现反弹,但反弹力度很小,5 日均线向上运行遇 10 日均线受阻后重新下跌,此后,该股开始一波快速杀跌过程。

4. 均线黏合和均线发散

在股价横盘整理过程中,经常会看到几条周期不同的均线逐渐靠拢,反复纠缠在一起上下波动。而当股价重新上涨或下跌时,均线又会由靠拢逐渐开始分离。前一种情况称为均线黏合,后一种情况称为均线发散。

(1) 均线黏合。

均线黏合,是指短期均线、中期均线和长期均线纠缠在一起,处于黏合状态,这种均线形态大多出现在盘整过程中。均线在黏合之后,必然会发散,但究竟是向上发散,还是向下发散,要根据股价所处的位置和当时的市场状态而定。

当均线出现黏合状态时,投资者在操作中要注意以下几点。

a. 当股价经过长期上涨,处于高价位区间时,这时均线黏合在一起,说明股价出现滞涨现象,持股者可以考虑将部分获利回吐。均线黏合的时间越长,后市下跌的可能性越大。

b. 当股价经过长期下跌,处于低价位区间时,这时均线黏合在一起,说明股价出现止跌现象,持股者不宜再卖出股票。均线黏合的时间越长,后市上涨的可能性越大,投资者应密切关注股价动态。

c. 在上涨途中的横盘整理过程中,出现均线黏合,之后股价继续上涨的几率较大,投资者可持股观望;在下跌途中的横盘整理过程中,出现均线黏合,之后股价继续下跌的几率较大,投资者应空仓观望。

d. 具有均线黏合形态的股票,未来一旦上涨,其涨幅往往是惊人的,这样的例子在实盘中比比皆是。

e. 在均线黏合状态下,均线会频繁地发出金叉和死叉信号,这些信号不具有参考意义。

如图5-12所示,四川金顶的股价自2016年4月下旬启动一波下跌走势,并很快进入底部盘整区域。该股股价在底部震荡盘整时,各条均线逐渐靠拢,并形成黏合状态。这说明该股股价正在选择突破的方向,投资者宜密切关注该股其后的走势。

2016年9月9日,该股股价向下突破整理区域,各条均线开始呈多头发散排列,这说明股价上涨空间已经打开,投资者宜追涨买入该股。

(2) 均线发散。

均线发散,是指短期均线、中期均线和长期均线由原来的黏合状态转为明显的分离状态,并逐渐演变成多头排列或空头排列。通常情况下,均线由黏合转为向上发散为看涨信号,均线由黏合转为向下发散为看跌信号。

当均线出现发散状态时,投资者在操作中要注意以下几点。

a. 均线结束黏合后,开始向上翘头,且逐渐呈现发散状态,意味着股价将出现一波上涨行情,投资者可以适量买入。

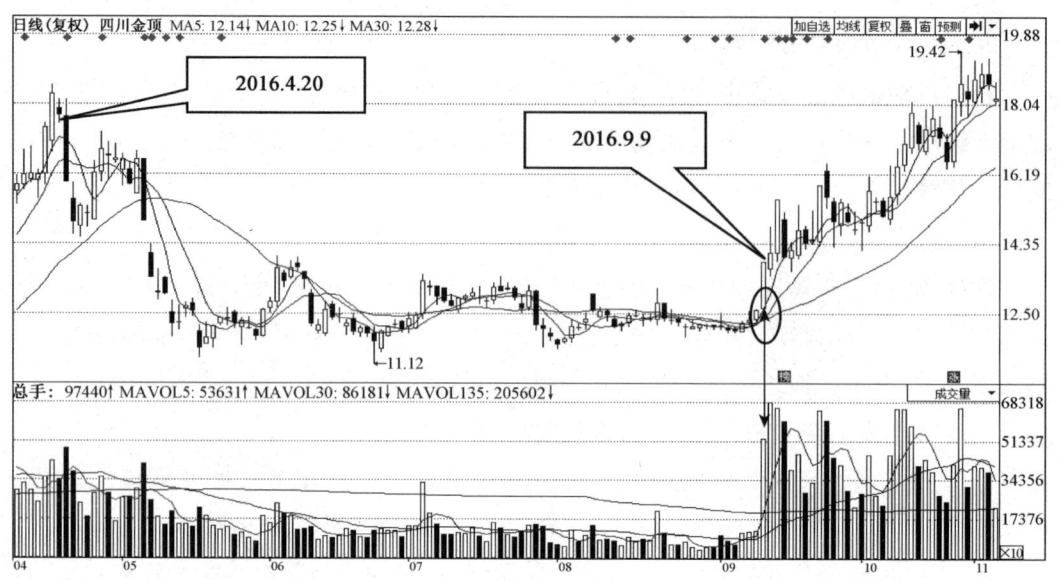

图 5-12 四川金顶(600678)日 K 线走势图

b. 均线结束黏合后,开始向下移动,且逐渐呈现发散状态,意味着股价将出现一波下跌行情,投资者应该考虑卖出。

c. 在均线向上发散时,成交量如能同步放大,则看涨信号更可靠;在均线向下发散时成交量如能放量配合,则后市更为不妙。

d. 均线呈现发散状态时,如果短线均线离长期均线较远,便会有靠拢的意愿,此时股价往往会进入短期的回档或反弹阶段。

如图 5-13 所示,安洁科技的 K 线图上在 2016 年 8 月出现了均线高位黏合向下发

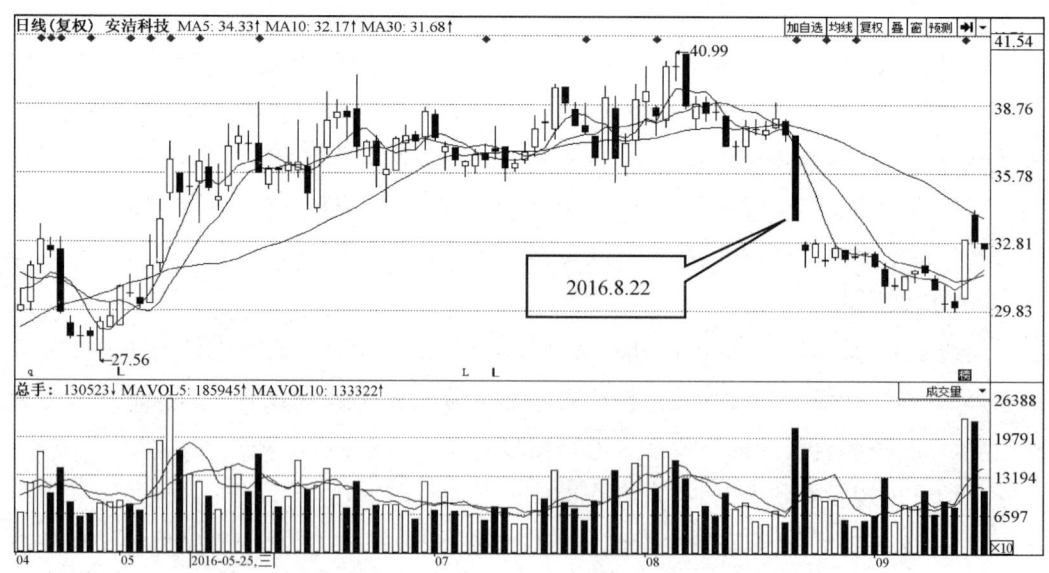

图 5-13 安洁科技(002635)日 K 线走势图

散形态。在开始阶段,该股股价经过一段时间的上涨后在37元附近小幅盘整。随着调整的深入,5日、10日均线和30日均线逐渐黏合在一起。经过较长时间的蓄势之后,2016年8月22日,空方已经聚集了足够的打压能量,纷纷卖出,带动股价下跌并跌破支撑线区域,而均线系统也呈现明显的向下发散状。这种K线图上的均线黏合向下发散形态,极有可能导致股价在短期内的暴跌行情。投资者宜远离这样的股票。

## 二、MACD指标:双龙闹海显神威

指数平滑异同移动平均线,英文简称为MACD,是由杰拉尔德·阿佩尔在移动平均线的基础上重新发展出来的一种趋向指标,该指标利用快速(短期)平滑移动平均线与慢速(长期)平滑移动平均线之间不断聚合和分离的特征,加以双重平滑计算出差离值,用于对市场行情和买卖时机作研判,是股市中常用的中长期技术指标,如图5-14所示。

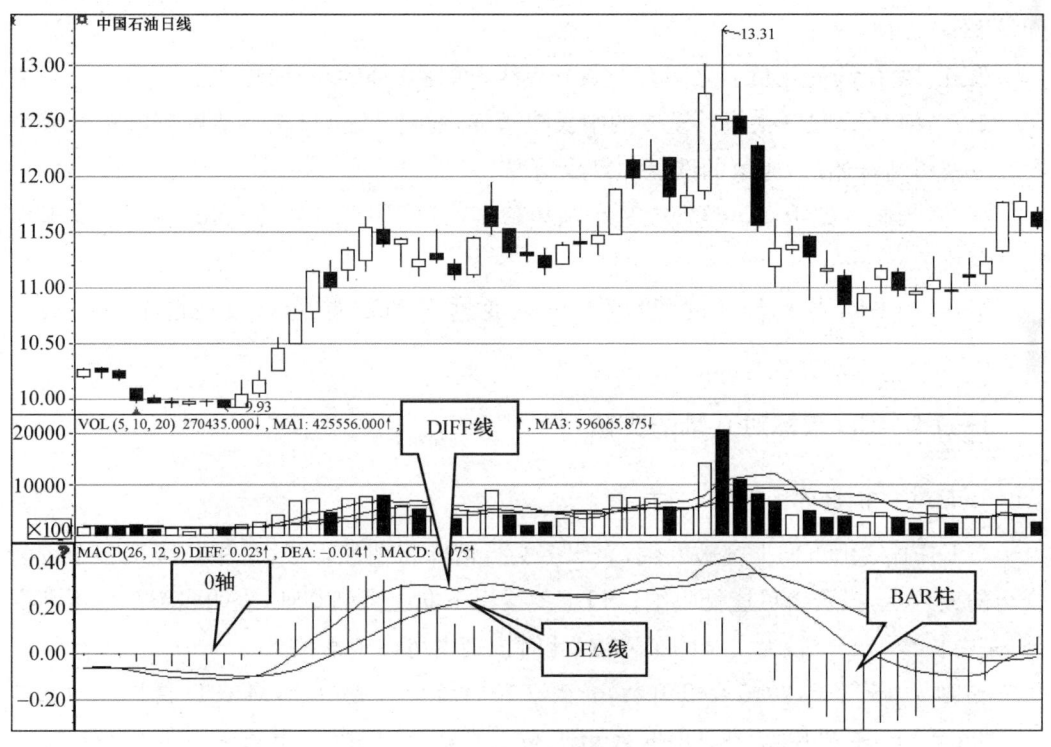

图5-14 MACD指标图示

MACD指标主要由正负差(DIFF)和异同平均数(DEA)两部分组成,其中,DIFF是指标的核心,DEA一般作为辅助。

DIFF是快速平滑移动平均线(EMA1)与慢速平滑移动平均线(EMA2)之间的差

值，快慢只是时间参数不同，快速是短期的，而慢速则是长期的。DEA 是 DIFF 的移动平均，也就是连续一段时间内 DIFF 的算术平均值，因此 DEA 有自己独自的时间参数，即平滑的天数（M）。

MACD 指标具有如下八项特性。

第一，DIFF 线的变动较为灵敏，是快速平滑移动平均线；而 DEA 线则较为平缓，是慢速平滑移动平均线；两条线都围绕 0 轴上下波动。

第二，MACD 指标所显示的两条曲线都不是市场价格的移动平均线，而是两条移动平均线差距的平滑移动平均线。它能克服移动平均线假信号频繁的缺点，又保留了均线的诸多优点。

第三，MACD 柱状线即 BAR 线，表示 DIFF 线与 DEA 线之间的偏离程度，BAR 线越长，说明 DIF 线距离 DEA 线越远。BAR 为正值，柱状线显示为红色，表示 DIFF 线在 DEA 线之上；BAR 为负值，柱状线显示为绿色，表示 DIFF 线在 DEA 线之下。

第四，当 MACD 柱状线由负变正（或由绿变红）时，DIFF 线必然向上突破 DEA 线，从而形成金叉；当 MACD 柱状线由正变负（或由红变绿）时，DIFF 线必然向下跌破 DEA 线，从而形成死叉。

第五，BAR 线的正负值之间有一条分界线，称为 0 轴（或 0 线）。

第六，MACD 是一个极其重要的中长线指标，通过 MACD 指标能够判断指数或个股在一波行情开始后，庄家的洗盘和打压情况。

第七，当股价处于横盘整理或是小幅频繁震荡过程中，MACD 会出现钝化，参考作用会弱化。

第八，当 KDJ 指标钝化时，投资者可以通过 MACD 指标有效把握个股的买卖时机。

## （一）MACD 指标对 0 轴的突破

### 1. MACD 指标向上突破 0 轴

当 DIFF 线由下向上突破 0 轴，表明多头行情即将悄然形成，是中长线第一个较为安全的买入点，投资者可逢低吸纳；当 DEA 线由下向上突破 0 轴，表明多头行情逐渐变强，是中长线第二个较为安全的买入点，此时投资者可以追涨买入。

如图 5-15 所示，2015 年 2 月初，新疆众和的股价触底回升，MACD 指标线却在不断上升。2015 年 2 月 27 日，DIFF 线由下向上突破 0 轴，这是中长线一个安全的买入点，投资者可以考虑买入。2015 年 3 月 4 日，DEA 线也由下向上突破 0 轴，第二个可靠的买入点出现，投资者可追涨买入。

### 2. MACD 指标向下跌破 0 轴

当 DIFF 线由上向下跌破 0 轴，表明空头行情即将悄然形成，是中长线第一个较为

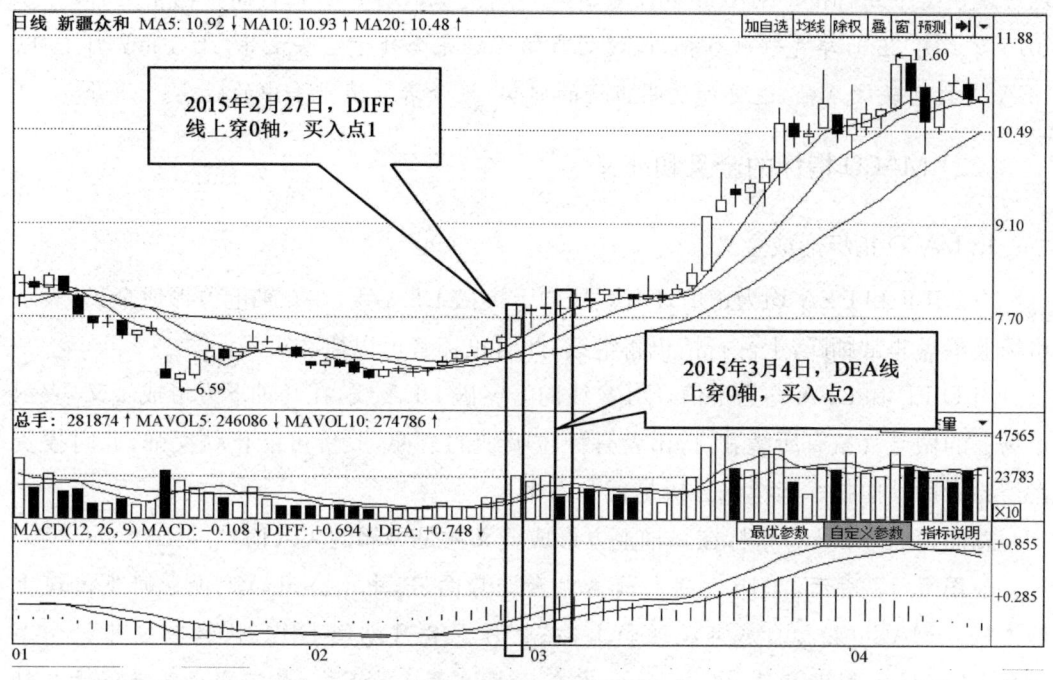

图 5-15　新疆众和(600888)的日 K 线图

合适的卖出点，投资者应坚决择高派发；当 DEA 线由上向下突破 0 轴，表明空头行情逐渐变强，是中长线第二个较为合适的卖出点，此时投资者应该将仓位沽空。

如图 5-16 所示，耀皮玻璃的股价在 2015 年 6 月中旬后，随着大盘指数的暴跌而出

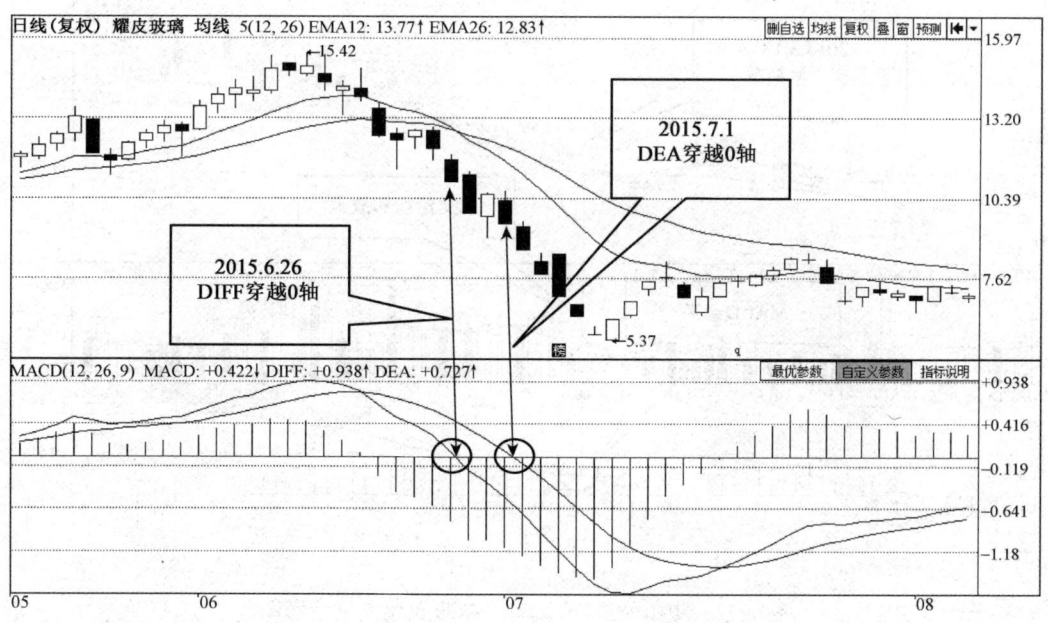

图 5-16　耀皮玻璃(600819)MACD 走势图

现一波快速下跌行情。MACD指标也随之不断走低,DIFF快线自高位向下运行,并于2015年6月26日率先跌破0轴,这说明市场已经完全处于空头主导,此后的7月1日,DEA慢线也跌破0轴,这更加说明市场的弱势,投资者宜清空手中的股票。

## (二) MACD指标的金叉和死叉

### 1. MACD指标形成金叉

当DIFF和DEA均为正值,DIFF线向上突破DEA线,在0轴上方形成金叉,表示市场上买盘非常踊跃,上涨行情仍将继续,此时投资者可以追涨买入。

当DIFF和DEA均为负值,DIFF线向上突破DEA线,在0轴下方形成金叉,表示市场上的做空气氛有所缓和,持币者有低位吸纳的意愿,股价可能止跌反弹,此时投资者需要借助其他技术指标来分析是否可以买入。

总而言之,MACD指标在0轴上方形成金叉才是可靠的买入信号。

如图5-17所示,2015年年初随着大盘趋势向好,中山公用的股价也同步出现上涨态势。MACD指标自底部反弹向上,在2月至3月期间DIFF快线曾经两次向上穿越DEA慢线形成交叉,其中,第一次交叉点位于0轴下方;第二次交叉点位于0轴上方。由于第一次交叉点位于0轴下方,并不属于理想的位置,投资者可保持观望或少量买入该股。2015年3月18日,中山公用MACD指标第二次出现交叉,此时,该股股价刚刚完成对均线的突破,并位于均线上方,这说明股价有企稳走好的迹象,且成交量

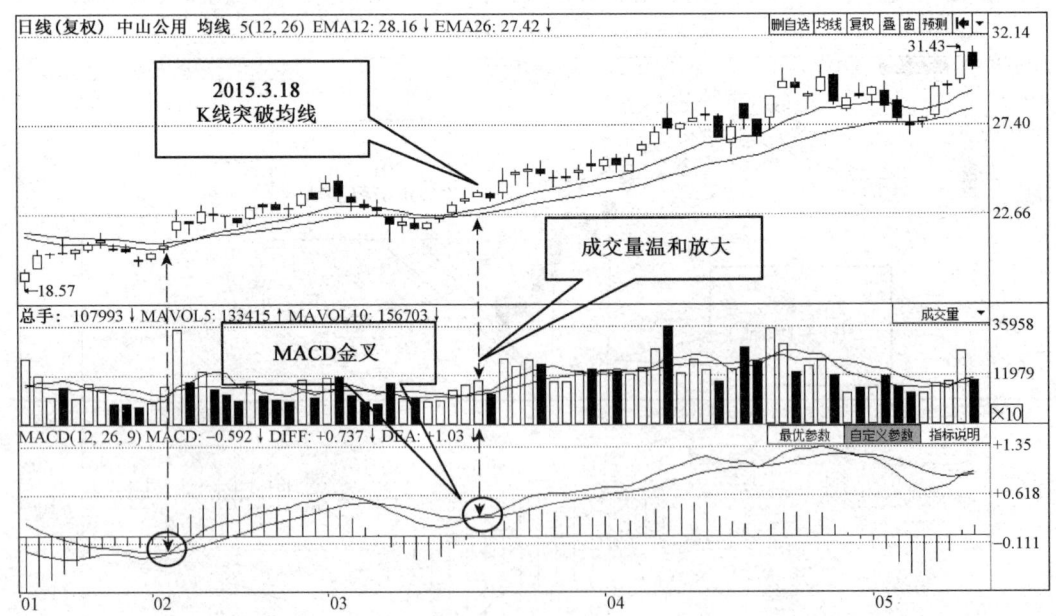

图5-17　中山公用(000685)MACD黄金交叉示意图

同步放大。这些信息都可以强化黄金交叉信号的准确性,投资者此时可放心买入或加仓该股。

2. MACD 指标形成死叉

当 DIFF 和 DEA 均为负值,DIFF 线向下跌破 DEA 线,在 0 轴下方形成死叉,表示市场上做空力量较为强大,下跌行情仍将持续,此时投资者应该杀跌卖出。

当 DIFF 和 DEA 均为正值,DIFF 线向下跌破 DEA 线,在 0 轴上方形成死叉,表示市场上的做多氛围有所松懈,持股者有高位回吐的想法,股价可能滞涨回落,此时投资者需要借助其他技术指标来分析是否应该卖出。

总而言之,MACD 指标在 0 轴下方形成死叉才是可靠的卖出信号。

如图 5-18 所示,同方股份的股价在 2015 年上半年随着大盘的上涨而走出了一波暴涨行情。MACD 指标中的 DIFF 快线和 DEA 慢线也同步上升。2015 年 6 月 11 日,该股股价连续几个交易日出现回调的基础上,DIFF 快线自上而下穿越 DEA 慢线,形成高位死亡交叉形态,这意味着股价后市下跌的概率很大,由于此时 DIFF 快线和 DEA 慢线仍位于 0 轴上方,投资者可卖出大部分股票,留少许筹码。随后,DIFF 快线跌破 0 轴时,可考虑清仓该股。

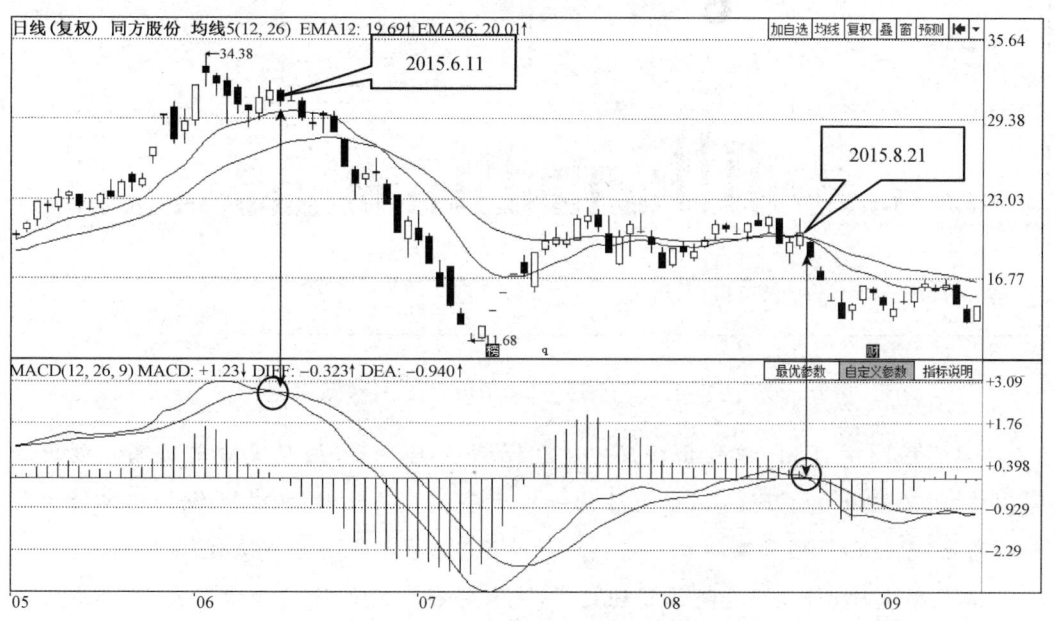

图 5-18　同方股份(600100)MACD 指标走势图

2015 年 8 月 21 日,同方股份的股价经过一段时间的震荡反弹,逐渐走出低谷。DIFF 快线也自底部反弹至 0 轴附近,随后,DIFF 快线拐头向下与 DEA 慢线形成交叉,此交叉点位于 0 轴附近,属于典型的反弹遇阻,投资者宜清空手中股票。

### (三)MACD 与股价的背离现象

1. MACD 指标与股价顶背离

当股价创出新高时,而相关 MACD 的两线数值却未能同时创出新高,这就形成了顶背离现象,是卖出信号。顶背离的卖点较难把握,因为有时出现一次顶背离后,股价就会下跌;而有时则在出现两三次顶背离后,股价才开始下跌。投资者可以在每次顶背离时分批减仓,待发现股价滞涨下跌时再清仓出局。

如图 5-19 所示,2014 年 12 月中旬,光大银行的股价上涨到高位后,出现滞涨现象,之后股价出现短暂回落,同时 MACD 的两条指标线也开始向下移动。

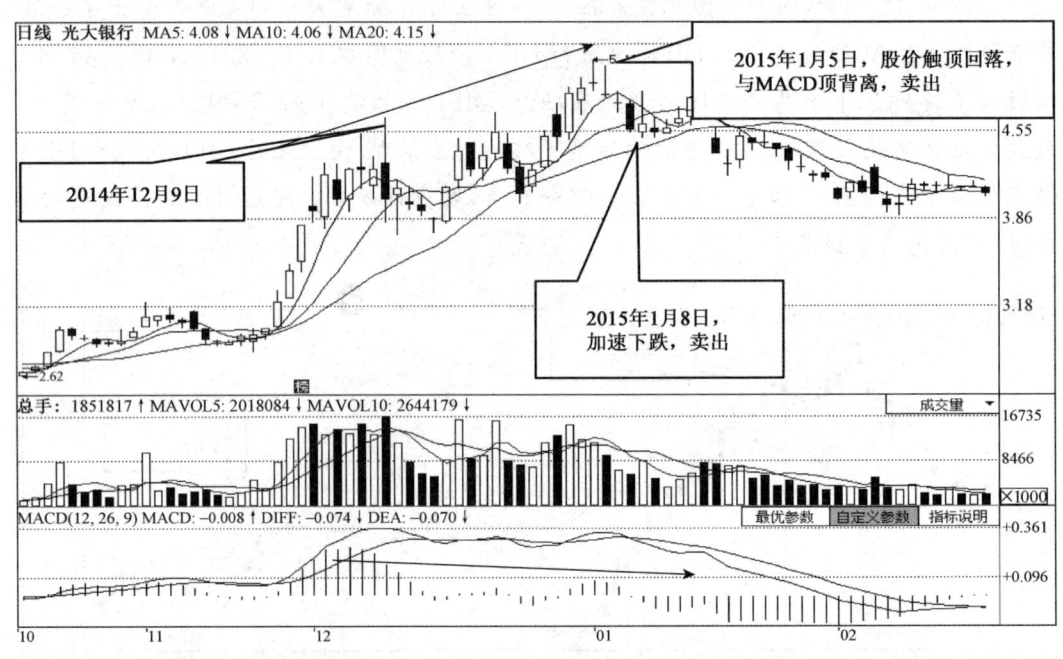

图 5-19 光大银行(601818)的日 K 线图

2014 年 12 月下旬,该股止跌反弹。2015 年 1 月 5 日,该股突破前次高点创出新高,但瞬间又被强力打压下来,当天收出一根十字线。而此时的 MACD 指标远低于之前的高点,于是形成顶背离现象。看到这种情形,投资者应该卖出股票。

2015 年 1 月 8 日,经过高位整理之后,光大银行的股价开始加速下跌,有形成短期顶部的可能,这时投资者最好选择出局观望。

2. MACD 指标与股价底背离

当股价创出新低时,而相关 MACD 的两线数值却未能同时创出新低,这就形成了底背离现象,是买入信号。在底背离出现时,激进的投资者可以分批建仓。而为了安全起见,稳健的投资者应耐心等待股价止跌回升后再买入。

如图5-20所示,浙江医药的股价在2014年5月至6月期间走出了一波震荡下跌行情。该股股价在5月5日和6月19日分别创下两个短期低点,且后一个低点远远低于前一个,与此同时,DIFF快线所创下的两个低点却没有形成一个比一个低的态势,这说明股价与MACD指标出现底背离,未来股价反弹的概率很大。

图5-20 浙江医药(600216)MACD指标底背离示意图

## 三、KDJ指标:强弱轮转的指南针

随机指标,英文简称为KDJ,是一种中短线分析工具,主要反映市场上买卖力量的强弱和超买超卖现象,它能够在股价尚未上升或下降之前发出准确的买卖信号。该指标由乔治·兰恩博士首创,是根据统计学原理,将某个周期内出现过的最高价、最低价及最后一个收盘价作为基本数据,来计算最后一个计算周期的未成熟随机值RSV,然后根据平滑移动平均的方法来确定K值、D值与J值,并绘制成相应的曲线图来研判行情,如图5-21所示。

炒股软件中KDJ指标的默认参数通常为9日、3日、3日,表示RSV值统计的是9日内的最高价、最低价及收盘价等情况,K线为RSV值的3日移动平均线,D线为K线的3日移动平均线。而J值本意为D值与K值之间的乖离,通常作为辅助指标出现。

KDJ指标具有如下特性。

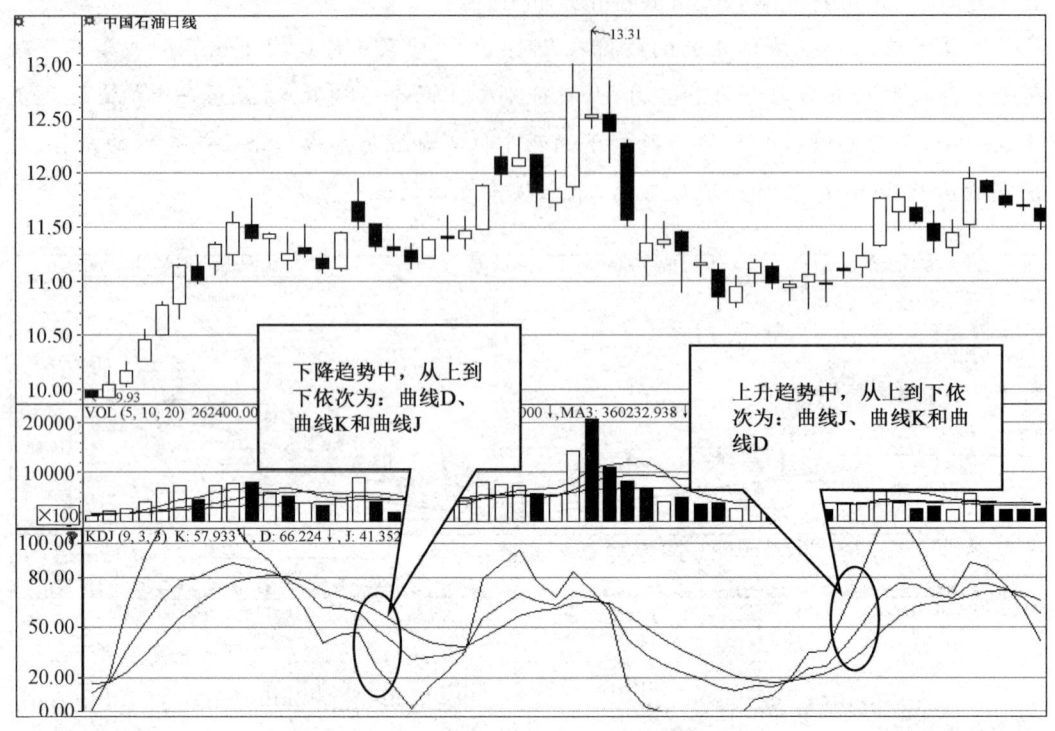

图 5-21　KDJ 指标图示

第一，KDJ 指标由 K、D、J 三条曲线组成。其中波动最快的为曲线 J，其次是曲线 K，而曲线 D 最为平滑，安全性也最好。

第二，K 值和 D 值的取值范围均在 0～100，50 是 KDJ 指标值的多空分界线，当 KDJ 指标处于 50 中轴线之上时，表示市场处于多头行情中；当 KDJ 指标处于 50 中轴线之下时，表示市场处于空头行情中。

第三，KDJ 指标也是非常重要的超买超卖指标。当 K 值＜10 或 D 值＜20 时，为超卖状态；当 K 值＞90 或 D 值＞80 时，为超买状态。

第四，当 J 值＞100 时，曲线 J 会接触到顶部，表示曲线 K 已远高于曲线 D，股价短期内见顶的概率增大；当 J 值＜0 时，曲线 J 会接触底部，表示曲线 K 已远低于曲线 D，股价短期内见底的概率增大。

第五，由于 KD 的数值永远处于 0～100 的区间内，所以就有可能产生钝化的现象。当 KD 的数字已经到顶而无法超越 100 或是已经触底而无法低于 0 时，此时行情虽然依旧激烈地变化着，但 KDJ 指标却无法给出正确的指示。

第六，当曲线 K 和曲线 D 都双双在 50 左右的位置徘徊时，无论出现金叉还是死叉，都没有参考意义。

第七，KDJ 指标也适用于选股操作。运用周线 KDJ 与日线 KDJ 共同金叉选股法，就可以过滤掉虚假信号，找到优质个股。

## （一）KDJ指标超买和超卖

### 1. KDJ指标超买

当股价在高价位区域波动，这时KDJ指标线（尤其是曲线D）进入80以上的超买区，投资者要注意风险。当KDJ指标线在超买区发生转折时，投资者应该考虑卖出。

如图5-22所示，华丽家族的股价经过一段时间的盘整后，在2015年10月出现一波快速拉升。随着股价的上涨，KDJ指标中的各条指标线从10月12日开始先后进入超买区域，即80线以上区域。其中，曲线K进入90线以上区域，曲线J一度达到100线以上区域，这说明股价短期可能会出现筑顶态势，投资者可做好卖出股票的准备。待有明确的卖出信号发出，则可考虑出货。

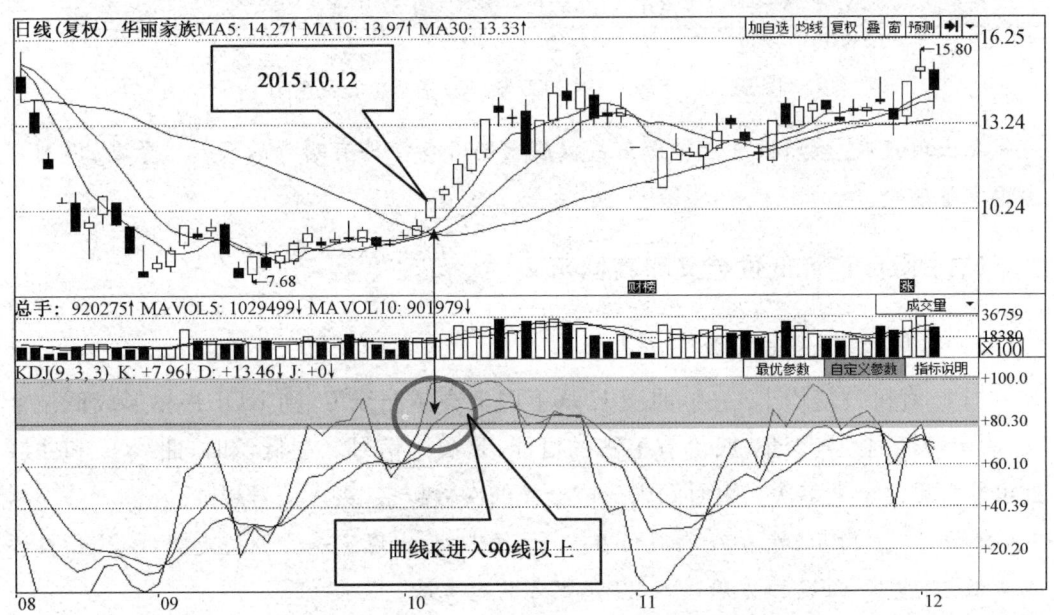

图5-22 华丽家族KDJ指标超买示意图

### 2. KDJ指标超卖

当股价在低价位区域波动，这时KDJ指标线（尤其是曲线D）进入20以下的超卖区，投资者应加大关注力度。当KDJ指标线在超卖区发生转折时，激进的投资者可适时建仓。

如图5-23所示，万家文化的股价在2015年6月出现了一波快速下跌。随着股价的下跌，KDJ指标中的各条指标线从8月3日开始先后进入超卖区域，即20线以下区域。其中，曲线K进入10线以上区域，曲线J一度达到0线以下区域，这说明股价短期

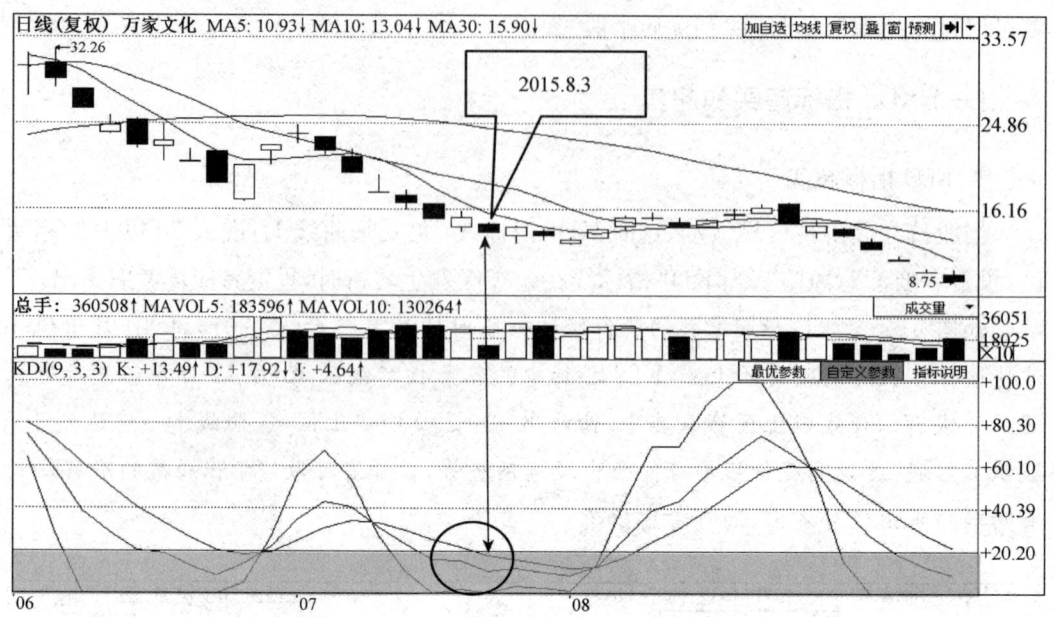

图 5-23 万家文化(600576)KDJ 指标超卖示意图

可能会出现筑底态势,投资者可做好买入股票的准备。待有明确的买入信号发出,则可考虑少量建仓。

### (二) KDJ 指标低位金叉和高位死叉

1. KDJ 指标低位金叉

当 K 值和 D 值均小于 30,曲线 K 从下向上穿越曲线 D,则 KDJ 指标形成低位金叉,表示短期内人气聚集,股价有上涨的可能,是买入信号。在低位时,曲线 K 和曲线 D 可能会重复金叉多次。短时间内形成金叉的次数越多,买入信号越强烈。

如图 5-24 所示,特力 A 的股价在 2015 年 10 月出现了一波调整走势,KDJ 指标逐步走低,曲线 K、曲线 D 先后进入 20 线下方的超卖区。

2015 年 11 月 24 日,该股股价以放量涨停报收,并在 K 线图上留下一根大阳线,与此同时,曲线 K、曲线 J 自下而上穿越曲线 D 形成了底部黄金交叉,且此交叉点位于 20 线附近位置,说明此时出现的黄金交叉质量较高,投资者可执行短线买入操作。

2. KDJ 指标高位死叉

当 K 值和 D 值均大于 70,曲线 K 从上向下穿越曲线 D,则 KDJ 指标形成高位死叉,表示短期内人气涣散,股价有下跌的可能,是卖出信号。在高位时,曲线 K 和曲线 D 可能会重复死叉多次。短时间内形成死叉的次数越多,卖出信号越强烈。

如图 5-25 所示,市北高新的股价在 2015 年 9 月经历了一波上涨走势,KDJ 指标也同步上升。

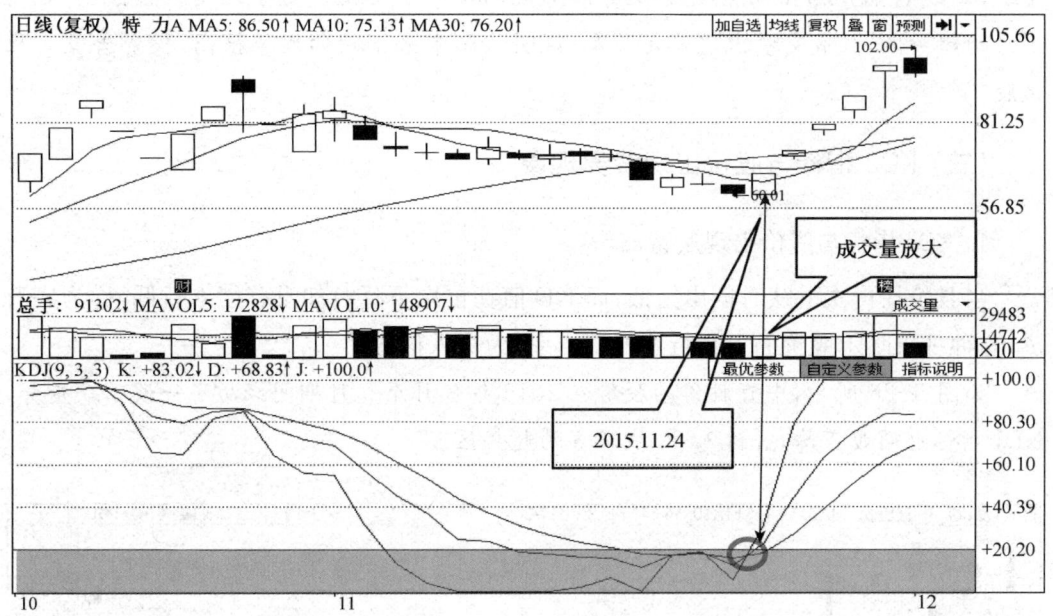

图 5-24　特力 A(000025)KDJ 指标走势图

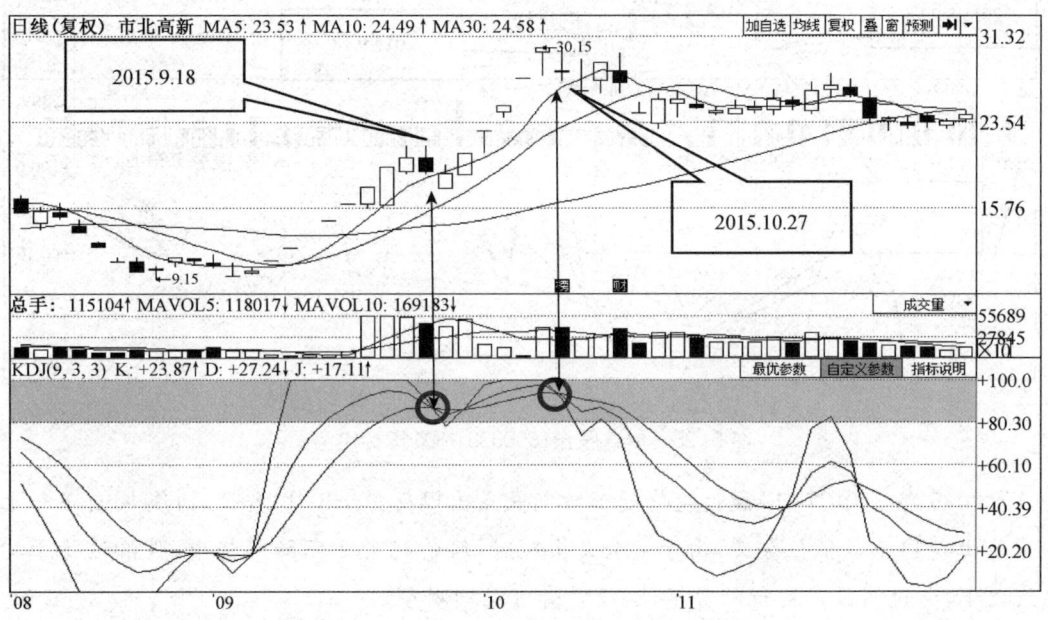

图 5-25　市北高新(600604)KDJ 指标走势图

9月18日，该股股价出现回调，曲线 K 自上而下穿越曲线 D 形成高位死叉，由于该死叉出现时，股价仍处于上升趋势中，且回调时成交量出现缩量，这说明股价运行趋势尚佳，投资者可继续持股。

经过一段时间的上涨后，该股股价再度出现滞涨。10 月 27 日，该股股价再度出现下跌,曲线K再次自上而下跌破曲线D形成高位死亡交叉。由于此交叉点位于80线上方的超买区,且成交量出现放大迹象,说明该股未来下跌的概率很高,投资者宜卖出该股。

### (三) KDJ指标与股价出现背离现象

**1. KDJ指标与股价出现底背离**

当股价在再次下跌时创出新低,而KD值在再次下降时却没有创出新低,称为底背离,这种现象暗示股价的下跌行情即将结束,为买入信号。

如图5-26所示,中直股份的股价在2015年8月至9月期间经历了一波下跌走势,KDJ指标也同步下降,并进入20线下方的超买区。

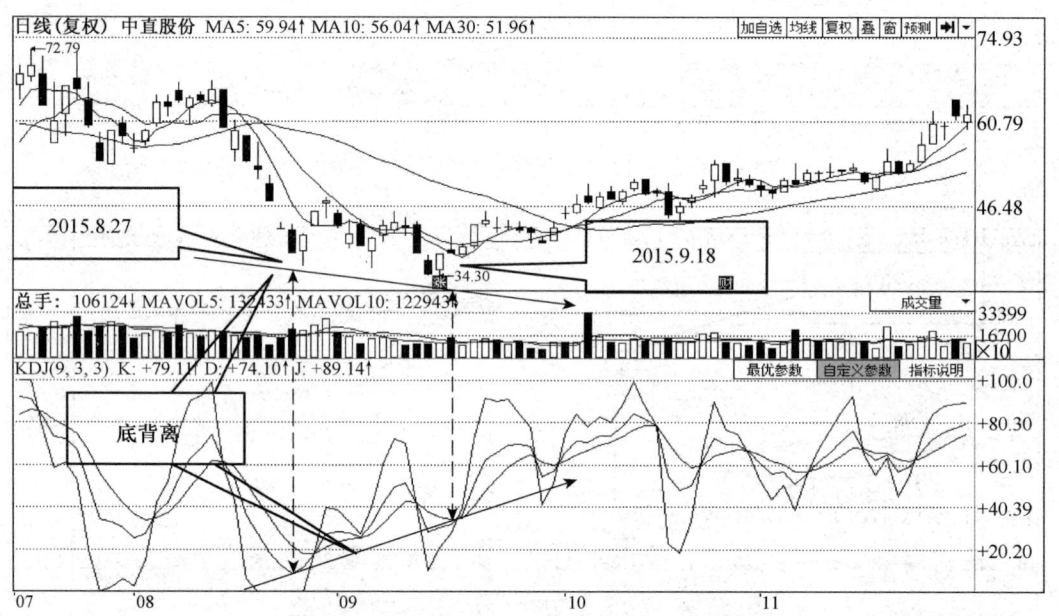

图5-26　中直股份(600038)KDJ指标走势图

2015年8月27日,该股股价创下短期低点出现反弹。8月28日,曲线K自下而上穿越曲线D形成低位金叉,由于该金叉出现时,股价仍处于下降趋势中,股价运行于均线之下,这说明股价运行趋势不佳,投资者可继续观望。

9月17日,该股股价创下新低再次出现反弹。9月18日,曲线K自下而上穿越曲线D形成低位金叉,尽管该死叉出现时,成交量仍未明显放大,但此时,KDJ指标与股价出现了明显的底背离,即股价的低点一波比一波低,而KDJ指标所形成的低点却一波比一波高。而且底背离出现时,KDJ指标仍位于50线下方的区域,这说明股价反弹向上的概率很高,投资者应少量建仓。

## 2. KDJ 指标与股价出现顶背离

当股价在再次上升时创出新高,而 KD 值在再次上升时却没有创出新高,称为顶背离,这种现象暗示股价的上涨行情即将结束,为卖出信号。

如图 5-27 所示,浙江永强的股价在 2015 年上半年经历了一波上涨走势,KDJ 指标也同步上升,并进入 80 线上方的超买区。

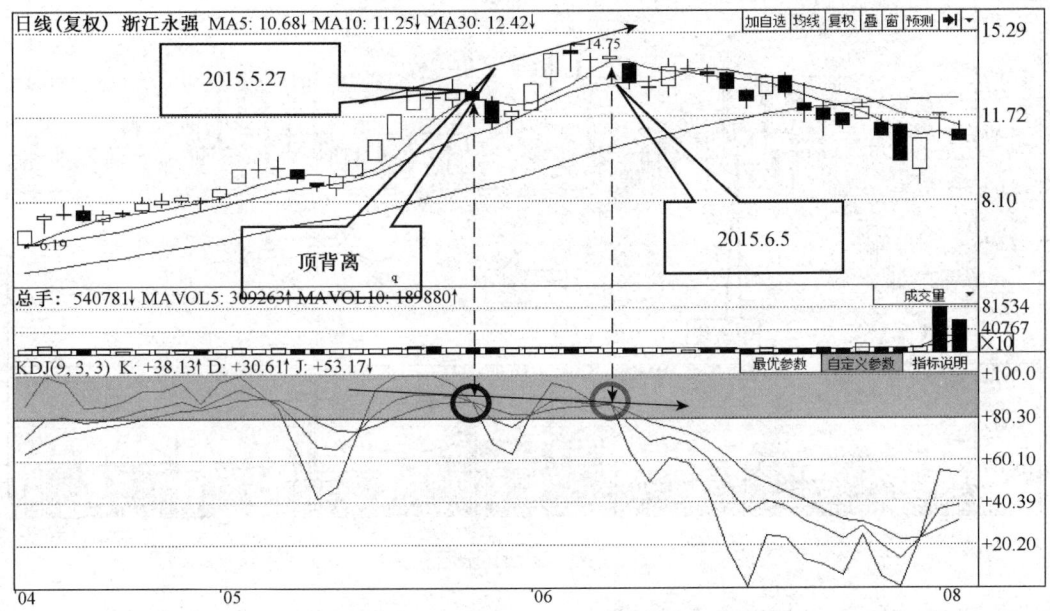

图 5-27　浙江永强(002489)KDJ 指标走势图

5 月 25 日,浙江永强在创下短期高点后出现回调。5 月 27 日,曲线 K 自上而下穿越曲线 D 形成高位死叉,由于该死叉出现时,股价仍处于上升趋势中,且回调时成交量出现缩量,这说明股价运行趋势尚佳,投资者可继续持股。

6 月 3 日,该股股价再次出现回调。6 月 5 日,曲线 K 自上而下穿越曲线 D 形成高位死叉,尽管该死叉出现时,成交量仍未明显放大,但此时,KDJ 指标与股价出现了明显的顶背离,即股价的高点一波比一波高,而 KDJ 指标所形成的高点却一波比一波低。而且顶背离出现时,KDJ 指标仍位于 80 线上方的超买区,这说明股价下跌的概率很高,投资者宜迅速卖出股票。

## 四、BOLL 指标:喇叭口上寻牛股

布林带又称布林线,英文简称为 BOLL,是由约翰·布林先生创造,以其名字命名的。该指标是根据统计学中的标准差原理求出股价的信赖区间,从而确定股价的波动

范围及未来走势,并利用波带显示股价安全的高低价位。布林带由三条曲线组成,分别是上轨线、中轨线和下轨线。其中的上轨线和下轨线之间的区域就构成了 BOLL 指标的价值通道,中轨线为股价波动的中轴线,如图 5-28 所示。

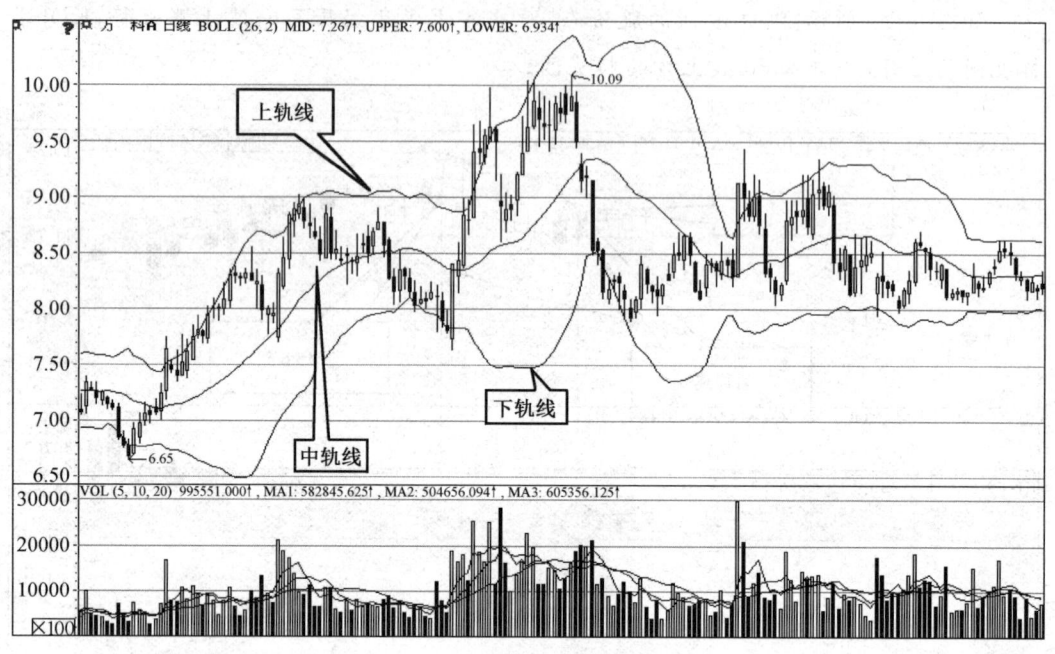

图 5-28　BOLL 指标图示

BOLL 指标的计算引进了统计学的标准差概念,主要包括中轨线、上轨线和下轨线的数值。

三条曲线的计算公式:

$$中轨线 = N 日移动平均线$$
$$上轨线 = 中轨线 + 偏移值$$
$$下轨线 = 中轨线 - 偏移值$$

注释:偏移值=收盘价的 $N$ 日标准差×$P$(通常设定为2),具体的数值和计算方法投资者可不用深入探究。

布林带指标的参数设定比较灵活,在不同的炒股软件中,可能会有不同的默认值。有的默认为 26 日均线、2 倍标准差($N = 20$、$P = 2$),也有的默认为 20 日均线、2 倍标准差($N = 26$、$P = 2$)。在实际操作中,投资者只要将均线周期设定在 20~30 之间,通常都能起到中期趋势线的作用。

布林带具有以下特性。

第一,布林带属于路径指标,股价在布林带上轨和下轨之间的带状区域内波动,其上下轨之间的范围并不固定,随着股价的波动而变化。股价涨跌幅度加大时,布林带的带状区变宽;涨跌幅度狭小盘整时,布林带的带状区则变窄。

第二,布林带的上下轨线是显示股价安全运行的最高价位和最低价位。下轨线对股价有支撑作用;上轨线对股价有阻力作用。而中轨线有时可能是支撑线,有时可能是阻力线。

第三,BOLL指标可以显示超买和超卖,股价向上突破上轨线就进入超买区,股价向下跌破下轨线就进入超卖区。

第四,使用布林带时要注意股价处于常态区中还是非常态区间。在非常态区不能单纯按照"触及上轨线卖出,触及下轨线买入"进行操作。

第五,BOLL指标能够准确地反映市况的波动性,并能有效捕捉震荡市的买卖机会。

## (一) 震荡行情中 BOLL 指标的应用

股价穿越布林带边线时,会马上回到波带内,因此在震荡整理行情中,如果股价穿越下轨线(支撑线),投资者应考虑买入;如果股价穿越上轨线(阻力线),则应考虑卖出。需要特别说明的是这两种穿越都是由下向上的穿越。

如图5-29所示,2009年7月至2010年3月,长城开发(000021)处于震荡整理行情中,这时的布林带有效地担当起支撑线和阻力线的角色,投资者可参考该指标进行低买高卖的短线操作。BOLL指标的下轨线是支撑线,股价跌破支撑后,投资者可在股价

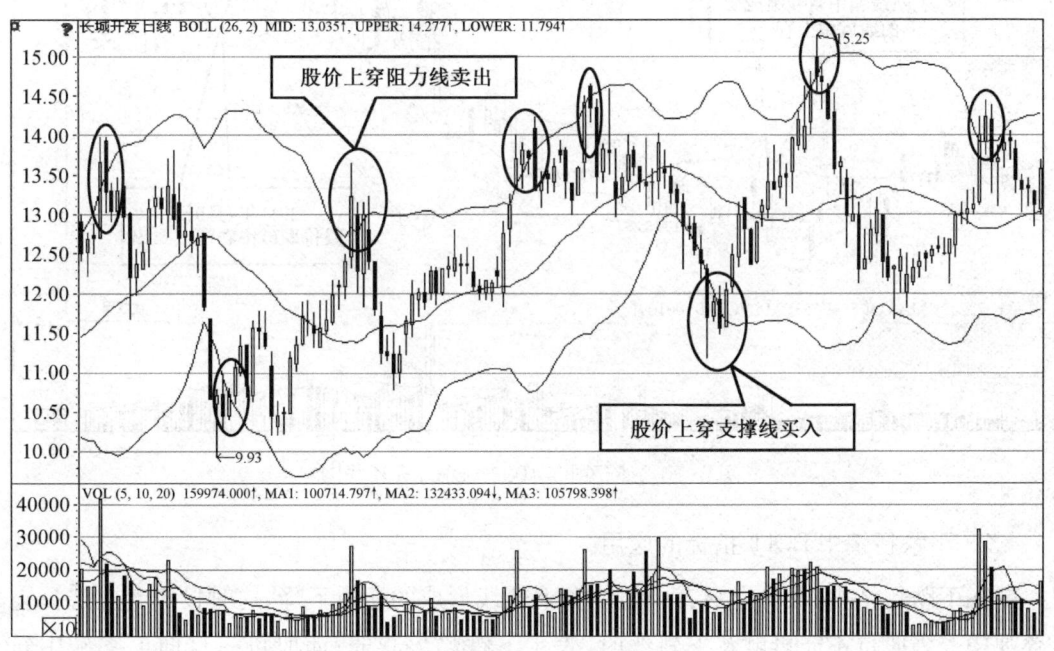

图 5-29　长城开发(000021)的日 K 线图

再度回升上穿该线时短线买入；BOLL指标的上轨线是阻力线,投资者应在股价上穿该线时短线卖出。

### (二) 单边行情中BOLL指标的应用

1. 上涨行情中BOLL指标的应用

在上涨行情中,股价会沿着中轨线和上轨线形成的通道上升,这时投资者应持股待涨;当股价不能再触及上轨线时,表示上涨趋势减弱;而股价一旦向下跌破中轨线,表示下跌趋势已形成,投资者应进行减仓操作。如果布林带的三条曲线也同时向下则更能确认该形势。

如图5-30所示,2014年年底,姚记扑克的股价成功突破布林带的中轨线,其后,一直在布林带的上轨线和中轨线构成的通道中运行,表明行情将继续上涨,投资者可以在前期买入并持股待涨。2015年4月9日,股价跌破中轨线,表示下跌行情已经形成,此时持仓者应该果断平仓。

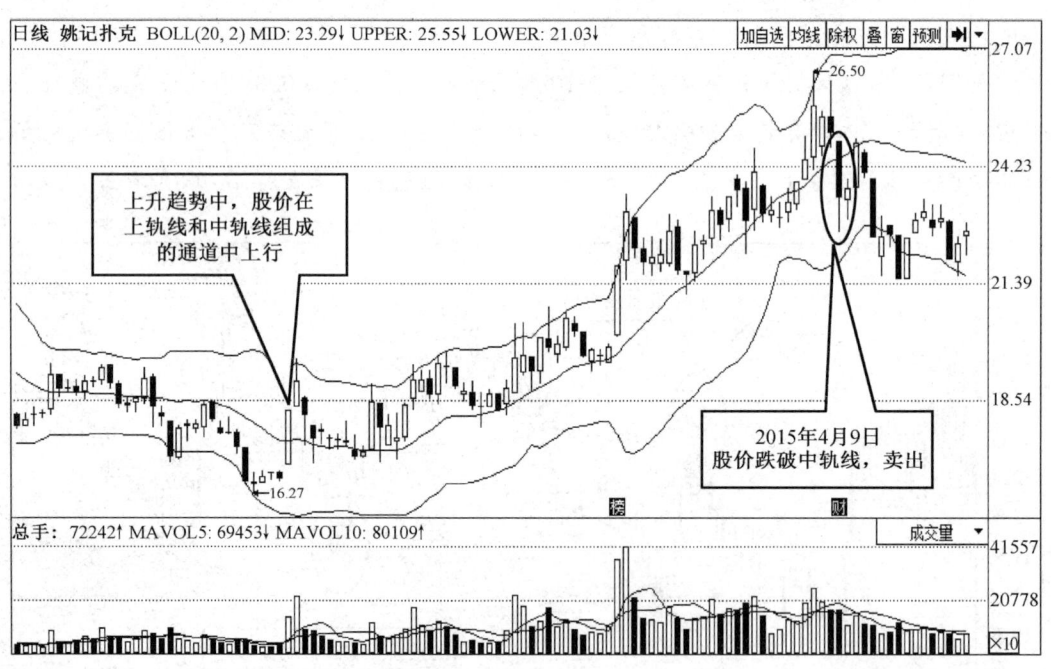

图5-30 姚记扑克(002605)的日K线图

2. 下跌行情中BOLL指标的应用

在下跌行情中,股价会沿着中轨线和下轨线形成的通道下降,这时投资者应选择空仓观望。当股价不能再触及下轨线时,表示下跌趋势减弱;而股价一旦向上突破中轨线,表示上涨趋势已形成,投资者可以考虑买入股票。如果布林带的三条曲线也同时向上则更能确认该形势。

图5-31中,2014年12月,捷顺科技的股价一直在布林带的下轨线和上轨线组成的通道中震荡运行。从图中可以看出,下轨线对股价起到较强的支撑作用,股价多次落在下轨线上获得支撑反弹。2015年1月12日,股价放量突破布林带的中轨线,说明走势将继续向上发展。此时,投资者可以考虑买入。

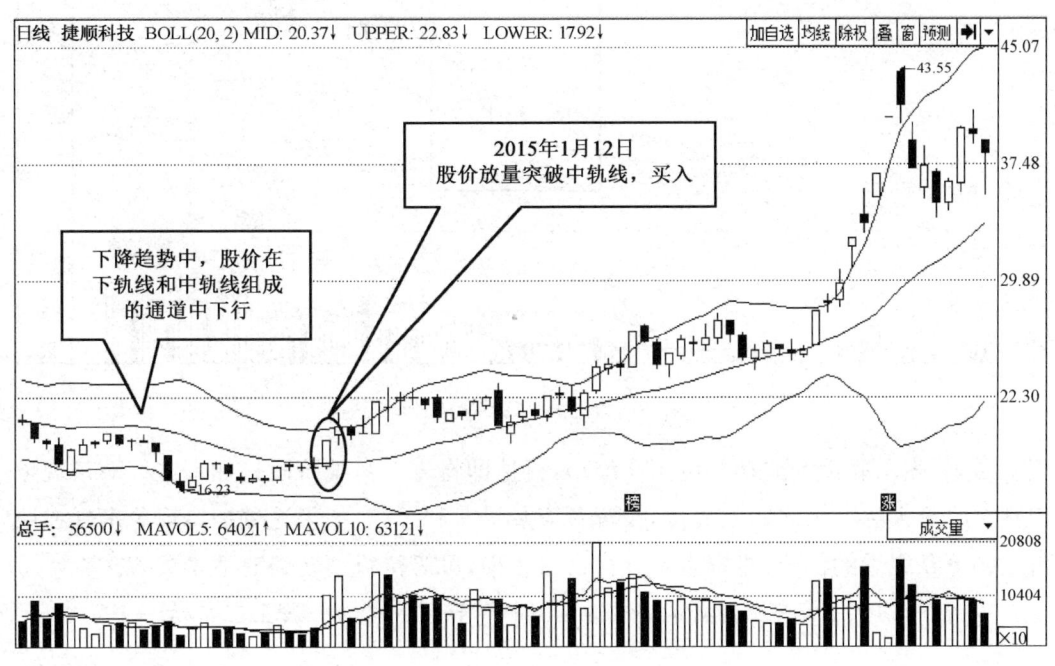

图5-31　捷顺科技(002609)的日K线图

### (三) BOLL指标的敞口和缩口

#### 1. BOLL指标的敞口

当布林带逐渐敞开时,BOLL指标的上轨线会向上移动、下轨线会向下移动,呈现敞口喇叭形态,表示股价的波动幅度正在增大,会引发一波较大的行情。此时,投资者应该注意观察中轨线的方向,如果中轨线向上翘头,表示股价会进入上涨行情,是买入信号;如果中轨线向下滑落,表示股价会进入下跌行情,是卖出信号。

如图5-32所示,2015年3月,仁智油服的股价经过窄幅整理后在布林带的中轨线获得支撑开始上涨,股价沿上轨线呈现上涨态势。在股价上涨的同时,布林带的上轨线向上移动,下轨线向下移动,呈敞口状;同时中轨线有向上翘头的迹象。这些都表明股价将进入一波较大的上涨行情,投资者可以在此期间积极买入。

#### 2. BOLL指标的缩口

当布林带逐渐收缩,即BOLL指标的上轨线向下移动、下轨线向上移动,呈现缩口

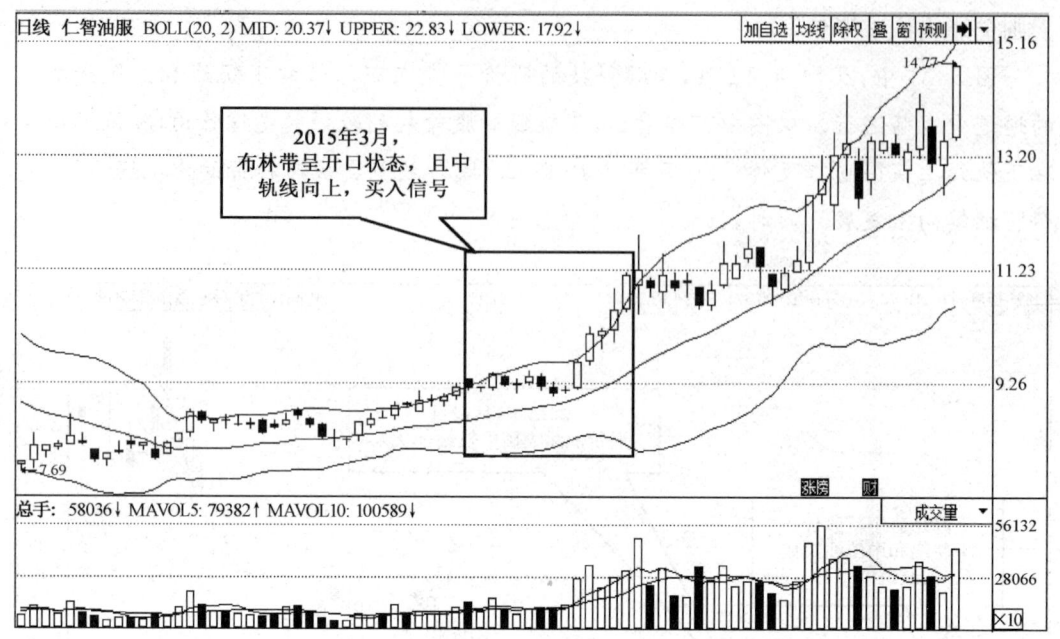

图 5-32　仁智油服(002629)的日 K 线图

喇叭形态,表示股价的波动幅度正在缩小,行情即将进入盘整阶段。如果这种缩口现象出现在股价大幅上涨之后的高位,投资者应及早获利了结;如果这种缩口现象出现在股价大幅下跌之后的低位,投资者不宜再盲目止损,可等待行情转势时适量买入。

如图 5-33 所示,兴业银行的股价在 2014 年下半年启动一波上涨行情。

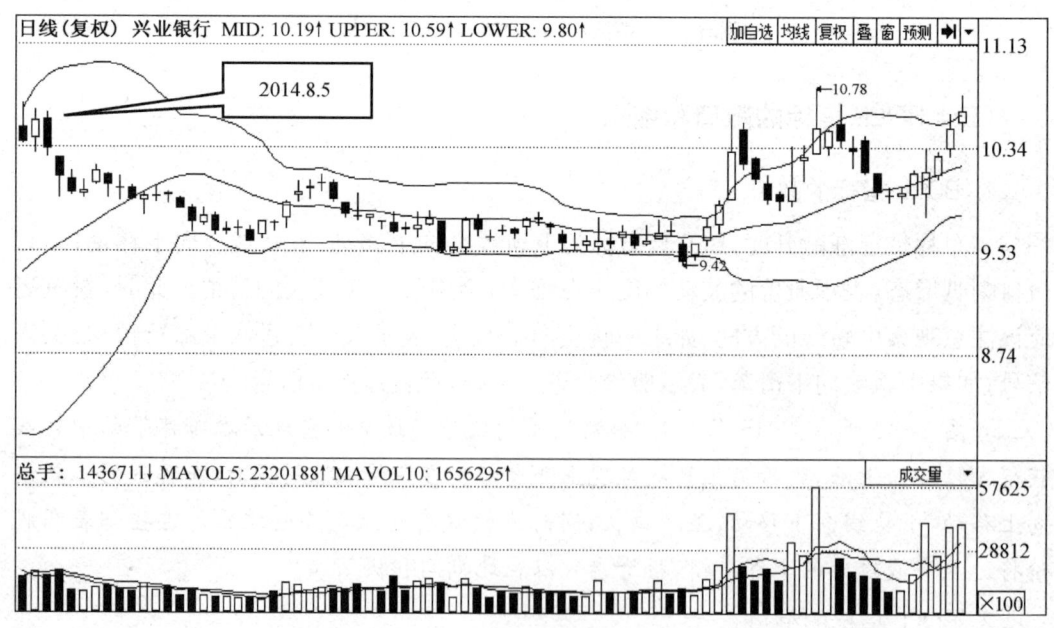

图 5-33　兴业银行(601166)布林线指标走势图

该股股价在上涨过程中,布林线的喇叭口越开越大,这说明股价波动幅度逐渐拉大,鉴于股价处于上涨途中,投资者可判断股价持续上升的可能性较大。

2014年8月5日,该股股价见顶回落,投资者可卖出股票。与此同时,布林线喇叭口越来越小,这说明股价波动幅度还是萎缩,未来股价将会出现盘整状态。

此后,该股一直在横盘调整,股价波动范围极为有限,投资者可保持观察,静待股价选择突破方向再入场。

## 五、CCI指标:起涨点捕捉利器

顺势指标,英文简称为CCI,由美国股市分析家唐纳德·兰伯特所创,是一种重点研判股价偏离程度的分析工具,该指标用目前股价的波动程度和常态分布范围比较进行超买超卖的研判,用于捕捉趋势反转点。CCI指标看起来非常简单,仅仅由一条指标线构成。与很多波动范围在0~100之间的超买越卖指标(如KDJ、RSI等)不同,CCI指标的运行区域没有限制,可以是从负无穷大到正无穷大之间的任何数值,如图5-34所示。

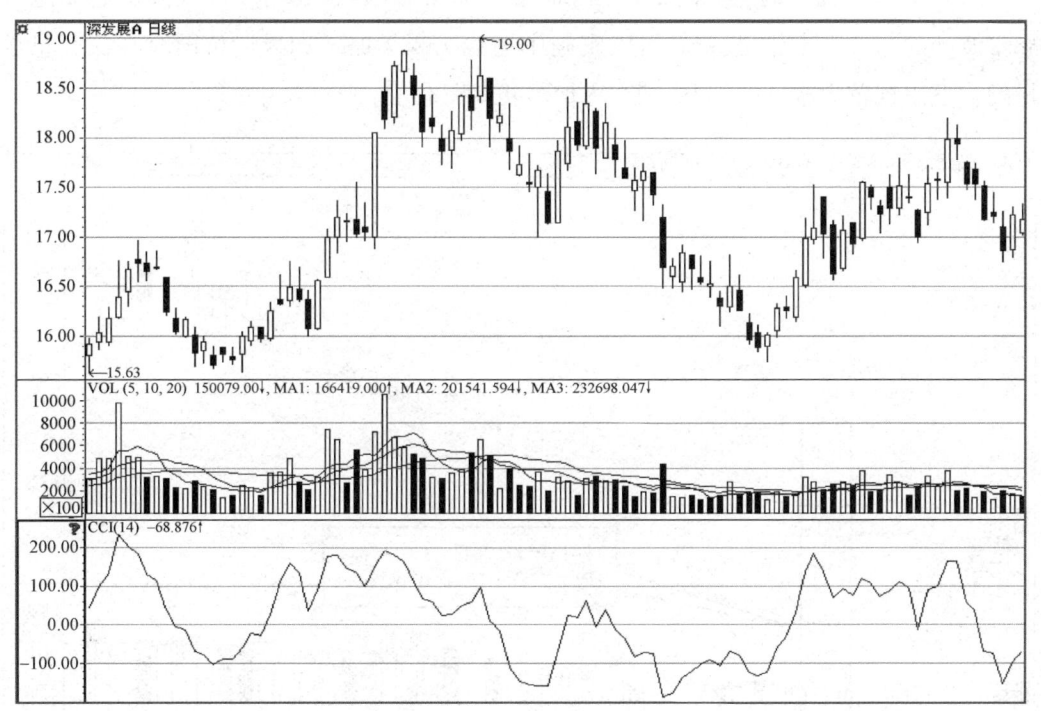

图5-34 CCI指标图示

CCI指标的计算比较复杂。不过炒股软件已经普及,投资者并不需要细究其计算方法,只需要了解该指标的作用,并能熟练地运用即可。

CCI指标具有如下特性。

第一,CCI指标有一个相对的技术参照区域:＋100和－100。当CCI指标运行到＋100以上时,进入超买区;当CCI指标运行到－100以下时,进入超卖区;当CCI指标在－100到＋100之间运行时,表示股价处于震荡区,这时该指标基本处于失效状态。因此,＋100是CCI的"天线",而－100是CCI的"地线"。

第二,作为一种中短线的超买超卖指标,CCI指标具有自己的独特之处。如果行情是超乎寻常的强势,走势不停地持续前进,很多超买越卖指标会突然失去方向,出现钝化现象。但CCI指标没有范围限制,一般不会出现钝化现象,它对于持续上涨或下跌的非常态行情,特别是那些短期内暴涨暴跌走势的研判非常有效。

第三,CCI指标适用于股价突破后的连续上涨或者连续下跌行情。当股价在一个区间内连续反复震荡时,CCI指标难以发出有效的买卖信号。

### (一) CCI指标对＋100位置的穿越

1. CCI指标向上突破＋100

当CCI指标由下向上突破＋100线而进入非常态区间,表明股价脱离常态而进入异常波动的非常态走势,投资者可以实施中短线买入策略。如果股价同时在成交量放量配合下出现较大幅度的涨升,则买入信号更为可信。

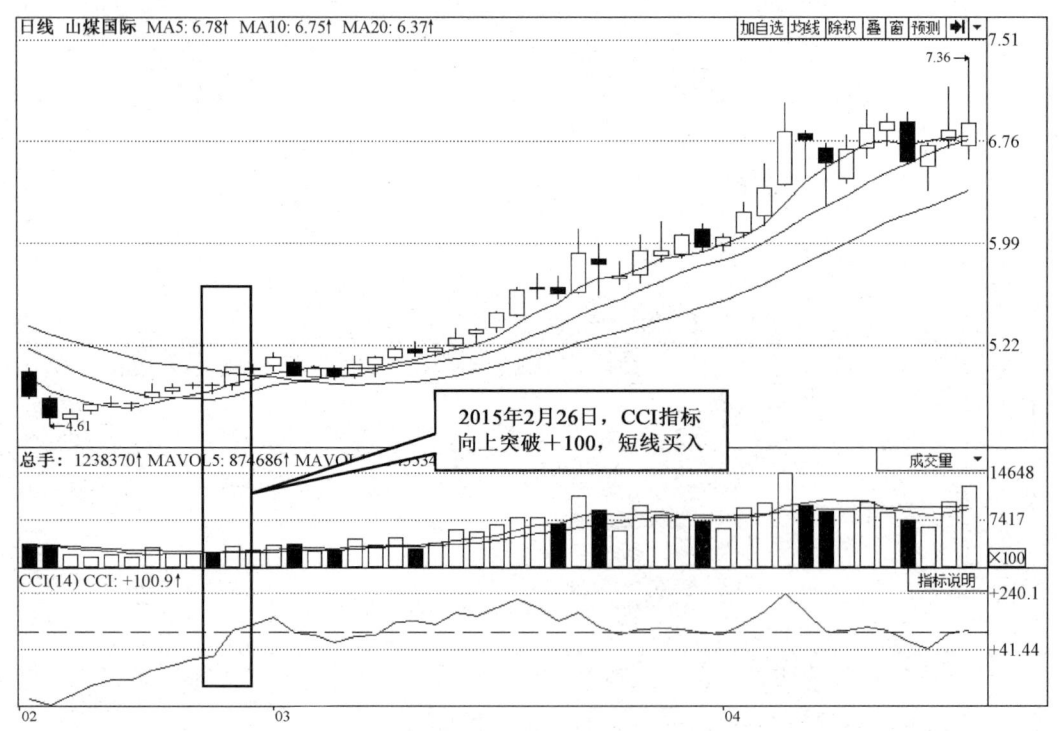

图5-35　山煤国际(600546)的日K线图

如图 3-35 中所示，2015 年 2 月 26 日，山煤国际放量上涨，同日该股的 CCI 指标由下向上穿越＋100 位置进入非常态区间，这说明场外资金开始进场买入，该股在短期内仍有继续上涨的潜力，投资者可以适量买入。

2. CCI 指标向下跌破＋100

当 CCI 指标从上向下跌破＋100 线而重新进入常态区间，表明股价的上涨阶段可能结束，将进入盘整或下跌行情，投资者应及时逢高派发。

如图 5-36 所示，2014 年 10 月中旬，康缘药业上攻乏力，而且成交量也开始递减。2014 年 10 月 15 日，该股在前一次下跌的基础上，继续呈向下态势，当天 CCI 指标由上向下穿越＋100 位置进入常态区间。这是股价将进入下跌行情的先兆，因此，持股者应果断卖出以免遭受更大损失。

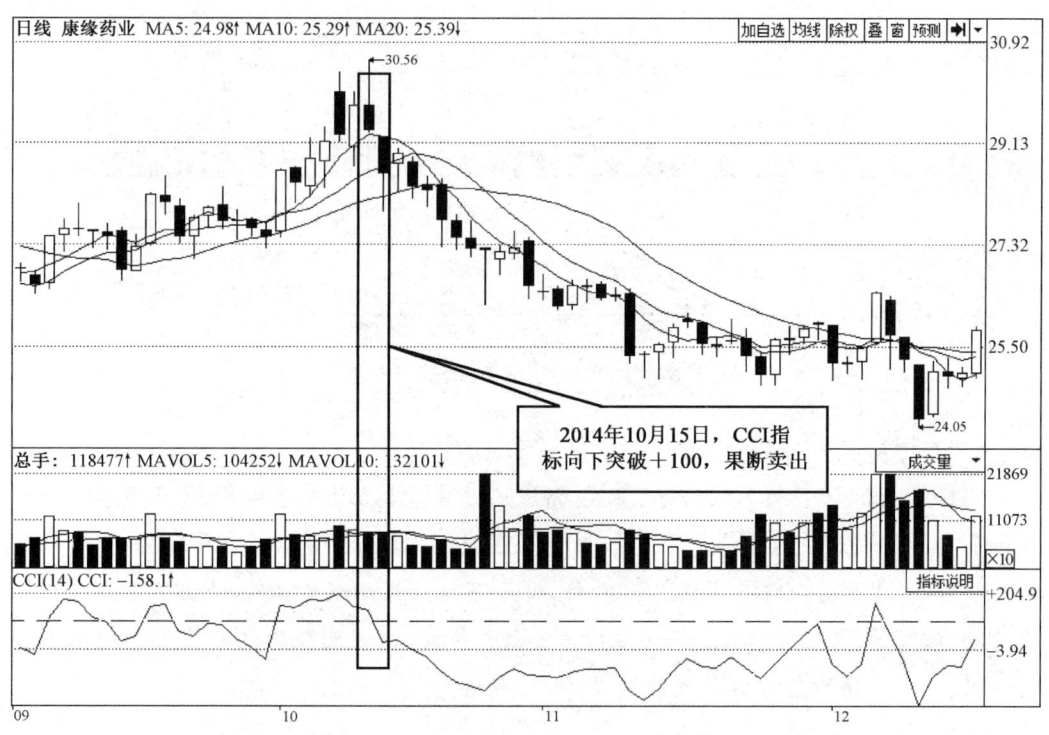

图 5-36　康缘药业(600557)的日 K 线图

### (二) CCI 指标对 -100 位置的突破

1. CCI 指标向上突破 -100

当 CCI 指标从下向上突破 -100 线而重新进入常态区间时，表明股价的探底阶段可能结束，又将进入一个上涨行情，投资者可以适量买入。

如图 5-37 所示，保变电气经过之前的加速下跌之后，2014 年 12 月 24 日，该股股价出现企稳反弹迹象,同一天 CCI 指标由下向上突破－100 位置,这说明这波下跌探底行情即将结束,股价可能反弹向上,投资者可以在当天尾盘或次日时适量买入。

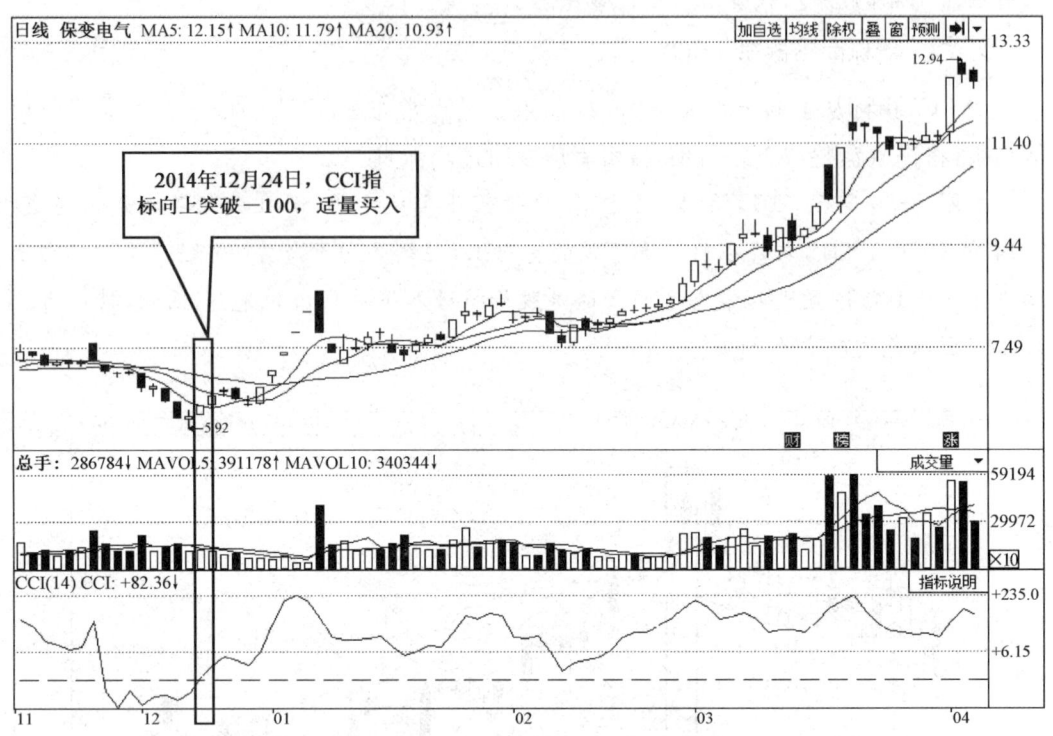

图 5-37　保变电气(600550)的日 K 线图

### 2. CCI 指标向下跌破－100

当 CCI 指标从上向下跌破－100 线而进入非常态区间时,表明股价已经结束盘整重新步入下跌之路。这将进入一个较长的探底过程,投资者应以空仓观望为主。

如图 5-38 所示,2016 年 11 月 30 日,处于下跌行情中的创业环保仍然呈现疲软走势,当天该股的 CCI 指标从上而下跌破了－100 位置,这说明股价仍将有一个漫长的探底过程。此时,持币者宜保持空仓观望,而持股者应果断止损。

### (三) CCI 指标与股价出现背离现象

#### 1. CCI 指标与股价底背离

CCI 曲线处于－100 之下的非常态区间,在股价与 CCI 同时创出新低后,如果股价再次创出新低而 CCI 指标却止跌企稳,就形成了底背离现象,这是行情见底信号,投资者可适量买入股票。一般来说,反复出现几次底背离才能确认形势。

如图 5-39 所示,2016 年 1 月至 3 月,经过长时间下跌之后,岭南控股的股价虽然没有止跌,但跌势已明显放缓。在这一时间段内,该股的 CCI 指标－100 之下的非常

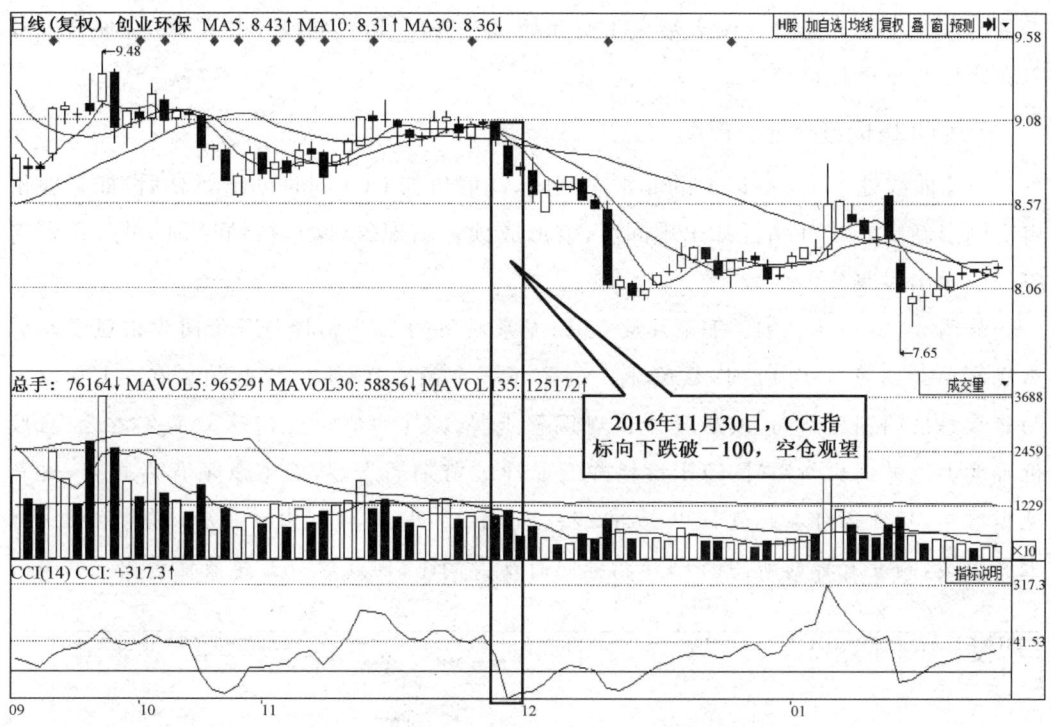

图 5-38 CCI 指标跌破-100：创业环保(600874)的日 K 线图

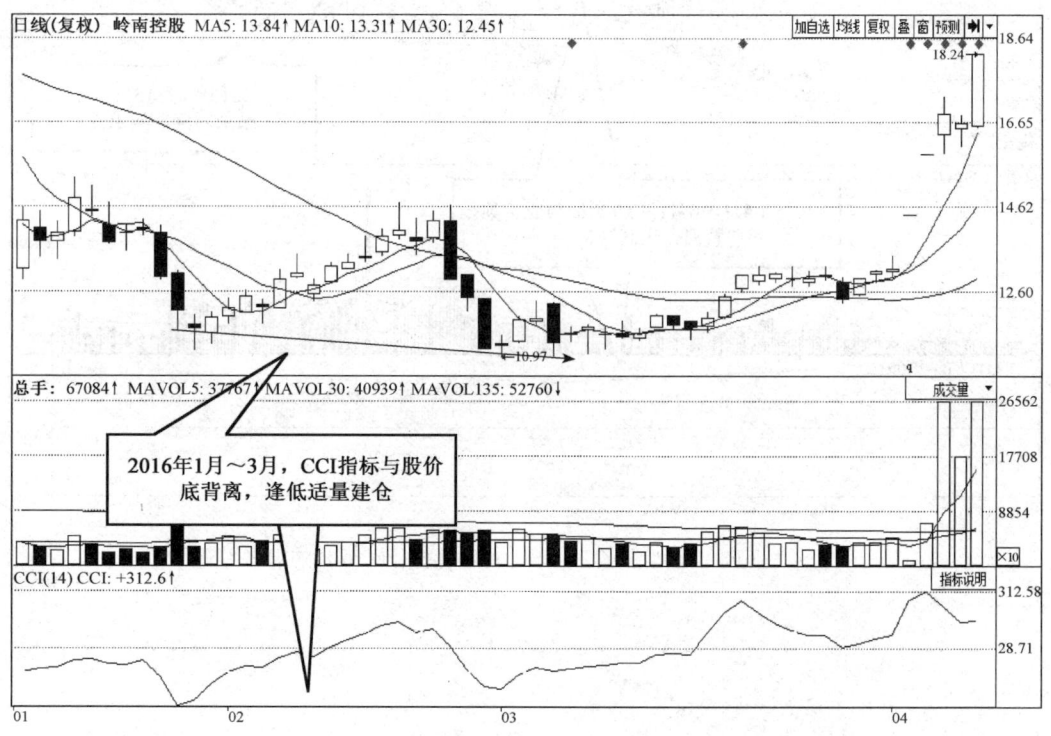

图 5-39 CCI 指标与股价底背离：岭南控股(000524)的日 K 线图

态区间却呈现上升态势。两者形成了明显的底背离现象，说明股价即将探底，投资者可以在此过程中逢低建仓。

2. CCI指标与股价顶背离

CCI曲线处于＋100以上的非常态区间，在股价与CCI同时创出新高后，如果股价再次创出新高而CCI指标却出现回落，就形成顶背离现象，这是行情见顶信号，投资者应尽快卖出股票。

如图5-40所示，2015年4月至6月，龙泉股份的CCI指标与股价同步出现了顶背离现象。2015年4月14日，该股先是创出了一个高点，CCI指标也相应在＋100以上的非常态区间创出新高，然后股价出现调整走势，CCI曲线出现回落。不久之后，当股价再度上涨并创出新高时，CCI指标却没能冲过前期高点，从而形成顶背离走势，这是见顶信号，投资者可在此过程中逢高减持。6月15日，该股创出新高后回落，收出一根上影阴线，而没有再创新高的CCI指标同时反身向下，因此这一天是最佳卖出点。

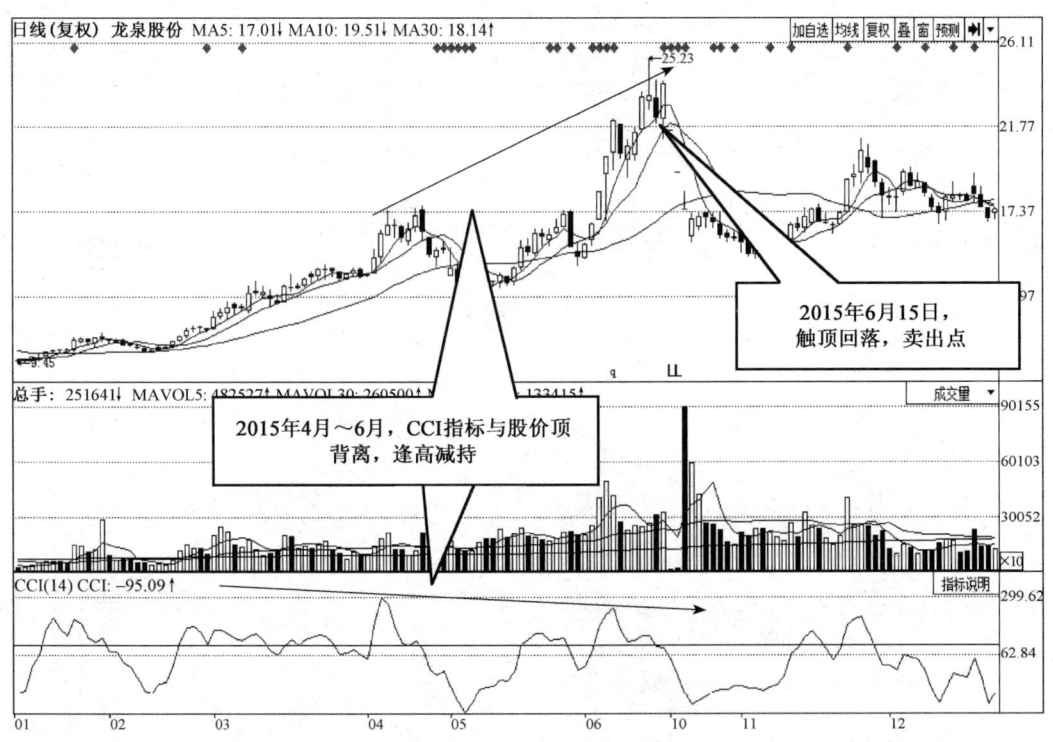

图5-40　CCI指标与股价顶背离：龙泉股份(002671)的日K线图

# 第六章 选股：按照自己的风格选择股票

炒股最忌人云亦云。尽管每个人进入股市都是以赚钱为目的的，但毕竟从股市中赚钱的是少数。投资者还是应该先磨炼自己的技艺水平，形成自己的炒股风格，然后再伺机寻求从股市中赚钱。

一个人的个性将会决定其选股策略和风格，有的人喜欢炒题材股、有的人喜欢炒绩优股、有的人则对黑马股孜孜以求，当然还有人喜欢炒垃圾股。总之，不同的人有不同的偏好，就看你喜欢哪一种了。

## 一、题材股选股必杀技

炒股就是炒题材，很多时候资金炒作一只股票，不是因为这只股票的业绩好，也不是因为这只股票会分红，而是因为这只股票有炒作的题材。对于炒作资金来说，有题材就会有炒作的价值。

选择题材股并不是简单地选择某一类股票，并随便选中一只操作就可以的，而是需要仔细研判哪类股票可能成为被重点炒作的题材股，然后，再从中选择最有希望成为龙头的股票进行操作。一般情况下，选择题材股时，需要考虑如下几个要素。

### （一）选择最佳题材股

一般情况下，具备同一题材的股票有很多，这时，投资者就要选择最贴近题材、最有前景的股票，如2009年甲流疫情题材中的华兰生物。

如图6-1所示，甲流疫情从2009年3月开始在世界各地传播，与此同时，市场很快开始流传华兰生物研制甲流疫苗的消息，不久消息得到确认。由于华兰生物是中国为数不多的能够生产甲流疫苗的企业，所以，在这波炒作甲流题材股的浪潮中，华兰生物成了龙头股票。华兰生物的股价从此开始一路向上飙升。

### （二）相同题材选最强势股

题材股的炒作往往是强者恒强，弱势股涨起来永远没有强势股涨得多，但跌起来却

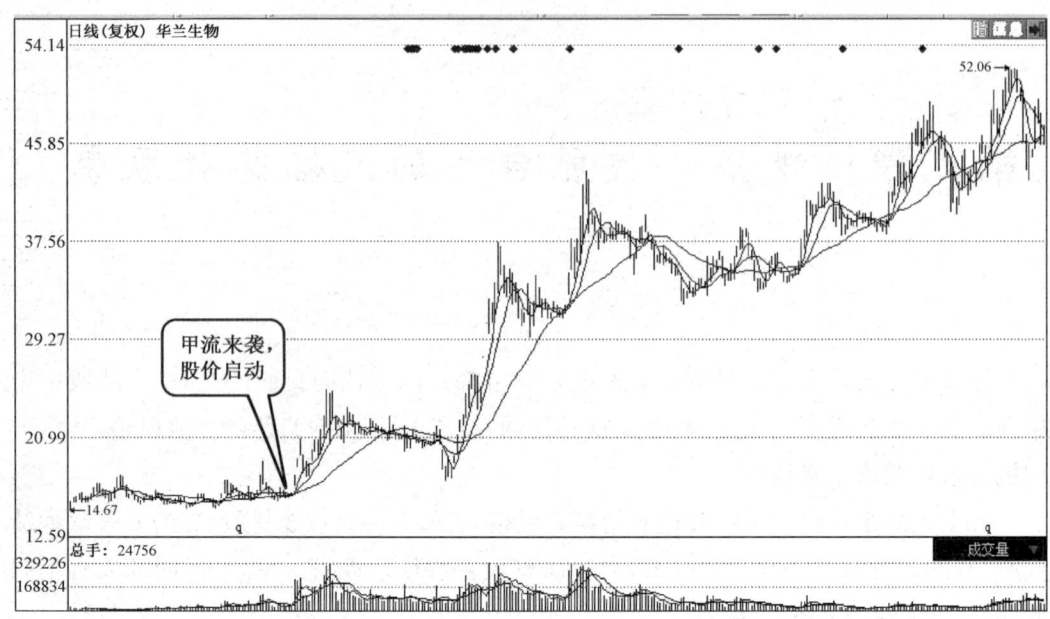

图 6-1　华兰生物(002007)日 K 线走势图

比强势股跌得多,市场就是这样。所以,对于投资者来说,在相同的题材中,就要选择其中的强势股,不能选择涨势较弱的股票。

2011年1月29日,中央一号文件正式颁布,文件标题名称为《关于加快水利改革发展的决定》。尽管中央一号文件正式颁布于1月29日,但市场的先知先觉者,早已感知了一号文件的内容,由此,市场上掀起一波炒作水利股的热潮。

市场上,归属于水利题材的股票有很多,如三峡水利、葛洲坝、安徽水利等,在这波炒作中到底哪一只才是龙头股呢?投资者千万不能凭自己的感觉去预测,而应看这些股票的走势之后再作决定。因为,只有市场认可的龙头股才是真正的强者,投资者要做的就是找到这样的强者,然后追随强者。

我们下面来看一下比较有代表性的两只股票在2011年1月26日的走势,葛洲坝和三峡水利,如图 6-2、图 6-3 所示。

从图 6-2 中,我们可以看到,葛洲坝的早盘走势较强,后期上涨无力,尽管全天涨幅超过 6%,但仍然不能称之为强势股,下面我们再来看一下三峡水利的走势,如图 6-3 所示。

从图 6-3 中,我们可以看出,三峡水利的股价经过早盘的一波拉升即封住涨停位,由此可以判断,该股后期仍将持续上涨行情。同时,通过与葛洲坝的对比,我们可以看出,此波炒作中,三峡水利很有可能就是龙头股。

下面再来将葛洲坝与三峡水利在 2011 年 1 月 27 日的走势作一下对比,如图 6-4、图 6-5 所示。

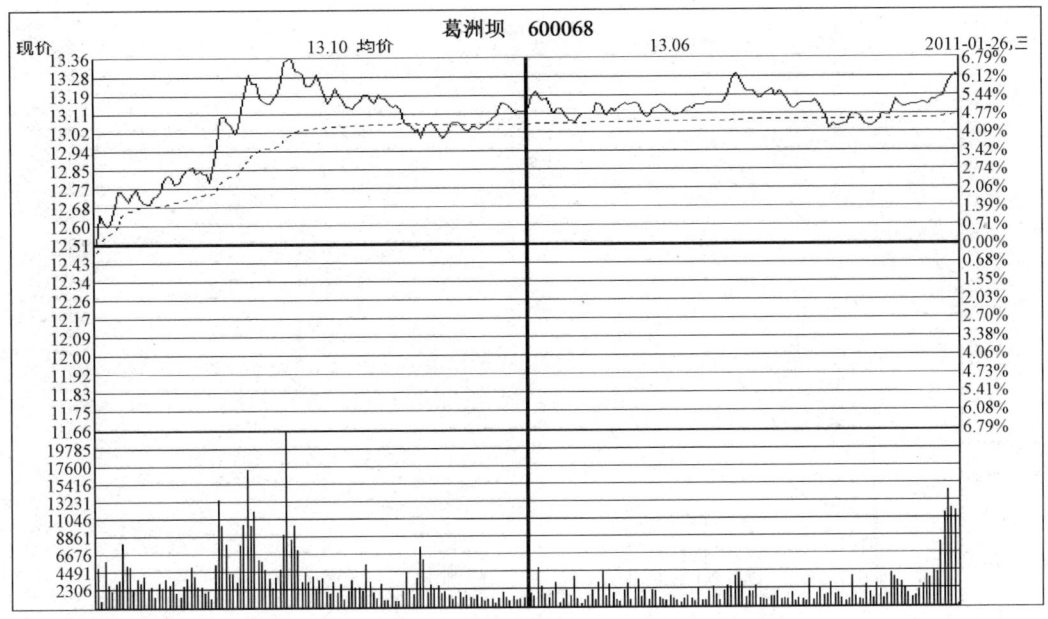

图 6-2 葛洲坝(600068)分时走势图(2011.1.26)

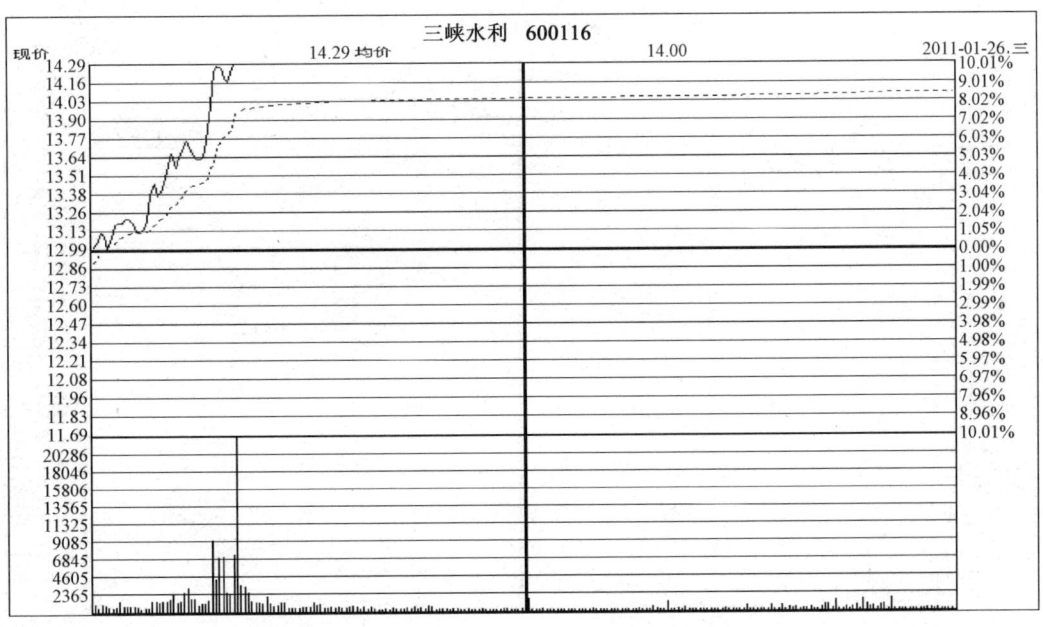

图 6-3 三峡水利(600116)分时走势图(2011.1.26)

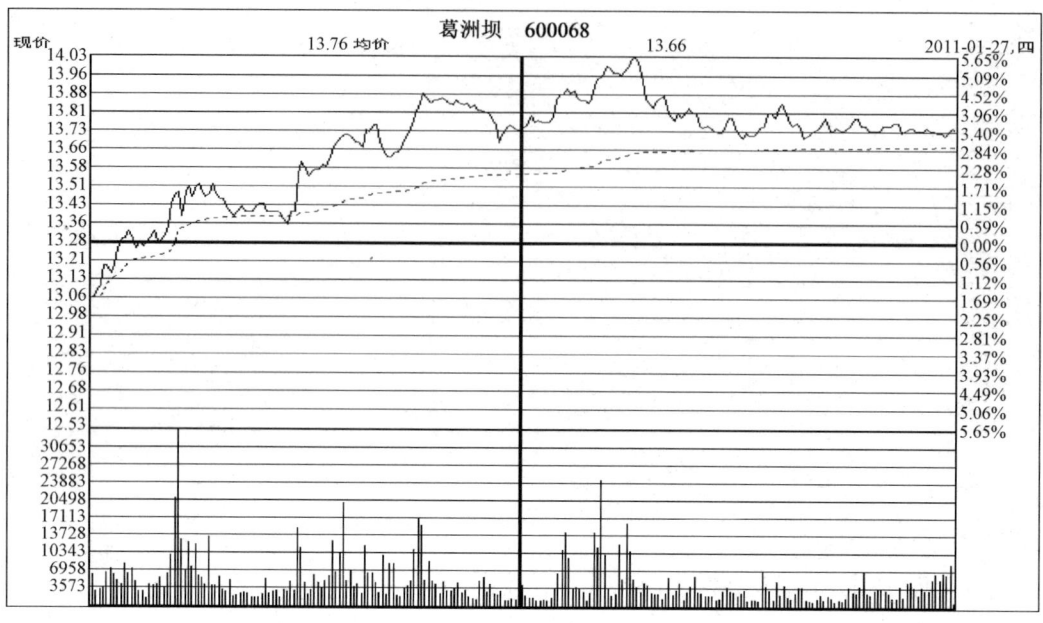

图 6-4 葛洲坝(600068)分时走势图(2011.1.27)

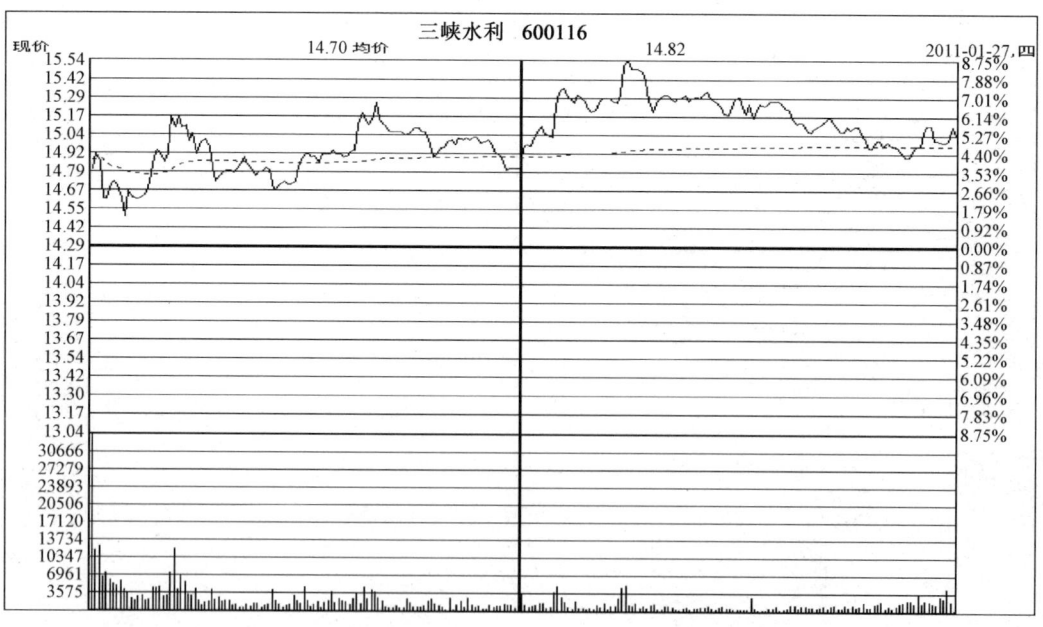

图 6-5 三峡水利(600116)分时走势图(2011.1.27)

通过两天来对两只股票走势的对比,我们可以发现,三峡水利的走势一直要强于葛洲坝,由此可见,三峡水利极有可能是本次炒作的龙头股,投资者宜积极买入股票,以博取未来股价上涨所带来的利润。

后面的走势也印证了三峡水利是本次炒作龙头股的判断。三峡水利的股价从启动初期的13元,一路上涨到将近24元,如图6-6所示。

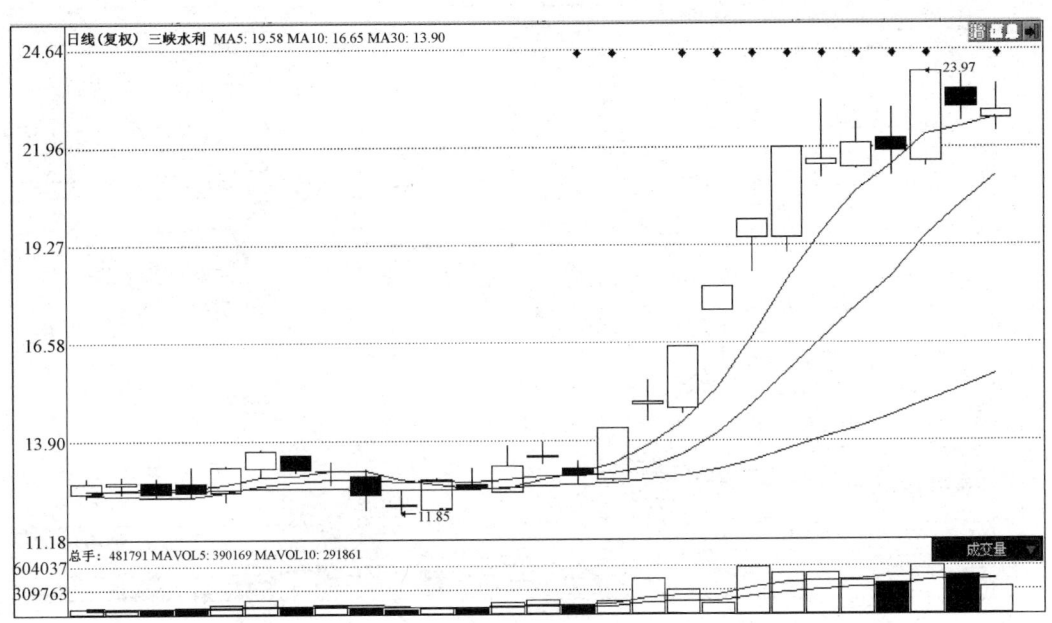

图 6-6　三峡水利(600116)日 K 线走势图

如图 6-6 所示,三峡水利在政策利好的影响下一路狂飙,从 13 元左右的价格启动,最终上涨到 23.97 元。

### (三) 相同题材选小盘股

小盘股,顾名思义就是盘子较小的股票,是与大盘股相对应的。由于市场的不断扩容,小盘股的概念也不断发生变化,现阶段一般将流通市值在 50 亿元以下的统称为小盘股,流通市值在 100 亿元以上的称之为大盘股,其余的称之为中盘股。我们这里所指的小盘股,并不是定义上的流通市值在 50 亿元以下的小盘股,而是指在同一板块中,盘子相对较小的股票。

由于目前市场的主导力量越来越趋向于大机构、大资金,因此,盘子大小对选股的影响已经不是很大了。也就是说,投资者选择小盘股的前提是,已经选好了要操作的题材板块,在无法判断龙头股的时候,小盘股才是备选项,否则,还是应该选择龙头股。

小盘股的炒作经常以游资为主。游资的炒作特点就是拉升凶猛,上涨迅速,但是出货也非常坚决。投资者如果将波段操作的对象确定为小盘股,那么,一定要做到快进、快出,绝不可恋战。

2011年4月中旬,由于券商对钢铁板块的看好,市场掀起了一波"大炼钢铁"运动,在这波上涨浪潮中,很多钢铁股都有很好的表现,尤其是一些盘子较小的股票,其上涨的幅度更大。

对比一下济南钢铁和宝钢股份的走势图,如图6-7、图6-8所示。

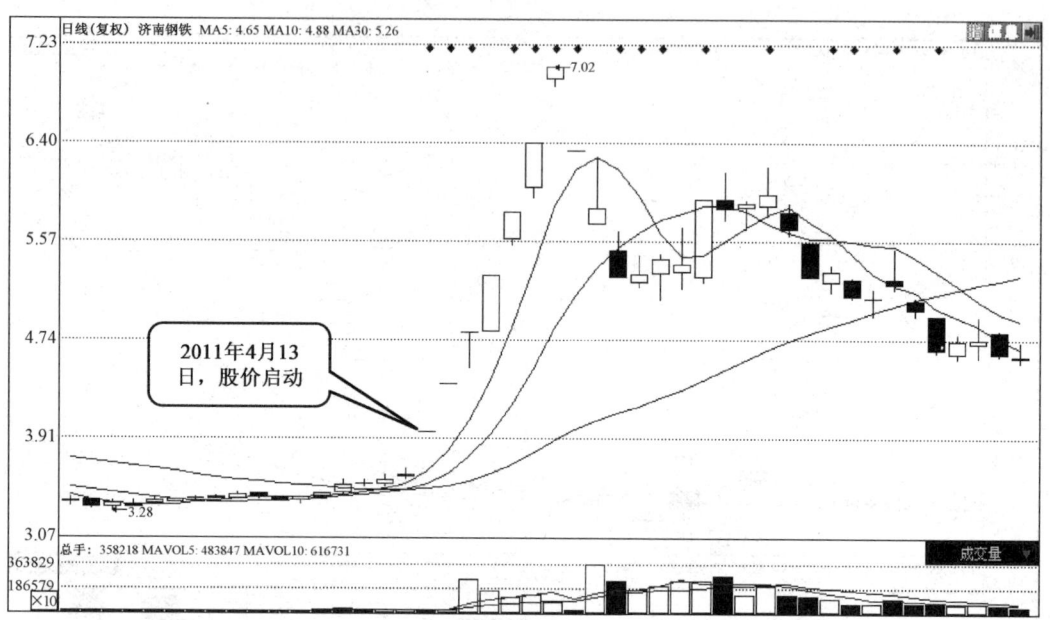

图6-7  济南钢铁(600022)日K线走势图

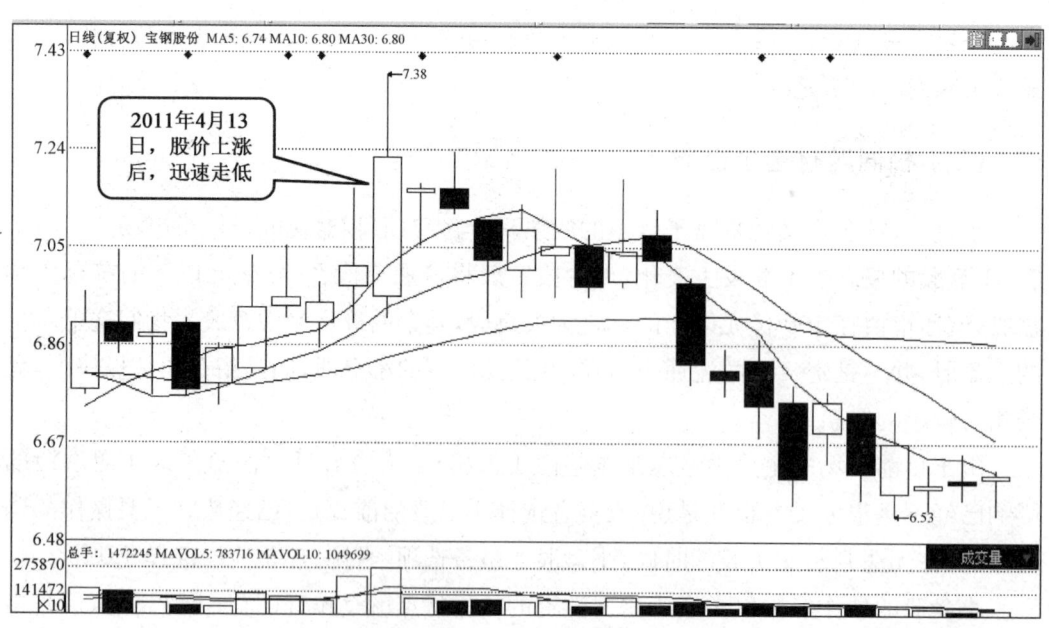

图6-8  宝钢股份(600019)日K线走势图

我们对图6-7与图6-8两幅图的走势以及两只股票的股本情况进行一下对比可以看出：

第一，股本。股价启动上涨前，当时济南钢铁的股本为31.2亿股，每股价格在3.50元左右；宝钢股份的股本为175亿股，每股价格在7.30元左右。

第二，涨幅。济南钢铁最高价达到7.02元，相比启动前的价格涨幅达到了一倍；而宝钢股份却只上涨一日就出现了下跌，涨幅基本为0。

从上面的分析可以看出，济南钢铁是波段操作的首选品种。这主要是因为当时济南钢铁除了盘子小之外，还有重组概念，这也比较符合资金炒作的要求。而对于波段投资者来说，盘子大的股票并不是理想的选择，如宝钢股份在这波"大炼钢铁"的过程中，不仅没有上涨，反而出现下跌的走势。

## 二、绩优股选股技法

绩优股，是指企业业绩优良的股票，通常每股收益和净资产收益率连续几年处于行业领先地位。绩优股一般不会暴涨暴跌，只会在平稳中不断上涨，比较适合中长线的投资。

业绩优良，有投资价值是绩优股最显著的特点，投资者买入绩优股后，不能指望其短期内会有大幅上涨，而要将目光看到远方，因为绩优股一般都会有比较高的收益，股价也会逐渐走高，分红、配股等也会随之出现，所以，投资者只需坐等投资收益即可。

### （一）成为绩优股的条件

绩优股的称号在股市中只属于一小部分业绩优良的股票，并不是所有股票都可能成为绩优股。一般情况下，选择绩优股的标准有如下几项。

1. 每股收益

每股收益是指企业税后利润与股本总数的比值。每股收益是衡量一只股票投资价值的重要指标之一。每股收益越高，说明该股所对应的企业获利能力越强，也就说明该股越有投资价值。绩优股企业的股票应该显示出有持续稳定的盈利能力。

下面来看2010年第三季度酿酒板块的市场排名情况，如图6-9所示。

如图6-9所示，酿酒板块每股收益前10名的列表。

| 相关基本面排行（10年三季） |
| --- |
| 每股收益 ▼ |

| 序号 | 名称 | 每股收益（元） |
| --- | --- | --- |
| 1 | 贵州茅台 | 4.42 |
| 2 | 洋河股份 | 3.41 |
| 3 | 张裕A | 1.69 |
| 4 | 山西汾酒 | 1.24 |
| 5 | 泸州老窖 | 1.13 |
| 6 | 青岛啤酒 | 1.13 |
| 7 | 五粮液 | 0.89 |
| 8 | 海南椰岛 | 0.66 |
| 9 | 胜景山河 | 0.63 |
| 10 | 古井贡酒 | 0.61 |

图6-9 酿酒板块每股收益排名（2010年三季度）

从图中我们可以看出,贵州茅台名列第一,每股收益达到 4.42 元,可以确定贵州茅台是名副其实的绩优股,下面再来看一下贵州茅台的股价走势情况,如图 6-10 所示。

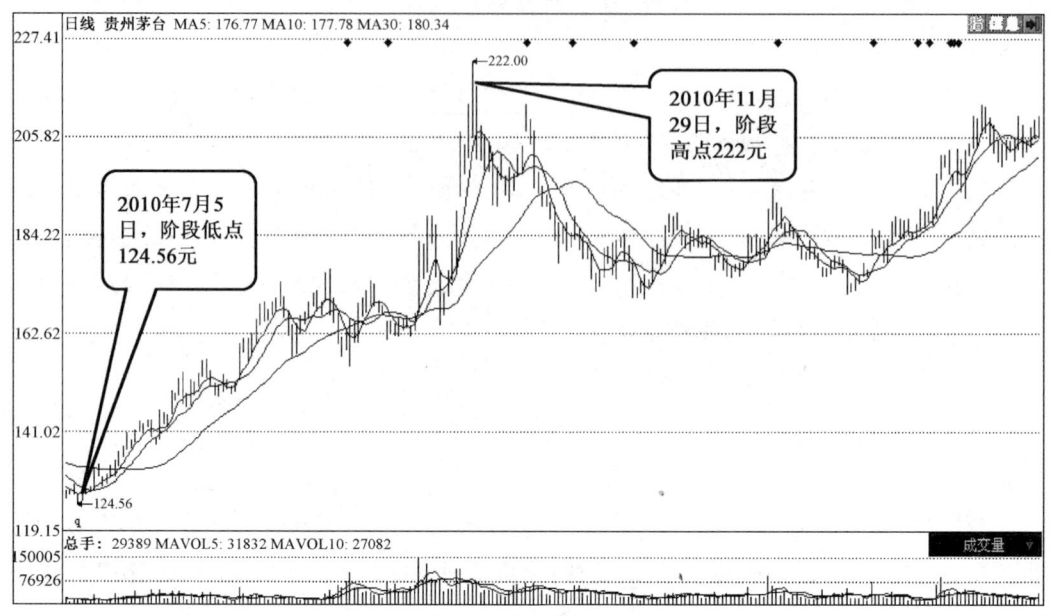

图 6-10　贵州茅台(600519)日 K 线走势图

如图 6-10 所示,贵州茅台的股价从 2010 年 7 月 5 日的 124.56 元这一阶段性低点起步,开始一路上涨,并于 2010 年 11 月 29 日创下 222 元的高点,几个月内上涨幅度达到 80%,在接下来的一波调整过程中,贵州茅台的股价也随着大盘的下跌而下跌,但总体下跌幅不是很大,接着又重新开始上涨。

从这里可以看到绩优股的一个特点,当大盘开始上涨时,绩优股的股票随之上涨,且上涨幅度要高于大盘;当大盘开始下跌时,绩优股也会随之下跌,但下跌幅度要远远小于大盘。

2. 市盈率

市盈率是指每股股票市价与每股收益的比值。这一指标反映了普通股股票的市场价格与当期每股收益之间的关系。

一般认为,如果一家公司股票的市盈率过高,那么该股票的价格具有泡沫,价值被高估。当一家公司增长迅速以及未来的业绩增长非常看好时,股票目前的高市盈率可能恰好准确地估量了该公司的价值。正因如此,利用市盈率比较不同股票的投资价值时,这些股票必须属于同一个行业,因为此时公司的每股收益比较接近,相互比较才有效。

下面来看有色金属板块的市盈率排名情况,如图 6-11 所示。

| 市盈率 | | | |
|---|---|---|---|
| 序号 | 名称 | 最新价 | 市盈率 |
| 1 | 栋梁新材 | 13.85 | 21.69 |
| 2 | 南山铝业 | 9.59 | 23.74 |
| 3 | 紫金矿业 | 5.28 | 23.85 |
| 4 | 海亮股份 | 15.28 | 25.81 |
| 5 | 江西铜业 | 37.05 | 26.14 |
| 6 | 亚太科技 | 20.35 | 34.93 |
| 7 | 精艺股份 | 11.34 | 35.96 |
| 8 | 新疆众和 | 26.06 | 36.72 |
| 9 | 西部矿业 | 15.46 | 37.23 |
| 10 | 博威合金 | 21.27 | 38.20 |

图 6-11　有色金属板块市盈率排名(2011.7.6)

| 相关基本面排行(10年三季) | | |
|---|---|---|
| 序号 | 名称 | 每股收益(元) |
| 1 | 江西铜业 | 1.12 |
| 2 | 利源铝业 | 1.00 |
| 3 | 包钢稀土 | 0.75 |
| 4 | 亚太科技 | 0.74 |
| 5 | 焦作万方 | 0.69 |
| 6 | 恒邦股份 | 0.67 |
| 7 | 山东黄金 | 0.66 |
| 8 | 新疆众和 | 0.57 |
| 9 | 中金黄金 | 0.55 |
| 10 | 格林美 | 0.53 |

图 6-12　有色金属板块的每股收益排名(2010 年三季度)

我们再来看一下有色金属板块的每股收益排名,如图 6-12 所示。

通过对比图 6-11 和图 6-12 我们可以发现,江西铜业在市盈率排名榜上名列第五,而在每股收益排名榜上名列第一,说明该股属于有色金属板块的绩优股,同时,目前仍处于市盈率较低的水平,未来有估值修复的可能,也就意味着,未来江西铜业将出现一波上涨行情,提升市盈率水平,再看一下江西铜业的 K 线图,如图 6-13 所示。

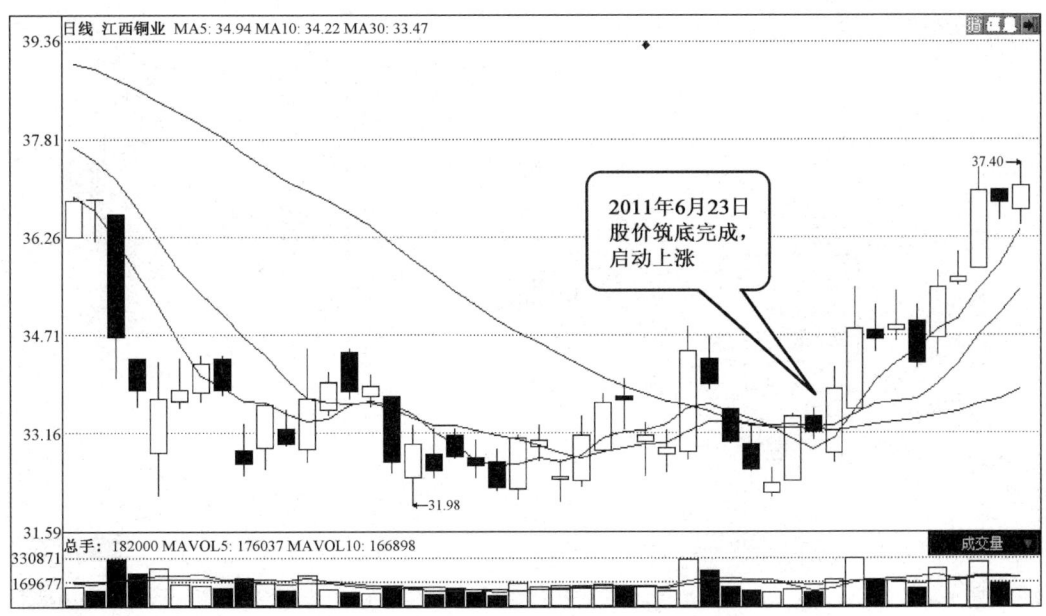

图 6-13　江西铜业(600362)日 K 线走势图

图 6-13 中，江西铜业的股价经过了在底部的一番震荡整理，于 2011 年 6 月 23 日开始启动一波上涨行情，投资者此时观察江西铜业的市盈率就会发现，该股的市盈率仍处于较低水平。未来有估值修复的可能，因此，投资者可以积极买入股票，随后，该股的短期均线先后上穿中期均线，预示行情将继续向好。

### 3. 净资产收益率

净资产收益率是指净利润与平均股东权益的百分比，是公司税后利润除以净资产的百分比，反映了股东权益的收益水平，是衡量公司运用自有资产效率的一项指标。

净资产收益率反映所有者投资的获利能力，该比率越高，说明所有者投资带来的收益越高。也就是说，净资产收益率越高的股票，越有投资价值。投资者在选择股票时，可以在同一行业板块中，选择收益率较高的股票进行投资。

下面再来看一下有色金属板块的净资产收益情况，如图 6-14 所示。

图 6-14 有色金属板块的净资产收益情况（2010 年三季度）

从图 6-14 中，我们可以看出，包钢稀土的净资产收益率排名第一，也就意味着包钢稀土的投资收益情况非常好，投资者可以选择该股作为投资对象，如图 6-15 所示。

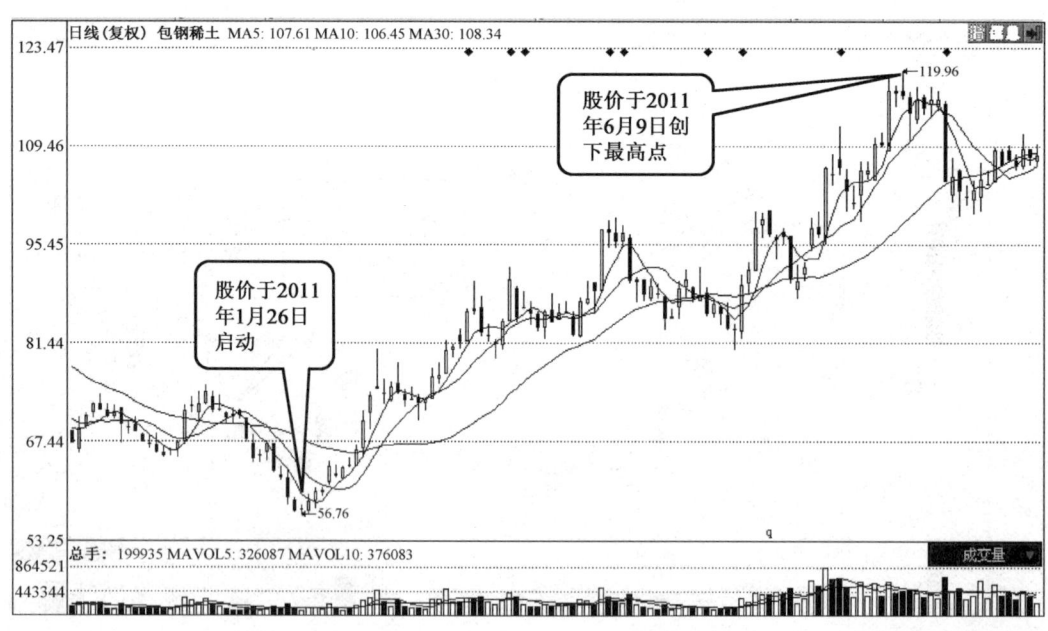

图 6-15 包钢稀土(600111)日 K 线走势图

图 6-15 中,包钢稀土的股价从 2011 年 1 月 26 日开始一路上涨,启动初期股价只有 56.76 元(复权价),到了 2011 年 6 月 9 日时,股价已经上涨到 119.96 元(复权价),股价整整上涨一倍,远远超过大盘的上涨幅度。由此可见,净资产收益率较高的股票,在上涨过程中,涨势是非常喜人的。

当然,筛选绩优股的指标不止上面的几个,还有净利润增长率、每股现金含量等,投资者可以选择其中几项指标进行综合对比,对于综合排名都较好的企业,可以选定为自己要操作的目标股,然后在低位买进该股即可。

### (二) 绩优股的分类操作法

绩优股有很多,投资者要选择哪一只操作也是需要仔细研究的。例如,有的股票过去几年一直位居行业前茅,这就是老牌绩优股;有的股票虽然现在业绩平平,但是未来有较好的成长空间,这就是未来的绩优股;有的股票不仅业绩优良而且还在行业内拥有垄断的优势,那么,无疑将增大被炒作的可能性。

#### 1. 老牌绩优股

老牌绩优股是指那些在过去若干年中业绩一直位居行业前茅的股票,如万科 A、贵州茅台、五粮液等。投资者选择这些股票一般都会有比较好的中长线收益。投资者可以在年报或季报公布之前,介入该股,一般年报或季报公布之后都会有一波上涨行情,如图 6-16 所示。

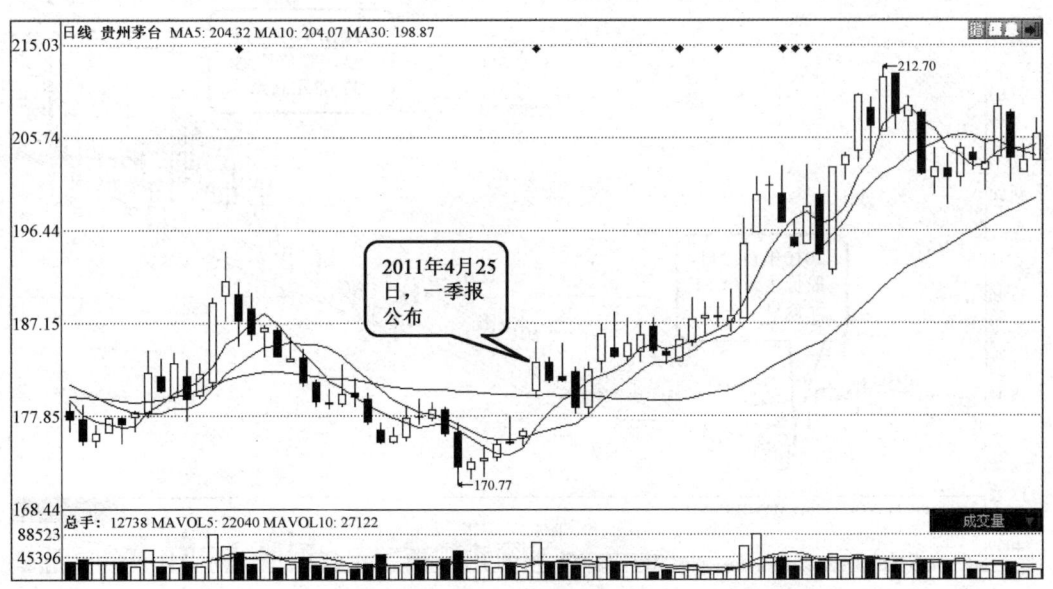

图 6-16 贵州茅台(600519)日 K 线走势图

图 6-16 中,贵州茅台的股价自 2011 年 3 月 18 日起随大盘走低,但是在 2011 年 4

月15日股价创下170.77元低点后开始反弹向上。投资者应该特别留心此时该股的走势,因为,该股马上就要公布季报。2011年4月25日,贵州茅台公布季报,当天股价跳空高开形成一个缺口,全天上涨3.92%,此后,股价经过小幅整理后,一路上涨,最高达212.70元。

是金子,终会闪光的。在股市中,老牌绩优股就是金子,他们虽然有时也会出现下跌,但是,估值修复却是迟早的事。每一次的下跌,对于投资者来说,就是非常好的买入时机。

2. 未来绩优股

过去业绩平平,但未来业绩预期明显向好的个股。这类个股一般是指受惠于国家政策大力倾斜的西部开发概念股和行业前景非常乐观的概念股,如太阳能、核能、节能环保概念股等。

2010年10月10日,国务院发布了《国务院关于加快培育和发展战略性新兴产业的决定》,当中提及七大需要扶持的新兴产业。提出计划用20年的时间,使节能环保、新一代信息技术等七大战略性新兴产业整体创新能力和产业发展水平达到世界先进水平,为经济社会可持续发展提供强有力的支撑。

由于新一代信息技术被列为七大战略性新兴产业,所以,归属于新一代信息技术板块的远望谷成为众多收益股票中的一只,如图6-17所示。

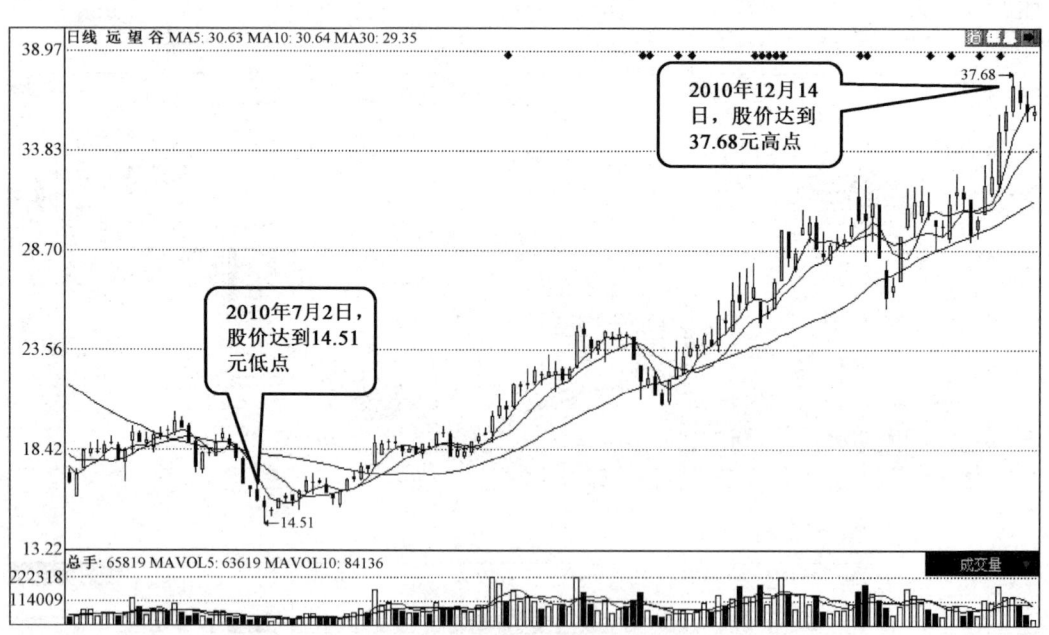

图6-17 远望谷(002161)日K线走势图

图6-17中,远望谷的每股收益以及净利润情况,虽然在2010年当年开春并不理

想,但该股属于国家重点扶持的产业,未来可以想象的上涨空间非常大,所以,该股走势从2010年7月2日开始一路向好,到了2010年12月14日,股价达到37.58元的高点,股价涨幅达到150%。

### 3. 垄断优势绩优股

垄断优势,是指某个企业生产的产品在市场上具有不可动摇的优势,其他企业的产品根本无法与之相竞争。这类股票的盈利是持续性的,而且非常稳定,投资者只要选择一个相对低点买入该股后,就可以一直持有该股,如图6-18所示。

图6-18 安琪酵母(600298)日K线走势图

安琪酵母在酵母领域拥有其他企业无可比拟的垄断性优势,其股票的走势从长期来看一直是向上的,图6-18截取了安琪酵母从2009年3月2日到2010年12月2日的走势,在不到两年的时间里,安琪酵母的股价从10.80元上涨到48.95元,几乎上涨了近五倍,由此可见,拥有垄断优势的股票往往具有非常好的投资价值。

## (三)绩优股实战操作技法

对于投资者来说,交易绩优股的方法是非常简单的,只要在一个相对低点买入股票,然后持股待涨即可。投资者在观察到绩优股出现以下几种情况时,需要特别注意,因为,这可能就是股市给你送出的红包。

### 1. 绩优股出现大幅暴跌时

绩优股一般都有大量的基金驻守,因此,其抗跌能力比较强,大盘出现小规模的下跌,绩优股是不会有什么反应的。但是,如果大盘持续下跌或者个股出现非常严重的利空时,个股就会突然出现暴跌。这时,对于投资者来说,也许是好事,只要股票在跌势停止并开始转为升势时,再买入股票即可,如图6-19所示。

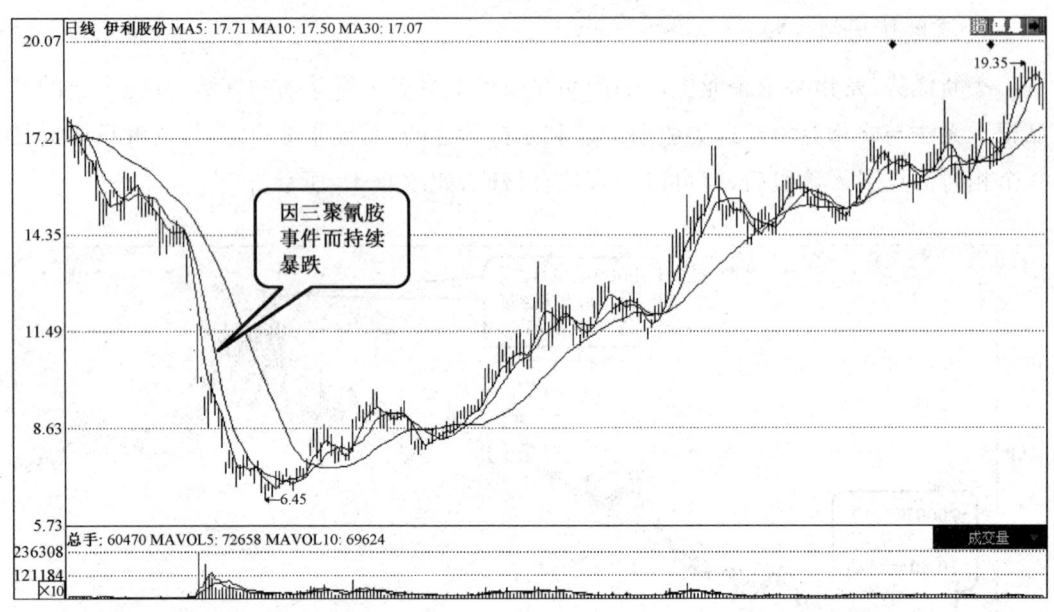

图6-19 伊利股份(600887)日K线走势图

图6-19中,2008年中国乳业股票因三聚氰胺的影响几乎全线走低。伊利股份作为乳业的龙头股,更由于产品中检测出三聚氰胺而股价大幅下跌。2008年10月28日,股价一度下跌到6.45元。

由于伊利股份一直是行业的龙头股,所以,当时的价位已经被严重低估了,这时,投资者如果能及时买入该股,就可能在接下来的两年里收获几倍的利润。

2. 绩优股出现长期横盘时

对于一只股票来说,如果长期横盘,那么,未来的走势只有两种可能:一是发动一波上涨攻势;二是出现连续的下跌。而对于绩优股来说,长期横盘说明庄家将要有大的动作,未来行情可期,尤其是一些在大盘下跌时,还盘整不动的绩优股,其一旦动起来,将会上涨异常猛烈,如图6-20所示。

图6-20中,中信证券的股价从2014年7月28日开始了一波盘整走势,在股价盘整期间,大盘无论震荡上行还是下跌,中信证券都不改震荡态势,这说明庄家已经有了清晰的操盘计划,只是在等待时机而已。

2014年11月7日,中信证券的股价在大盘持续向好、证券开户数步步高升的刺激下,启动上涨行情。随后,该股股价一路从13元的价格上涨到38元。

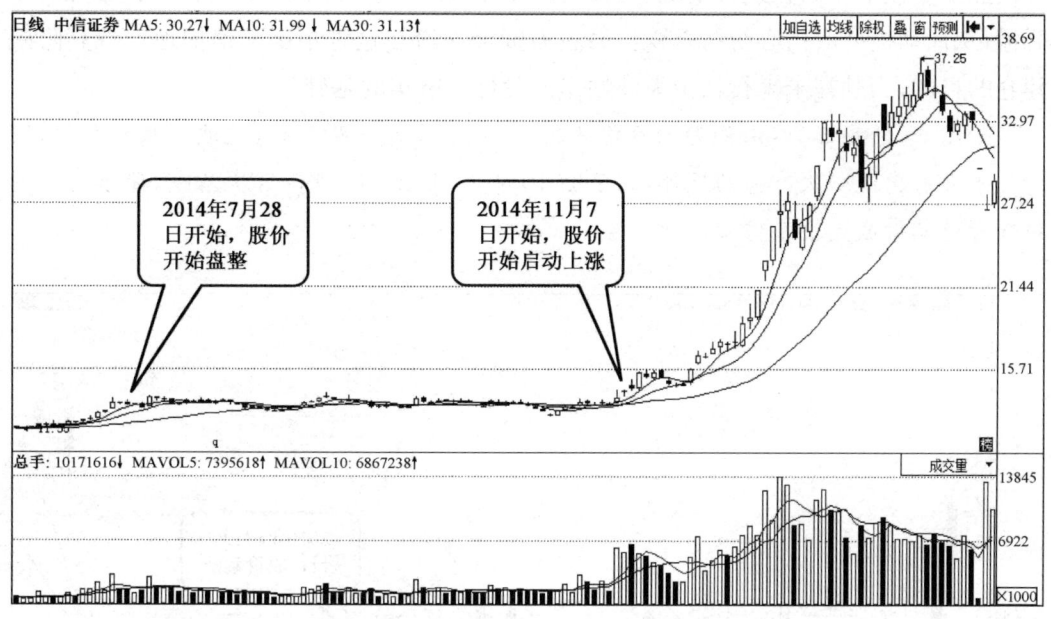

图 6-20 中信证券(600030)日 K 线走势图

### 三、短线猎杀黑马股

黑马股,是指启动前或启动初期并不被市场大多数投资者认可的,在短时间内大幅上涨并脱离过去价位的股票。黑马股一旦启动,上涨幅度往往都是很大的,投资者如果能准确捕捉,将会获得丰厚的回报。

黑马股,对于波段投资者来说是可遇而不可求的,如果人人都看好,就不能称之为黑马股。尽管黑马股难以捕捉,但是,如果投资者留意之前的黑马股走势,还是可以发现一些蛛丝马迹的。也就是说,黑马股还是有一些共性的,投资者如果能够了解这些共性,就能提前布局黑马股,进而从中获利。

#### (一)成为黑马股的条件

并不是所有股票都可以成为黑马股的,也就是说,成为黑马股需要一定的条件,一般包括如下几点。

**1. 连续暴跌,投资者失去希望**

黑马股在上涨行情形成前,往往都会连续出现暴跌走势,一根根大阴线贯穿各个支撑位,使股价走势出现严重破位形态,市场上的投资者往往都会对其失去信心。

各种常用技术指标也表露出弱市格局,甚至即使该股已经不存在任何获利盘时,股价仍然止不住下跌。在这种情况下，投资者往往会感到后面的下跌空间巨大，心理趋于恐慌，从而动摇持股信心纷纷杀跌。而主力资金恰恰在这种情况下悄悄地实现其隐蔽建仓的目的，为其在未来行情中大肆炒作该股打下坚实的基础。

如图 6-21 所示，滨海能源的股价从 2010 年 3 月起一路下跌，这波下跌过程中，股价几乎没有出现一次有力的反弹，到了 2010 年 6 月 29 日，股价再次暴跌，使市场上的投资者对其彻底失去了信心。

图 6-21　滨海能源(000695)日 K 线走势图

随后，股价却出现反转向上的走势，股价连续收复失地，一路上涨，成为名副其实的"黑马股"。由此可见，投资者随时都不能对股票绝望。因为，希望就孕育在绝望之中。黑马股要想成功一跃而出，必须要经过一番磨炼。

2. 黑马股需要一些题材

黑马股的题材与题材股还不一样，黑马股的题材一般都是未来的，预期的。也就是说，这些题材并不能帮助企业暂时获利，但有可能在未来的某一天获利。对于黑马股来说，未来题材的想象空间越大，其上涨的空间也会越大。即使目前的盈利能力不怎么样，但是，只要未来有盈利可能就可以了，如图 6-22 所示。

图 6-22 中，江苏吴中的股价启动前一直维持在 5.80 元左右，该股的净资产和盈利能力均处于较低的水平，正因如此，一直不被市场看好，股价长期在低位徘徊。

2010 年 11 月，市场传闻江苏吴中在研制抗癌药物，股价随即开始走高，后来此消息被证实后，股价更是一路高歌，股价达到 15.92 元，再后来更是超过 17.50 元。由于

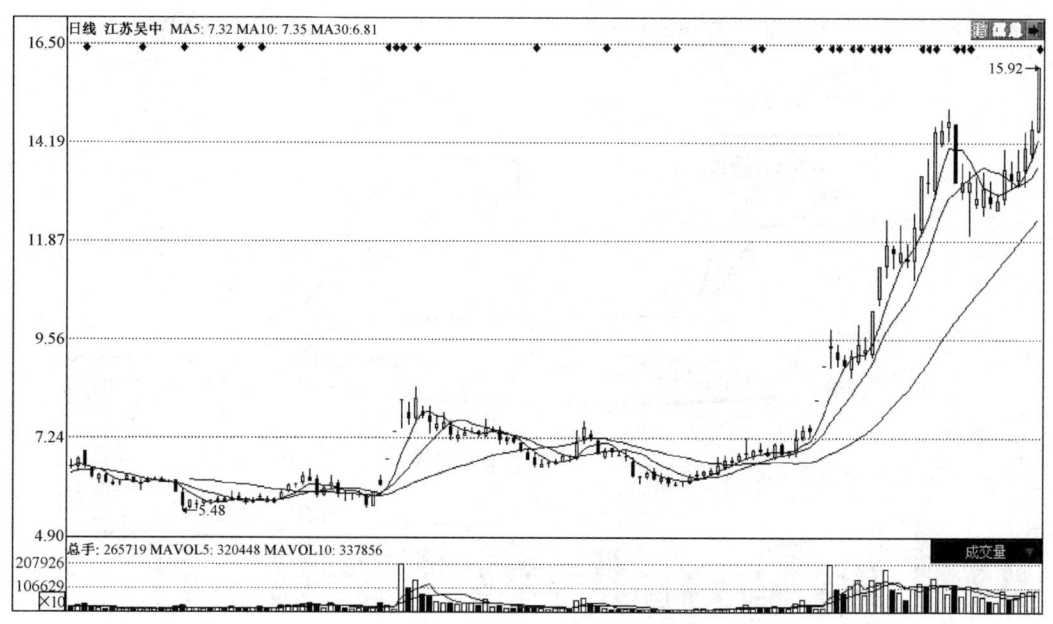

图 6-22 江苏吴中日K线走势图

该公司的抗癌药物尚处于研制阶段,并未能给公司带来实质上的收益,但是,研制抗癌药物却给市场以充分的想象空间,由此可见,黑马股是非常需要故事的。

3. 黑马股从低价股中来

低价股是孕育黑马股的摇篮。一般情况下,黑马股的启动价位都在10元以下,当然也会有从高位启动的。但是,由于黑马股往往在启动前都不被市场所认可,所以,价位都比较低,或者是高位下跌到此,或者一直维持在低位运行。如果价格到达高位,那就说明该股已经被市场所认可,也就不能称之为黑马股。

我们回过头看一下图6-21和图6-22就可以发现,滨海能源启动时价位在7.15元,而江苏吴中的启动价位只有5.80元,由此可知,10元以下的股票往往都会有比较大的成长潜力。

### (二)黑马股启动前特征

黑马股在启动前和启动过程中也并不是无迹可寻的,在成交量、技术指标方面也会留下一些痕迹,投资者循着这些痕迹,就可以及时追赶这些"黑马"了。

一般情况下,黑马股启动前有如下几项特征。

1. 量能变化

黑马股在启动之前,市场的浮动筹码减少,股价的振幅趋窄,连续多个交易日,成交量会出现逐渐走低的态势,当股价开始上涨时,成交量再突然呈现出放大的态势,这种情况表明,股价马上或已经开始启动,投资者可以赶紧追涨,如图6-23所示。

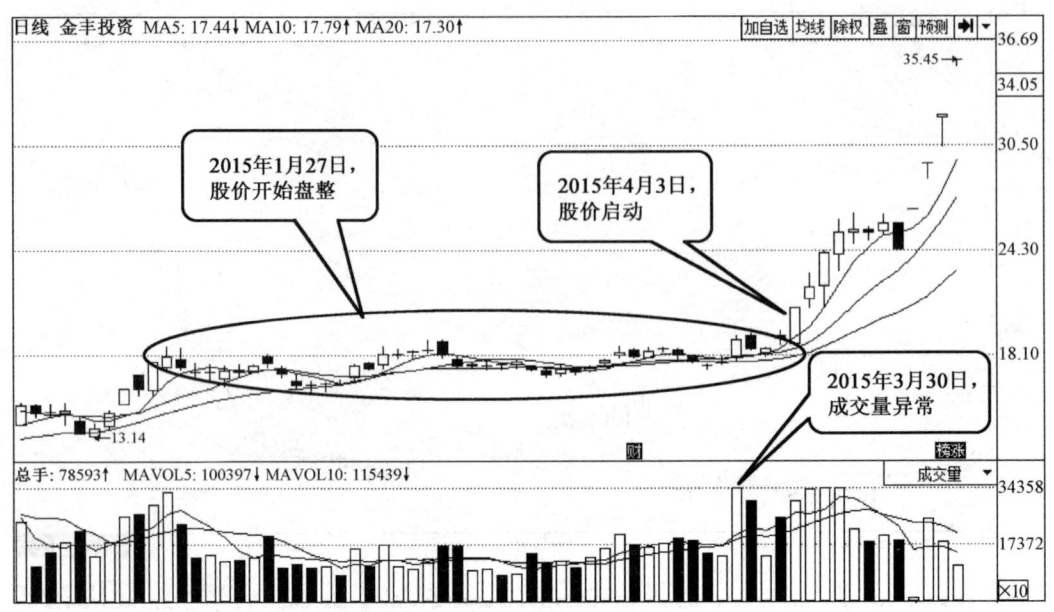

图 6-23　金丰投资(600606)日 K 线走势图

金丰投资的股价在 2015 年 1 月 27 日达到阶段高点后开始了长达两个月的震荡盘整,期间,大盘出现一波明显的上涨行情。由此可见,该股的庄家非常希望借助这段时间来消磨持股者的耐心。

2015 年 3 月 30 日,金丰投资突然高开高走,成交量成倍放大,在 K 线图上留下一根带上影线的小阳线。此根阳线虽小,但却属于一种典型的价量双升形态,尤其是成交量创下两个月内的最高点,这说明该股存在启动的可能,投资者需要密切关注。

2015 年 4 月 3 日,该股低开高走以涨停报收,成交量再次放大。随后,该股一发不可收拾,几个交易日内涨幅接近 100%。投资者如果看到该股的启动信号后,迅速跟进买入该股,就会博得股价后市上涨的利润。

下面再来看一下上海电力的走势,如图 6-24 所示。

图 6-24 中,上海电力的股价从 2011 年 1 月开始启动,启动时股价只有 3.79 元,经过两拨拉升,股价最高达到 6.16 元,股价涨幅接近 80%,可以算作是那一时段典型的"黑马股"。

我们仔细观察一下上海电力启动前的情形就会发现,该股在启动之前,股价是一路下跌的,成交量呈逐步萎缩状态,在该股大幅拉升之后,成交量迅速放大。由此可见,成交量的变化是黑马股难以掩盖的特征之一。

## 2. 30 日均线的变化

黑马股在启动前,股价往往都是呈现窄幅波动的,因此,30 日均线也会出现放平的态势或者已经开始出现上移。观察图 6-23 和图 6-24 就会发现,这两幅图的 30 日均线

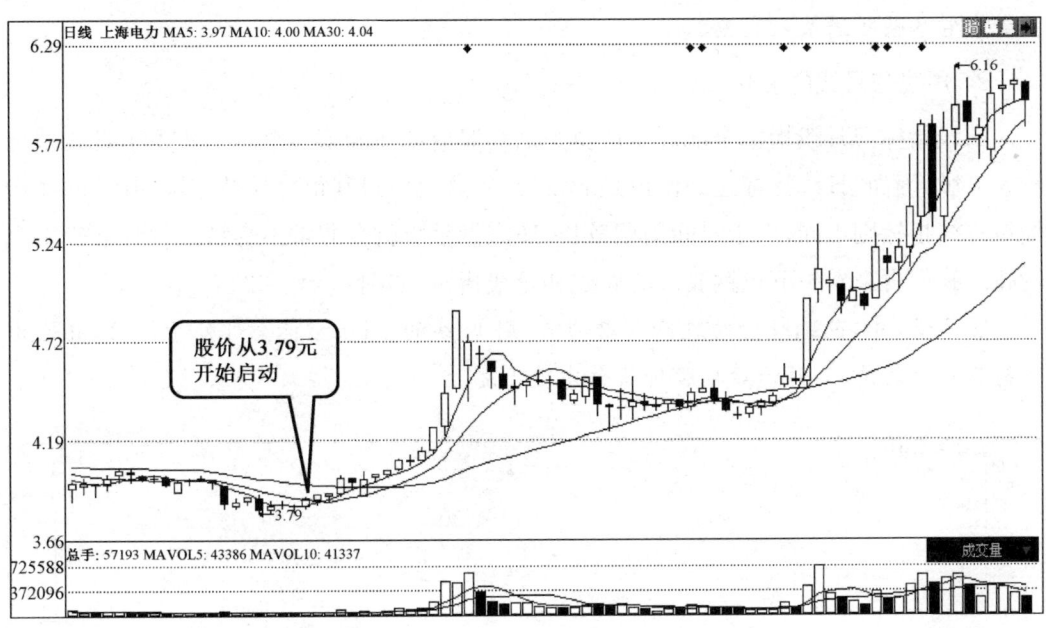

图 6-24　上海电力(600021)日 K 线走势图

都呈现放平的态势。我们再来看一下宁波联合的走势,如图 6-25 所示。

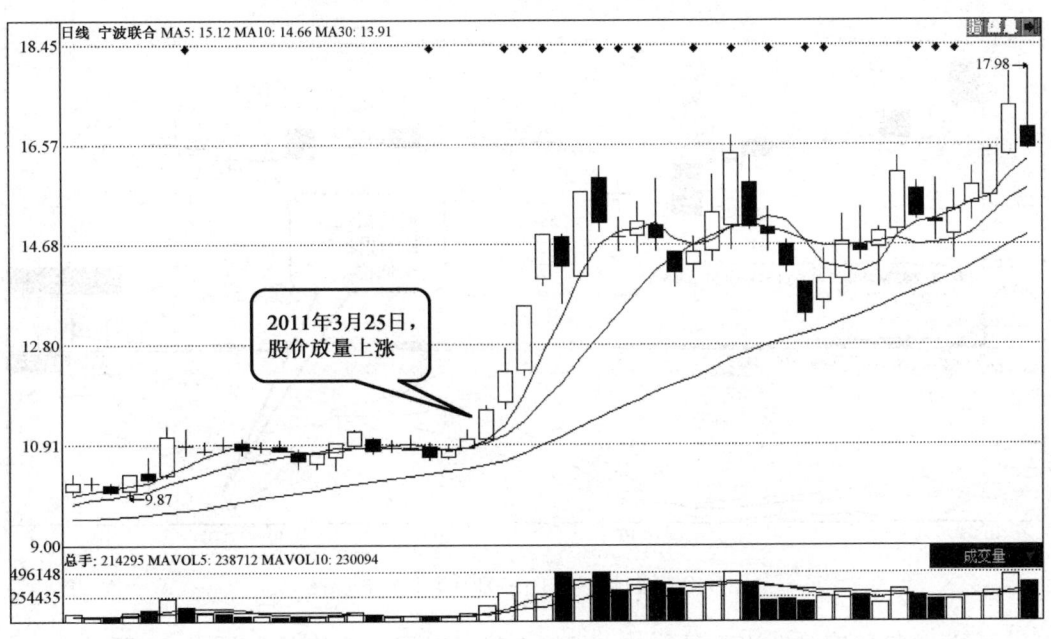

图 6-25　宁波联合(600051)日 K 线走势图

图 6-25 中,宁波联合的股价在启动之前一直呈现窄幅波动状态,30 日均线呈向上倾斜状,预示股价将会出现上涨态势。2011 年 3 月 25 日,股价放量上涨,与此同时,5 日均线、10 日均线与 30 日均线呈多头排列,且有发散状,预示后市股价还将加速上涨,

投资者宜尽快跟进买入股票。

### 3. 周线与月线的变化

周线指标与月线指标全部处于低位是黑马股启动前的第三个特征。由于日线指标较为灵敏,因而,日线指标达到低位是非常容易,这也使得其很容易被庄家利用,周线指标与月线指标则不同,由于时间周期较长,庄家做手脚就会非常不容易,因而,准确率也较高。我们再来看一下包钢股份的周线和月线指标,如图6-26和图6-27所示。

图6-26中,包钢股份的股价在启动前,周K线的KDJ指标全部处于低位,并已出现拐头向上的情况,预示后期股价将会出现上涨。

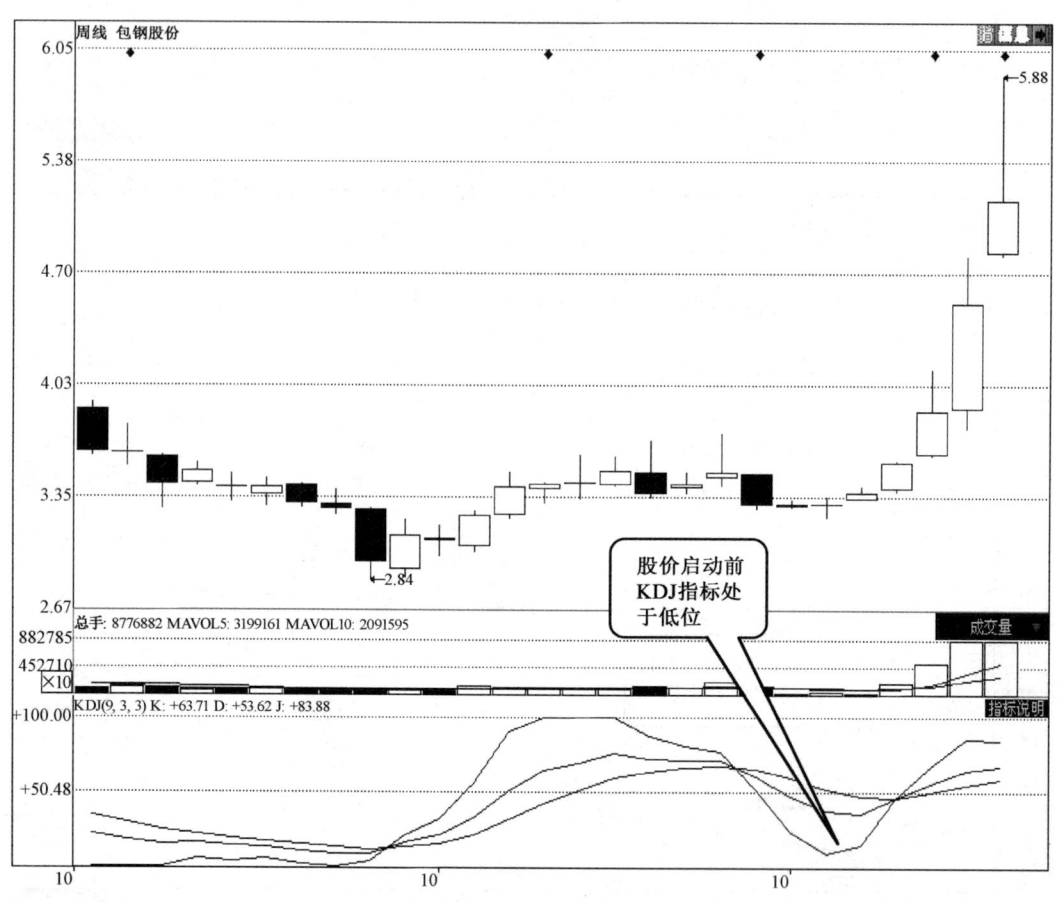

图6-26　包钢股份(600010)周K线走势图

我们再将包钢股份的月K线技术指标走势情况作一下对比,如图6-27所示。

图6-27中,包钢股份的股价在2010年10月份启动前期,月线的KDJ指标达到低位呈现拐头向上的状态,且三根曲线黏合在一起,预示后面股价将会出现较大的波动。投资者应留意后市股价的变化,一旦出现股价上涨,成交量放大的态势,宜立即跟进买入股票。

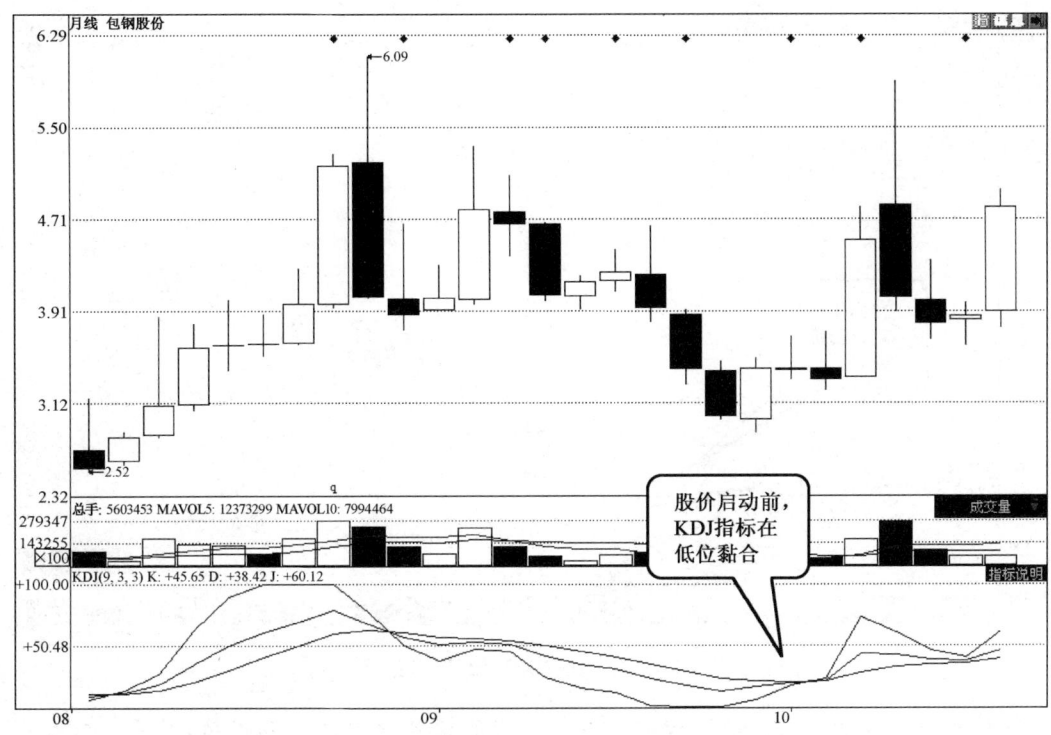

图 6-27　包钢股份(600010)月 K 线走势图

### (三) 短线捕捉黑马技巧

投资者在知晓成为黑马股的条件,并且了解黑马股启动前的特征之后,就可以综合运用上面的特征捕捉黑马股。短线捕捉黑马股的方法主要包括以下三种。

#### 1. 通过价量关系捕捉黑马股

量在价前,当股价将要出现异动时,往往成交量先出现异动,正因如此,投资者可以根据成交量的变化准确猎杀"黑马",其具体操作手法如下:

第一,个股经过一段时间的下跌或者横盘整理,成交量逐步萎缩,各项技术指标同步回落,说明该股已经接近下跌的极限。

第二,某一交易日该股股价突然暴涨,与此同时,成交量同步放大,均线指标出现拐头向上的情况。

第三,启动初期,股价处于历史较低水平,如果能在 10 元以下就最好不过了,如图 6-28 所示。

图 6-28 中,长征电气的股价在 2010 年年底开始一波盘整行情,股价波动幅度变窄,成交量持续萎缩,股价也下跌到 10 元以下。

2010 年 12 月 31 日受产业扶持政策和企业涉矿等双重利好消息的影响,股价直接以涨停开盘,随后几个交易日股价震荡走高,成交量持续放大,与此同时,短期均线先后

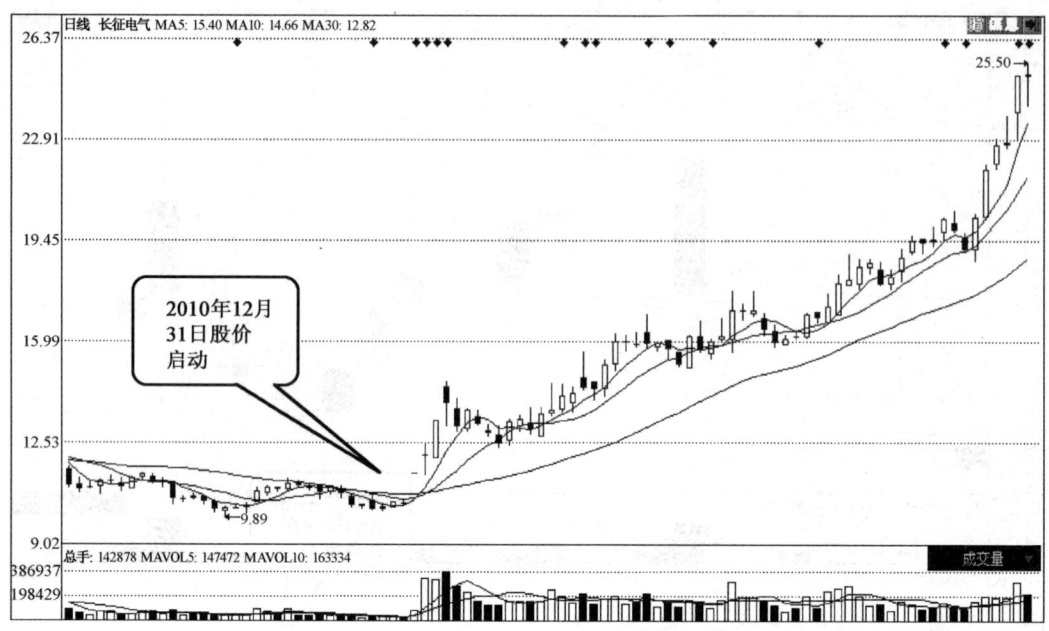

图 6-28 长征电气(600112)日 K 线走势图

上穿中长期均线后,均线呈多头排列,预示后市股价将向好的方向发展,投资者宜积极买入股票待涨。

下面再来看一下建发股份的走势,如图 6-29 所示。

图 6-29 中,建发股份的股价在 2011 年 2 月份一直以整理下跌为主,成交量持续走

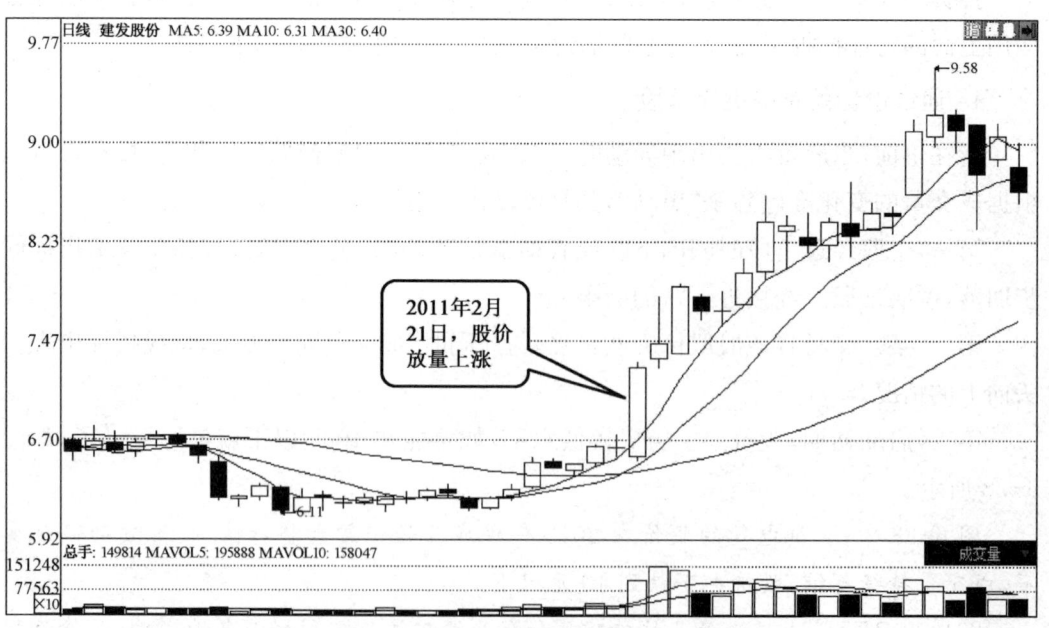

图 6-29 建发股份(600153)日 K 线走势图

低,各条均线也呈下降态势,预示后期行情并不理想。但是随着股价在底部区域的整固,各条均线逐渐出现向上拐头的迹象,2011年2月21日股价突然低开高走,成交量出现放大态势,短期移动平均线先后上穿中期移动平均线,预示股价将会出现一波上涨行情,投资者可以短线跟进买入。

2. 通过K线形态捕捉黑马股

这里的K线形态主要是指上涨分手线和V形反转形态。上涨分手线是指股价走势在K线图上收出的两根K线,先是收出一根阴线,接着又收出一根阳线,两根K线的开盘价相同或者接近。当K线走势出现这两种形态时,投资者应密切注意。其操作要点如下:

第一,当股价在下跌途中出现连续大阴线,将股价打到极低的位置,第二天出现一根大阳线,成功收复了阴线的区域,这根阳线与前一根阴线形成上涨分手线。投资者应该注意,这里所指的上涨分手线并不是严格意义上的上涨分手线,只要有一根阴线和一根阳线即可。

第二,当大阳线出现时,如果能有成交量放大与之相配合,将增强信号的准确性。

第三,当大阳线出现后,股价一路上涨,其走势与先前的下跌走势形成V形底,往往预示后面还会有一波上涨行情,投资者可以积极追涨,如图6-30所示。

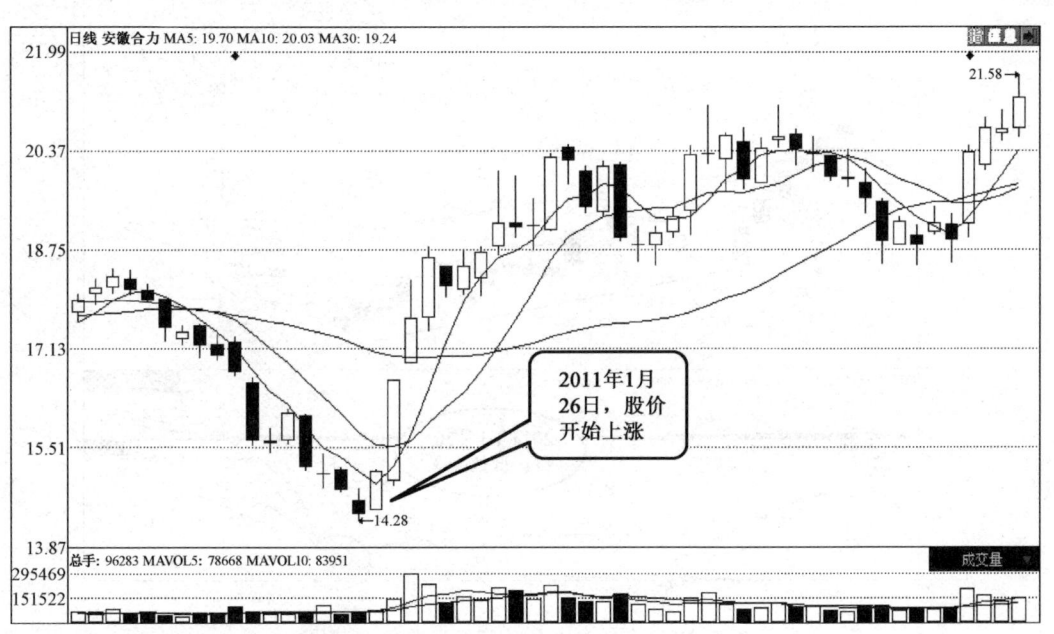

图6-30　安徽合力(600761)日K线走势图

图6-30中,安徽合力的股价从2011年1月初开始了一波下跌走势,在下跌过程中,不断出现大阴线,成交量也逐步萎缩,2011年1月25日,安徽合力的股价再次以一

根阴线收盘,这根阴线的出现,意味着之前的下跌走势还将持续。

2011年1月26日,股价低开高走收出一根大阳线,成交量也出现放大的态势,各条均线也出现拐头向上的行情。随后的几个交易日,股价连续上升,在K线图上留下V形反转的形态,预示股价后期将出现上涨行情,投资者宜积极买入股票。

3. 通过技术指标捕捉黑马股

投资者通过KDJ指标的底背离加上底部金叉,也是可以捕捉到黑马股的,具体操作要点如下:

第一,当股价出现一波比一波低的走势时,KDJ指标的三根曲线却不再创新低,而是出现拐头向上的情况,这说明KDJ指标的底背离出现,预示后期行情将会走好。

第二,当KDJ指标出现向上拐头时,K线自底部向上穿越D线指标形成黄金交叉,预示股价后期将会出现上涨情况。

第三,当KDJ指标金叉出现时,如果成交量能够同步放大,那么,后期股价上涨的可能性将更大,如图6-31所示。

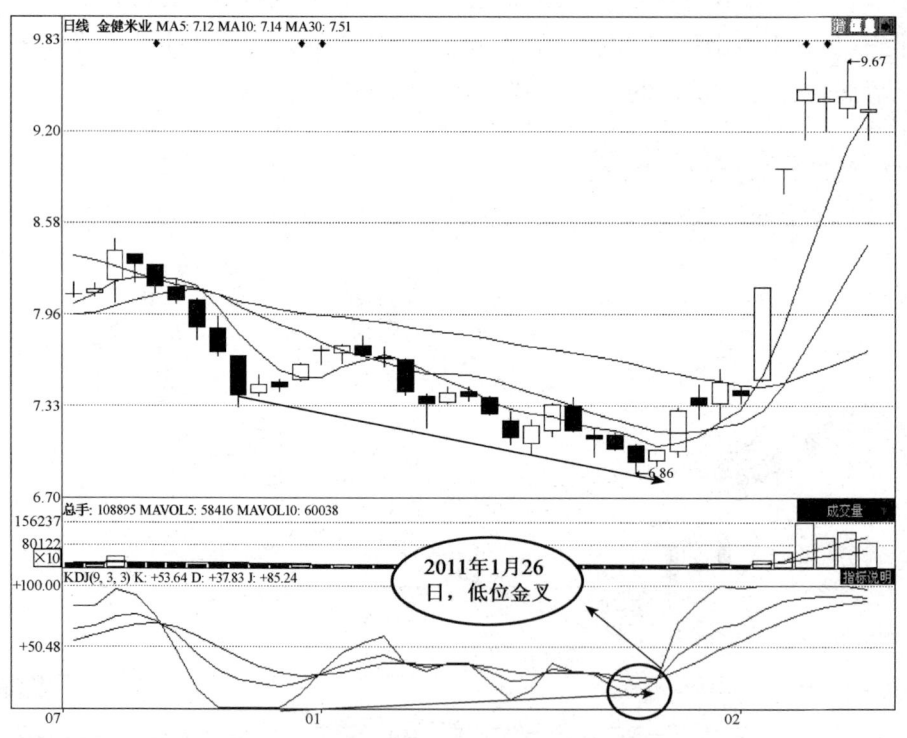

图6-31 金健米业(600127)日K线走势图

图6-31中,金健米业的股价从2010年年底开始走出了一波下跌走势,从2010年至2011年年初的一段时间内,股价走出一波比一波低的走势,与此同时,KDJ指标却出现一波比一波高的走势,说明指标与股价的底背离形态出现,预示后期股价将出现上

涨走势。

2011年1月26日,股价止住下跌趋势,开始上涨,与此同时,KDJ指标的K线自下向上穿越D线,形成低位金叉走势,也预示股价将出现上涨走势,投资者宜迅速跟进买入股票。

### 四、垃圾股掘金技巧

垃圾股,是指那些业绩较差公司的股票,是与绩优股相对应的股票。一般而言,垃圾股不存在投资价值,但是,它有时也会出现暴涨暴跌的行情,因而,对于波段投资者来说,时机合适操作一下垃圾股也是值得的。

垃圾股一般具有如下三个特征:

第一,业绩欠佳,长期亏损。这类公司要么经营不善,要么所处行业前景不理想,每股收益为负值,甚至更有净资产为负值者,股票简称前带"ST""*ST"是比较普遍的现象。

第二,走势萎靡不振,交易不活跃。这类股票在市场上普遍表现出萎靡不振的状态,股价在低位徘徊,交易量较低,年中分红较差。

第三,没有投资评级。一般股票,都会有专业的投资公司为股票出具投资评级或者投资研究报告,而垃圾股所在的企业却没有投资公司出具投资评级或投资研究报告。

#### (一)有重组预期的垃圾股

有重组可能的股票就有炒作的价值。一家上市公司的股票之所以沦为垃圾股,与企业的生存状况有很大的关系,但是,由于在我国,上市的公司永远只是少数的一部分,因此,上市的"壳"资源永远是有价值的。这就使得很多经营不善的公司为了保住自身的"壳"资源进行重组,一旦重组成功,自身就由"乌鸦"变成了"凤凰"。

在垃圾股中,有一些是比较容易进行重组且重组成功的,这些股票要么是股权十分分散,或者股权集中在大股东的手里且主业不明显,如图6-32所示。

经过5个多月停牌,*ST源发3月15日披露重大资产重组方案,以5.2元/股的价格向长江传媒定向发行4.87亿股,用于购买长江传媒拥有的"编、印、发、供"完整出版产业链,评估值为25.35亿元。

正是长江传媒的此次借壳上市行为,让*ST源发成功圆了"乌鸦变凤凰"之梦。以3月15日复牌时价格计算,*ST源发连续10个涨停板,累计涨幅已经超过63%。

下面再来看另一只重组股票的走势,如图6-33所示。

2011年1月7日,*ST宝硕发布重组预案,以定向增发的方式注入控股股东新希望化工投资有限公司旗下成都华融化工有限公司100%股权、甘肃新川化工有限公司

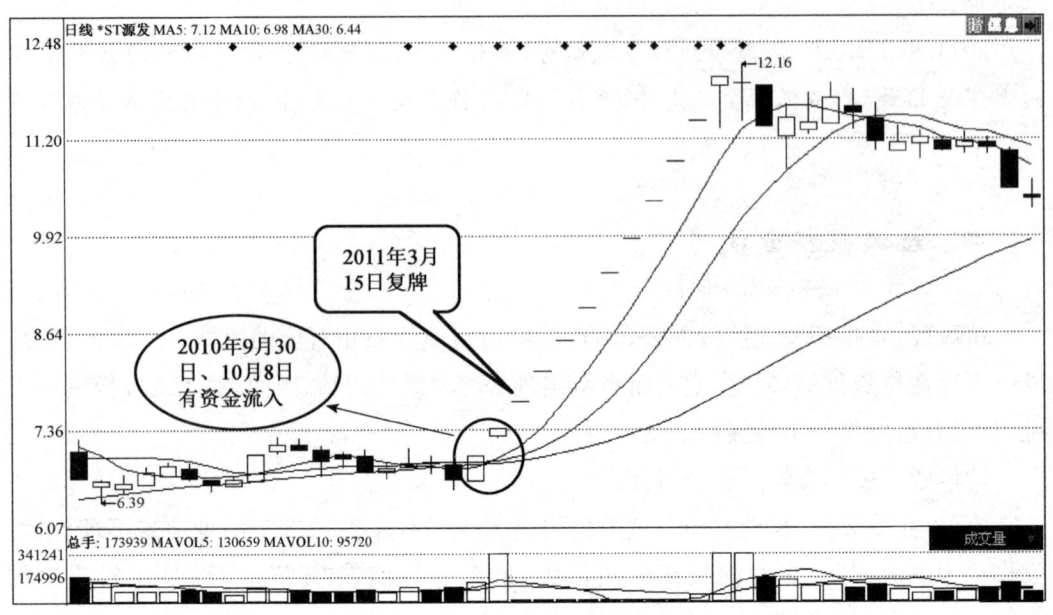

图 6-32　*ST 源发(600757)日 K 线走势图

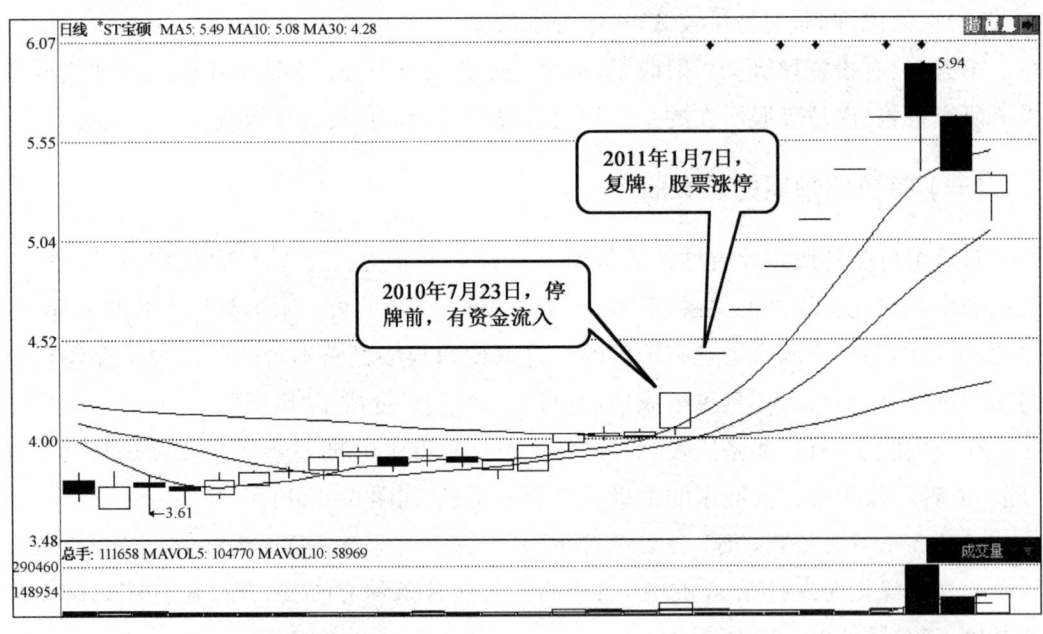

图 6-33　*ST 宝硕(600155)日 K 线走势图

100%股权。此前由于*ST 宝硕已经连续亏损即将被摘牌,但由于重组成功,*ST 宝硕保牌无忧,且又发动了一波上涨狂潮,如图 6-33 所示。

图 6-33 中,*ST 宝硕的股价在 2010 年 7 月 23 日停牌当日出现了大量资金流入,说明市场上已经有消息灵通的人士开始提前布局该股。2011 年 1 月 7 日,*ST 宝硕复

牌后立刻涨停,这时投资者如果想追涨已经基本没有希望。

由此可见,当一些垃圾股已经开始破产整顿之时,投资者都应保持足够的关注,一旦发现有大量资金流入时,就可以跟进买入股票。因为,如果该股票会退市,是不会有大量资金流入的,既然有大量资金流入,就说明已经有资金看好该股有重组预期了。

最后提醒一句:炒作垃圾股的收益和风险是相同的,既有可能让你的资金翻数倍,也可能让你血本无归。

### (二)有摘帽预期的垃圾股

相比于有重组预期的垃圾股,炒作有摘帽预期的垃圾股更为保险。每年年报公布之后,都会有一些 ST 股票摘掉 ST 的帽子,成为正常交易的股票。ST 股票摘帽说明该股已经走出经营困境,未来前景看好。正因如此,每年都会出现一波炒作摘帽股票的热潮。

摘帽股票的炒作主要包括三个阶段:一是年报公布前的业绩炒作阶段,股价一般表现为,在上升通道内缓涨;二是摘帽时的爆发阶段,股价表现为连续的涨停,一旦涨停被打开,股价回落的可能性很大;三是摘帽后的炒作阶段,由于很多摘帽股还拥有一定的后续题材,所以,还会有一些资金借机进行炒作。

1. 摘帽前的炒作

摘帽前的炒作一般是从第三季报公布之后开始的。一般情况下,如果第三季报公布盈利的个股,全年实现扭亏为盈的希望都比较大,因此,很多资金就会在第三季报公布之后,进入这些垃圾股,然后坐等股价上涨带来的利润,如图 6-34 所示。

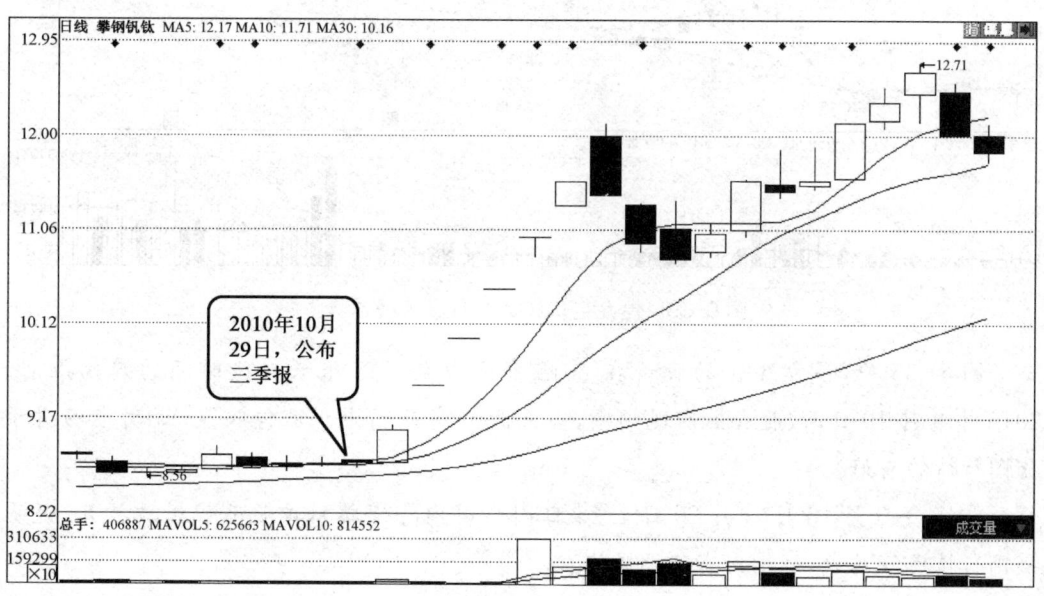

图 6-34　攀钢钒钛(000629)日 K 线走势图

图6-34中,攀钢钒钛的股价在2010年11月之前一直呈低位震荡走势,股价始终没有大的波动。2010年10月29日,攀钢钒钛公布当年的第三季度财报,财报公布了公司已经扭亏为盈的消息,这时,投资者可以确定攀钢钒钛当年的扭亏为盈已经成为定局,随后,股价开始一路上涨。

投资者这时应该注意,炒作这类股票是存在风险的,一旦第四季度出现亏损,那么,股价还会出现回落,因此,投资者应该始终抱着一种波段投资的心态,但股价出现破位下跌时,立即卖出股票。

2. 摘帽过程中的炒作

当ST股票摘帽之后,往往会出现一波炒作狂潮。这时的炒作非常凶狠,基本以涨停的形式出现,一旦涨停结束,即宣告炒作结束。ST股票摘帽后出现的涨停数量各不相同,有的只出现一天,有的则持续数日,当然还有当天下跌的情况,对于这些投资者都应该有所准备,如图6-35所示。

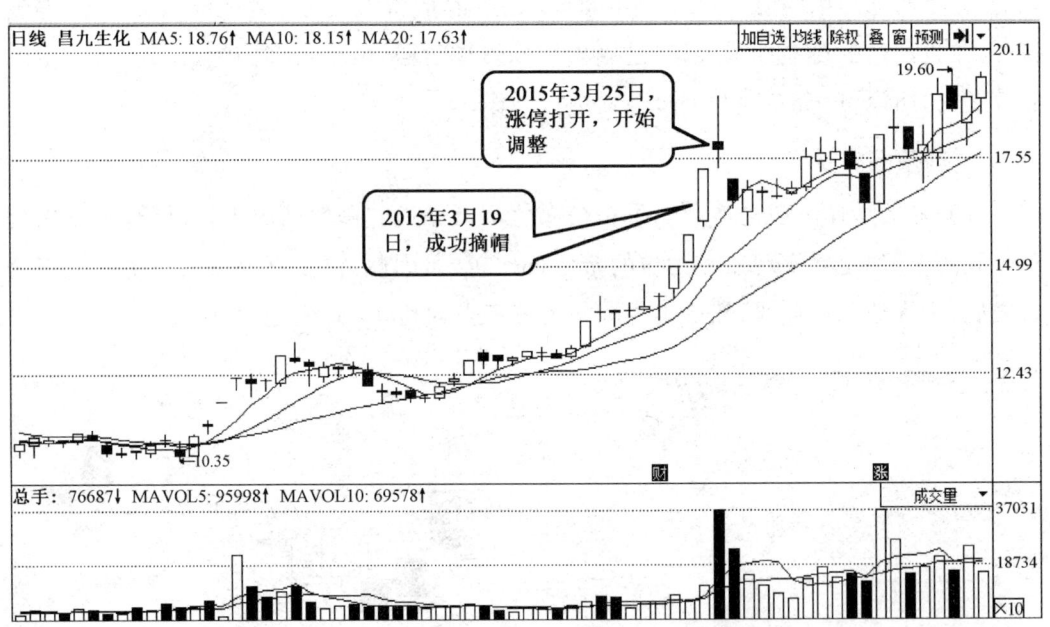

图6-35 昌九生化(600228)日K线走势图

图6-35中,昌九生化的股价在2015年年初经历了很长一段时间的震荡上涨。2015年3月19日,该股成功实现摘帽,当天股价高开高走以涨停收盘,说明市场对于摘帽行情的看好。

2015年3月15日(3月20日至25日因公司内务停牌),该股涨停板被打开,说明摘帽行情已经结束,短期内有回调风险。

从该股的日K线走势图可以看出,摘帽行情的大波段涨幅都是在摘帽之前完成的,一旦真正摘帽,就如同利好兑现一样,往往意味着行情的结束。

利好兑现有可能变利空。ST股票摘帽时,由于市场上大多数投资者已经预见到摘帽的可能,所以,在前期的股价走势上已经反映出来了,这样,摘帽当天有一些资金就会趁着利好兑现之时出货,所以,摘帽当天股价冲高回落,乃至下跌都是有可能的。

3. 摘帽后的炒作

很多ST股票在摘帽之后,由于自身所具备的题材,往往还会被大肆炒作一番。并不是每只ST股票摘帽后都会有这番炒作的,一般只有具备特殊题材的才会被炒作。同时,这波炒作也是在摘帽行情炒作结束,完成调整之后开始的。投资者不可过早入场,以免自身陷入被动局面,如图6-36所示。

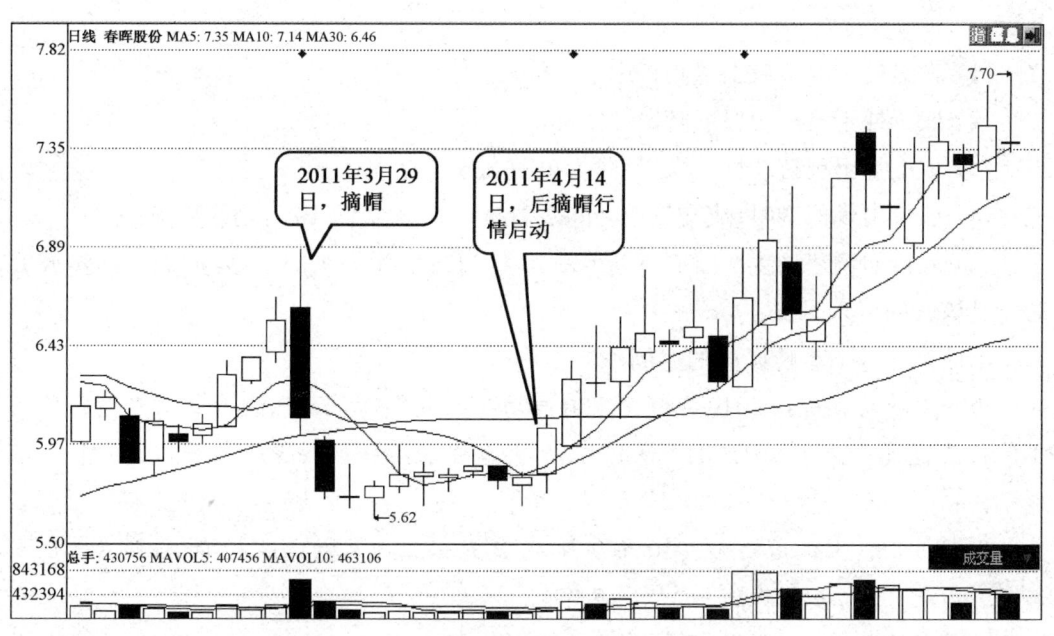

图6-36 春晖股份(000976)日K线走势图

图6-36中,春晖股份于2011年3月28日公布摘帽,3月29日是摘帽后第一天交易,股价冲高回落,全天跌幅达7.03%,换手率达到15.91%,说明炒作摘帽行情的资金于当天开始外流。投资者从这里也可以看出,ST股票摘帽,也就意味着利好的兑现,所以,这一天股价也是有可能出现下跌的。投资者这时应该注意,如果摘帽当天股价不能封住涨停板,那么,投资者一定要撤出该股,以防利润受损失。

由于春晖股份不仅具有摘帽题材,而且还有一季度预增概念,所以,很多资金在摘帽行情刚过,又开始炒作该股的预增概念。2011年4月14日,股价开始新一波的启动,随后一路上涨。

尽管市场上一季度预增的股票有很多,但ST股票由于其自身价位较低,所以,比较容易受到资金的青睐,尤其是一些著名散户资金的青睐。由此可见,投资者在炒作ST股时,不仅要看其有无摘帽行情,更要看其有无后续题材。

## 五、狙击强势股技法

### (一) 量价齐升选牛股

股价的上涨源于资金的流入。而一只即将启动大幅上涨的股票,往往启动之前就会有资金流入,而随着资金的流入股价也会不断地上涨。正因如此,量价齐升就成了强势股最重要的一个特点。投资者通过量价齐升的方法选择强势股时需要注意以下几点:

(1) 大盘处于盘整或上涨趋势中;

(2) 股价处于盘整阶段或阶段性底部;

(3) 成交量出现持续性放大,且股价也随之逐步上涨;

(4) 股价出现回调时,成交量也会随之萎缩,5日均线向10日均线靠拢;

(5) 股价回调遇均线支撑而重新上涨,5日均线重新拐头向上,且成交量同步放大时就是该股的买入时机。

下面来看一下金岭矿业的案例。

金岭矿业的股价在2010年9月下旬启动了一波上涨,此时,大盘正从盘整行情向上涨行情过渡。尤其是从2010年9月底,大盘发动了一波快速上涨行情,如图6-37所示。

图6-37中,上证指数从2010年9月30日开始正式启动上涨行情,指数不断创出新高。由此可见,此时非常适宜短线操作。

大盘环境适宜个股短线操盘,投资者还需选择合适的操盘目标股,因为,毕竟大盘上涨不等同于所有的股票都会上涨。下面来看一下金岭矿业的日K线走势图,如图6-38所示。

图6-38中,金岭矿业的股价从2010年9月30日开始随大盘启动了一波上涨行情,与此同时,成交量也同步放大,形成量价齐升态势。这说明该股上涨趋势良好,投资者可以择时进驻该股。2010年10月18日,该股股价出现回调整理,成交量也出现萎缩,且5日均线向10日均线靠拢。当股价下跌到10日均线附近时,因受到10日均线的支撑而重新上涨,10月21日,该股股价K线重新站到5日均线以上,且5日均线也重新拐头向上,投资者可以于次日买入该股。

图6-38介绍的是金岭矿业的案例,下面再来看一下博盈投资的案例。

博盈投资的股价在2010年7月初启动了一波上涨,此时,大盘正从下跌走势向上

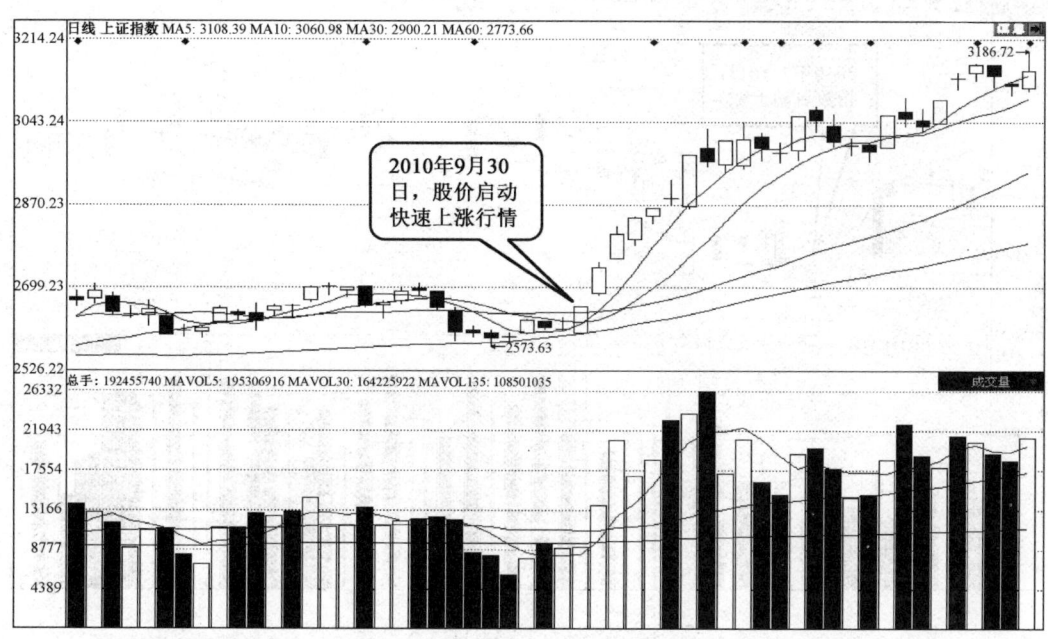

图 6-37　上证指数(1A0001)日 K 线走势图

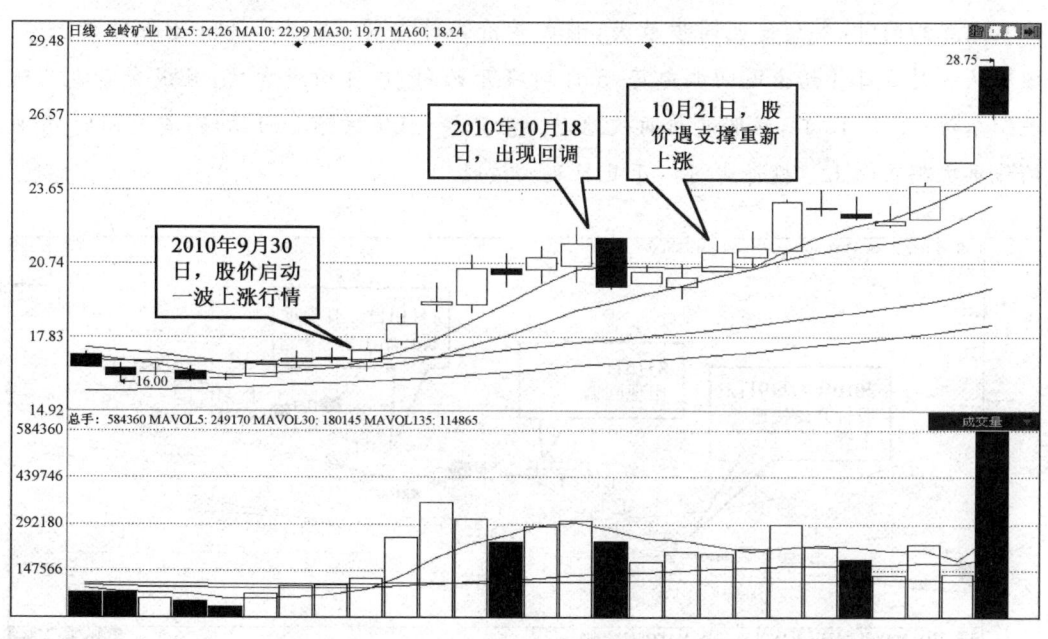

图 6-38　金岭矿业(000655)日 K 线走势图

涨走势过渡。从 2010 年 7 月初开始,大盘发动了一波震荡上涨行情,如图 6-39 所示。

图 6-39 中,上证指数从 2010 年 7 月 6 日开始启动上涨行情,此时比较有利于进行短线操盘。

投资者可以再观察一下博盈投资的日 K 线走势图,如图 6-40 所示。

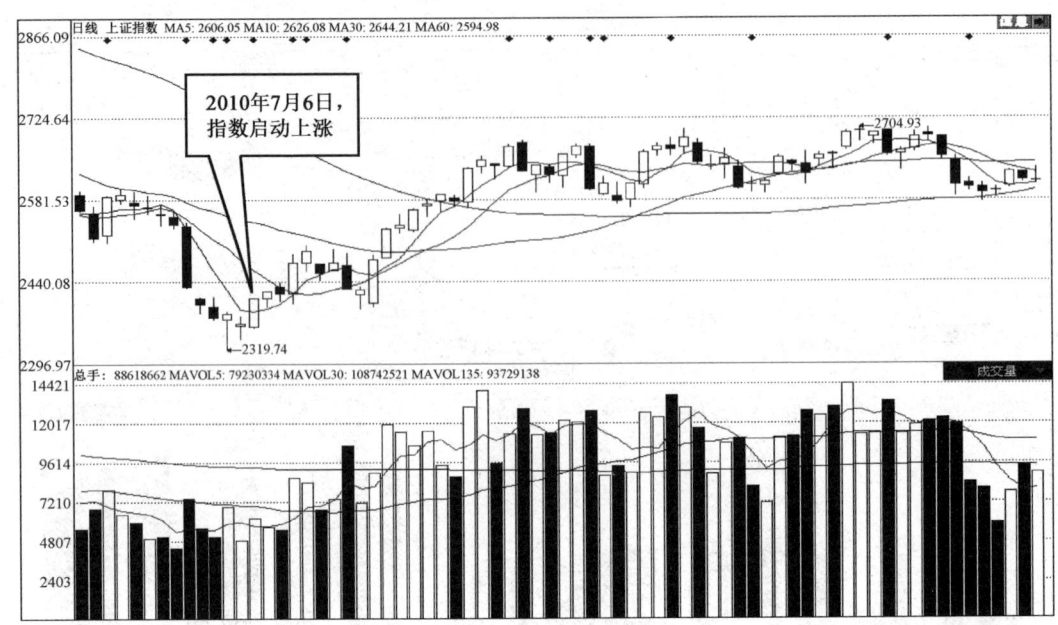

图 6-39　上证指数(1A0001)日 K 线走势图

图 6-40 中,博盈投资的股价从 2010 年 7 月 19 日开始启动一波快速上涨行情,股价在上涨的同时,成交量也同步放大,形成量价齐升态势,这预示股价还将继续上涨。该股从 8 月 5 日开始出现回调走势,5 日均线开始向 10 日均线靠拢,且成交量也出现萎缩态势。8 月 13 日,该股股价再次启动上涨行情,且突破了 5 日均线,与此同时,5 日均线再次拐头向上。投资者可以于此时买入该股。

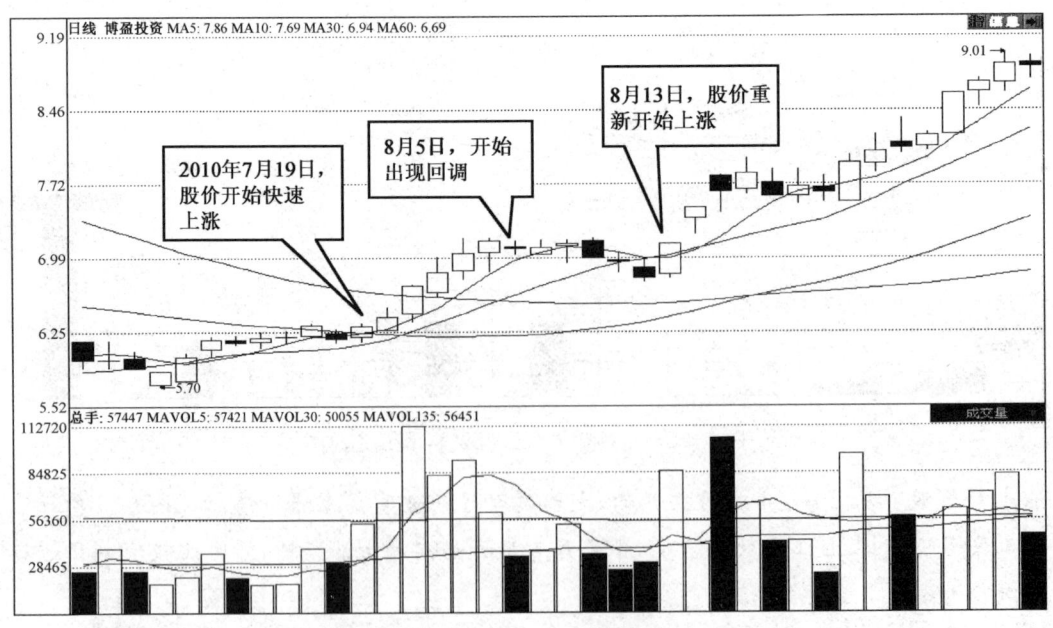

图 6-40　博盈投资(000760)日 K 线走势图

### (二) 上升趋势找强股

股价的运行有其惯性,且惯性一旦形成很难改变。一只股票如果形成了上升趋势,那么,在相当长的时间内,这种趋势将持续下去。投资者如果能找到这样的股票,就可以稳获股价上涨带来的收益。投资者通过上升趋势的方法选择强势股时需要注意以下几点:

(1) 大盘处于盘整或上涨趋势中;

(2) 股价沿上升趋势线或上升通道运行,且股价与成交量呈现同步增减的态势;

(3) 股价出现回调时,成交量也会随之萎缩,5日均线向10日均线靠拢;

(4) 这类股票买入点有两个:一是股价回调遇上升趋势线支撑而重新上涨时;二是股价突破了通道上轨出现加速上涨时。

下面来看一下丰乐种业的案例。

丰乐种业的股价在2010年7月初启动了一波上涨,此时,大盘正从下跌走势向上涨走势过渡。从2010年7月初开始,大盘发动了一波震荡上涨行情,如图6-41所示。

图6-41中,上证指数从2010年7月6日开始启动上涨行情,此时比较有利于进行短线操盘。

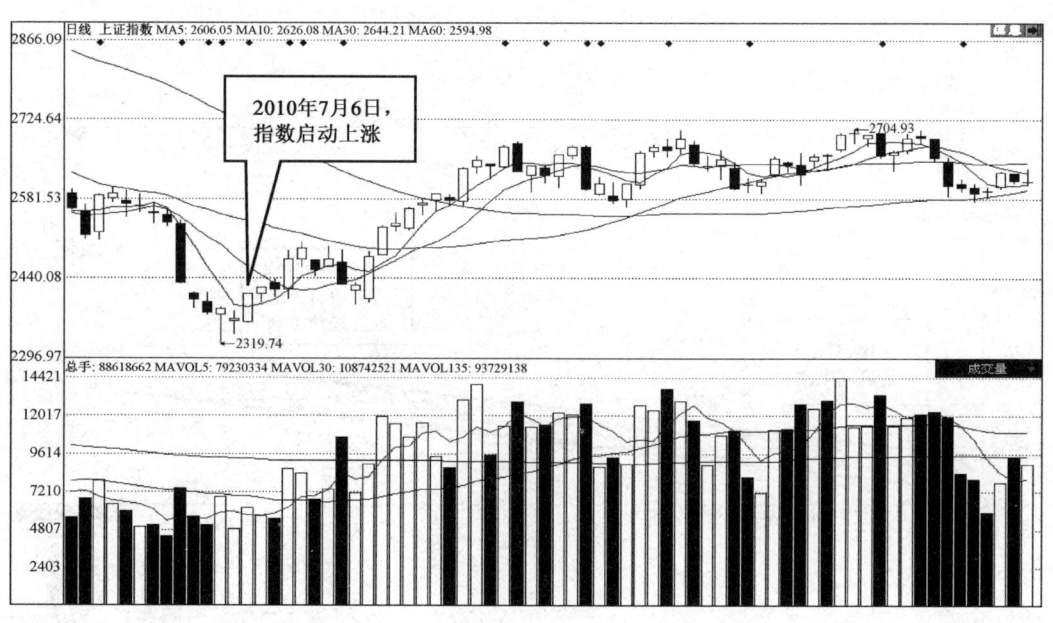

图6-41 上证指数(1A0001)日K线走势图

投资者可以再观察一下丰乐种业的日K线走势图,如图6-42所示。

图6-42中,丰乐种业的股价从2010年7月6日启动上涨后,一路沿着上涨趋势线上升,且股价与成交量同步出现量涨价增、量缩价跌的态势。从9月9日开始,处于上升趋势中的丰乐种业出现回调走势,且成交量同步减少,当股价下跌到趋势线附近时,

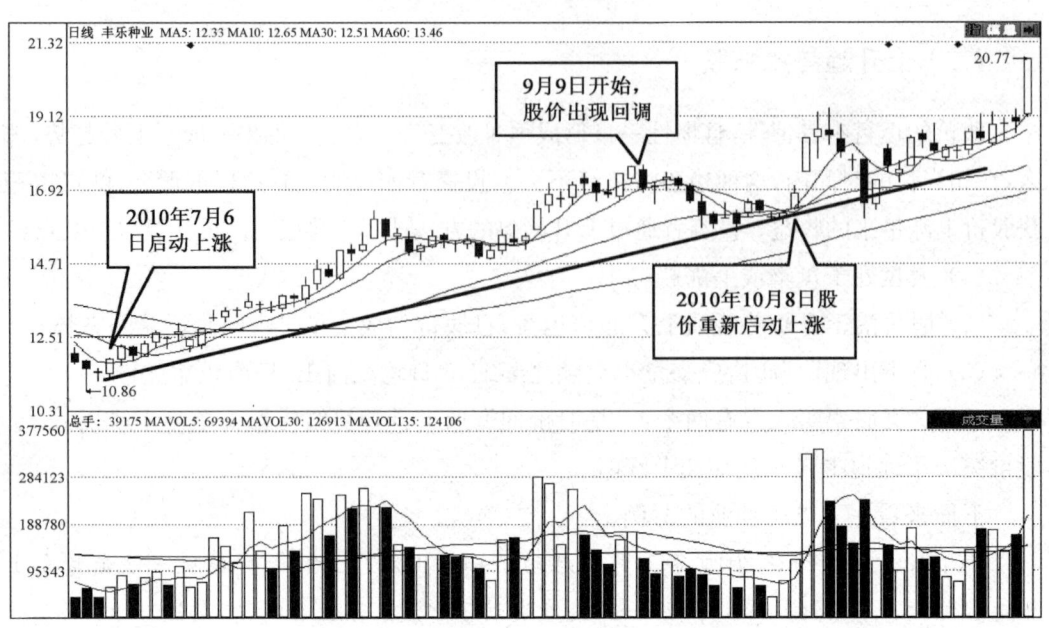

图 6-42　丰乐种业(000713)日K线走势图

也正是30日均线附近,股价遇支撑而出现重新上涨。2010年10月8日,股价大幅上涨,且迅速突破5日均线,投资者可以于此时买入该股。

下面再看一下中核科技的案例,如图6-43所示。

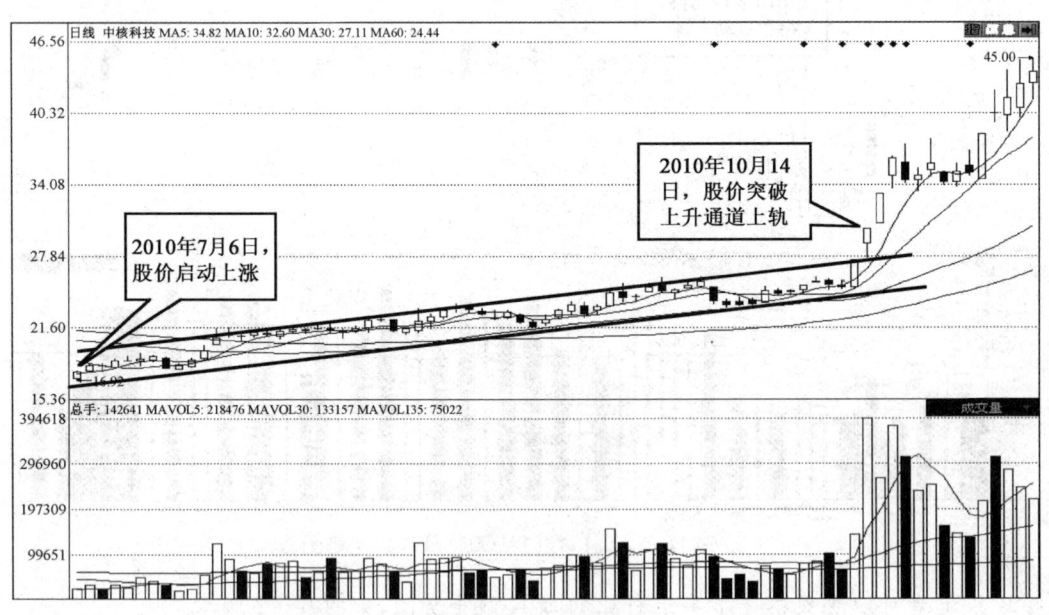

图 6-43　中核科技(000777)日K线走势图

图6-43中,中核科技的股价从2010年7月6日开始启动一波缓慢上涨的行情。与此同时,大盘也同步出现上升势头(如图6-42所示)。中核科技在上涨过程中形成了

一个明显的上升通道,股价上涨触及通道上轨就出现回调,股价下跌到通道下轨就加速上涨。2010年10月14日,中核科技的股价突破上升通道的上轨,且各条均线出现多头发散排列,这说明股价将要加速上涨,投资者可以于此日买入该股。

### (三) K线突破形态辨强股

单根K线发出的买入或卖出信号准确性较差,但多根K线构成的K线组合形成的价格形态所发出的信号准确性却是很高的。投资者通过K线突破形态的方法选择强势股时需要注意以下几点:

(1) 大盘处于盘整或上涨趋势中;

(2) 股价在下跌或盘整过程中形成特定的K线形态,如双底形态、头肩底形态、矩形整理形态、楔形形态等;

(3) 股价携量突破K线形态时,往往就是该股的最佳买点。

下面来看一下东北证券的案例。

东北证券的股价在2010年7月初启动了一波上涨行情,此时,大盘正从下跌走势向上涨走势过渡。从2010年7月初开始,大盘发动了一波震荡上涨行情,如图6-44所示。

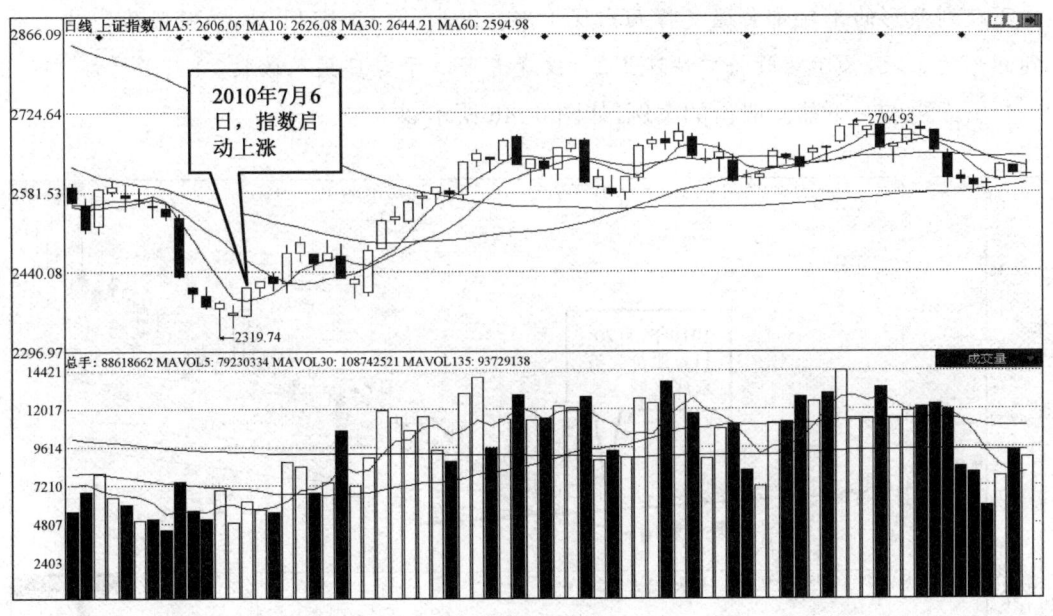

图6-44 上证指数(1A0001)日K线走势图

图6-44中,上证指数从2010年7月6日开始启动上涨行情,此时比较有利于进行短线操盘。

投资者可以再观察一下东北证券的日K线走势图,如图6-45所示。

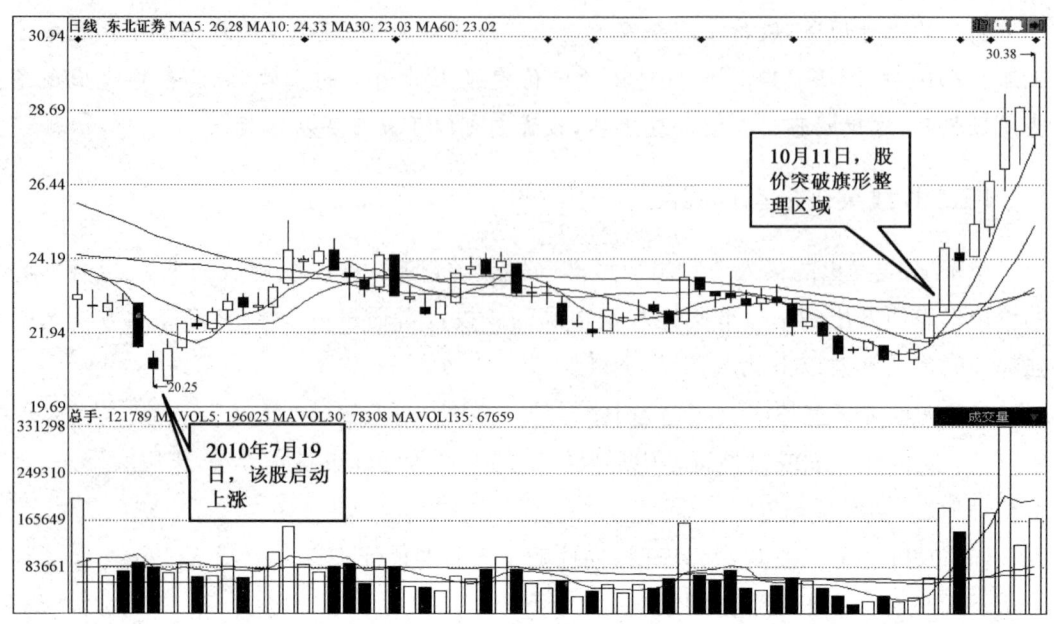

图6-45 东北证券(000686)日K线走势图

图6-45中,东北证券的股价从2010年7月19日开始启动了一波上涨行情,且不久之后就进入上升旗形整理区域,股价每次上升到旗形的上轨都会遇阻而出现下跌,每次下跌到旗形的下轨都会遇支撑而出现上涨。2010年10月11日,该股股价突破上升到旗形的上轨,预示该股将要快速上涨,投资者可以于当日买入该股。

下面再看一下盐湖股份的案例,如图6-46所示。

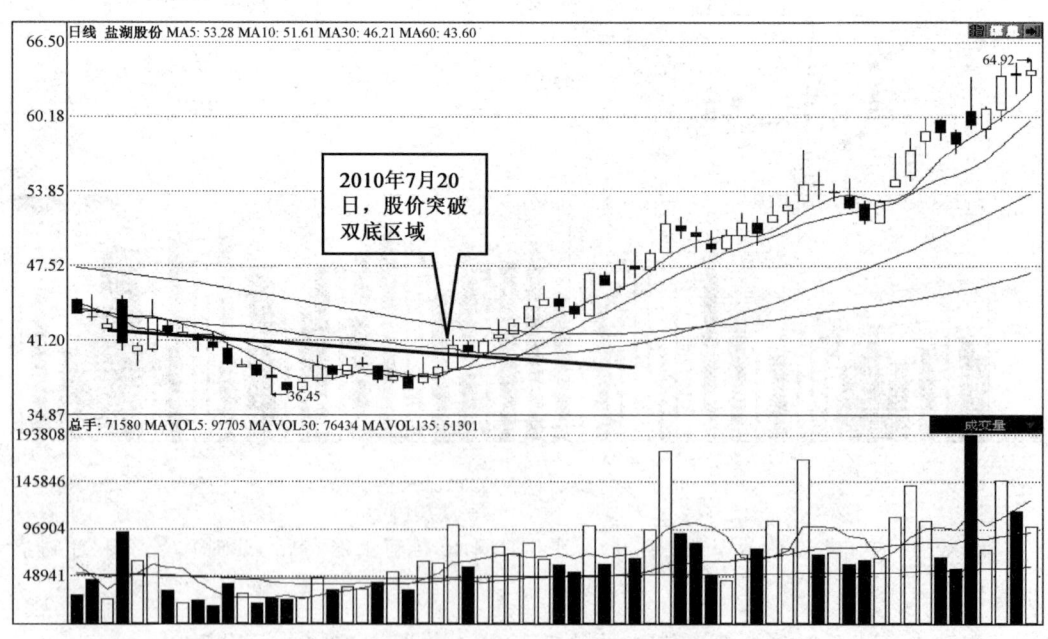

图6-46 盐湖股份(000792)日K线走势图

图 6-46 中，盐湖股份的股价从 2010 年 6 月下旬到 7 月下旬期间走出了一个双底形态。与此同时，大盘也同步出现上升势头，如图 6-44 所示。盐湖股份的股价在 2010 年 7 月 20 日突破双底形态的颈线位置，且成交量也同步出现放大态势，预示该股其后将发动一波较大的上涨行情。投资者可以在突破当日买入该股，也可以在股价已经完全突破各条均线之后再买入。

# 第七章 超简单超实用的炒股方法

<u>方法,永远是越简单、越容易赚钱就越好</u>。只要运用得当,就能达到"一招鲜,吃遍天"的效果。本章介绍的几种炒股方法都是在实战中经过验证,确实有效的方法。不过,每只股票的庄家和主力都有其独特的操盘规律,读者在应用时,还需要在熟悉股票运行规律后加以灵活运用。

## 一、买在加速上涨时

股票不会按照同样的速度上升,就像汽车不会保持同样的速度一样。当一只股票在上涨过程中,由缓慢攀升开始转变为快速上涨时,就标志着股价进入了加速上涨阶段。而这一转折点就是加速上涨的启动点。作为投资者,如果能够抓住这一转折点就能在未来的几个交易内实现轻松获利。

买在加速上涨时,即买在这一转折点上,是每个短线交易者的心愿。投资者可以通过下面几点来判断这一转折买入点。

第一,股价沿着某一上升趋势线运行一段时间后放量突破重要阻力位。这一阻力位包括移动平均线、趋势线、前期高点等位置。

第二,股价突破阻力位的同时,成交量相对于前几日必须有明显的放大。

第三,股价突破阻力位时,均线出现多头发散排列。

### (一)突破上行通道后加速

某只股票若在某一通道内波动,且该通道呈向右上方倾斜,则说明该股正处于上行趋势中。若股价放量突破通道上沿,则说明股价即将加速上涨,投资者宜立即追涨买入该股。

图7-1中,深物业A的股价从2011年1月底开始一路沿上升通道运行,上升节奏越来越快,股价上涨遇通道上轨出现回调;股价下跌遇通道下轨出现上涨。2011年5月5日,该股股价突破上升通道的上轨,且成交量同步出现放大态势。此时,再观察一下各条均线可知,各条均线呈多头发散排列,预示该股股价将要发动一波快速上涨行

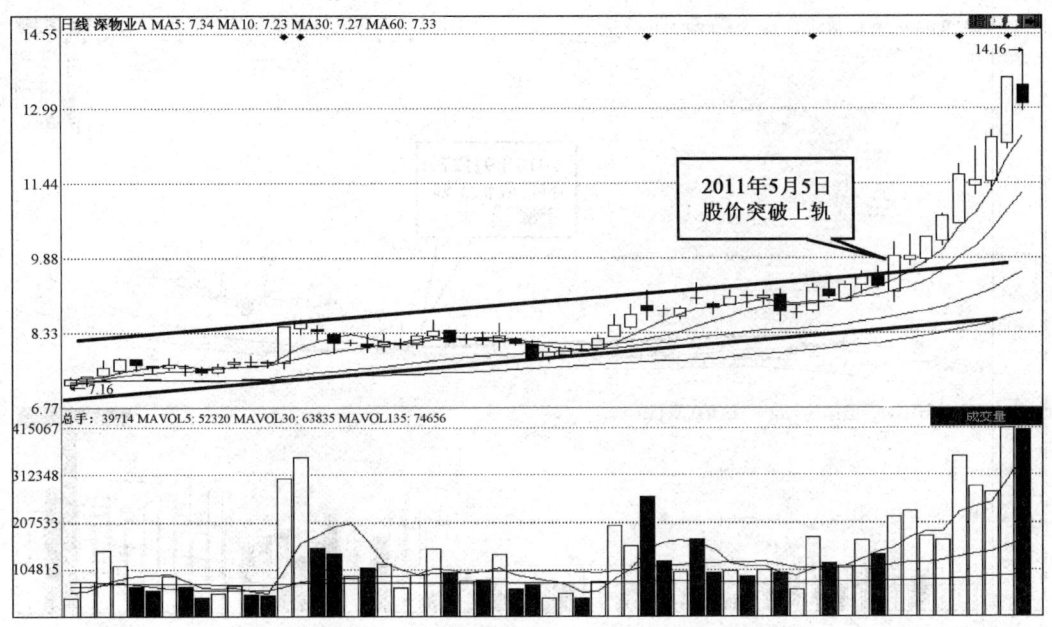

图 7-1　深物业 A(000011)日 K 线走势图

情。投资者可以于 5 月 5 日当天介入该股。止损位可以设置在上升通道的上轨线；止盈目标可以大胆设置到股价上涨幅度的 30%。一般这类由缓慢上升转变为快速上涨的股票都会有一轮可观的涨幅。

投资者需要注意一点，一般股价开始加速上涨时，也是股价阶段性顶部来临之际。此时，既是短线利润最丰厚的时候，也是风险最大的时候。投资者介入该股之后，且不可恋战，达到预期止盈目标或者股价出现明显见顶迹象时，要迅速撤出该股。

### （二）突破趋势线加速上升

某只股票若在某一趋势线以下区域运行，且股价每次上升至趋势线附近时，均因趋势线的阻力而回调，则说明该趋势线对股价有很强的阻力作用。若某一交易日股价放量突破趋势线，则说明股价即将启动一波加速上涨行情。

荣华实业的股价从 2010 年 8 月至 9 月底期间走出了一波盘整走势，股价始终位于趋势线的下方，如图 7-2 所示。

图 7-2 中，荣华实业的股价从 2010 年 8 月初开始出现底部盘整行情。股价一直位于趋势线下方。2010 年 9 月 27 日，该股突然发动上攻，股价直逼涨停板，一举突破趋势线的压制，且成交量异常放大到平时的数倍。这说明该股即将发动一波快速上涨，投资者可以考虑买入该股。

投资者这时如果看一下此时段的大盘走势图就会发现，此时正是大盘发动上攻之

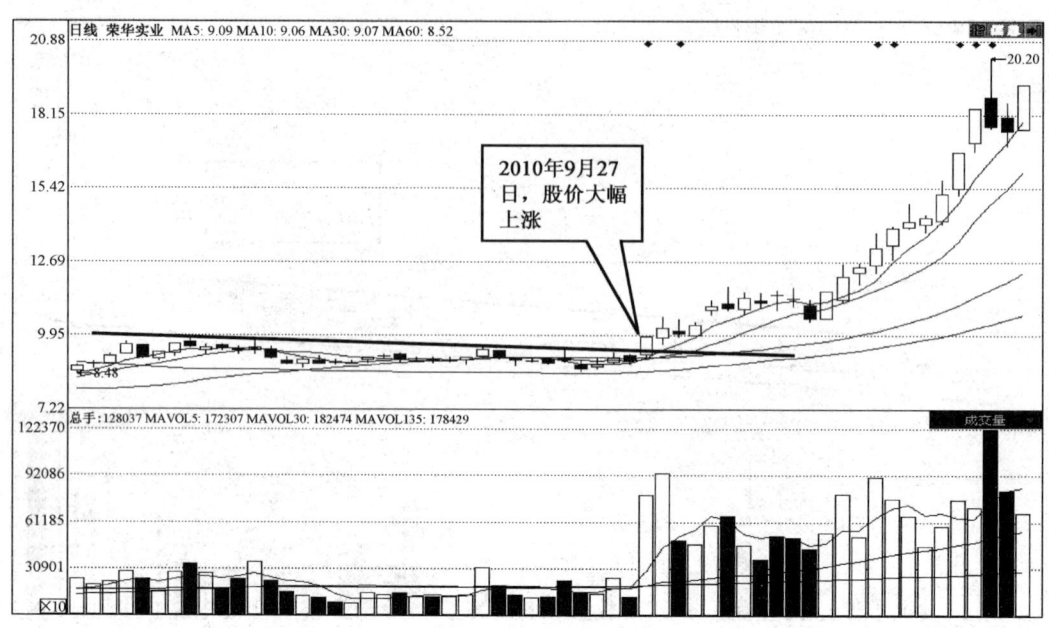

图 7-2 荣华实业(600311)日 K 线走势图

际,也就是说,荣华实业的上涨外围环境良好。投资者买入该股时,可以将趋势线位置设定为止损位,而将股价上涨 30% 作为止盈位。

## 二、主升段追涨技法

股票的走势分为:筑底阶段、上升阶段、筑顶阶段和下跌阶段等四个阶段。在这四个阶段当中上升阶段又可划分为缓慢攀升段、调整段和主升段三个阶段。当然,这三个阶段在一波上涨行情中未必会全部出现,有时没有调整段、有时没有缓慢攀升段,但主升段是必不可少的。

主升段是上涨行情中上涨速度最快、涨势最凶猛、上涨幅度最大的阶段。对于短线交易者来说,抓住了主升段就抓住了投资收益。

### (一) 主升段的识别

投资者想要抓住主升段必须首先识别主升段。主升段一般具有如下几个特征:

第一,股价已经脱离底部区域,K 线呈上升趋势,且上升角度较大,一般大于 30 度;

第二,均线出现多头发散排列,股价位于各条均线之上。上涨过程中股价偶有跌破均线之时,但很快又会回到均线之上;

第三,成交量出现放大态势,且随着股价的上涨而增加。当股价出现回调时,成交量也同步萎缩。

下面来看一下晋亿实业的案例,如图 7-3 所示。

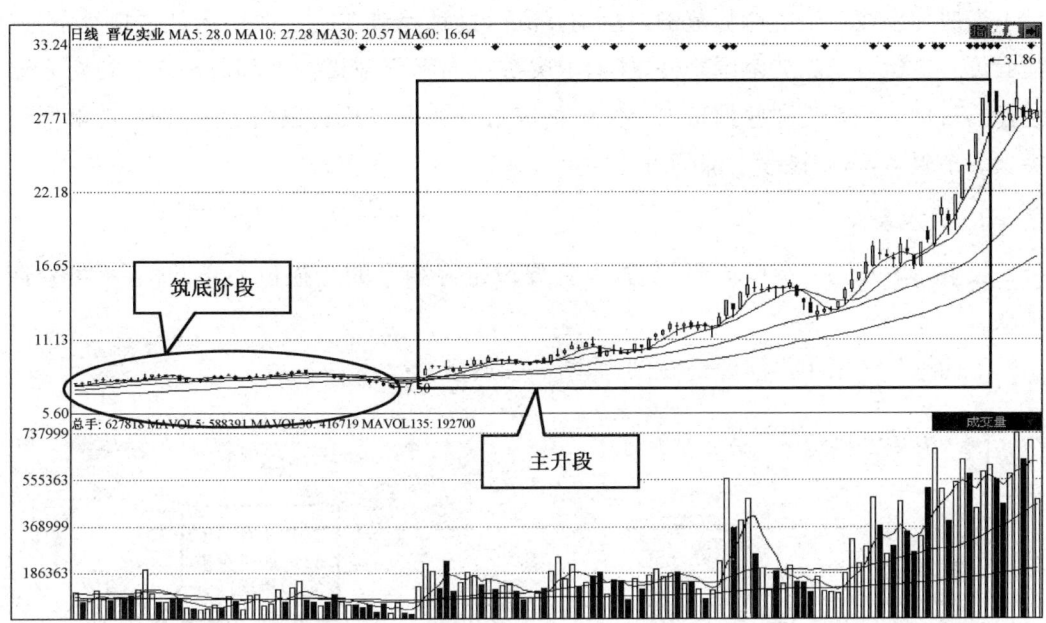

图 7-3　晋亿实业(601002)日 K 线走势图

图 7-3 中,晋亿实业的股价从 2010 年 6 月开始震荡筑底,股价不断缓慢上升,成交量也不断攀升,均线系统逐渐黏合在一起。这说明该股处于筑底阶段。

2010 年 9 月底,晋亿实业的股价期初出现了一波回调,接着随着大盘的上涨发动了一波快速上涨行情,成交量也同步出现剧烈放大,预示该股开始进入主升段。晋亿实业的股价的主升段持续时间比较长,这说明该股庄家的实力较强,投资者如果能够在主升段初期就进驻该股,就会有一个不错的收益。

2011 年 1 月底至 2 月初这一段时间内,该股经过一波加速上涨,股价达到 31.86 元的高位后出现震荡回调,成交量无法继续放大,这说明该股进入震荡筑顶阶段,投资者此时应该迅速撤离该股。

### (二) 追击主升段

能够识别主升段不等同于能够抓住主升段。投资者想要抓住股票上升的主升段需要注意以下几点。

#### 1. 划定震荡区间

投资者首先需要观察目标个股的运行趋势,看是否在一定趋势空间内震荡运行,如矩形空间、三角形空间等,或者沿着某一条趋势线运行。总之,投资者买入个股之前一定要选择运行趋势明朗的,不要选择那些没有明确运行方向的股票。

2. 寻找突破点

个股如果在一定的趋势范围内运动,那么,这种趋势在一定时间内就会持续下去。而股价一旦运行到趋势范围之外,如向上突破或向下突破投资者都应注意。投资者要选择的目标个股就是那些携量向上突破的股票。如果该只股票向上突破时,能够同时突破多个阻力位,则该股上涨的可能性更大。

3. 买入条件

投资者发现向上突破的股票时,一定要设定好相应的止损位和止盈位,不可仓促追涨。

下面来看一下中煤能源的案例,如图7-4所示。

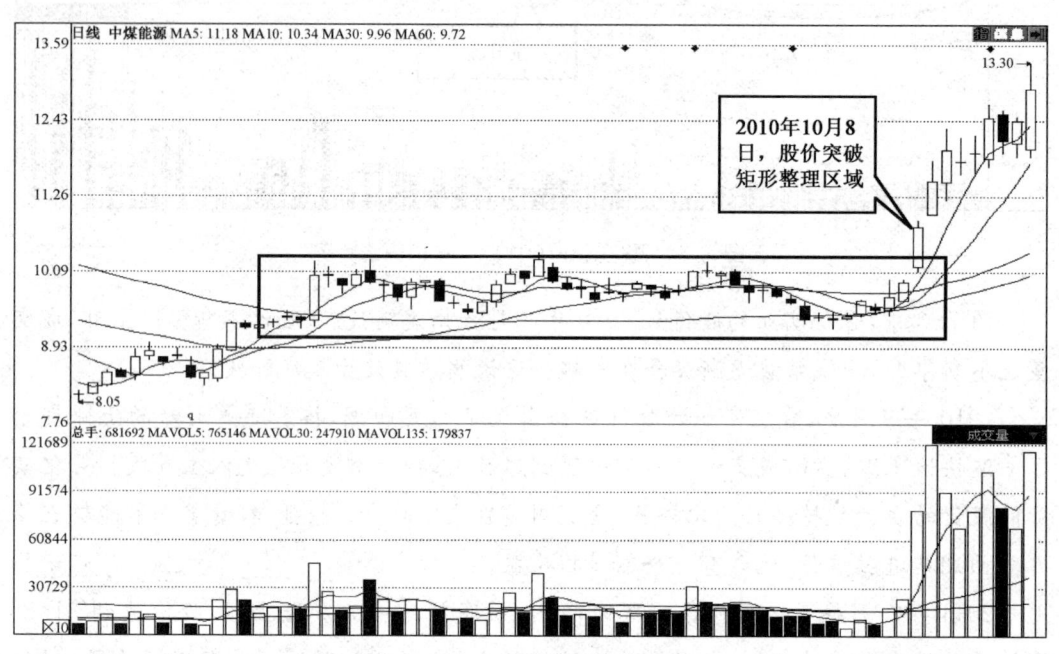

图7-4　中煤能源(601898)日K线走势图

图7-4中,中煤能源的股价从2010年7月底进入矩形盘整区域,股价在几个月的时间里一直在矩形内部震荡。2010年10月8日,中煤能源的股价放量突破矩形整理区域,与此同时,各条均线呈多头发散排列,预示该股进入主升段,将要发动一波快速上涨行情。

投资者买入该股时,可以将矩形的上边线作为止损位,将股价上涨30%的幅度作为止盈位。股价K线如果跌破5日均线,则可卖出该股。

事实上,很多股票并不会出现这么规则的整理行情,然后再发动上攻。有些股票在发动上涨前还会故意走出一波下跌的行情。下面来看一下中国平安的案例,如图7-5所示。

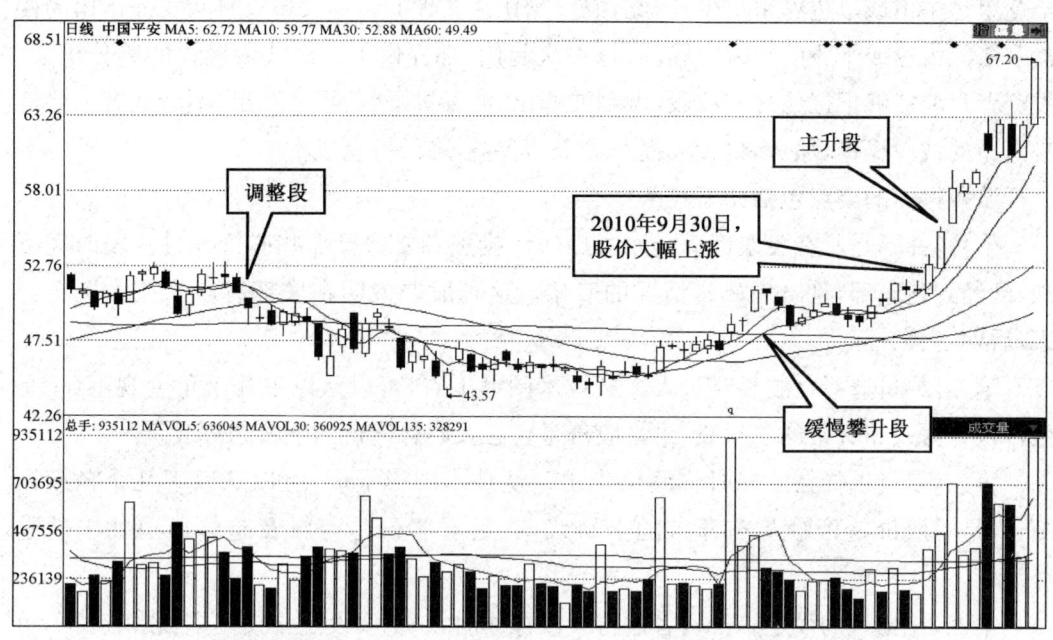

图 7-5 中国平安(601318)日 K 线走势图

图 7-5 中,中国平安的股价经过一轮上涨之后,从 2010 年 4 月下旬开始走出一波调整走势,股价不断走低,成交量也同步出现萎缩。这说明该股进入调整段。

2010 年 5 月 21 日,中国平安的股价创下 43.57 元的低点之后出现震荡上升走势,标志着该股进入缓慢攀升段。

2010 年 9 月 30 日,中国平安的股价大幅上涨,且突破调整段之前创下的前期高点。观察一下均线系统可知,均线在股价启动之前已经出现多头发散排列,预示股价将要进入主升段,未来涨势可期。

投资者买入该股后,可以将止损位设置在前期高点位置,止盈位设置为股价涨幅的 30%,股价如果有效跌破 5 日均线,投资者可以卖出该股。

投资者对比"买在加速上涨时"的内容就可以发现,主升段追涨技法与其十分相似。两者区别在于,"买在加速上涨时"股价可以不处于主升段,主要有一段时间的加速上涨就可以;而投资者追涨主升段时,需要辨明股价所处的阶段。投资者如果能够辨明股价所处的各个阶段,止损位与止盈位的设置就可以更加宽泛一点,防止被庄家震仓震出局。

### 三、震荡市里做波段

波段操作就是指投资者在价位高时卖出股票,在价位低时买入股票的投资方法。

毕竟单边牛市或单边熊市很少,因此,波段操作是一种能够在大多数时间发挥作用的操盘手法。大盘或个股的每一次震荡、每一次起伏,都提供了一次波段操作的绝佳机会。投资者只要能够把握住这些波段,做到波峰出、波谷进,然后再波峰出,不断地做一些低吸高抛的波段操作,那么,将大大提升资金的收益,降低持仓成本。

波段操作的要点包括如下几条:

第一,并不是所有股票都适合波段操作。投资者要选择那些股价经过一段时间下跌,已经到达底部,且出现放量情况的股票。这种股票说明在底部有庄家或大资金介入,后期走势看涨。

第二,尽量选择在波谷时买入。从技术图形上看,可以从以下几个角度观察:一是股价是否触及布林带的下轨线;二是股价是否触及趋势通道的下轨趋势线。

第三,尽量选择在波峰时将股票卖出。从技术图形上看,可以从以下几个角度判断:一是看股价是否触及布林带的上轨线;二是看股价是否触及趋势通道的上轨趋势线。

第四,止损位的设定。投资者进行波段操作时,一定要设定止损位,一般情况下,可以将波谷位置向下 3% 作为止损位。一旦股价跌破止损位,投资者就需要卖出股票止损。

下面介绍两种波段操盘的技巧:一是成交量波段操作法;二是趋势线波段操作法。

### (一) 成交量波段操作法

当一只股票出现上涨行情是,其股价与成交量总是存在这样的关系:即当股价上涨时,成交量出现放大;当股价下跌时,成交量出现萎缩。投资者应用成交量波段买入法时需要注意以下几点:

第一,随着股价的上涨,成交量持续放大;

第二,当成交量放大到一定程度不能再继续放大时,股价也达到了阶段顶部,于是股价与成交量双双出现下跌;

第三,当成交量萎缩到一定程度后,重新开始放大时,股价也同步出现上涨;此时就是一个较好的买点。投资者可以将买入价格向下 3% 作为止损位。

第四,随着股价的上涨,成交量也再次同步放大,当成交量不能再继续放大时,投资者可以买入股票,如此往复。

下面来看一下皖江物流的案例,如图 7-6 所示。

图 7-6 中,皖江物流的股价从 2014 年 3 月底开始一波上涨走势。股价在上涨过程中,成交量同步放大,当股价出现回调时,成交量也同步萎缩,因而,这只股票适宜使用成交量波段操作法。

投资者可以在成交萎缩到低点时买入该股,然后在成交量放大到高点,且不能再继

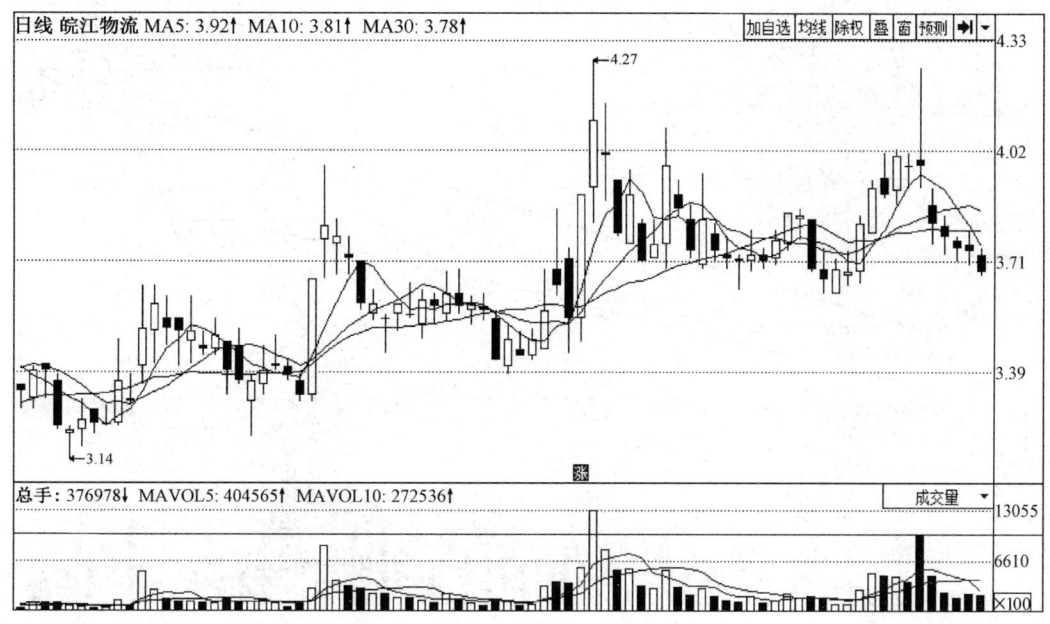

图 7-6 皖江物流(600575)日 K 线走势图

续放大时卖出股票。投资者买入股票前可以将买入价向下 3% 作为止损位,股价一旦跌破止损位即可立即买入该股。

成交量波段操作法是根据成交量的变化来判断股票的买入点与卖出点,但只能判断一个大致的阶段,并不能提供准确的买入或卖出时间,投资者临盘时还需参照其他看盘方法,准确掌握股价的买点与卖点。

## (二)趋势线波段操作法

在震荡市中,影响股价运行趋势的线主要有两条:一是支撑线,即股价每次下跌到该线位置,都会因受到支撑而重新上涨;二是压力线,即股价每次上涨到该线的位置,都会因为受到阻力而出现下跌。投资者应用趋势线波段买入法时需要注意以下几点:

第一,股价每次上涨到一定点位就出现下跌,而下跌到一定点位又会出现上涨,如此往复两次以上,投资者就可以据此画出两条趋势线;

第二,当股价再次下跌到支撑线附近时,投资者可以买入股票,并将股价跌破支撑线作为止损位;

第三,当股价再次上涨到压力线附近时,投资者可以卖出股票,如果股价向上突破压力线位置,投资者需要再次跟进买入股票,因为,这时该股有可能出现加速上涨迹象。

下面来看一下吉林化纤的案例,如图 7-7 所示。

图 7-7 中,吉林化纤的股价从 2010 年 7 月初启动了一波上涨行情,且股价上涨到一定位置后就出现下跌,下跌到一定位置后又出现上涨,如此往复。2010 年 9 月底前,

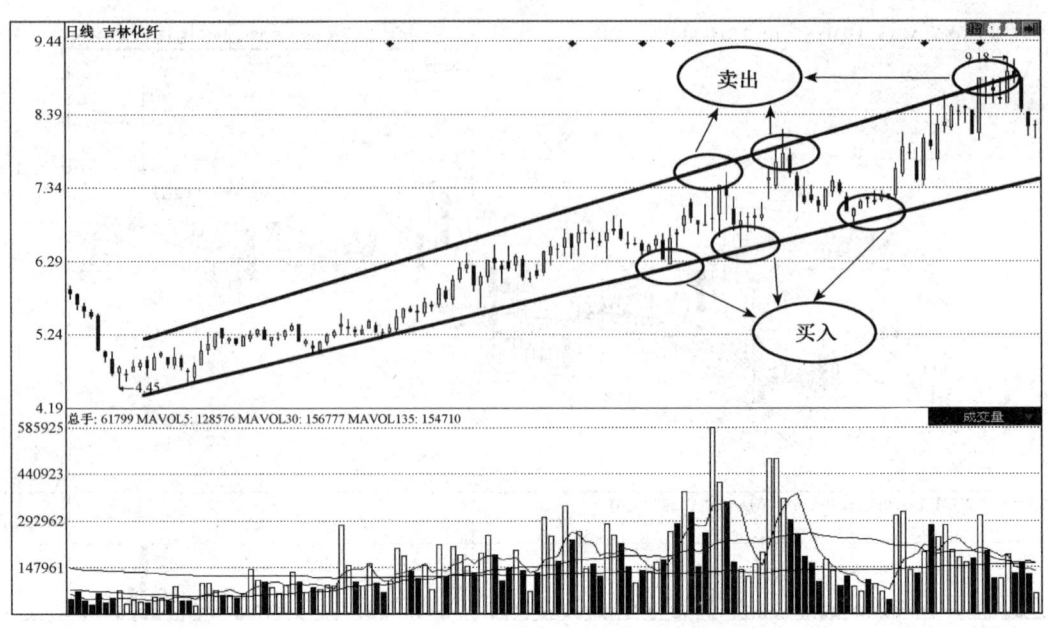

图 7-7 吉林化纤(000420)日 K 线走势图

该股股价运行轨迹出现了明显的趋势性,将高点相连得到一根压力线,将股价低点连线得到一根支撑线。其后,股价每次下跌到支撑线附近时,投资者就可以买入该股;当股价上涨到压力线位置时再卖出该股。

投资者如果能够将成交量波段操作法与趋势线波段操作法结合起来应用,将会收到事半功倍的效果。

### 四、价量双包寻买点

价量双包,是指股价与成交量双双走出包容线。即股价某日的 K 线完全包容了前一交易日的股价 K 线;成交量某日的柱状线也同时包容了前一交易日的柱状线。

#### (一)价量双包基本技法

投资者使用价量双包技巧寻找短线买点时,需要注意以下几点:

第一,本技巧所指的价量双包是指后一根阳线完全包住了前一根阴线的情形。其他情况的双包形态不在我们讨论的范围之内;

第二,当股价下跌一段时间后到达阶段性底部,股价不再继续下跌,此时如果能够出现"价量双包"形态,则是强烈的上涨启动信号;

第三,当股价出现"价量双包"形态后,股价继续上涨,且不再回调到阳线的内部,则可认定形态成立,投资者可于此时买入该股;

第四，投资者按照价量双包形态买入该股后，可以将止损位设置在阳线的开盘价位置，一旦股价跌破这一位置，投资者就需要卖出止损。

下面来看一下安阳钢铁的案例，如图7-8所示。

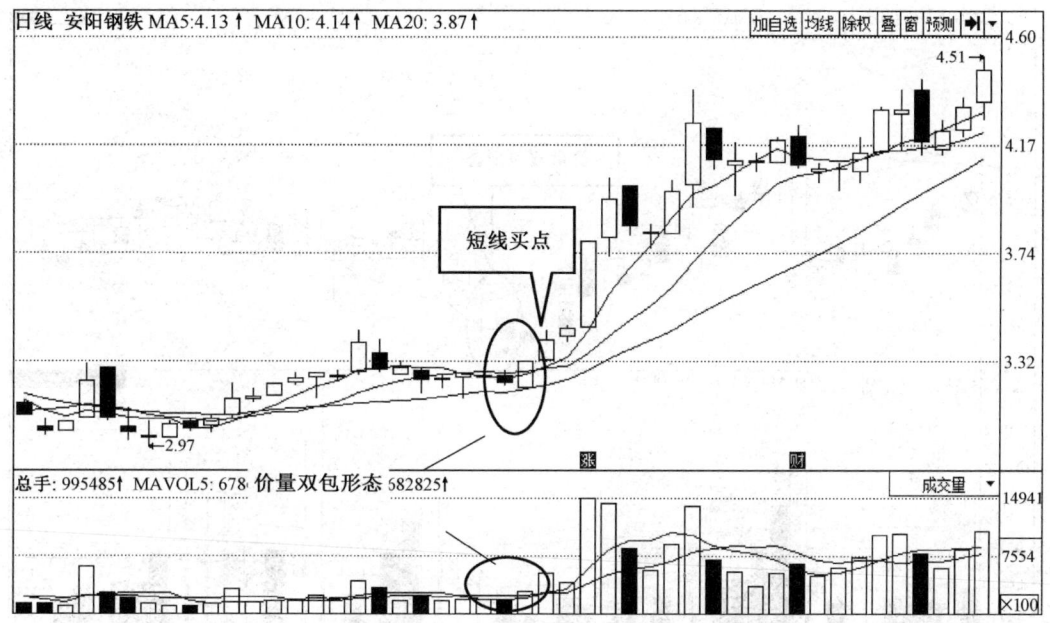

图7-8　安阳钢铁(600569)日K线走势图

图7-8中，安阳钢铁的股价从2015年3月2日开始展开一波调整走势。2015年3月11日、3月12日两个交易日，该股走出价量双包形态，并且阳线的实体和成交量均大大超过了阴线，这预示该股可能要发动一波上涨行情，投资者需密切观察该股其后的走势。

2015年3月13日，安阳钢铁的股价跳空高开高走，最终在K线图上留下一根带上影线的中阳线，当天成交量相比前一交易日进一步放大，且当天K线突破了多条均线的压制，这说明该股启动上涨的可能性非常大，投资者宜于当日买入股票。

## （二）买强不买弱

买强不买弱，是短线操盘的铁律，且这一铁律在任何情况下都适用。投资者看到价量双包形态成立后到密切观察形态成立后第一个交易日的股价走势情况。一般情况下，满足以下三个条件才可买入股票：

第一，成交量持续放大。量增价涨，才是健康的可持续的量价关系，如果股价上涨的同时，成交量不能持续放大，则上涨趋势就难以持续；

第二，股价高开高走。次日的股价最好与前一交易日的K线没有交集；

第三，次日股价的K线如果能够顺利突破某一重要阻力位，则可增大该股上涨的概率。

下面看一下红豆股份的案例，如图7-9所示。

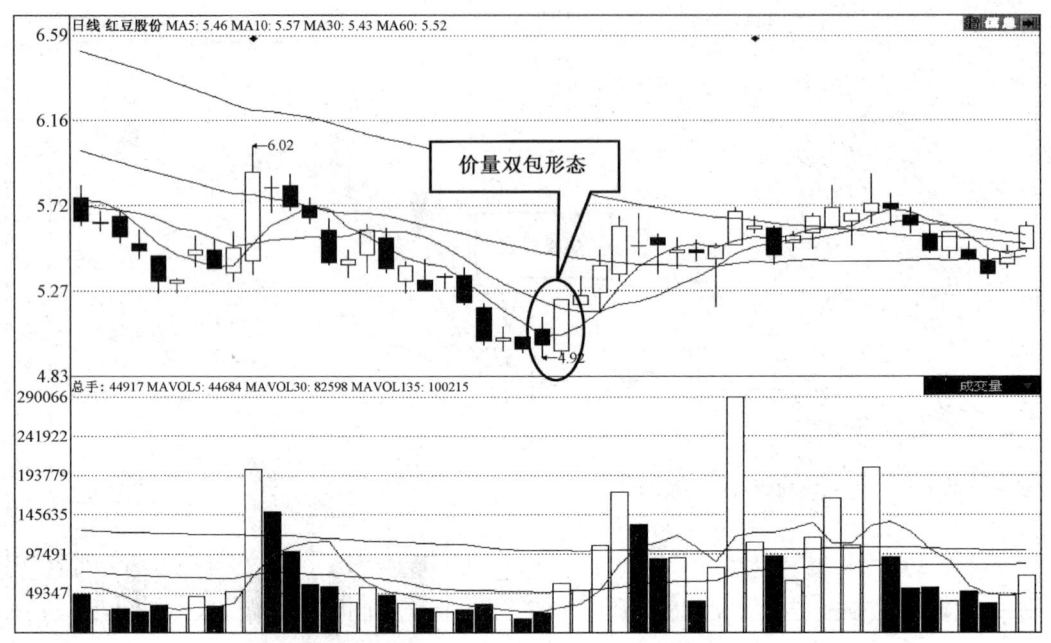

图7-9 红豆股份(600400)日K线走势图

图7-9中，红豆股份的股价从2011年3月中旬开始一路下跌，到了2011年10月中旬时开始出现震荡筑底过程。2011年10月11日、10月12日两个交易日，该股走出价量双包形态，预示该股可能要启动一波上涨行情。

10月13日，该股平开高走，在K线图上留下一个长上影线，且当天成交量与前一交易日相比出现萎缩态势，这表示该股运行趋势并不强势，投资者宜谨慎。

下面来看一下神奇制药的案例，如图7-10所示。

图7-10中，神奇制药的股价从2015年2月上旬开始展开了一波震荡上涨走势。2015年3月上旬出现短暂的回调，3月6日，该股拉出一个中阴线，次日，股价低开高走，且成交量较前一交易日放大很多，形成价量双包形态，这预示该股可能要发动一波上涨行情，投资者需密切观察该股其后的走势。

2015年3月10日，神奇制药的股价高开平走，收出一根小阳线，且当天成交量萎缩，投资者可保持观望。3月11日，该股平开高走，大幅放量，投资者宜于当日买入股票。

买入形态成立后，并不意味着一定要立即买入。有些条件尚不具备时，保持观望即可。

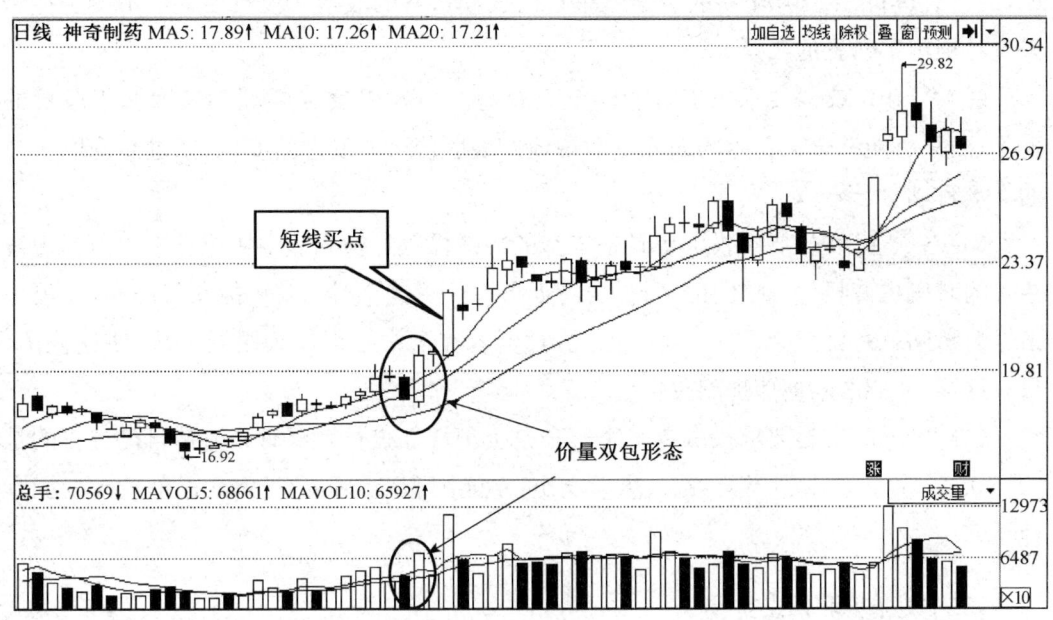

图 7-10　神奇制药(600613)日 K 线走势图

## 五、把"T＋1"做成"T＋0"

T＋0 交易曾在我国实行过一段时间,但因为投机性太大,所以,自 1995 年 1 月 1 日起,为了保证股票市场的稳定,防止过度投机,股市改为"T＋1"交易制度,即当日买进的股票,要到下一个交易日才能卖出。同时,我国对资金仍然实行"T＋0",即当日卖出股票回笼的资金马上可以进行股票交易。

尽管现在执行的仍是"T＋1"交易制度,但如果投资者能够运用一定的技巧,也可实现"T＋0"操作。

### (一)"T＋0"交易的基本要求

"T＋0"交易的好处在于不改变原有现金股票比例的情况下,可以充分利用盘中股价的变化获取差额利润。但是,事实上"T＋0"交易技术要求股价在一天之中能够出现剧烈的变化,即股价有落差才会有交易的空间,如果一只股票横盘不动,也就失去了交易空间。对于初入股市的投资者来说,频繁地进行"T＋0"交易往往是亏损的多,获利的少。

"T＋0"交易对投资者的要求包括以下几个方面:

(1)"T＋0"交易必须建立在对个股长期观察的基础上。每一只股票都有其特有的股性,投资者要想从某只股票身上获利,必须首先熟悉这只股票的股性。对于投资者来说，最适宜进行"T+0"交易的股票就是自己长期持有的股票。投资者最好不要选择一只自己根本不熟悉的股票。

（2）"T+0"交易要求投资者能够全天看盘。"T+0"交易的利润获取源于股价的落差，而只有能够全天看盘的人才能敏锐地发现股价可能发生的变化，并进而采取相应的操盘行动。

（3）"T+0"交易要求投资者具备丰富的短线操盘经验和盘中快速反应能力。短线买入的时机也许只是一瞬间的事，投资者如果抓住了这个时间就可能获得赢利，而失去了这个瞬间就有可能会亏损。正因如此，投资者在盘中必须做到眼明手快，快进快出，只有这样，才能准确地捕捉到投资机会。

（4）"T+0"交易要求投资者坚决遵守投资纪律。投资者要时刻清楚自己进行的是"T+0"交易，必须做到当天买入、当天卖出，不能因为形势不利于自己而随意改变操盘计划。

### （二）顺向"T+0"交易

顺向"T+0"交易，是指投资者持有一定数量的某只股票后，在某一天交易时段内，认为该股将上涨，那么，他就可以买入同一股票，待其上涨到一定高度后，将原来持有的同一品种的股票全部卖出，从而在一个交易日内实现低买高卖，并借此获取差价利润。

下面用一个例子来说明整个顺向"T+0"交易过程。一位投资者，手中持有1 000股价值11元的股票和1万元的现金。在某一交易日，股价下跌到10元位置，此时，这位投资者认为该股当天有可能会出现一波上涨行情，于是，使用手中的资金以10元价格买入1 000股该股的股票（手续费、佣金忽略不计）。收盘前，该股重新上涨到11元位置，投资者就可以将以前买入的1 000股股票抛出，而将当日买入的1 000股股票留在手中。这就相当于该投资者于当天花10元买入了1 000股股票，又在当天以11元的价格将1 000股股票卖出了，自己手中的1 000股股票没变，而资金却多出了1 000元。这就是一次成功的顺向"T+0"交易。

顺向"T+0"交易要求投资者手中必须持有部分的现金，否则难以实现顺利交易。如果投资者满仓被套则无法进行"T+0"交易。

下面投资者看一个顺向"T+0"交易的实战案例。

1. 顺向"T+0"交易前提条件

（1）大盘有震荡向上趋势。

投资者要进行顺向"T+0"交易必须保证大盘的趋势能够震荡向上，这里对大盘有两个要求：一是必须方向向上，如果方向向下，将带动个股下跌，也就无法完成"T+0"交易；二是必须有充足的震荡空间，大盘震荡必将带动个股出现震荡，从而有利于交易的完成。

（2）个股有向上突破的态势。

投资者不能看到个股下跌就认为该股一定会重新上涨，只有上涨趋势已经明显了投资者才能开始行动。

（3）严守操盘纪律。

投资者要进行的是"T＋0"交易，因而，一定要保证当天买入的股票当天卖出，不能留到下一个交易日。

2. 顺向"T＋0"交易实战案例

在2015年4月16日之前，青山纸业和大盘均处于短暂调整趋势当中，4月16日，该股大幅低开，同时，大盘也出现低开，但大盘低开之后，一路走高，如图7-11所示。

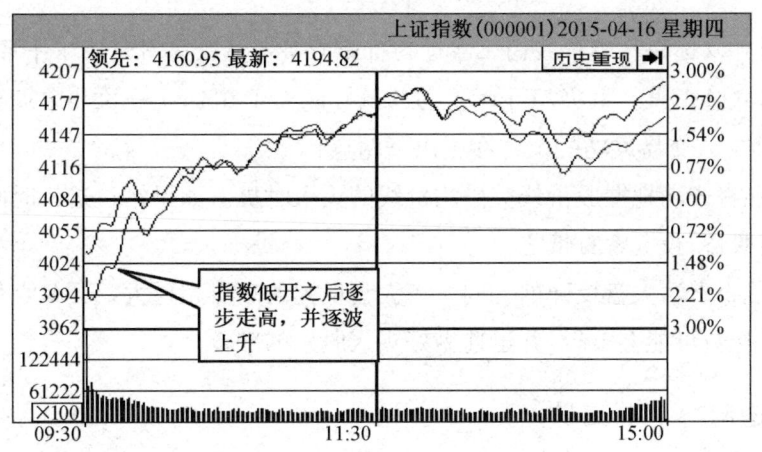

图7-11　上证指数(1A0001)分时走势图(2015.4.16)

图7-11中，上证指数在2015年4月16日早盘开盘之后出现一波下跌走势，其后，指数出现明显的回升走势，预示当天可能会出现一波反弹。

此时，投资者宜再观察一下青山纸业的分时走势图，一旦发现股价线向上穿越均价线就可以选择买入该股。

图7-12中，青山纸业的股价在2015年4月16日早盘开盘之后尽管也经历了一波下跌走势，但很快跟随大盘出现反弹行情，股价线迅速上穿均价线，这说明该股的买入时间已经到来。

此时，持有青山纸业的短线投资者可以作如下判断：

（1）大盘出现反弹迹象，而且上涨非常有力，这说明此时行情非常适宜进行"T＋0"交易；

（2）青山纸业的股价开盘之后经历了一波下跌，但在大盘上涨的带动下已经出现明显上冲，这说明该股上涨可期。投资者应该把握这次"T＋0"交易时机。

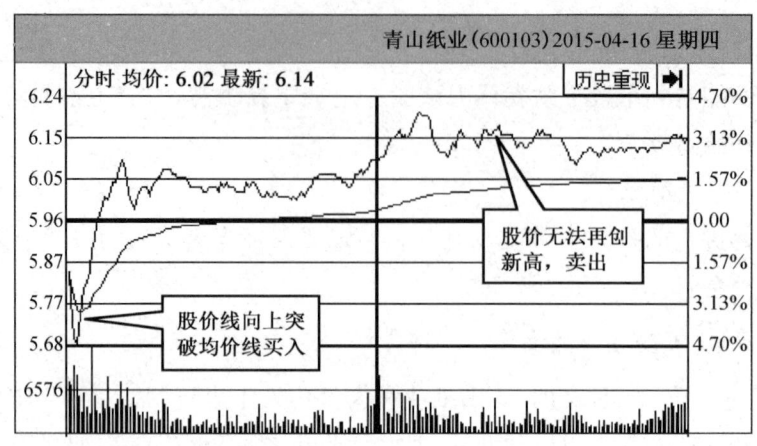

图 7-12　青山纸业(600103)分时走势图(2015.4.16)

投资者可以选择在股价线向上穿过均价线时买入该股。当该股下午第二次上冲未超过前一高点时卖出。本次"T+0"交易收益可能大于6%,是一次非常成功的交易。

本次"T+0"交易成功的关键在于以下两点:

第一,能否成功把握股价线突破均价线的买入时机。如果错过这一时间点,将损失大量的投资收益,投资者宜慎之。

第二,能否看清大盘反弹的方向。当大盘反弹的高点超过大盘开盘点位时,投资者就应该确认指数可能会上行,并迅速做好买入股票的准备。

### (三) 逆向"T+0"交易

逆向"T+0"交易是指投资者持有一定数量的某只股票后,在某一天交易时段内,认为该股将下跌,那么,他就可以卖出全部或部分股票,待其下跌到一定价位后,将原来持有的同一品种的股票全部买回,从而在一个交易日内实现高卖低买,并借此获取差价利润。

下面用一个例子来说明整个逆向"T+0"交易过程。一位投资者,手中持有1 000股价值11元的股票。在某一交易日,股价上涨到12元,此时,这位投资者认为该股当天有可能会出现一波下跌行情,于是,便将手中的1 000股股票全数卖出,获得12 000元现金(手续费、佣金忽略不计)。收盘前,该股下跌到11元位置,投资者就可以将以前卖出的1 000股股票买回,这样,自己手中还是1 000股股票。而资金却多出1 000元。这就是一次成功的逆向"T+0"交易。

逆向"T+0"交易要求投资者手中必须持有一定数量的股票,而不需要有现金。投资者即使满仓被套也可进行逆向"T+0"交易。

下面投资者看一个逆向"T+0"交易的实战案例。

1. 逆向"T+0"交易前提条件

(1) 大盘有震荡向下趋势。

投资者要进行逆向"T+0"交易必须保证大盘的趋势能够震荡向下,这里对大盘有两个要求:一是必须方向向下,如果方向向上,将带动个股上涨,也就无法完成逆向"T+0"交易;二是必须有充足的震荡空间,大盘震荡必将带动个股出现震荡,从而有利于交易的完成。

(2) 个股有向下突破的态势。

投资者不能看到个股下跌就认为该股一定会下跌,只有下跌趋势明显了投资者才能开始行动。

(3) 严守操盘纪律。

投资者要进行的是逆向"T+0"交易,因而,一定要保证当天卖出的股票当天买回来,不能空仓。

2. 逆向"T+0"交易实战案例

在2011年11月16日之前,东华软件和大盘均处于头部调整趋势当中,11月16日,大盘平开之后,一路走低,如图7-13所示。

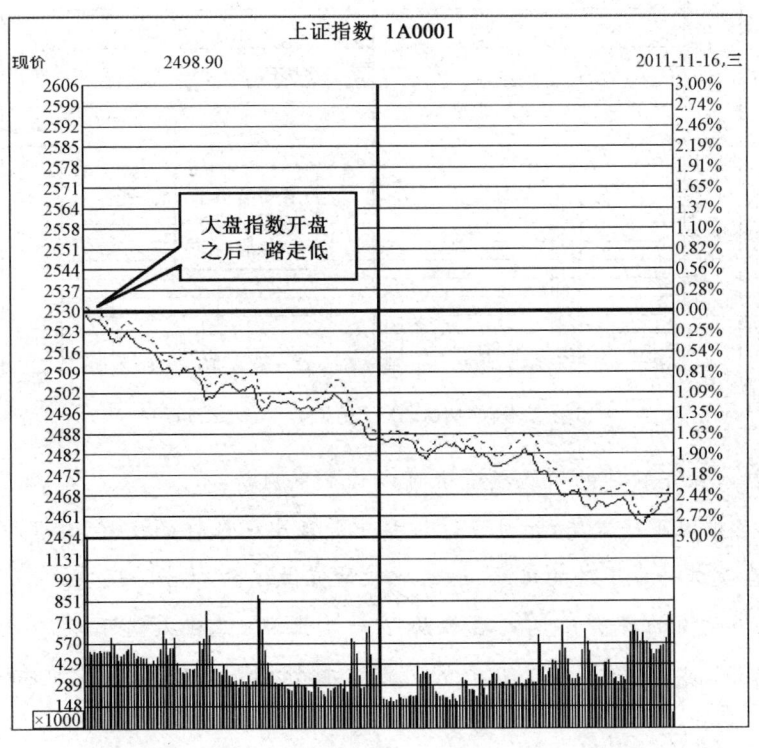

图7-13 上证指数(1A0001)分时走势图(2011.11.16)

图 7-13 中,上证指数在 2011 年 11 月 16 日早盘开盘之后出现一波下跌走势,期间没有出现一次反弹,预示当天可能会出现一波下跌走势。

此时,投资者宜再度观察一下东华软件的分时走势图(如图 7-14 所示)。该股早盘开盘之后出现逆势而动的情况,股价在早盘被快速拉升。投资者应保持对该股的关注,一旦该股上涨乏力,就预示该股可能要出现下跌。

图 7-14 中,东华软件的股价在 2011 年 11 月 16 日早盘开盘之后出现了一波上涨行情,但此时大盘却在不停地下跌,这时,东华软件的上涨能否持续就是投资者主要应考虑的事情。当股价上涨出现乏力之时,投资者第一时间应该想到此时大盘已经下跌较深,该股也可能随大盘的下跌而下跌,所以,投资者最好能够在股价难以再创新高时卖出该股;在收盘时段,再择一低点将股票买回来。

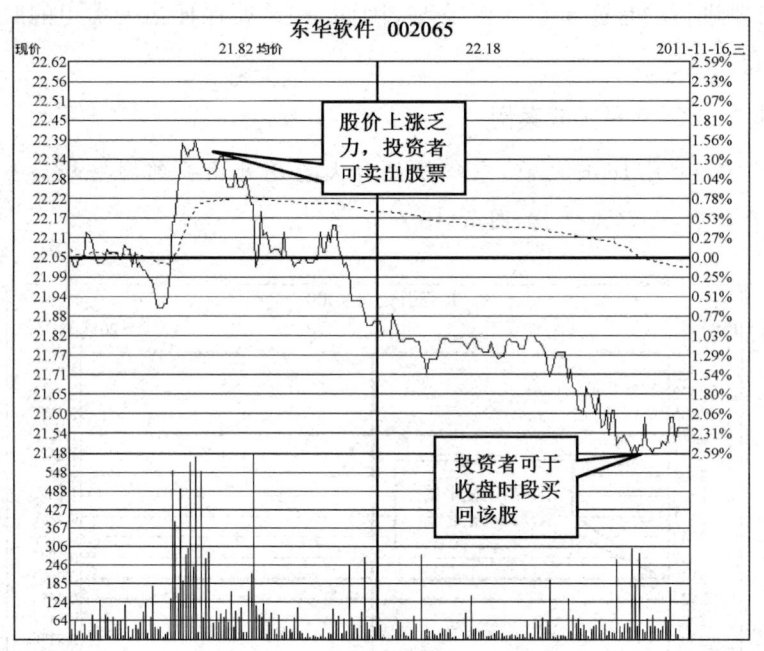

图 7-14　东华软件(002065)分时走势图(2011.11.16)

此时,持有东华软件的短线投资者可以作如下判断:

(1) 大盘出现下跌迹象,而且下跌过程中并未出现像样的反弹,这说明此时行情非常恶劣,大盘有进一步下跌的风险,这时比较适宜做逆向"T+0"交易;

(2) 东华股份的股价开盘之后经历了一波上涨,但在大盘下跌的带动下无法持续上涨行情,此时,下跌就成了唯一的可能。投资者应该把握这次逆向"T+0"交易时机。

投资者可以选择在股价线不创新高时卖出该股,当该股下午下跌到一定幅度之后再买入。本次逆向"T+0"交易收益可能在 3% 以上,是一次非常成功的交易。

## 六、利用画线技术判断买卖点

股价的上涨或下跌不是毫无规律可循,而是在一定时间内按照一定的趋势前进的,投资者如果能够掌握这种趋势,就能准确地抓住股票的最佳买卖点,为自己获得盈利。

在股票分析当中,分析股价趋势,寻找阻力支撑位是一项极其重要的内容。股价的运行趋势主要包括三种:上升、下降和水平。在股价运行过程中,如果出现的每个波峰与波谷都高于前一个波峰与波谷,那么就是上升趋势;如果每个波峰与波谷都低于前一个波峰与波谷,那么就是下降趋势;如果前后的波峰与波谷基本持平的话,那么就是水平趋势,或者称之为横盘趋势、震荡趋势。

### (一) 单根趋势线判断买卖点

单根趋势线一般为股价某一时间段运行的支撑线或阻力线。如果该趋势线为股价的支撑线,那么,该线位于股价K线图的下方,当股价每次下跌到该线位置时,都会受该线的支撑而重现上涨;如果该趋势线为股价的阻力线,那么,该线位于股价K线图的上方,当股价每次上涨到该线附近时,都会受该线的压制,而重新出现下跌的情况。

1. 趋势线的画法

几乎每种炒股软件中,都提供了"画线工具"这一功能。投资者只要单击炒股软件工具栏中的"画线工具"按钮,即可打开画线工具。下面以同花顺软件为例,"画线工具"对话框如图7-15所示。

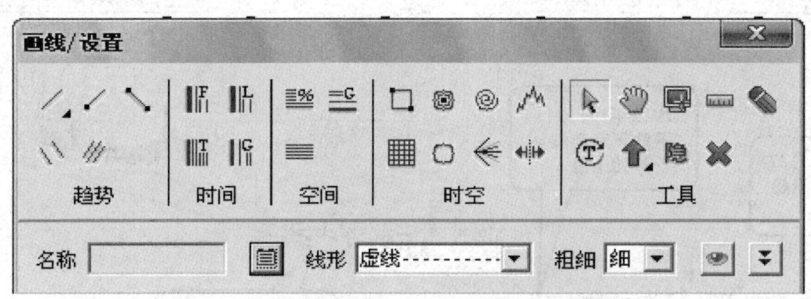

图7-15 同花顺的"画线工具"

股价在上涨过程中,无论是低点还是高点都是逐渐升高的,因此,投资者将两个或两个以上的低点或者最有代表性的低点相连接,得到的趋势线就会向右上方倾斜,称之为上升趋势线。股价如果跌破这条趋势线往往意味着股价很有可能从上涨行情转变为下跌行情。同理,下降趋势线的画法与上升趋势线的画法相类似,只是下降趋势线的方向是向右下方倾斜的。具体操作方法如下:

投资者点击"画线工具"中的单根直线按钮,然后,将出现的直线对准上升趋势中的两个低点,这样,就可以得到一根上升趋势线,如图7-16所示。

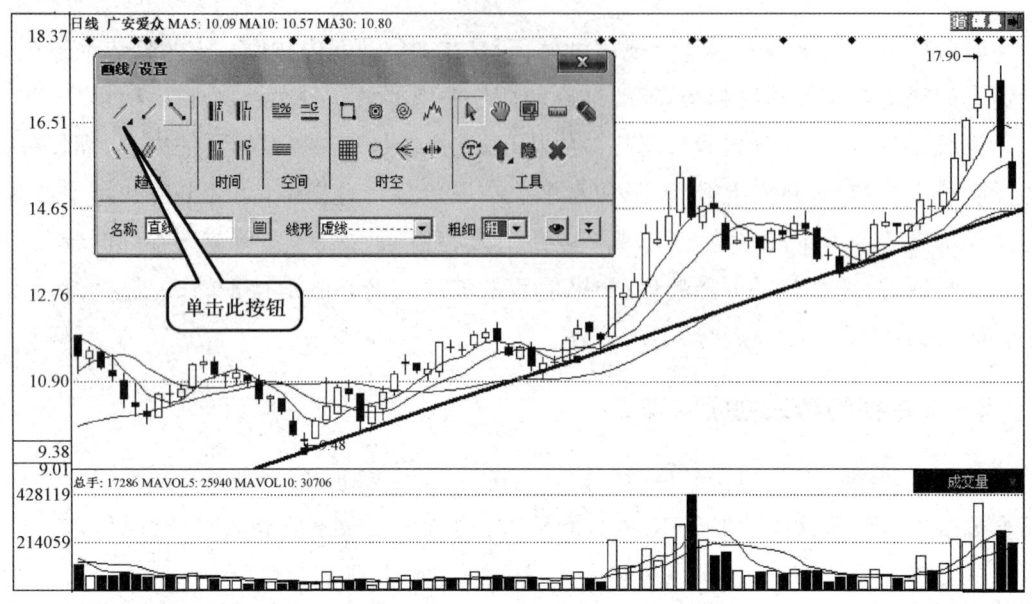

图7-16　广安爱众(600979)的上升趋势线

2. 趋势线的实战应用

一般情况下,某种趋势一旦形成在一段时间内是很难改变的,因此,趋势线就会对股价的上涨或下跌起到重要的支撑或阻力作用,如图7-17所示。

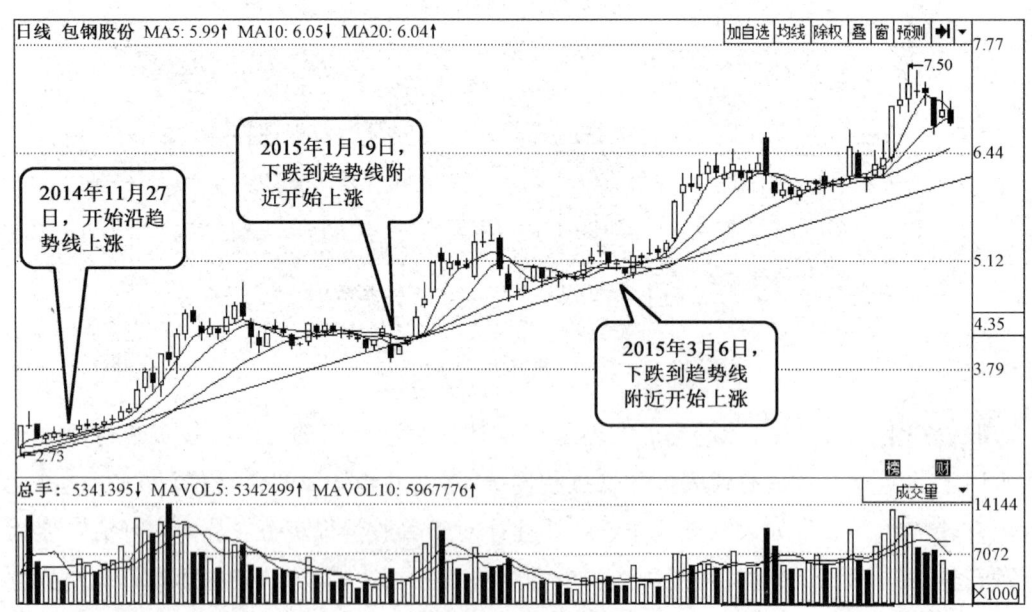

图7-17　包钢股份(600010)日K线走势图

图7-17中,包钢股份的股价从2014年11月27日开始,一路沿趋势线方向上涨,2015年1月19日,股价在下跌到趋势线附近后,受趋势线的支撑作用而重新开始上涨,此时,投资者可以选择跟进买入股票,止损位设置在趋势线上,即股价一旦跌破趋势线就可以卖出止损。

2015年3月6日,股价再次下跌到趋势线附近,同时,股价再次受趋势线的支撑作用而重新开始上涨,投资者可以继续持有该股。

此后,该股股价上涨的坡度逐渐变陡,出现明显的加速上涨迹象。

上面介绍的是反映趋势线支撑作用的案例,下面再来介绍一下反映趋势线阻力作用的案例,如图7-18所示。

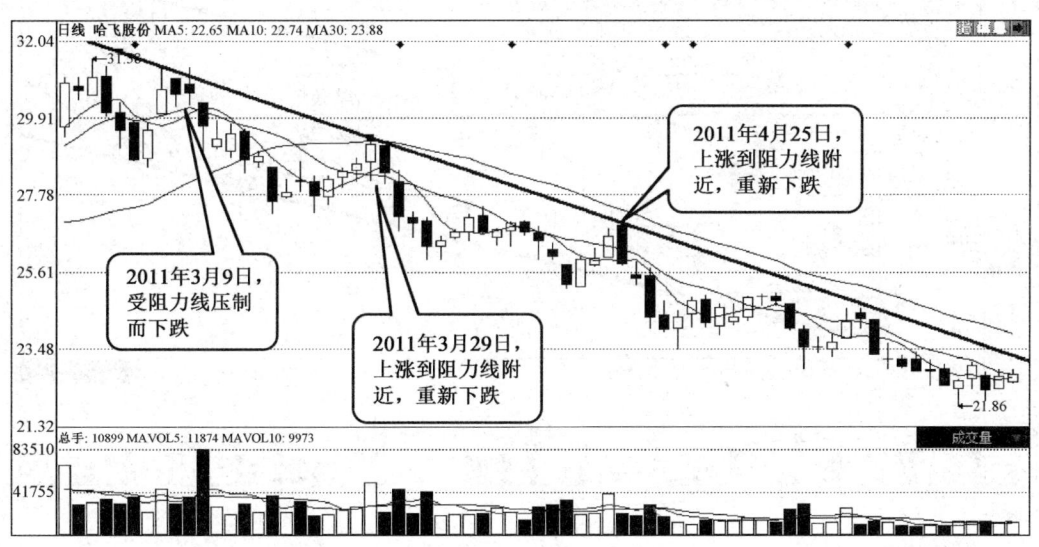

图7-18 哈飞股份(600038)日K线走势图

图7-18中,哈飞股份的股价从2011年3月1日开始,一路沿趋势线方向下跌,在下跌过程中不断出现反弹。2011年3月9日,股价在反弹到趋势线附近后,受趋势线的阻力作用,而重新开始下跌,此时,投资者可以选择卖出股票,以防止给自己造成更大的损失。

2011年3月29日,股价经过了几个交易日的反弹后,重新上涨到阻力线附近,但再次受阻力线的阻力而重新下跌;2011年4月25日,股价再次上涨到阻力线附近,又一次受阻力作用而重新下跌,由此可见阻力线对股价上涨的阻力作用。

## (二)平行趋势线判断买卖点

平行趋势线可以用来观察股价在某个价格通道内的变化。当股价运行在平行趋势线内部时,股价如果上涨到上方平行线附近,股价就会受到阻力作用,进而出现下跌,这就是一个较好的波段卖点；股价如果下跌到下方平行线附近，股价就会受到支撑作用，进而出现上涨，这就是一个较好的波段买点。

1. 平行趋势线的画法

平行趋势线的画法与单根趋势线的画法相类似，也是在选中的K线走势图页面上，点击"画线工具"按钮，在弹出的对话框内选择"平行线"按钮，然后在准备画平行线的点上点击鼠标，如图7-19所示。

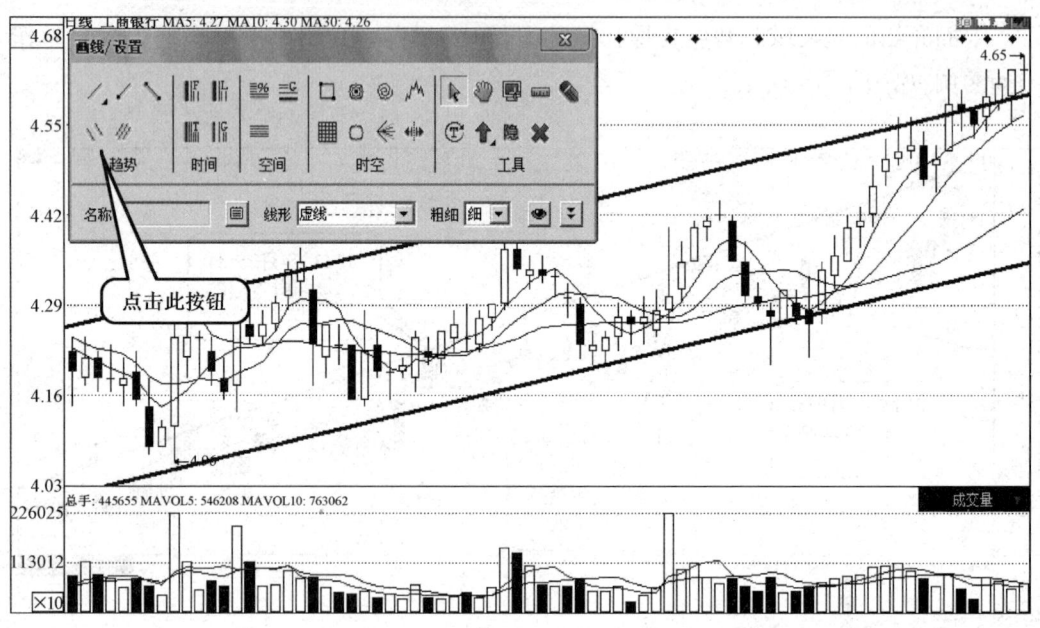

图7-19 工商银行(601398)的平行趋势线

画好平行线之后，还可以根据需要调整平行的方向与角度。具体办法是，将鼠标放置在平行线的数据点上，当鼠标变为"笔"形即可进行调整，如图7-20所示。

2. 平行趋势线的实战应用

如果某只股票的股价走势能够符合平行趋势线的走势，那么，投资者如果想判断波段买卖点就会变得非常容易，即当股价上涨到趋势线上方平行线附近时，卖出；当股价下跌到趋势线下方平行线附近时，买入，如图7-21所示。

图7-21中，广东榕泰的股价从2011年3月份起就一直运行在平行趋势线通道之内，股价上下波动范围较大，投资者此时可以选择进行波段操作，以博取股价波动带来的利润。投资者在买入股票之前，需要将该股的止损位设置在下方平行线处，一旦股价跌破下方的平行线，投资者必须迅速卖出股票，以防止给自己带来更大的损失。

投资者从图7-21中已看出，广东榕泰的股价从2011年2月底到2011年5月中旬这一段时间内，股价几次触及上方平行线，又几次触及下方平行线，但最终却一直在平

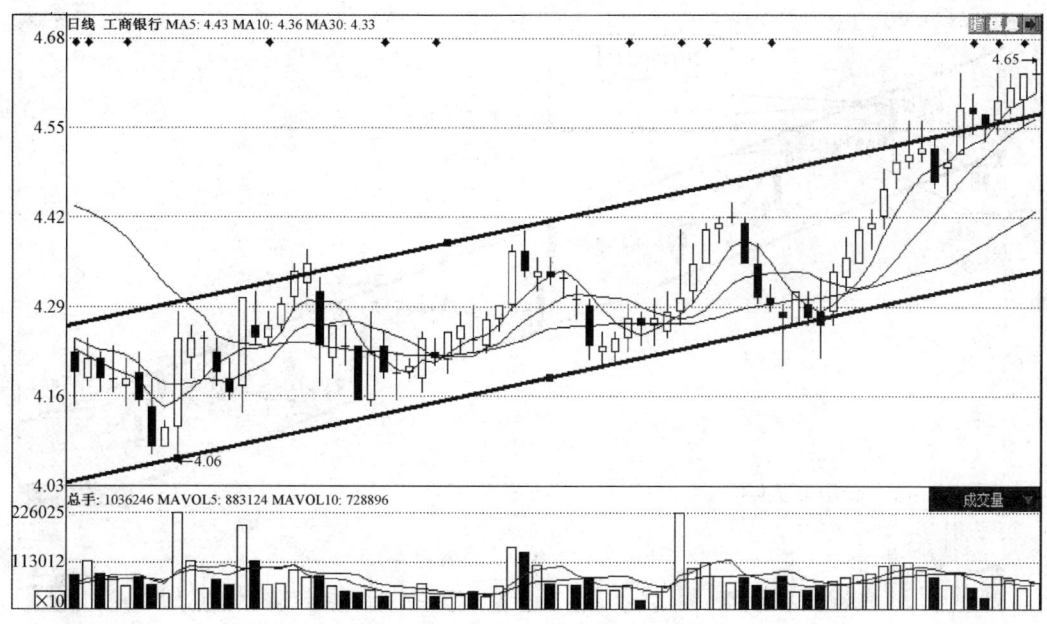

图 7-20　调整后的平行趋势线

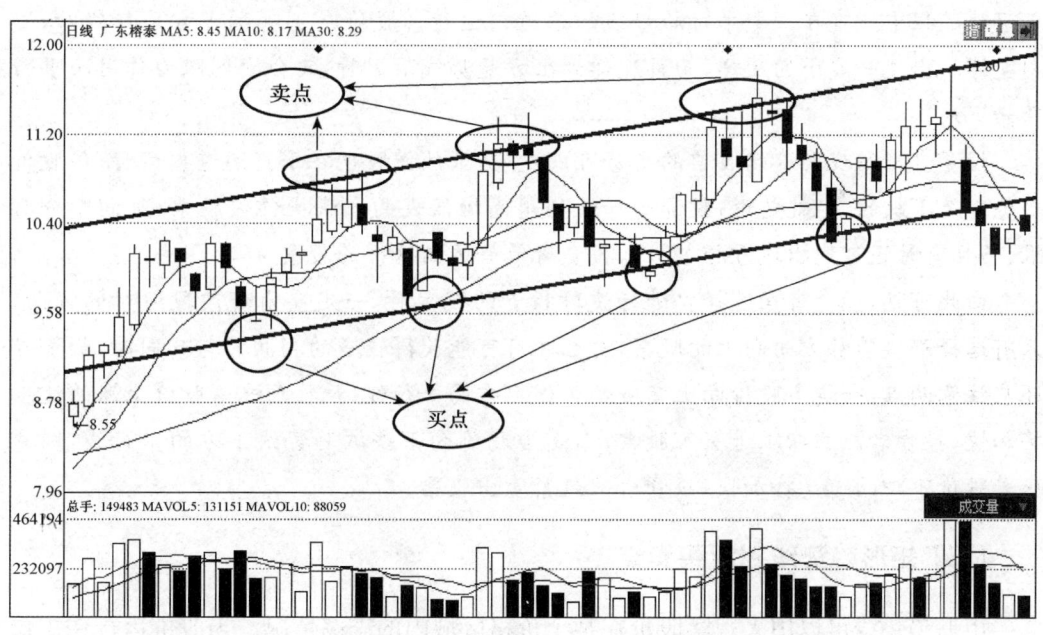

图 7-21　广东榕泰(600589)日K线走势图

行通道内运行,由此可见,投资者在此期间可进行多次的波段操作。

并不是所有平行趋势线的方向都是向上的,有时,也会出现向下倾斜的平行线,这时,投资者再进行波段投资时,风险就会非常的大,如图 7-22 所示。

图 7-22 中,贵航股份的股价从 2011 年 3 月 15 日开始展开了一波下跌走势,股价

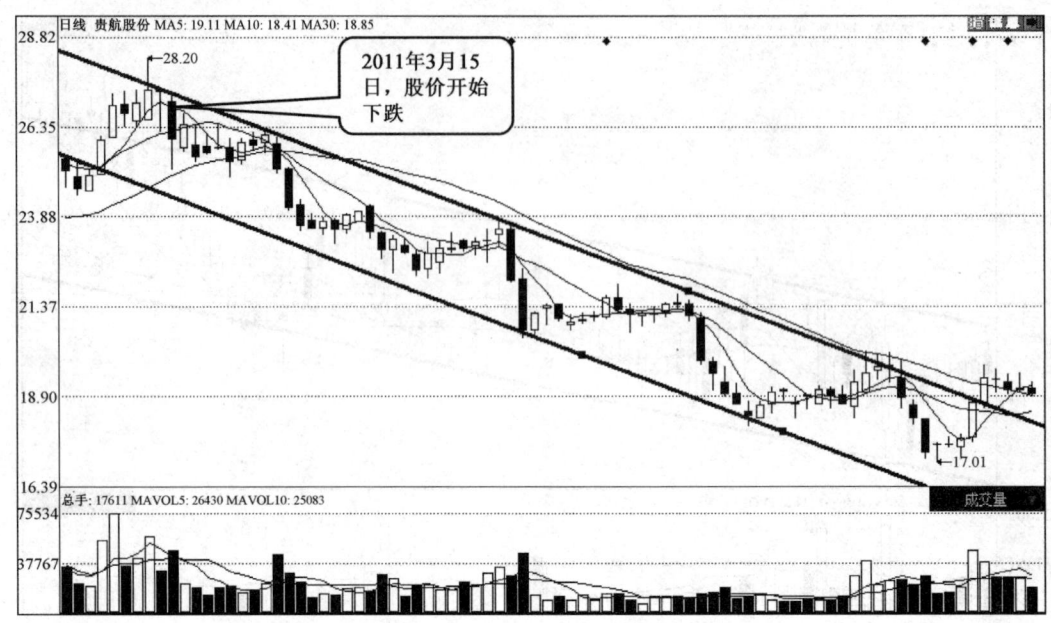

图 7-22 贵航股份(600523)日 K 线走势图

在下跌过程中一直在一个平行趋势线的通道内运行。股价在下跌到下方平行线时,受到支撑而出现一波小的反弹,而再反弹到上方趋势线附近时,又会受到阻力作用而重新开始下跌。

投资者仔细观察这只股票的走势可以发现,虽然该股也在平行通道内运行,但股价趋势却是下跌的,也就是说,投资者如果利用高抛低吸的方法操作该股票,利润十分有限,而且有时还可能出现亏损,所以,投资者最好远离这样的股票。

由此可见,投资者在选择要进行波段投资的股票时,一定要看好波段运行的方向,只有选择那些趋势方向向上的股票,自己才有可能获得较多的利润。与此同时,投资者还应注意两点:一是当股价向上突破趋势线上方的平行线,往往意味着股价上涨的速度将加快,投资者应立即跟进买入股票;二是当股价向下跌破趋势线下方的平行线,则意味着股价下跌的速度将加快,投资者应赶紧卖出股票。

## (三)矩形趋势线判断买卖点

矩形趋势线可以用来观察股价在某个价格区域内的震荡情况。当股价运行在矩形趋势线内部时,表明股价正在进行震荡盘整。当股价结束震荡盘整,即走出矩形趋势线时,往往是该股选择突破方向之时,这时,投资者可以根据股价的突破方向选择买入或卖出股票。

### 1. 矩形趋势线的画法

矩形趋势线的画法与前面所讲的两种趋势线的画法相类似,也是在选中的 K 线走势图页面上,点击"画线工具"按钮,在弹出的对话框内选择"矩形"按钮,然后在准备画矩形趋势线的点上点击鼠标,如图7-23所示。

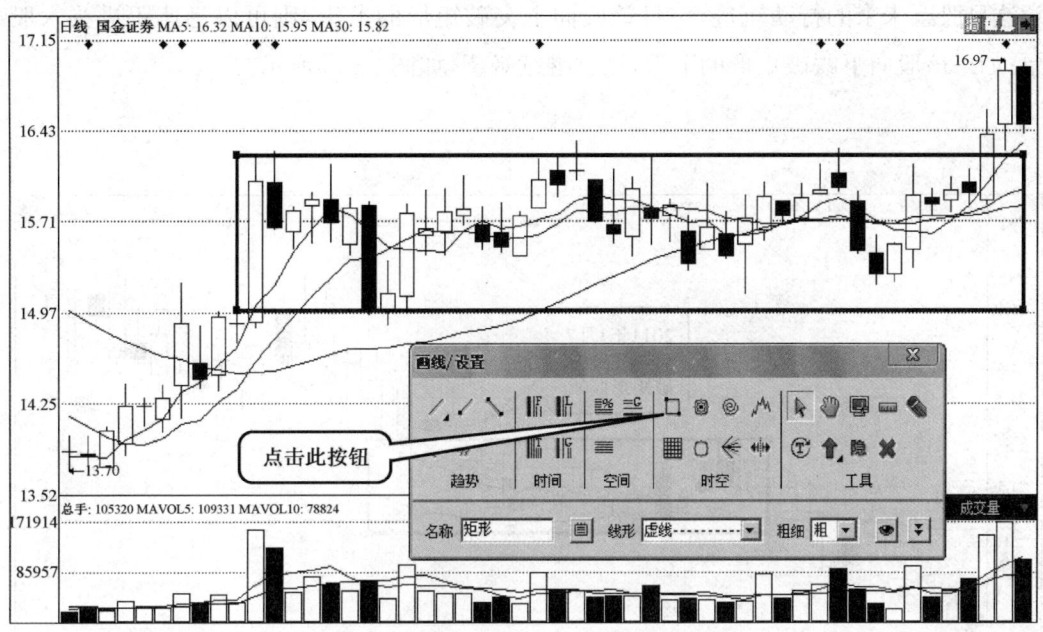

图7-23　国金证券(600109)的矩形趋势线

画好平行线之后,还可以根据需要调整平行的方向与角度。具体办法是,将鼠标放置在平行线的数据点上,当鼠标变为"笔"形即可进行调整,如图7-24所示。

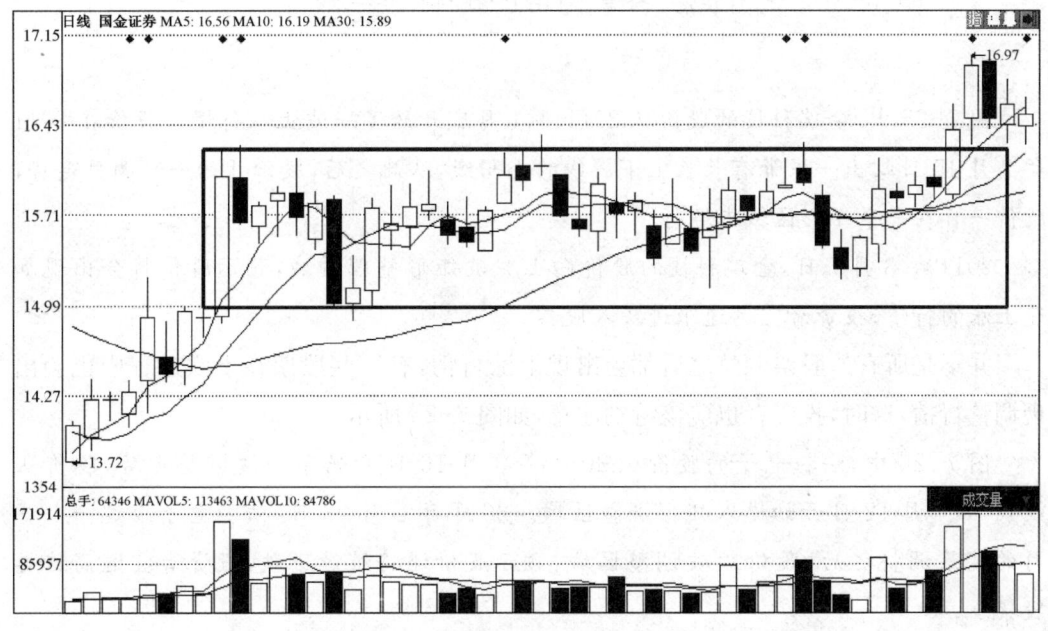

图7-24　调整后的矩形趋势线

## 2. 矩形趋势线的实战应用

如果某只股票的股价走势能够符合矩形趋势线的走势,那么,投资者就需要密切注意这只股票未来的行动轨迹,一旦该股向上突破矩形的上沿,则可以迅速跟进买入股票;如果该股向下跌破矩形的下沿,则宜继续观望,如图7-25所示。

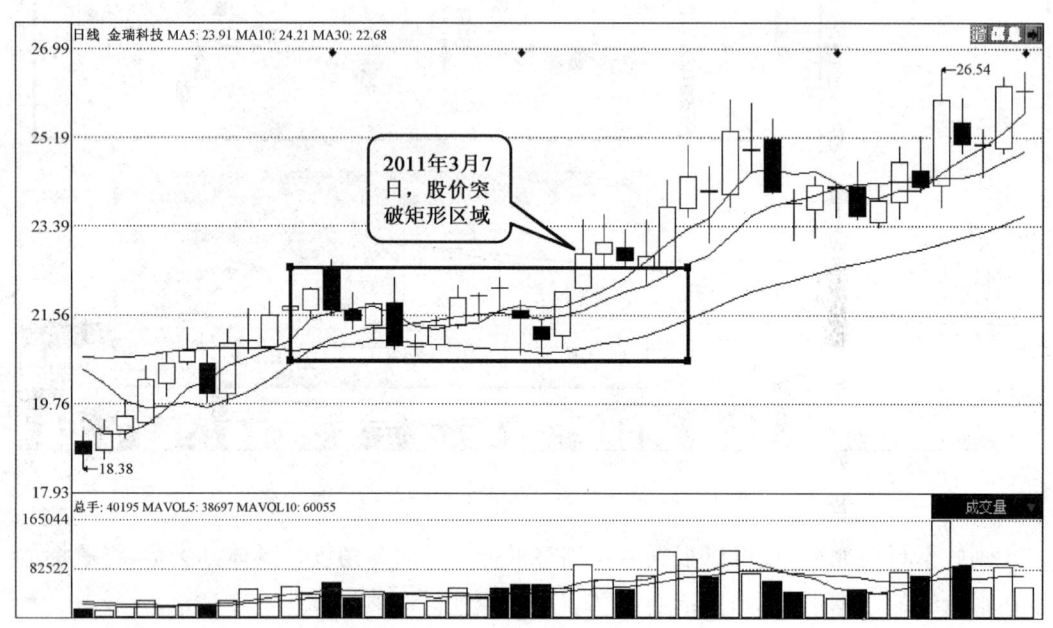

图7-25　金瑞科技(600390)日K线走势图

图7-25中,金瑞科技的股价从2011年1月底开始了一波上涨行情。股价在2011年2月15日收出一根带有长长上下影线的小阳线,从此之后,股价开始一波调整走势,股价一直在一个矩形区域内运行。

2011年3月7日,金瑞科技的股价向上突破矩形整理区域,预示股价将会出现加速上涨的行情,投资者宜迅速跟进买入股票。

并不是所有的股票调整之后都会出现上涨行情,有一些股票在下跌过程中也会出现调整行情,这时,投资者也应该特别注意,如图7-26所示。

图7-26中,法拉电子的股价从2011年3月16日开始了一波调整走势,股价从2011年4月12日开始进入矩形调整区域。2011年5月23日,法拉电子经过一个多月的震荡调整之后,股价跌破调整区域,预示股价还将继续下跌,投资者宜远离这类股票。

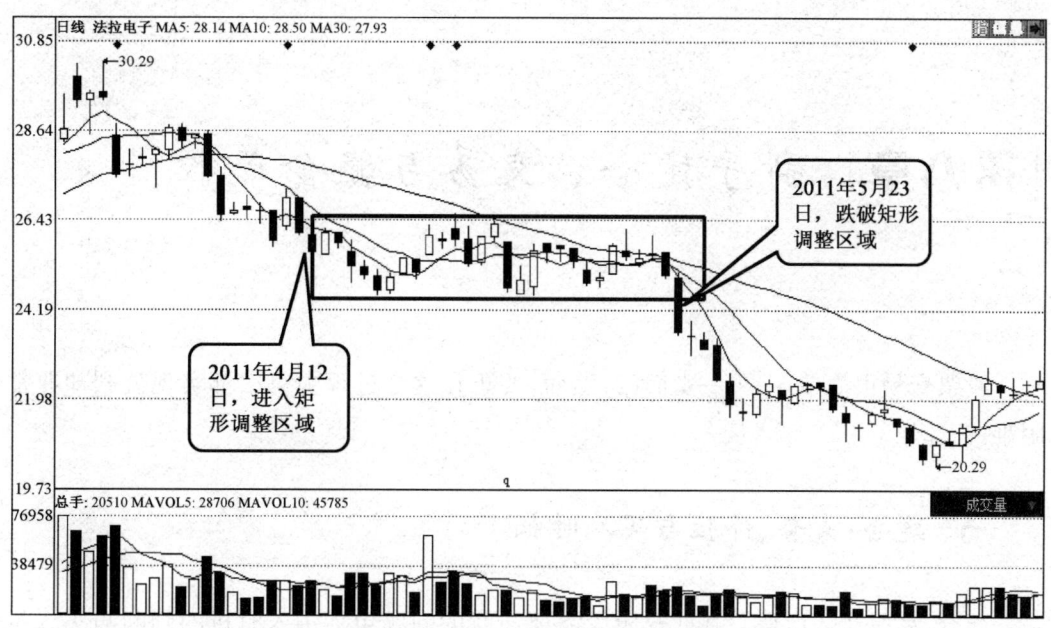

图 7-26 法拉电子(600563)日 K 线走势图

# 第八章 新手建仓、交易与资金管控

股票交易很简单，一买一卖而已，然而，要想在这个过程中每次都实现盈利却非常困难。

## 一、建仓：大势、价位与买入时机

建仓，就是买入股票。在建仓阶段需要注意的问题包括买入时机的判断与买入量控制等内容。这一阶段是股票交易的起点，也是交易盈利的基础。

### （一）建仓时需考虑的因素

"买哪只股票、为何买、何时买、怎么买"是投资者建仓前必须考虑的问题。

1. 选股：买哪只股票

选股的相关知识，在前一章节中已经有了详细的介绍，这里不再重复。只是需要提醒投资者一点，选好股票后，一定要坚持自己的选择，不能在买入前临时变卦买了其他的股票，这样做，会打乱自己整个操作计划。例如，你准备买入"万科 A"时，发现"世纪星源"涨势不错，就立即变卦买入"世纪星源"了。

2. 买入原因：为何买

买入每只股票都应该有特定的原因，例如，股票开始拉升、股票基本面良好等。投资者不能因为感觉这只股票不错而买入。

3. 买入时机：何时买

不是在任何价位和时间买入股票都是正确的。因此，投资者必须根据大盘形势、股价走势以及个股情况选择一个恰当的买入时间或点位。当时间点到了或点位到了，就可以买入股票。

4. 买入方式：怎么买

投资者需要提前确定第一次买入的仓位，全仓买入还是三分之一仓位等。

**老股民有话说：**

见到股价或大盘飙涨而慌乱建仓，是所有投资者的禁忌。建仓前，必须要有一个清晰的操盘计划，列明买入理由以及买入方式等项目，并严格按照计划执行。

### （二）大盘走势：买入股票需要良好的环境

适合买入股票的大盘走势情形包括以下三种。

1. 趋势向好：大盘处于上涨趋势中

炒股就是炒趋势，而个股的趋势又要服从于大盘的趋势。大盘趋势向好时，操作个股就会比较容易；反之，则非常困难。因此，投资者如果准备买入股票，尽量选择大盘处于上涨趋势时，大盘如果处于底部起涨区域更好，如图8-1所示。

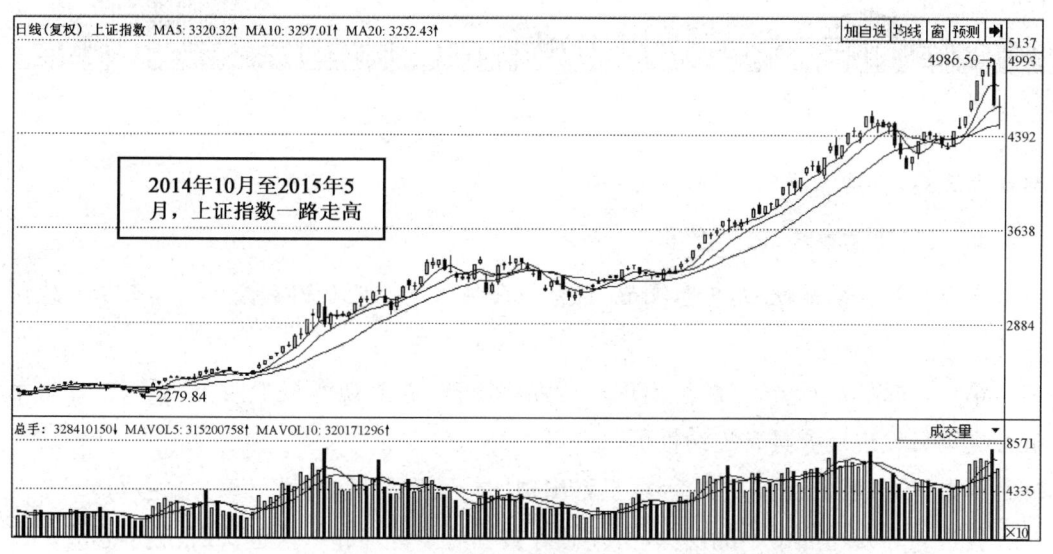

图8-1 上证指数(1A0001)日K线走势图

图8-1中，上证指数从2014年10月开始，从2 200点附近启动上涨行情，一路上涨至5 100点位置。在此期间，投资者如果选择买入个股，并持股不动，那么盈利的可能性将非常之高，如果能够在3 000点以下时买入股票，翻番的概率同样非常高。

2. 大盘处于底部区域

底部区域，相对于其他位置来说，是一种安全的保证。投资者若想长线持股，那么，底部区域买入个股是个绝佳的选择，如图8-2所示。

图8-2中，上证指数从2014年1月开始至2014年7月底，一直在底部区域震荡运行，股价指数始终在2 000点附近徘徊。长线投资者可在此位置分批建仓买入股票。由于指数处于震荡盘整趋势中，未来具有一定的不确定性，投资者宜少量建仓，待股价

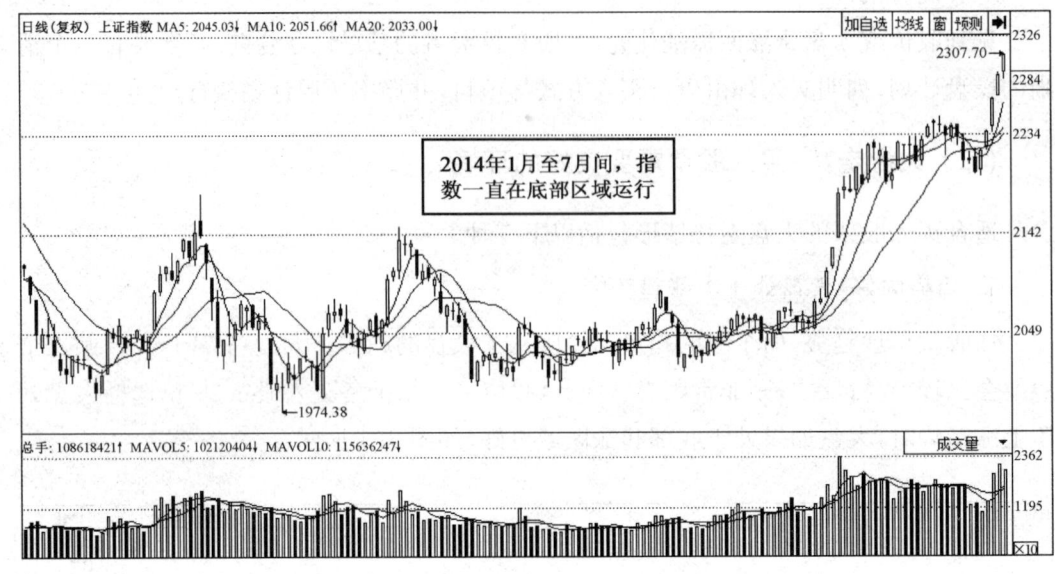

图 8-2　上证指数(1A0001)日 K 线走势图

启动上涨后,再追涨买入。

3. 大盘连续暴跌,超卖严重

大盘经过连续下跌后,缩量明显,且指数在某条均线处获得支撑。具体参与方式可参考以下两点:

第一,如果股市连续下跌后出现短暂强势反弹,需要观察至少四个交易日,如果第五个交易日发现反弹具有连续性可以少量参与。

第二,如果股价经过几波杀跌之后,出现比较柔和的反弹,则可以少量参与。

投资者若参与熊市中的反弹,必须做好被套的准备,同时,快进快出、绝不恋战。

### (三) 个股价位:安全第一

何时买入,有时比买入何种股票更重要。所谓最好的买入时机,就是那些买入股票后,股价上涨的概率大于下跌概率的时间点。通常情况下,这样的时机可以通过以下途径来寻找:

第一,从技术分析角度来讲。投资者可以按照 K 线或者技术指标的分析方法,选择最佳的买点。例如,股价 K 线突破底部形态时或技术指标出现严重超卖时,往往都意味着较佳买点的出现。

第二,从基本面分析角度来讲。投资者可以在绩优股票即将公布业绩报告时买入。当然,你必须确信所选企业的业绩报表会非常漂亮。

第三,特殊时段买入。其一,股市暴跌时,绩优股受到连累,并连续大幅下跌,一旦企稳即可买入;其二,周期性股票黄金销售期即将到来时,如旅游旺季前的旅游股;春节前的酒类股票等。

## 二、交易控制:买入批次、加仓与减仓

凡事预则立,不预则废,股票交易也是如此。投资者买入股票前,需要对股票的买入方式、加仓、减仓等行为进行详细的计划。

### (一) 分批次买入

全仓进出,是股票交易的最大禁忌。然而,很多新股民买卖股票时,确实都会犯这样的错误。很多新股民买入股票前,往往信心百倍,全仓而入,而一旦股价没有按照自己预想的轨迹前进时,又会全仓卖出。因此,新股民学炒股,首先要学会分批次买入和卖出。

分批买入时,股民需要注意以下几点:

第一,批次量要适中。如果准备买入单只股票的资金量较少,那么两到三个批次即可;如果资金量较多,可以分成三到五个批次。

第二,向上买入,也就是说,成功的买入方式应该是第二批次的买入价要高于第一批次,如此往复。

很多人喜欢向下买入,下面来看一下对比案例。先来看一下向上买入的案例。

假如你准备用10万元左右的资金去买一只股票,那么,正确而安全的操作方法应该是这样的:首先,用五分之一左右的资金买入第一批,假如目标股股价现在是10元,你需要用2万元买入2 000股;第二步,如果你判断得没错,股价开始上涨,你就可以买入第二批了,假如目标股股价上涨到11元,你可以再次买入2 000股或3 000股;第三步,如果股价继续上涨,你就可以买入第三批;第四步,股价再次上涨超过第三批买入价后,可以将剩余的资金全部买入该股了,如表8-1所示。

表8-1 向上批次买入盈亏统计表

| 批次 | 买入价 | 买入数量 | 买入金额 | 总持股量 | 总成本 | 成本价 | 持股总金额 | 盈利额 |
|---|---|---|---|---|---|---|---|---|
| 第一批 | 10 | 2 000 | 20 000 | 2 000 | 20 000 | 10 | 20 000 | 0 |
| 第二批 | 11 | 2 000 | 22 000 | 4 000 | 42 000 | 10.5 | 44 000 | 2 000 |
| 第三批 | 12 | 2 000 | 24 000 | 6 000 | 66 000 | 11 | 72 000 | 6 000 |
| 第四批 | 13 | 2 000 | 26 000 | 8 000 | 92 000 | 11.5 | 104 000 | 12 000 |

注:表中成本价未计入交易佣金与各项税费。

再来看一下向下买入的案例。

假如股价10元时,你买入第一批,股价下跌到9元时,你再买入第二批。我们来看一张简单的速算表,如表8-2所示。

表8-2 向下批次买入盈亏统计表

| 批次 | 买入价 | 买入数量 | 买入金额 | 总持股量 | 总成本 | 成本价 | 持股总金额 | 盈利额 |
|---|---|---|---|---|---|---|---|---|
| 第一批 | 10 | 2 000 | 20 000 | 2 000 | 20 000 | 10 | 20 000 | 0 |
| 第二批 | 9 | 2 000 | 18 000 | 4 000 | 38 000 | 9.5 | 36 000 | −2 000 |
| 第三批 | 8 | 2 000 | 16 000 | 6 000 | 54 000 | 9 | 48 000 | −6 000 |
| 第四批 | 7 | 2 000 | 14 000 | 8 000 | 68 000 | 8.5 | 56 000 | −12 000 |

注:表中成本价未计入交易佣金与各项税费。

通过表8-1和表8-2的对比,可以很容易发现,向下买入的方法,虽然表面上看,成本价越来越低,但自己亏损的额度并没有减少,反而扩大了。

## (二)加仓的规则

和向上分批买入一样,最佳的加仓,永远是向上的。当然,出于解套或者底部建仓的考虑,有时也可以向下加仓。

1. 向上加仓

向上加仓时,需要注意以下几点:

第一,加仓点位应该在前一次买入点位8%以上,也就是说,你若向上加仓,必须确保股价已经上涨了一段距离。这样,加仓之后,即使股价稍有回落,你的账户也会有一定盈利,这就为你的操作赢得了时间和空间。

第二,若准备加仓量较大,还应考虑分批次加仓,而不要一次性全仓加入。任何时候,都要为将来的不确定性预留足够的空间。

2. 向下加仓

向下加仓主要分为两种情况:

第一,尽管很多股票投资图书和老股民都建议新股民设置止损位,且当股价跌破止损位时,一定要坚决止损,但还是有一部分新股民不愿意止损,因此,不得不向下被动地加仓。向下被动加仓时,必须确保加仓点位已经距下跌初始价位30%以上,且股价已经有企稳反弹迹象。此时,投资者也可以用快进快出的方法,通过超短线拉低平均成本,减少投资损失。

第二,向下主动加仓。很多经验丰富的投资者都是在股价出现大幅下跌时,逐步建仓向下主动买入的。不过,这些投资者买入股票时,往往都会有清晰的操盘计划,即股价下跌幅度为多少时第一次买入,当股价继续下跌多大幅度时,主动加仓,如此往复。

### (三) 善用减法,获利倍增

与加仓的情况相似,减仓也分为向上减仓、向下减仓两种。

1. 向上减仓

向上减仓主要包括以下两种情况:

第一,主动减仓。股价上涨到一定幅度后,开始出现调整或筑顶时,可以考虑开始减仓操作;

第二,被动减仓。股价上涨到预先设定的止盈位时,投资者若认为股价还有上涨的空间,可酌量进行减仓操作。从目前的操盘实战来看,止盈位的设置要比止损位宽泛一些,但既然股价到达预先设定的止盈位,还是应该部分减仓,一方面有助于锁定利润;另一方面也可以养成遵守操盘纪律的习惯。

2. 向下减仓

向下减仓也包括两种情况:

第一,主动减仓。投资者买入股票后,股价并未按照预定方向上涨,但并未到达止损位,不过,投资者对其走势非常担忧,这时可适当进行减仓操作。

第二,被动减仓。股价下跌到预先设定的止损位时,投资者不愿意止损卖出股票,此时,应尽可能地强迫执行止损计划,如不能做到彻底清仓,至少也要减仓一半。

落袋为安,这是股市中维护资金安全的最好方法,一加一减,方见真功夫。事实上,很多投资者总是在该加仓时做减仓,该做减仓时做加仓。其实,这也是多数投资者投资亏损的症结所在。

## 三、仓位控制:仓位分配与资金管控

在战争年代,优秀的指挥员有一个显著的共性,即善用预备队。股市中,也是这个道理,最佳的投资方法也是善用预留资金,并将其用在刀刃上。

### (一) 总仓位控制

总仓位,是指所持股票市值占资金总额的百分比。牛市时,仓位过低,可能会错过股价上涨带来的利润;熊市时,仓位过高,又会造成较大的亏损。因此,科学、合理地控制总仓位是每个投资者炒股前的必修课。

总仓位水平的设定,与整个股市运行情况、个人风险承受能力密切相关。关于总仓位水平的设定,可参考以下几条。

1. 总仓位水平线

投资者可将总仓位水平线划分为空仓、30％线、50％线、70％线、满仓五个水平。不过,鉴于股市中,没有绝对安全的时间,因而,应该尽量避免满仓。

2. 上涨趋势中总仓位水平线设置

大盘和股价自底部区域开始上涨时,投资者可从 30％仓位逐渐加仓至 70％仓位水平。投资者加仓过程中必须保证一条:加仓前的股票已经出现了盈利。当股价上涨至高位时,投资者不必等到股价已经开始下跌或回调才想到减仓,而是应该在股价出现上涨乏力时,开始降低仓位,一旦股价开始下跌就立即清盘至空仓水平。

3. 下跌趋势中总仓位水平线设置

原则上,大盘和个股处于下跌趋势中,投资者一定要空仓等待。不过,事实上,很多投资者都抑制不住交易的冲动,当股价出现反弹时,就迫不及待地入场。因此,当大盘和个股跌幅较大,且出现反弹时,投资者可酌情少量买入,总仓位一定要控制在 30％以下,并设置好止损位,快进快出。当股价进一步下跌,且投资者未能有效止损时,可考虑在股价继续下跌 30％以上时,补仓至 50％仓位,而后择机短短操作,拉低成本价。

我们无法准确地预测股价的波动,但却可以通过对总仓位水平线进行控制,来管控风险。股市中,生存得最久的投资者永远是那些风险管控能力最强的人。

## (二) 单只股票仓位控制

基于资金安全的考虑,单只股票仓位占比,和所拥有的资金量呈反比关系,即资金量越大,单只股票在总仓位中占比越低。当然,也不能让单只股票占总仓位的比例过低,过低,则意味着投资过于分散,一方面是投资者精力不够;另一方面也会提高交易成本。

1. 单只股票仓位占比

通常情况下,单只股票的仓位占比不应超过 30％。当然,如果资金量过小,还是可以突破这一限制的。控制单只股票的仓位占比,本意是要分散风险,而如果资金量太小,就失去了分散风险的意义。

2. 股票数量控制

人的精力是有限的,因而,不能为了分散风险而一味地增加所持有股票。如果资金量不是太大,个人所支持的股票最好不要超过 5 只,单只股票的仓位以控制在 30％以下为宜。当然,如果在某一时段,某只股票属于市场的热门品种,确实可以提升该只股票的仓位占比,但出于投资安全考虑,还是应该控制在 50％以下。

### (三) 资金的管理

股市中所获得收益的多少,并不决定于交易成功的次数,而是取决于交易失败的次数。所谓的成功投资者都是能把交易失败的损失降低到最低的人。其中,对资金的管控,又是控制和减少损失最有效的方法和手段。

1. 预留资金的比例控制

预留资金的比例,因投资者个人投资偏好和风险承受能力的不同而异,一般应不少于20%。牛市时,可以直接设定在20%的水平,熊市时,则要提高预留资金的比例,即使是一次非常强劲的反弹,也要保证预留资金不低于30%,而且投入预留资金时,还要做好资金回收的计划。

2. 止损比例控制

止损位的设置,也是考验资金管理能力的重要指标。一个人的风险承受能力强、投资风格偏进攻型,则可将止损位设置幅度稍大一些,如12%~15%;反之,如果风险承受能力弱,投资风格偏保守型,则可将止损位设置在7%~8%。

止损位,是保障资金安全的一道重要防线。当股价跌破止损位时,只有坚决止损,才能换来未来交易成功的机会;否则,只有坐等资金日益消耗。

投资者如果被深套时,可以借助预留资金进行短线操作,以降低持仓成本。预留资金进入后,应该在次日或几日内退出,不能长时间停留,否则自己的预留资金将会陷入危险的境地。

## 四、止盈与止损位设置

买入股票后,股价有时会按照计划的轨迹运行,但更多的时候会朝着相反的方向运行。这时候,按计划止盈或止损就是必须要采取的行动。

### (一) 止盈位设置

通常情况下,止盈位的设置主要有两种方法:一是静态止盈;二是动态止盈。

1. 静态止盈

静态止盈,是指预先设定固定的点位作为止盈条件,一旦股价上涨到止盈位附近就主动选择卖出止盈的方法。

静态止盈的点位选择一般有两种:

一是固定比率点位。例如,投资者可以设定上涨20%、10%作为止盈位,这样股价一旦上涨到止盈位附近,投资者就需要卖出止盈了。

二是某一特殊点位。例如，投资者可以设定前期高点为止损位，也可以设定某一整数价位为止盈位等等。

下面来看长春高新的案例，如图 8-3 所示。

图 8-3 中，长春高新的股价从 2015 年 3 月中旬开始启动了一波上涨行情，假如投资者以 100 元的价位在 3 月 17 日当天买入，这时，投资者就可以为自己设定一个静态止盈位，如止盈位设定为 120 元。那么，当股价在 2015 年 3 月 30 日上涨达到 120 元时，投资者就要坚决地执行卖出操作，不能因为感觉股票还会继续上涨而犹豫不决。

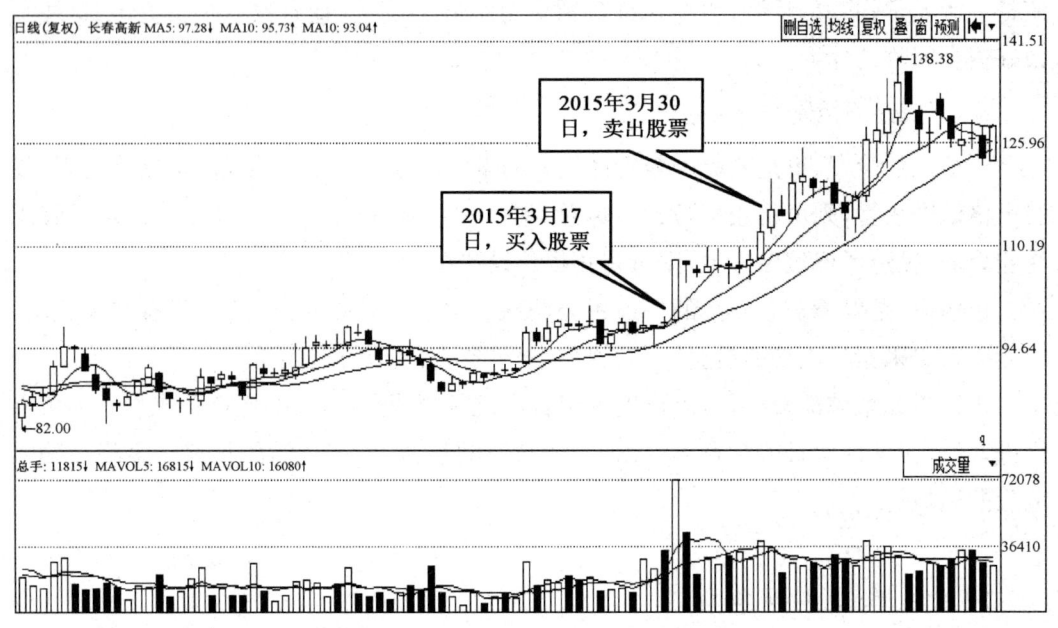

图 8-3　长春高新(00661K)K 线走势图

### 2. 动态止盈

动态止盈，是指将某条均线或者趋势线等作为止盈的标准线，一旦股价下跌到这条线以下时就卖出止盈的方法。动态止盈的点位选择一般有两种：

一是选择某一条均线。在短线操作中，一般会选择 5 日均线或 10 日均线作为止盈线。

二是选择趋势线作为标准线。当股价下跌到趋势线以下时，投资者就可以卖出止盈。

下面以索芙特为例进行说明，如图 8-4 所示。

图 8-4 中，索芙特的股价从 2015 年年初下旬开始启动了一波上涨行情，短线投资者可以在股价上涨启动之后，买入该股。投资者在买入该股时，可以同时将股价跌破

10日均线作为止盈点位。这样,当2015年4月24日股价跌破10日均线时,投资者就可以进行止盈操作,从而保住到手的利润。

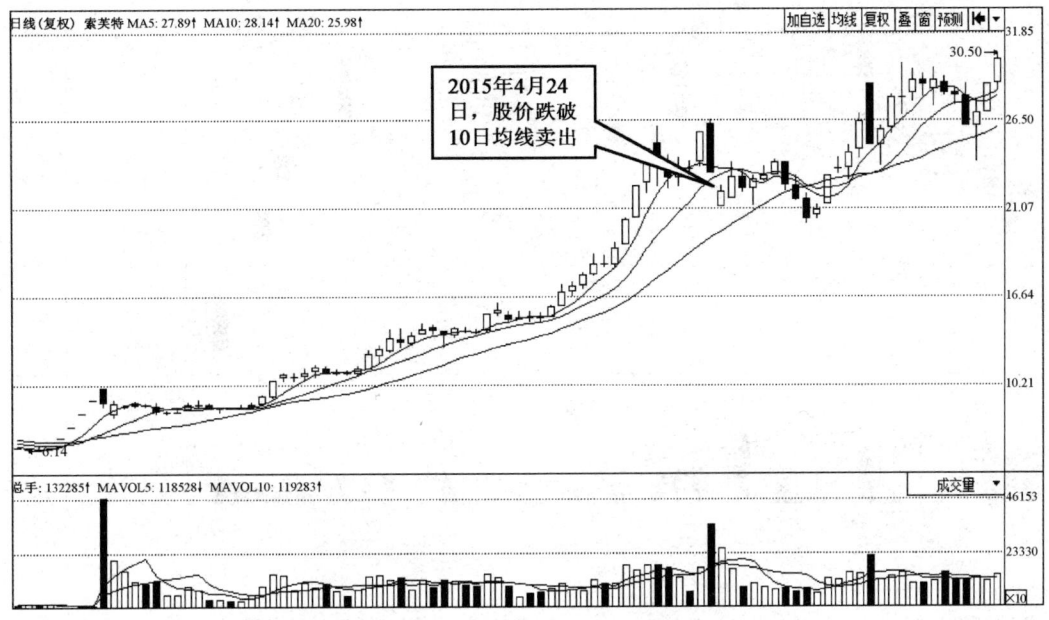

图8-4 索芙特(000662)日K线走势图

止盈的目的,就是及时锁定收益。具体操盘过程中,若大盘出现剧烈变盘,投资者必须立即采取行动,及时锁定收益,而不是机械地等待止盈信号发出。

## (二) 止损位设置

止损位的设定,因人而异、因股而异。通常情况下,止损位的设定方法有以下几种。

### 1. 移动平均线止损

投资者可以将某一根移动平均线作为止损位,跌破该移动平均线就卖出。例如,投资者可以将5日、10日或者30日平均线作为止损位,如图8-5所示。

投资者如果把5日均线作为止损位,那么,一旦该股的股价跌破5日均线,投资者就必须卖出该股。如图8-5所示,中国铁建经历了一轮上涨之后,2015年6月中旬开始,随着大盘一路下跌。股价在下跌过程中,曾出现一波反弹行情,投资者若出于抢反弹的动机买入该股后,可以将5日均线设置为止损位,一旦股价跌破该均线立即止损。2015年8月18日,该股股价大幅下跌,并一举跌破5日均线,此时,应选择卖出该股止损。

### 2. 固定比率止损

投资者在买入股票时,可以设定一个向下的最大幅度,跌破该幅度就止损。例如,

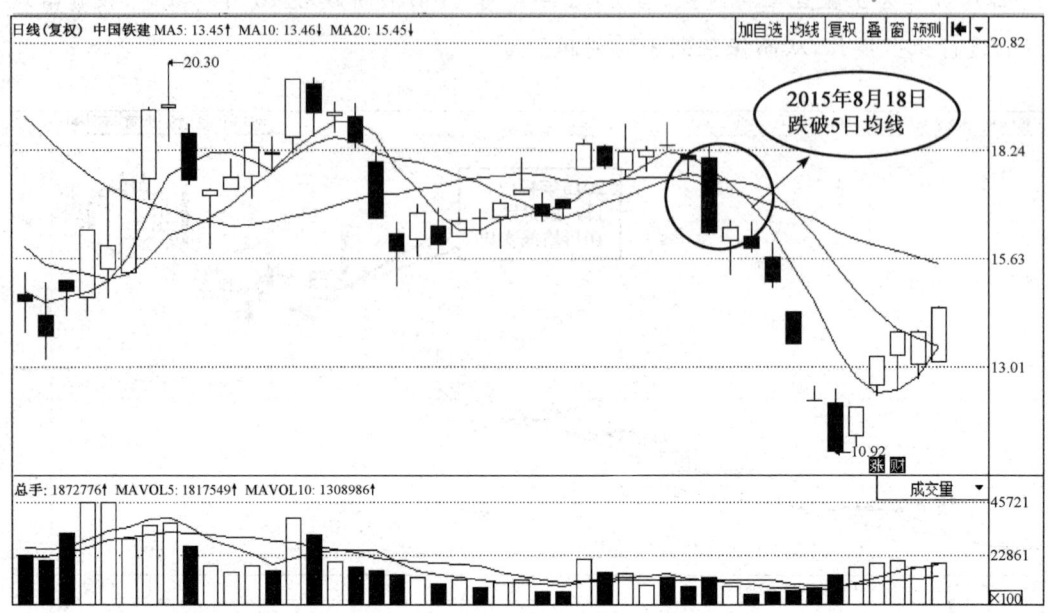

图 8-5　中国铁建(601806)日 K 线走势图

有的投资者喜欢把 8% 或 10% 作为自己的止损位。投资者在这里需要注意，止损位不能设定得离股票买入价过近，否则一旦股价出现震荡，就容易把自己震出局，但止损位也不能设定得过远，以免给自己造成过大的损失，如图 8-6 所示。

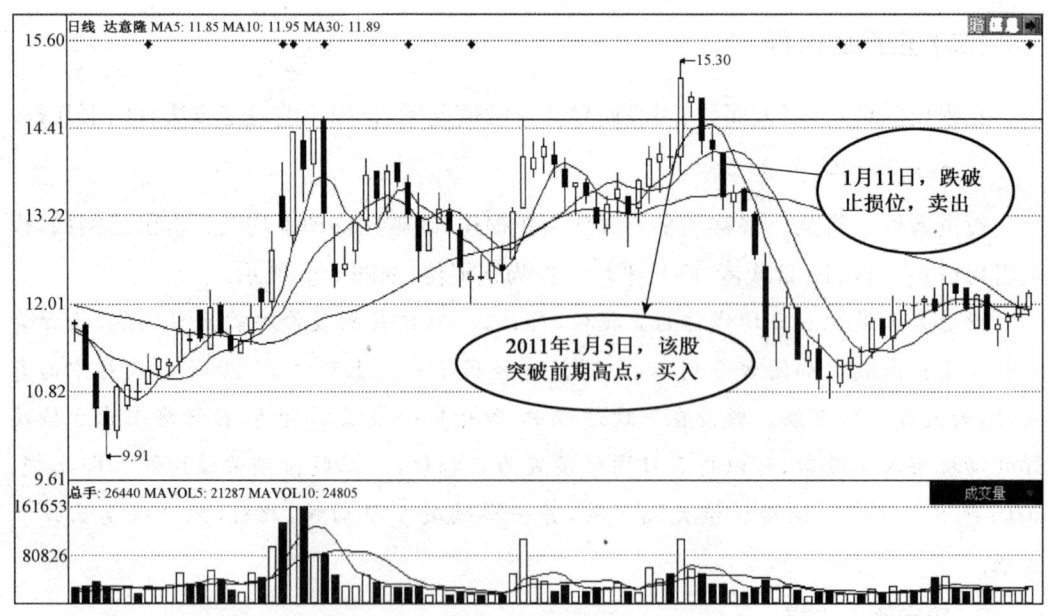

图 8-6　达意隆(002209)日 K 线走势图

图 8-6 中,投资者如果把达意隆选为将要买入的目标股,就需要好好地选择一个买入点。2011 年 1 月 5 日,该股突破了前期创下的最高点,并收下 15.30 元的高价,由于前两次该股股价都是拉高遇阻回调,而这次却成功实现了突破,所以,投资者这时可以选择买入该股,并把下跌 8% 作为止损位。一旦该股跌破这一位置,就可以卖出该股。其实,投资者也可以将前期最高点作为止损位,但由于买入价距离止损位太近,所以,最好将止损位设置得稍稍距买入价有点距离为好。

2011 年 1 月 5 日之后,该股一路下跌,2011 年 1 月 11 日,该股距离买入位置下跌幅度超过 8%,投资者宜卖出该股。虽然,这是一次失败的短线操作,但却把损失控制在一个很小的范围,避免该股后续的大跌。

3. 趋势线止损

趋势线止损是在短线操作中应用比较广泛的止损方法。股价在上涨过程中一般会沿着一定的上升通道运行,这时就会出现上升趋势线。投资者将股价上升过程中的最低点连线,就构成了一条向上的趋势线,一旦股价跌破这一趋势线,就可以卖出止损,如图 8-7 所示。

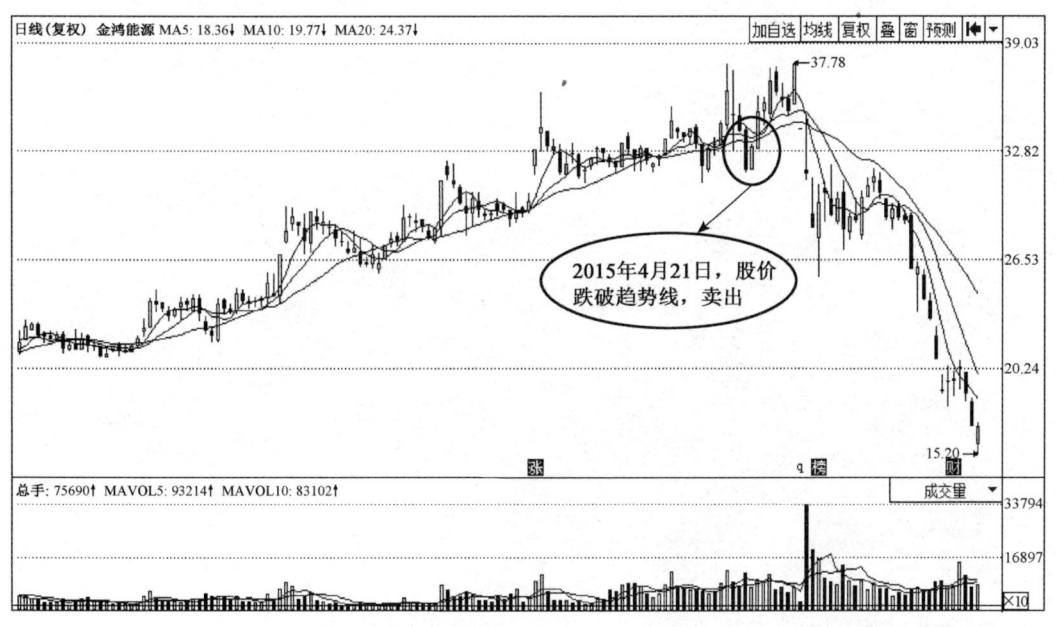

图 8-7　金鸿能源(000669)日 K 线走势图

图 8-7 中,金鸿能源的股价在 2015 年年初开始了一波上涨走势,投资者把该股上涨过程中的低点用直线连接就构成了一条趋势线,股价也一直沿趋势线攀升。2015 年 4 月 21 日,股价继续前一交易日的下跌,并跌破了趋势线,这时,投资者就可以考虑卖出该股止损。该股后期的走势出现大幅下跌,投资者如果此时卖出该股,就能回避这次

下跌造成的损失。

对于投资者来说,止损的难度要远远大于止盈。毕竟,止损,意味着自己承认决策的失误,必须接受资金损失的现实,然而,这却是保住剩余资金最有效的手段。俗话说,"留得青山在,不怕没柴烧",止损就是让自己的"青山"能够常在。